図解 日本音楽史

【増補改訂版】

田中健次……著

東京堂出版

雅楽　管絃《抜頭》
（2008年4月　宮内庁楽部）

雅楽　舞楽《輪台》
（2008年4月　宮内庁楽部）

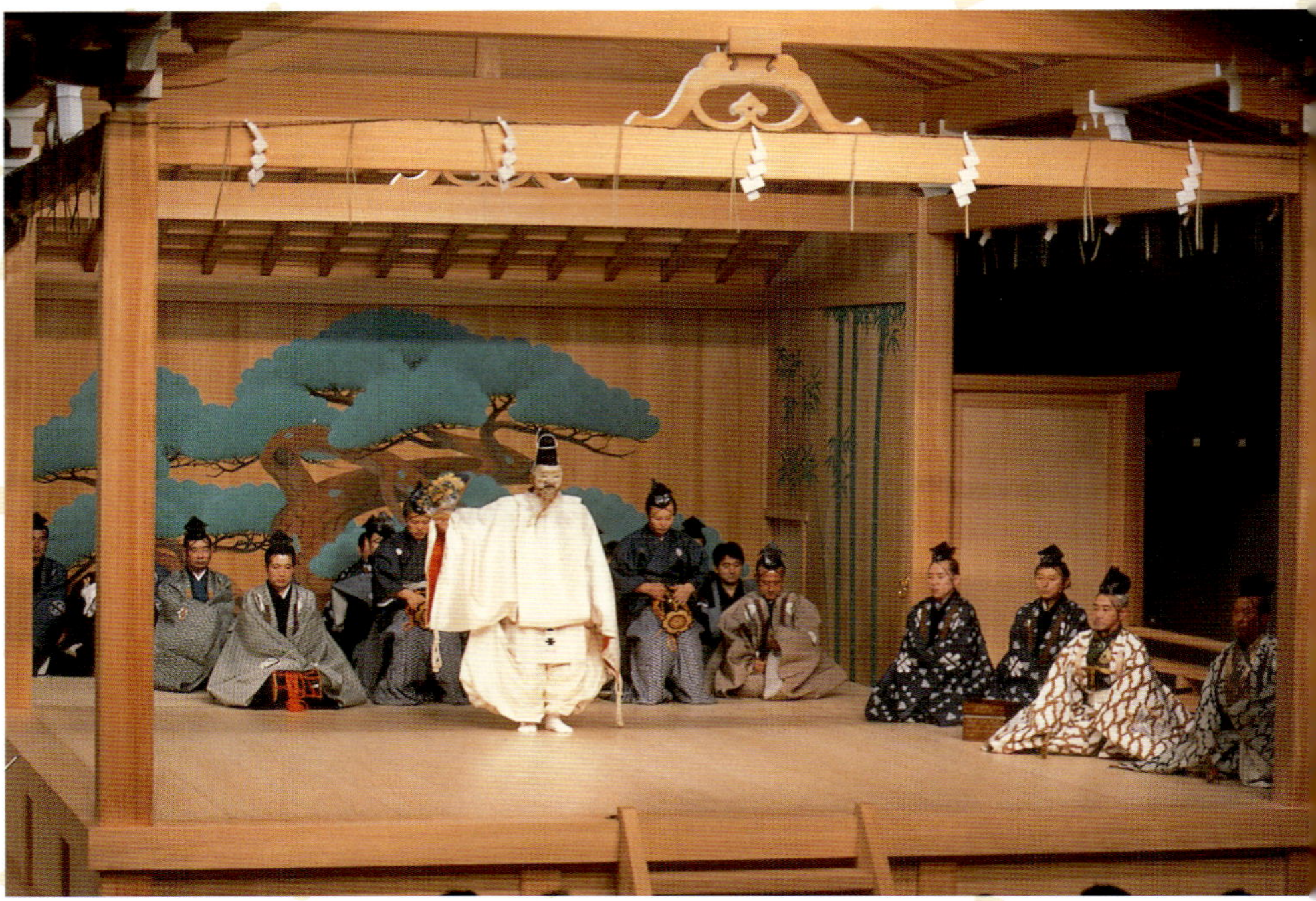

能《翁　白式》

シテ：喜多実　千歳：茂山忠三郎（1983年9月　国立能楽堂）

狂言《附子》

シテ：野村万之介　アド：石田幸雄（1985年5月　国立能楽堂）

歌舞伎《勧進帳　長唄囃子連中》
武蔵坊弁慶：松本幸四郎　富樫左衛門：市川染五郎（2004年12月　国立劇場）

文楽《壇浦兜軍記》「阿古屋琴責の段」
遊君阿古屋：吉田簑助　秩父庄司重忠：吉田玉女（2005年2月　国立劇場）

三曲合奏
箏：吉田堤房　三絃：富山清琴
尺八：山本邦山
（写真提供／富山清琴）

三絃の合奏《寛潤一休》
三絃：富山清翁，富山清琴
（1991年　写真提供／富山清琴）

声明　二箇法要
（観蔵院万灯会、2015年11月3日 観蔵院）［写真提供／真言法響会］

「音楽十二段之調」 永島孟斎
（作画年不詳　江戸末期から明治初期）［澤崎眞彦 所蔵］

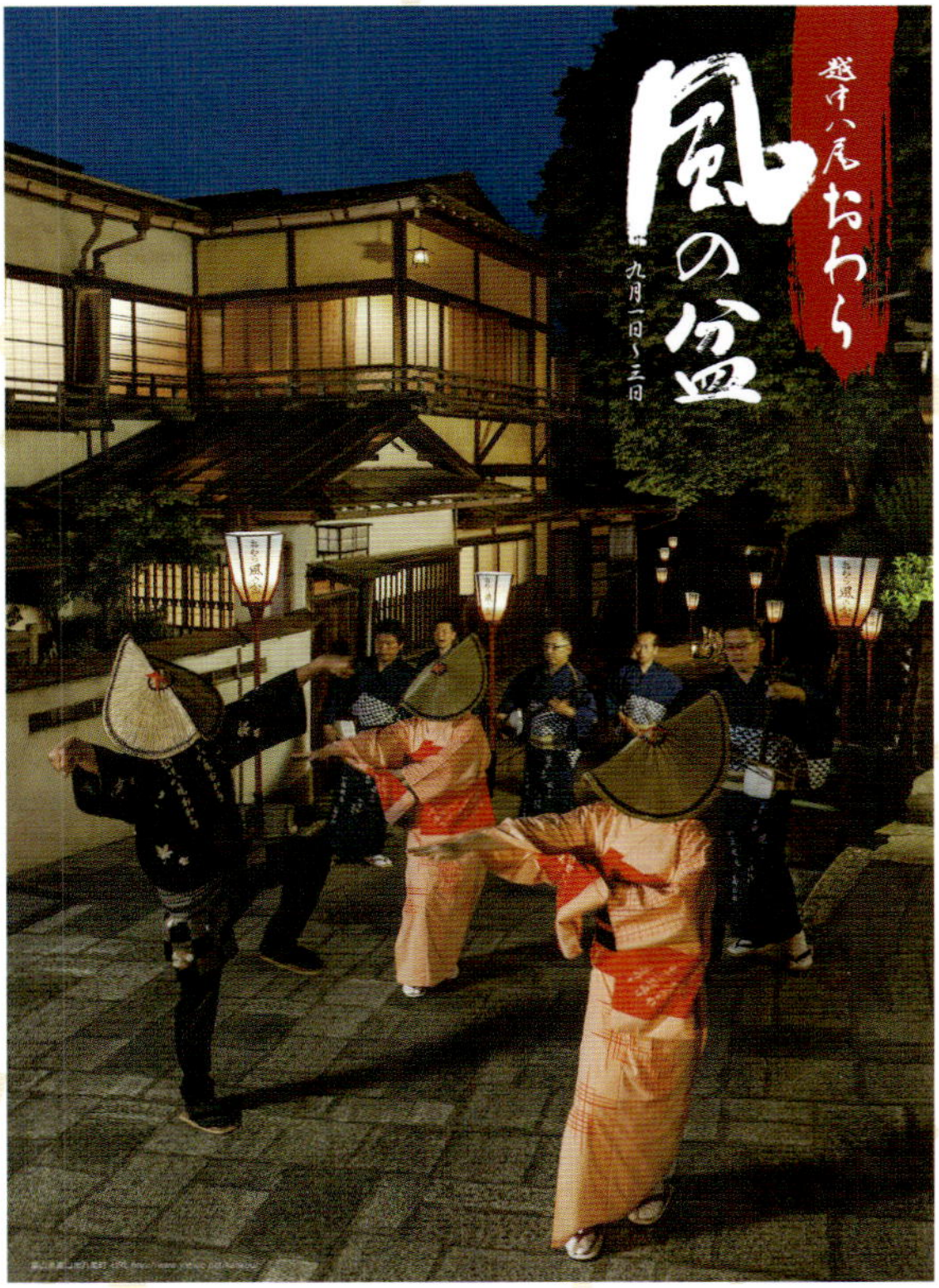

越中八尾 おわら 風の盆
2013年ポスター
［写真提供／越中八尾
おわら風の盆行事運営委員会］

琉球の古典芸能　御冠船踊 組踊 地謡

［大城洋平　撮影］

沖縄の民俗芸能　エイサー

［大城洋平　撮影］

「小学唱歌之略図」 楊洲周延
（1887年）［澤崎眞彦 所蔵］

「教育陸海市中楽隊づくし」
（おもちゃ絵） 松野米次郎
（1902年）［奥中康人 所蔵］

旧東京音楽学校奏楽堂（2階洋式音楽ホール）

旧東京音楽学校奏楽堂（外観）
（1890年建造、重要文化財）

（註）口絵写真に付記しているお名前は、撮影当時のものです。

増補改訂版の刊行にあたり

10年前に出版された『図解 日本音楽史』に、最新の日本音楽に関する研究成果を反映、加筆（「能の所作」）するとともに、新しく第十四章「沖縄音楽」と第十五章「近代（明治、大正、昭和）の音楽」の項を設けたのが、本書『図解 日本音楽史 増補改訂版』です。

以下に10年前に出した旧『図解 日本音楽史』の「はじめに」を掲載しています。本書の意図はそこに明記されているからです。この『増補改訂版』によって、日本の古代から近代までの音楽史の全容を、専門外の方にもさらにわかりやすくご理解いただけることと思います。

最後になりますが、私を日本音楽の世界に誘ってくださった恩師、山口修大阪大学名誉教授に深く感謝します。

はじめに

昨今は邦楽ブームといわれ、日本音楽（邦楽）に興味をもつ人々が増えているといいます。本書は、そうした日本音楽の入門者を対象に、全体像を短時間で理解できるように編纂したものです。

ひとくちに日本音楽といっても、その領域は千数百年の歴史を経た古典音楽から現代邦楽までと広く、また各種目のそれぞれが個別に完成され現在に伝承される膨大な音楽世界の集積なのです。しかもそれらは、完全に独立して種目が成立したのでなく、永い歴史のなかで相互に関連し、影響しあって形づくられてきた経緯がありますから、絡みあった糸のようにきわめて複雑で、多岐にわたる世界です。

そのため邦楽や日本音楽の本のほとんどは、特定の音楽種目や、その関連事項に範囲を限定して構成されたものです。もちろん日本音楽の歴史や種目の全容を著した出版物がないわけではありません。しかしその多くは、分厚い学術専門書ともいうべきもので、専門的に研究しようとする人ならともかく、まったくの入門者が、短時間で概要を把握するには無理があるといわねばなりません。

筆者は日本音楽の専門家ではありません。むしろ少し前には、仕事の関係で専門外であった日本音楽の基礎知識を学習する必要に迫られていた、読者の皆様とおなじ入門者のひとりでした。それだけに同じ入門者に対して、膨大な著作に目を通すような回り道をせずに、必要な知識を比較的短時間に身につけることができる入門書を出版しようと企画した次第です。

それを実現するために、まず音楽種目ごとに必要な項目を、すべて見開き二ページで完結するように構成しました。そうしたことによって読む側からはピンポイントで必要項目にアクセスできるようになったと思っています。

次いで「できるだけ短い表現でわかりやすく」を実現するために、レジュメをノートするスタイルで図版化をおこないました。ヴィジュアル化することで各項目間の関連や影響の関係などが、矢印や線一本で説明可能となり、文章が大幅に簡略化できました。

その分、誌面が圧縮されましたので、記述の領域が大幅に増えました。「浅く」はあるが「広い」分野まで網羅できたであろうと思っております。たとえば、見逃されがちな「詩吟」や「民謡」も日本音楽の一種目として載せるなど、各種目の成立に多少なりともかかわりをもつものは、できるだけ網羅するようにしました。

また、読者の多くが常用漢字世代であると想定し、永い歴史をもつ日本音楽特有の旧仮名遣いの表記や、いくつもの呼び方のある種目名・曲名・楽器名・音楽用語などは、特殊なものを除き筆者の判断で、より一般的と思われるものに統一してあります。

本書はあくまで入門者のため、日本音楽全容を俯瞰的に見ることができる道標として編纂しました。そのため「読む」というより「見る」本、事典のように随時必要に応じて活用できる本になるよう心がけました。そうしたことが読者の一助になればと願っています。

田中健次

【目次】図解　日本音楽史　増補改訂版

第七章　箏曲

第八章　三味線楽　その1・発生と地歌

第九章　三味線楽　その2・浄瑠璃

第十四章　沖縄音楽

第十五章　近代の音楽

イラスト／小堀文彦

第一章

日本音楽のあらまし

膨大な種目の集合体——日本音楽とは何か

左図は古代から近代までのほとんどの日本音楽種目を、系統と時代を軸にして一覧にしたものです。二次元で描くのはこれが限界です。紙面の関係で文字が読みづらいかもしれませんが、このように一覧にすると日本音楽の成立背景や生成経緯、そしてその特性が見えてきます。

特性の第一は種目数の膨大さです。音楽にかぎらず一般に世の中の事象というものは、新しいものが出現したら古いものが消滅するのが普通です。しかし日本音楽では、ある伝統種目から新しい種目が創出されても、古い芸能は消えることなく新しいものと共存するため、多種多様な種目が現存するのです。

第二は種目の多重構造です。たとえば浄瑠璃《じょうるり》という音楽様式をあらわす種目名があっても、それらの発展過程で他種目からの影響を受けたり演奏する場面が変わったりして変化を生じ、新たな流派となった場合、種目名よりその流派名が優先されます。そのため「長《なが》唄《うた》と浄瑠璃」ではなく「長唄と常磐津節《ときわづぶし》」などと表現されます。

第三は、種目や分野を越えて別種の区分概念が存在することです。「語り物《かたりもの》」と「歌い物《うたいもの》」、「劇場音楽」と「お座敷音楽」などといった区分がそれです。しかもそれら区分も詳細に検討すれば、一つの芸能がどちらの区分にも相当する多面性をもっています。

第四は、種目それぞれが文学・詩歌・演劇・舞踊・民俗芸能・宗教・祭祀《さいし》などと融合して総合芸術化したものが多く、種目を検討するとき音楽的側面だけでは語りきれないところです。

第五は、音楽種目とそれを受容する層が分かれていることです。貴族・僧侶・武士・町人といった身分階層によって受容する音楽が明確に違い、そのことが一つの芸能の生成のあり方と社会的な位置づけを決定しているといってもよいでしょう。これ以外にも中世や近世といった時代区分、楽器ごとによる音楽種目の違いもあります。このような複雑さが現代人を日本伝統音楽から遠ざけている理由かもしれません。

■日本音楽の全貌

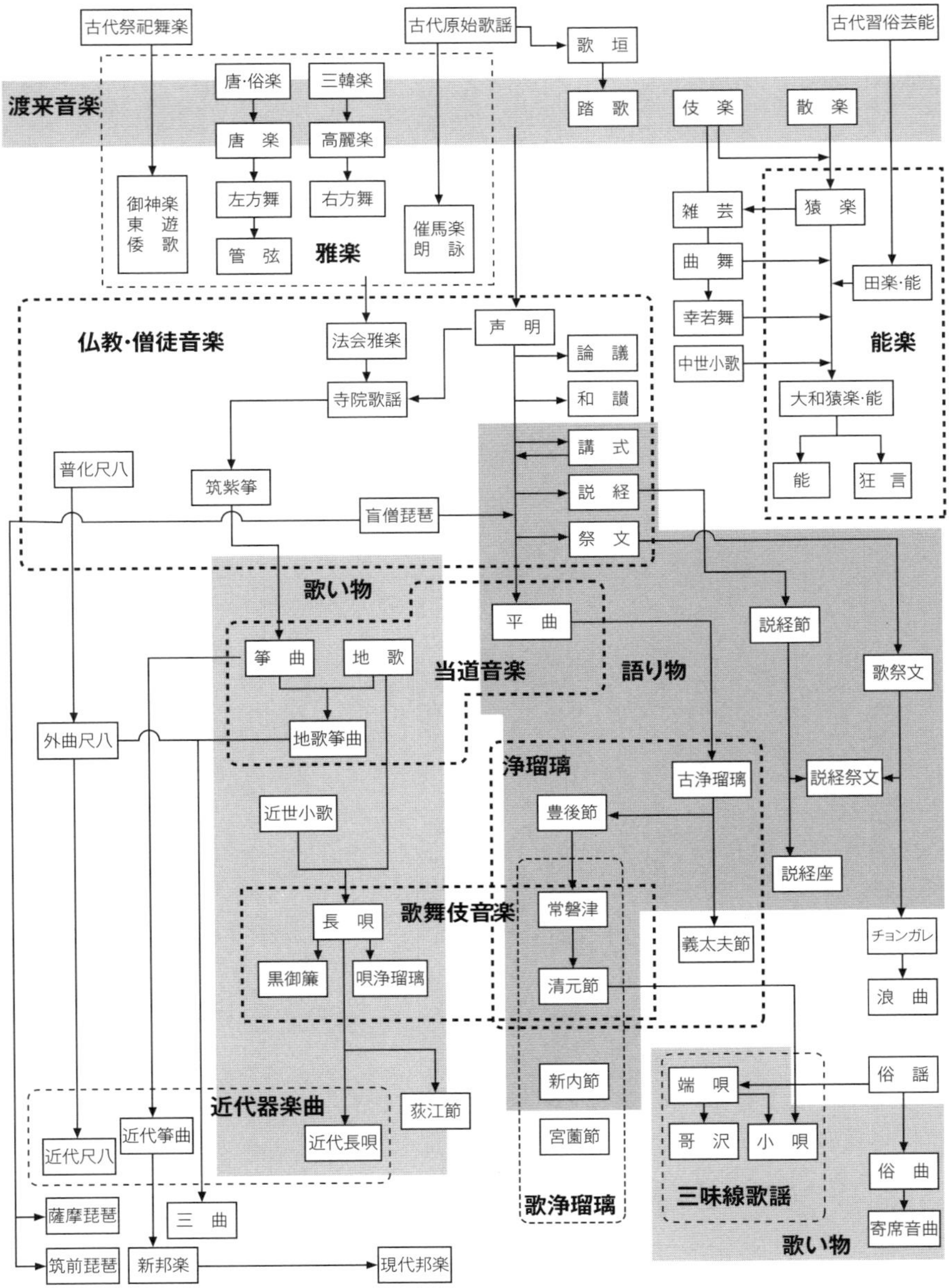
古代祭祀舞楽
古代原始歌謡
古代習俗芸能
歌垣
渡来音楽
唐・俗楽
三韓楽
唐楽
高麗楽
左方舞
右方舞
管弦
雅楽
御神楽
東遊
倭歌
催馬楽
朗詠
踏歌
伎楽
散楽
雑芸
猿楽
曲舞
田楽・能
幸若舞
中世小歌
能楽
大和猿楽・能
能
狂言
仏教・僧徒音楽
法会雅楽
声明
論議
和讃
寺院歌謡
講式
説経
祭文
普化尺八
筑紫箏
盲僧琵琶
歌い物
当道音楽
平曲
語り物
説経節
歌祭文
箏曲
地歌
地歌箏曲
外曲尺八
浄瑠璃
古浄瑠璃
説経祭文
豊後節
近世小歌
説経座
歌舞伎音楽
長唄
常磐津
義太夫節
黒御簾
唄浄瑠璃
清元節
チョンガレ
浪曲
新内節
宮薗節
俗謡
端唄
近代器楽曲
荻江節
哥沢
小唄
近代尺八
近代箏曲
近代長唄
俗曲
三味線歌謡
歌浄瑠璃
薩摩琵琶
三曲
寄席音曲
歌い物
筑前琵琶
新邦楽
現代邦楽

時代で変わる定義
——日本音楽と邦楽の違い

邦楽《ほうがく》の「邦」とは「わが国」の意味です。よって邦楽も日本音楽も本来は同じはずです。映画で、外国作品を洋画、日本製を邦画というのと同じ用法です。しかしこの本の書名を邦楽とはせず、日本音楽としているのは、それらの定義が歴史的経緯から複雑になり、語義の正確性を追求すると日本音楽になるのです。

「邦楽」という用語は、明治の欧化政策の一端として西洋音楽が輸入され、それら「洋楽」に対する対立概念として用いられるようになりました。この言葉が生まれた当初は「邦楽＝日本音楽」の定義が成り立っていました。しかし時が過ぎるにつれ、日本人による洋楽形式の作曲や演奏などがはじまります。こういった音楽も日本音楽の領域だと考えられるようになりますが、それらを「邦楽」と呼ぶことに異論が出るようになります。

そこで音楽研究者によっては、日本人による作曲、演奏の音楽すべてを「日本音楽」と規定し、そのうちの明治以前から伝承された日本固有の伝統音楽だけを「邦楽」とする説が生まれました。

しかし明治以前から伝承されたものでも、仏教の声明《しょうみょう》や宮中儀式楽《ぎしきがく》の雅楽《ががく》、叙事的語りの平曲《へいきょく》などと、三味線音楽などとは、音楽性に違いがあり一緒に定義しにくい、という説もあって各種の「邦楽」定義が生まれます。

現在では、「邦楽」という領域の共通認識は、近世に生まれた箏曲・尺八・三味線音楽の系統を総称した「近世邦楽」を指します。ただし、近世邦楽で用いられる三味線や尺八、囃子《はやし》の楽器を使っているにもかかわらず、「民謡」の類は邦楽には含まれていません。津軽三味線音楽も邦楽に分類されません。

近年、レコード店の音楽ソフトの売場などでの「邦楽」とはJ－POP《ジェイ・ポップ》など、日本人によるロックやPOPS《ポップス》のジャンルを指します。そのため三味線音楽などを「純邦楽」という呼び名で区分しています。

これからも邦楽定義はまだまだ変化していくのではないでしょうか。

■日本音楽と邦楽

日本音楽
邦　楽
同じもの？

邦
①国家・国土・くに（異邦・連邦・友邦・万邦…）
②自国・わがくに・日本の（邦画・邦文・邦貨…）

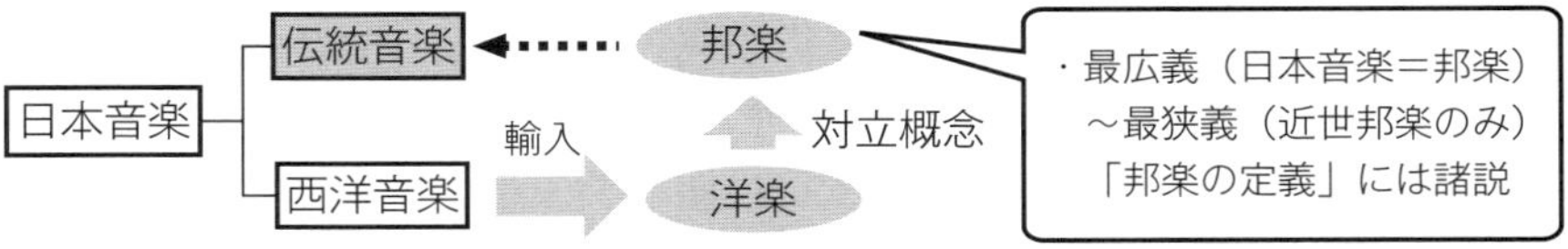

●邦楽とは…（現状の通念として）

・日本の伝統音楽のうち　主に近世を起源とする…
箏曲・三味線楽・尺八楽の系統　　ただし　民謡など民俗芸能系は除く

●日本音楽の全容

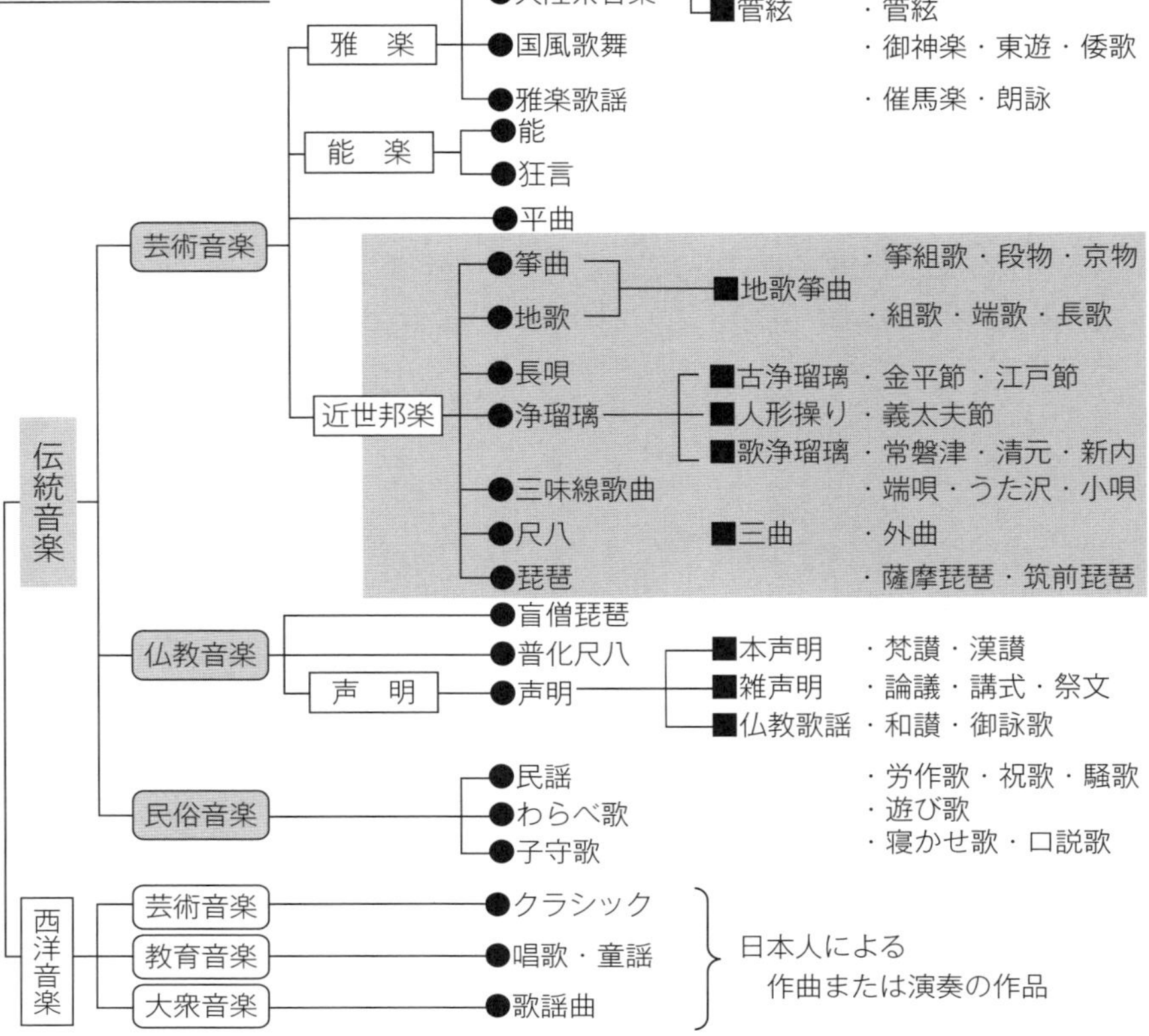

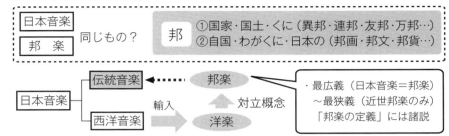

受容層がつくった音楽世界——日本音楽の分類

日本音楽を分類するうえで、種目と流派との関係を確認しておきましょう。雅楽《ががく》、地歌《じうた》、箏曲《そうきょく》、長唄《ながうた》、浄瑠璃《じょうるり》などは種目名です。義太夫節《ぎだゆうぶし》や常磐津節《ときわづぶし》、新内節《しんないぶし》は浄瑠璃という種目のなかの流派名です。しかしそれら流派は派生したもとのものに対して演奏場面や音楽性が大きく違うために種目と同じ扱いがされています。同じ流派名でも箏曲の生田《いくた》流や山田流は、浄瑠璃の流派ほどに独自性が明快でないためか、流派のなかの一つの名としてとどまっています。

日本の伝統音楽は「声楽」と「器楽」に大別されます。さらに声楽は「語り物」と「歌い物」とに分かれます。日本の伝統音楽では、一般に八五パーセントといわれますが、声楽曲が大半を占めていて器楽曲はわずかです。これは日本の伝統音楽の特性の一つです。

日本音楽は発生の時代で分類することも可能です。古代の雅楽、中世の声明《しょうみょう》、平曲、能楽、そして三味線・箏・尺八を中心とした「邦楽」の全盛期である近世です。この後に近現代と時代は続きますが、この時期は、洋楽の導入期と重複していることもあって、新しい種目の発生する時期というより、近世邦楽の近代化という「質的な変化」の時期でした。それぞれの「時代」は単なる時間的な区分だけではなく、各時代の社会構成における主役がだれなのかということも如実に物語っています。また、各種目の音楽性には、社会的に区分された各階層が求める音楽的嗜好や各階層における音楽の役割が反映しています。

国家の成立段階では渡来音楽を日本的に様式化して儀式楽や貴族の教養の一具《いちぐ》となったみやびな雅楽、戦乱の続いた中世武士社会では疲弊からの救いを仏教に求める民衆と、武家社会の諸行無常を音楽に投影した平曲や能楽、そして太平の時期になり「わび・さび」から劇場や遊里に夢を求め「華《はな》・粋《いき》」の文化がひらいた町人社会の近世邦楽、実に時代・受容層に連動した音楽区分が明確です。

「うた（楽）は世につれ、世はうたに……」という言葉がそのままあてはまる日本音楽の歴史です。

■日本音楽の分類

●種目名と流派名

・平曲・地歌・箏曲・長唄・浄瑠璃…………種目名

・義太夫節・常磐津節・清元節・新内節……流派名（本来）➡種目名（実質）

・山田流・生田流・琴古流・都山流…………流派名

●85%が声楽

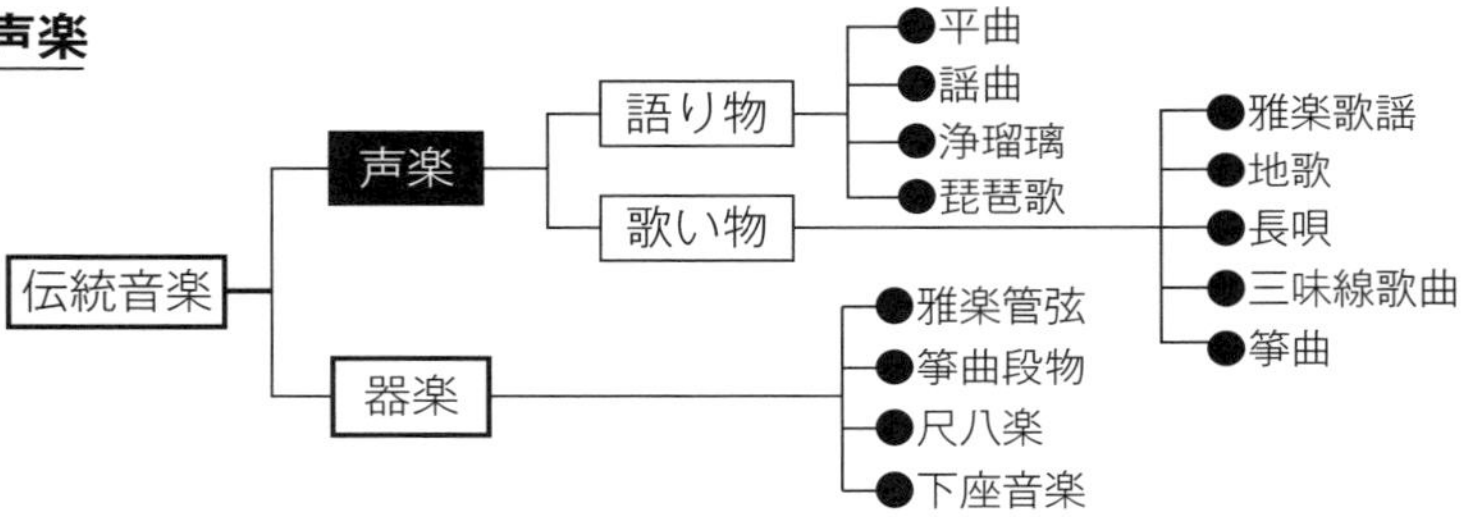

●時代と受容層で明確な区分

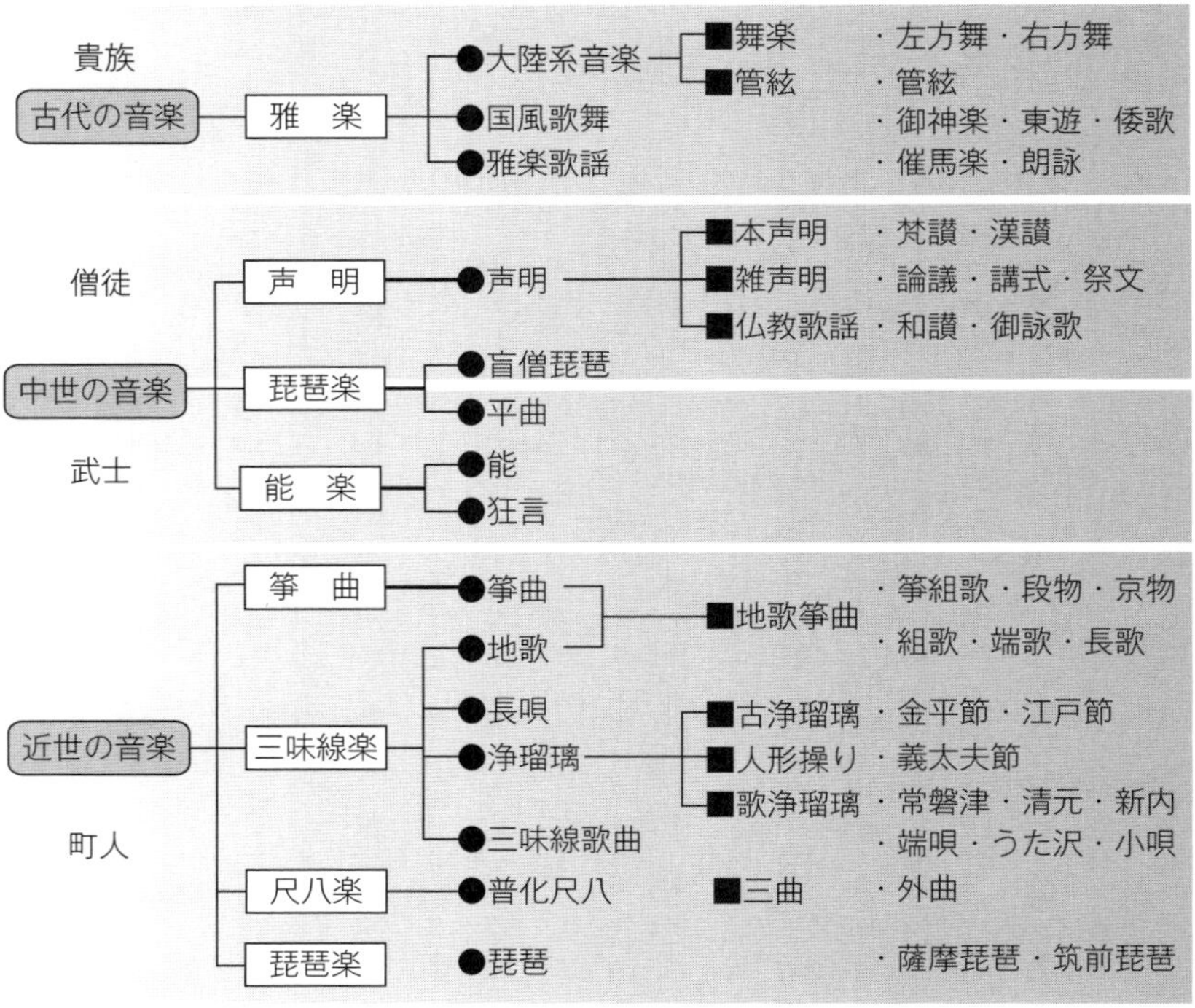

日本音楽を考えるキーワード――歌い物と語り物

天岩戸《あまのいわと》神話や田植歌《たうえうた》でわかるように、日本には昔から祭祀《さいし》や労働の際にフシをつけてうたう習俗があったといわれます。また文字のない時代に、昔語りや説話などを語り伝えた「語部《かたりべ》」も、旋律らしきものにのせた一種の歌謡であったと考えられています。

やがて、各時代に生まれた音楽様式や旋律、楽器の持ち味などを巧みに取り入れながら「歌い物」と「語り物」という系統区分が確立されていきます。しかしこのような源流のことはともかく、歌い物・語り物という概念は、主に近世邦楽の分類において用いられるのが一般的です。

歌い物の代表種目は「地歌《じうた》・箏曲・長唄・三味線小歌曲」であり、語り物は「浄瑠璃、歌祭文《うたさいもん》・説経節《せっきょうぶし》・琵琶楽」といったものを指しています。

歌い物と語り物の概要や差異は左頁の対比表のとおりです。両者の違いを端的に表現すれば、音楽と歌詞のどちらが主導で構成されているのか、ということになります。その意味で歌い物は洋楽の歌曲に近いものがありますが、反対に語り物は多くが朗読にも似たもので占められています。

しかしすべての声楽曲が、これら二系統に明確に分類できるわけではありません。語り物である浄瑠璃でも、歌い物的要素が濃いものがあります。義太夫節がその典型ですが、ほかにも新内節や清元節が挙げられます。同様に歌い物の代表格である長唄でも、大薩摩《おおざつま》節《ぶし》のような語り物からきたものが取り入れられています。一曲のなかに両者が混在しているものもあります。

義太夫節のサワリやその他の浄瑠璃のクドキなどは、語り物のなかにある歌い物的要素です。むしろ両者を交差させることによって語りや歌それぞれを際立たせていると考えられます。こうした中間的あるいは共存的なものの存在があるから歌い物・語り物の概念区分は無用である、とはいえません。生成の系統として明確な差異がありますし、音楽的な立地は動かし難いところがあります。よってこの二つの区分概念は重要なのです。

■歌い物と語り物

●成立経緯

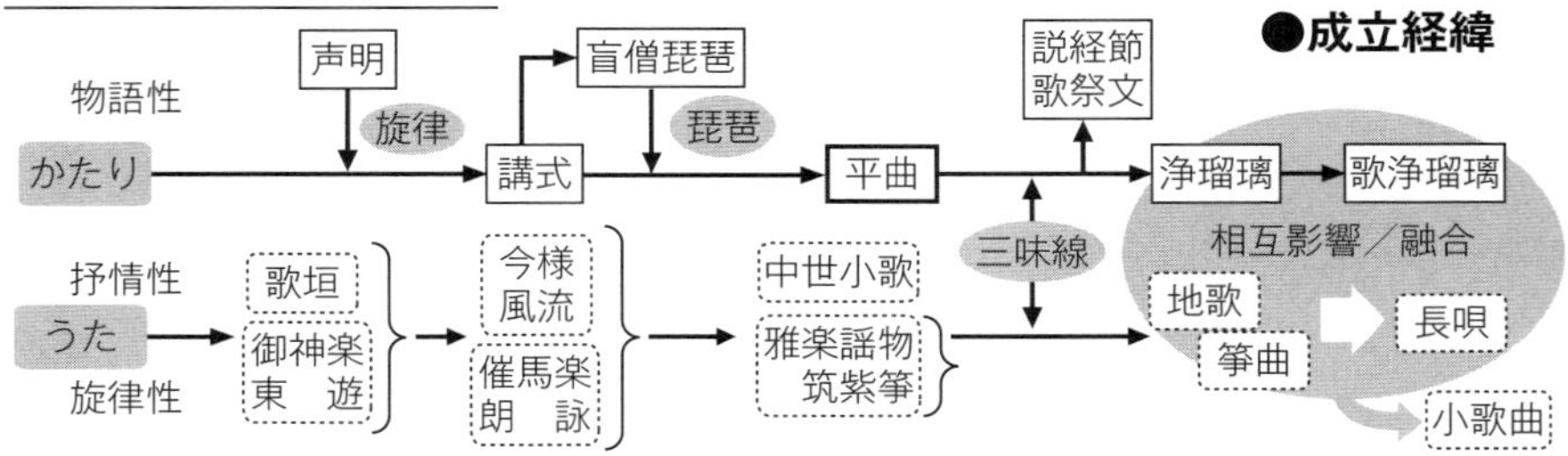

分類名	歌い物　⟷対位概念⟷	語り物
本来語義	・器楽に対する声楽の総称	・口で語る物語やその類型の総称
代表的種目	・地歌・箏曲・長唄・三味線小歌曲の類	・浄瑠璃・薩摩・筑前琵琶・祭文・説経
詩型	・叙情的→旋律本位 シラビックなものからメリスマまで幅広いが　旋律重視で産字（うみじ）中心	・叙事詩体→物語本位 シラビックな独白部分が中心だが情景描写ではメリスマ調もある
歌詞：音楽	・音楽が主歌詞が従　音楽に引きずられる	・音楽面より言語の意味・形式を重視
様式特性	・歌詞の一字あたりの音価が比較的長く節回しはなだらかで　言語抑揚よりも音組織や旋律美に支配される	・歌詞の一字あたりの音価は短いが節回しは「十二律」の音組織よりも言語抑揚に支配される
種目で変る 意味・定義	・雅楽の世界では歌をともなう曲の総称で　歌物・哥物・謡物・唱物と表記される　逆に歌のないのは曲物（ごくのもの） ・明治時代の「歌謡」は歌い物と同じ用法 ・地歌や箏曲で「歌物」といえば声楽本位の曲をいい「手事物（器楽）」の対位の概念　「謡物」は謡曲がかりの曲	・最古のものは語部（かたりべ）が語る神話・伝説の類で音楽性はない ・同じ語りでも講談など音楽化していないものは「吟誦混じり朗読」 ・能楽の語りは吟誦による独白表現 ・平曲はシラコエの吟誦と「引き句」という朗誦と詠唱の混用

●曖昧な概念差異

	種目	歌い物 要素	語り物 要素
歌い物音楽	●雅楽歌謡	・催馬楽・朗詠	――
	●仏教歌謡	・和讃・御詠歌	――
	●地歌	・組歌・長歌・端歌	・浄瑠璃物
	●長唄	・長唄・荻江節	・唄浄瑠璃・大薩摩節
	●三味線歌曲	・端唄・哥沢・小唄	――
	●箏曲	・組歌	――
語り物音楽	●雑声明	――	・講式
	●平曲	――	・平曲
	●説経節	・歌説経	・説経節
	●浄瑠璃	・常磐津・清元・新内	・義太夫節
	●琵琶楽	――	・盲僧・薩摩・筑前

悪所が育んだ近世邦楽——芸能と日本音楽

日本の音楽のほとんどは、時代ごとの演劇や舞踊などといった芸能と密接に結びつきながら発展してきました。本書でも歌舞伎《かぶき》や人形浄瑠璃《じょうるり》などの頁で芸能的な記述が多いのは、音楽をそれらと切り離して説明することが難しいからです。

それら芸能は、はじめは民衆が参加した祭祀や民俗的行事といった場面にありましたが、中世になると特定の音楽や芸能は貴族や武家などの少数のパトロンから庇護《ひご》を受けながら伝承されるようになります。庇護を受けた芸能や音楽は、パトロンたちが共有する美意識や嗜好《しこう》を考慮に入れながら芸術性の深耕がなされます。

一方、一般民衆の音楽は、近世になって舞台芸能として大成します。これらの芸能は基本的に木戸銭《きどせん》（観覧料）をとる興行形式によるものです。したがってそれぞれの時代の大衆が好むものが人気を得て、好まれないものは消え去るしかありません。

いつの世でも「民衆」は幅広い受容層であるかわりに移り気でもあります。近世は、民衆が芸能の多様化を促し、それが新種目の発生と廃絶という新陳代謝を起こさせた時代といえるでしょう。

それらの温床は「二大悪所《あくしょ》」といわれた劇場と遊里《ゆうり》でした。劇場の出し物に触発された心中《しんじゅう》事件、役者との不義密通、世話物《せわもの》での体制批判は幕府を刺激し、遊里の魔力に溺れて身を滅ぼす町人が多発しました。

二大悪所は庶民にとって禁断の魅力がある歓楽場所であり、いずれも音楽が不可欠の世界ですので、両所から数多くの歌舞音曲《かぶおんぎょく》が産み出されます。

舞台芸能からは長唄や浄瑠璃などの「劇場音楽」が生まれ、遊里ではそこで用いられた地歌《じうた》や、端唄《はうた》などの三味線小歌曲によって「お座敷音楽」（非劇場音楽とも）を形成します。

もっともこれらにも中間的な存在が多く、劇場音楽の浄瑠璃の流派である新内節《しんないぶし》などは、その後「流し《なが》」の源流といわれるほどに遊里になじんだ音楽に、また長唄でも荻江節《おぎえぶし》などは舞台ではなくお座敷がその活躍の場になっていきます。

■芸能と日本音楽

●音楽場面と受容性

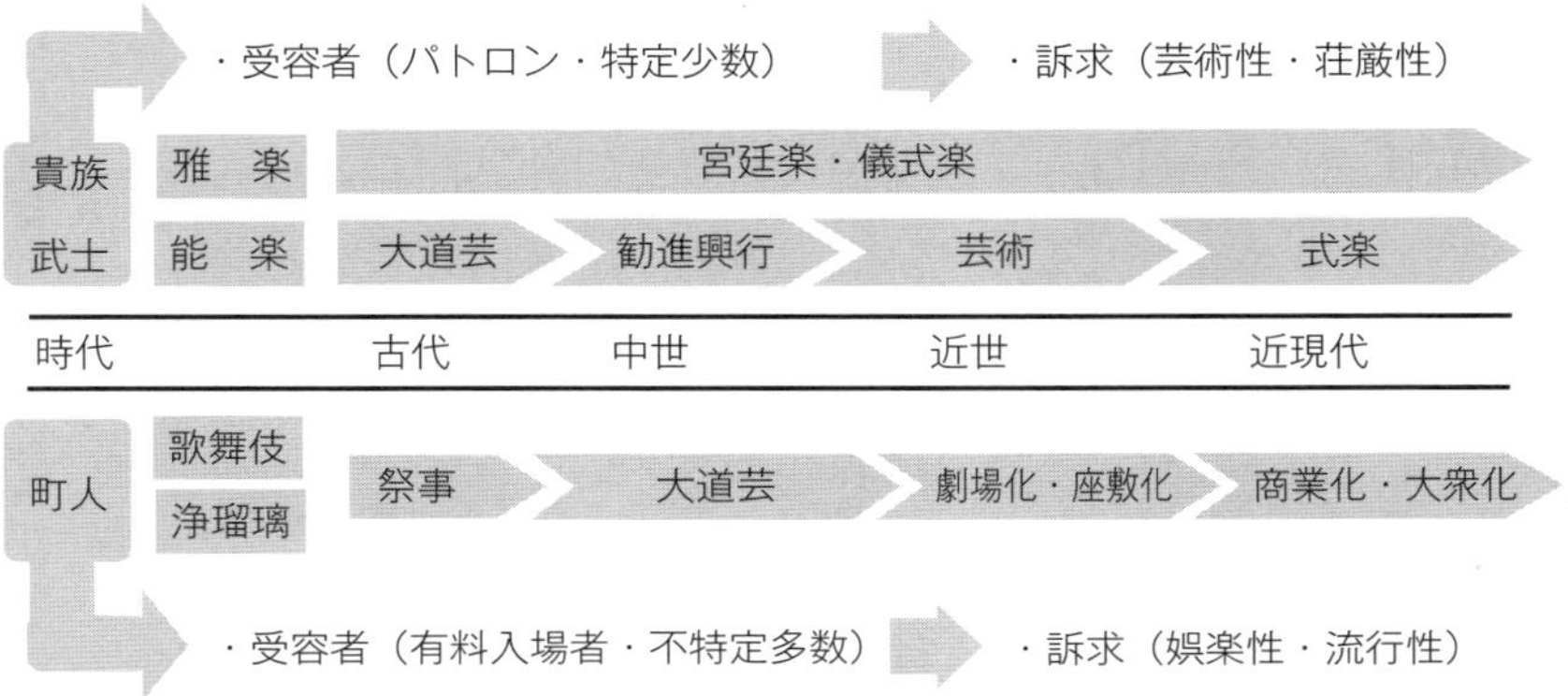

●芸能と二人三脚の邦楽

- 雅楽…舞楽
- 地歌…舞踊
- 謡曲…能
- 義太夫…人形劇
- 常磐津・清元…歌舞伎
- 長唄…歌舞伎

●邦楽の理解

- 何のための音楽
- 関連する芸能の理解が必要

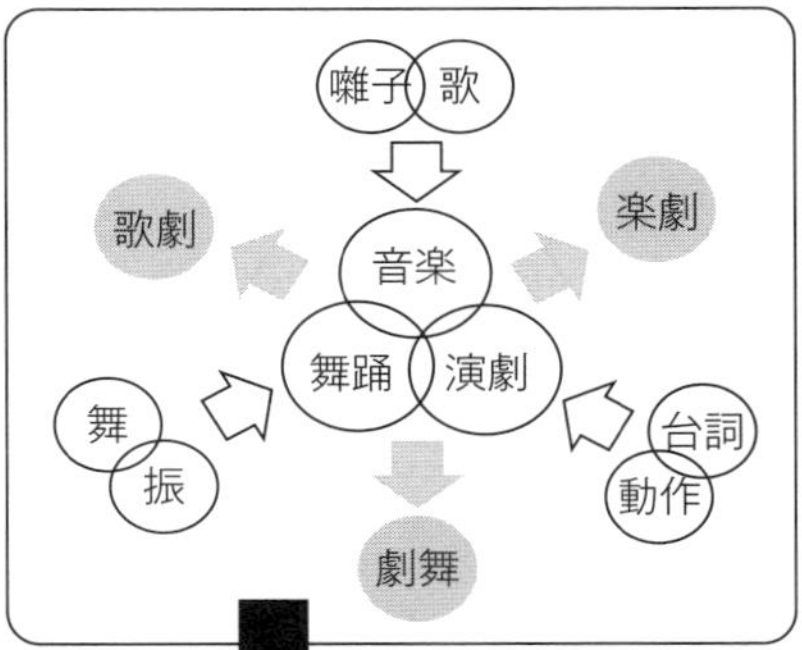

●近世邦楽を育んだ「二大悪所」

●「悪所（あくしょ）」＝仏教でいう「地獄」の意味
誘惑に負け　刻苦勉励を忘れ散財する地獄

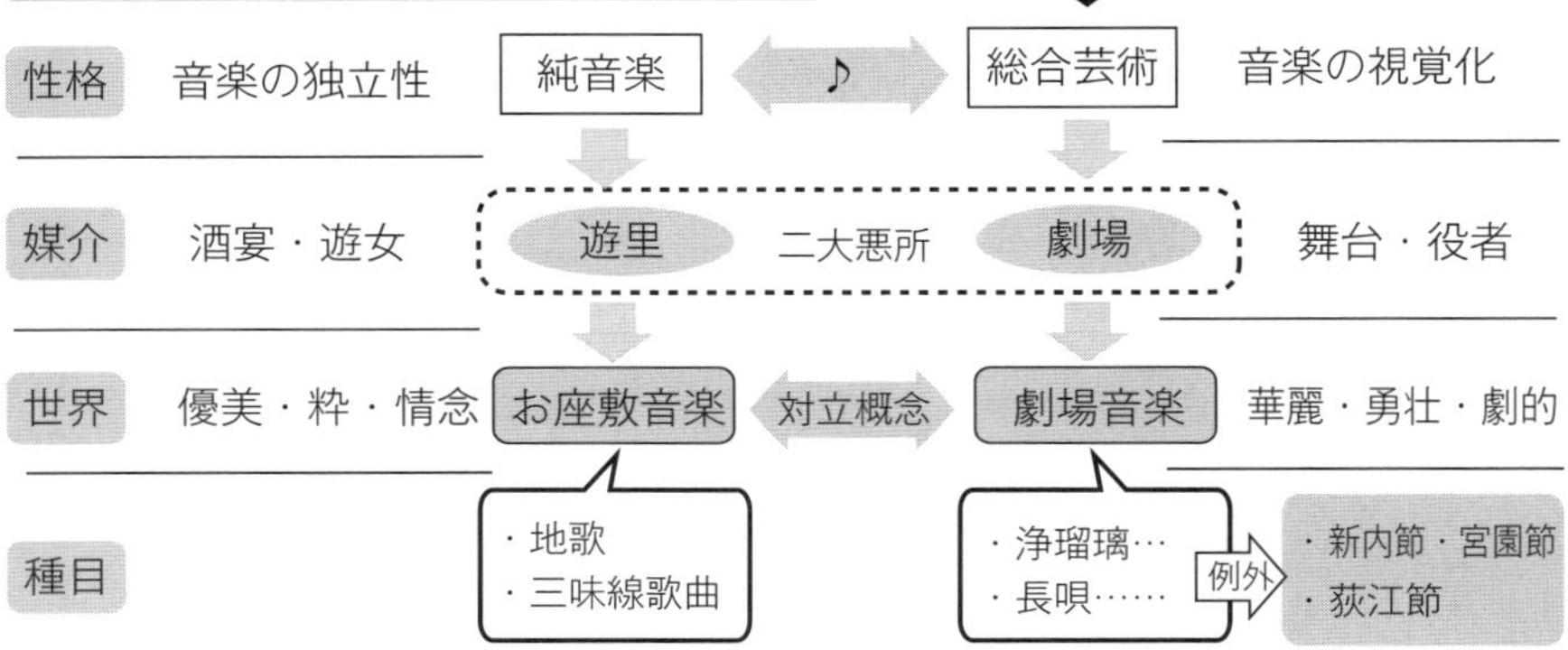

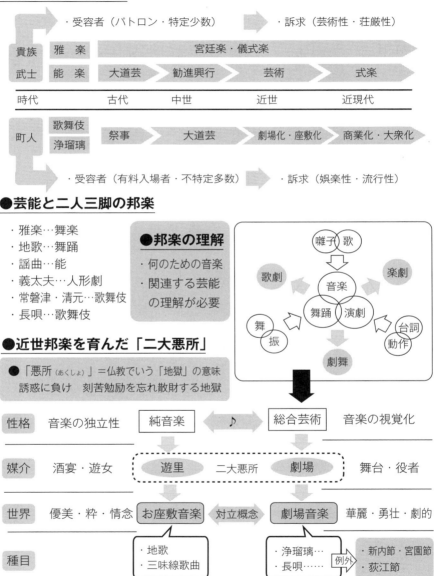

多様な「うた」の世界——うた・歌・唄・哥……

昔から「うた」があったことは前述しました。それには旋律をともなって「うたう歌」と、文芸的な詩形をもった「よむ歌」の二種類があります。前者を「歌《か》謡《よう》」、後者を「和歌《わか》」といいます。ただし中世には今《いま》様《よう》のように、和歌を歌詞にしてうたう歌もありました。

「日本音楽はうたの世界」といっても過言ではありません。それほど多種の「うた」があります。そのためか「うた」にあてる文字も、左頁のようにたくさんあります。中国の『詩経《しきょう》』（魏風《ぎふう》）に「曲ノ楽ニ合スルヲ歌トイヒ、徒歌ヲ謡トイフ」とありますが、これは楽器に合わせてうたうのは「歌」、楽器（伴奏）なしにうたう、徒歌《いたずらうた》（「すうた」とも）のようなものを「謡」（または「謳」）と区別したのでしょう。

「唄」は本来、梵唄《ぼんばい》や如来唄《にょらいばい》など声明《しょうみょう》の一種で、一字一字を長くひいてユリなどの節を多くつけて唱える声楽の用語です。日本のうたには、これら各種のうたの文字がいろいろな意味と用法で使われているため、気をつけないと、とんでもない意味の間違いをおかすことがあります。

左頁にその例をあげましたが、「ながうた」「はうた」などは、同じ呼び方でも「歌」と「唄」では、まったく別な種目の「うた」を意味します。明確な法則があるわけではありませんが、江戸系のうたでは「唄」を用いることが多く、上方《かみがた》系は「歌」を使うことが多いようです。

「歌」と「唄」の用法は、民謡の世界ではさらに混乱しています。民謡が研究の対象となるのは明治以降ですが、同じ種類のうたでも学者によって用いる文字が違っていますが（たとえば稲刈歌・稲刈唄）、現在はどちらもが通用しているのが実情です。

歌・唄同様に、「音曲」・「声曲」・「歌曲」など、「うた」や音楽概念をあらわす用語にも、わずかな差異がありながらも、それぞれに微妙な共通性をもつ、まぎらわしさがあります。この事実は、日本音楽が永い時代を経て生成されてきたあかしです。多少の混乱は致し方ないことなのでしょう。

■うた・歌・唄・哥

●うたの語源

「うた」→「打ちあう」(手拍子を打つ)
→「うったう」(情感を訴える)

●二つの「うた」

歌謡	謡う歌(音楽性)	詞＋旋律
和歌	読む歌(文学性)	音数律

●どれもこれも「うた」

歌	実際にうたわれる歌　楽器にあわせてうたう歌	神楽歌・今様歌・地歌・小歌
謳	斉唱でうたう歌　無伴奏でうたうもの	謳歌
謡	能楽の声楽部分と合唱集団　無伴奏(中国的な用法)	謡曲・地謡・民謡
唄	声明の曲名・分類用語　　江戸系三味線曲の呼称	梵唄・唄匿　・小唄・長唄
哥	能の小段名　古代には「歌」と同義	上げ哥・下げ哥　・哥沢

●まぎらわしい「唄」と「歌」の用法

歌舞伎音楽	長　唄	長　歌	地歌の分類項目名
三味線小歌曲の種目名	端　唄	端　歌	地歌の分類項目名
三味線小歌曲の種目名	小　唄	小　歌	長歌に比べ短い歌・小歌謡
浄瑠璃の曲節をもつ「長唄」	唄浄瑠璃	歌浄瑠璃	人形劇から離脱の浄瑠璃
能の謡曲その合唱団	地　謡	地　歌	三味線音楽の種目名
「長唄」の初期の名称	江戸長唄	江戸長歌	「長唄」の上方での呼名
民謡の種目名	馬子唄	労作歌	民謡の分類名

●「うたう」表現

謳歌《おうか》　古代～中世の「うたう」ことを意味する用語　現代は声をそろえ褒め称える意

歌謡《かよう》　明治以降に「謳歌」に代わり「うたう」ことの用語に　韻文形式の作品の意味も

朗誦《ろうしょう》　声高らかに引き伸ばしや節回しに音高音価など音楽的組織法則をもつ歌唱法

吟唱《ぎんしょう》　音楽的形式はないが節回しや音節の引き伸ばしのあるもの　詩吟や吟詠に

●「うた」の類語

音曲《おんぎょく》　本来は音楽　歌に対し器楽
歌曲《かきょく》　音楽的技巧や変化をもつ歌
声曲《せいぎょく》　近世三味線楽での声楽曲

歌物《うたもの》　地歌で手事(器楽)の対位語
謡物《うたいもの》　地歌の分類用語(謡曲出典)
歌い物《うたいもの》　「語り物」音楽の対位概念
曲物《ごくのもの》　雅楽で声楽に対し器楽曲を

専門用語に化けた日常語
――邦楽固有の用語

日本音楽には、固有の概念をあらわす用語がたくさんあります。しかもそれらは耳新しい専門的な用語ではなく、私たちが日常語として使う「手」「色」といったものと同じですので、なおさら混乱します。それらの固有の概念を理解する難しさは「うた」以上です。そうした固有の用語は純音楽的な意味だけでなく、類型や形式などを区分する用語にまで及びますから、さらに難解です。左頁の例でおわかりのように、これらの用語はどれも日常語です。それが日本音楽の世界では独特の意味をもちます。加えてこれらは種目や場面でまた意味が違ってくることがあります。

「曲」という語は、音楽の旋律という意味のほかに、即興的な作品や器楽の演奏を意味することがあります。「手」も、「何かよい手はないか」など、英語でいえばWAYと同じですから、それゆえ技能・技法の意味に通じるのも納得できる話です。「破手《はで》」から転化した「派手」、会話で多い「合《あい》の手《て》」、政治家や特定人物の演説口調や語り手法などをいう「○○節《ぶし》」など、それが音楽用語であることを意識しないままに私たちは日常的に使っています。

音楽にかぎらず日本の伝統芸能は、その生成過程でいろいろなものを貪欲に摂取してきていますので、一つの演目でも多面的な性格をもっています。それを「物」という用語がよくあらわしています。たとえば歌舞伎舞踊の《京鹿子《きょうかのこ》娘道成寺《むすめどうじょうじ》》は、原典が能ですから「能取物《のうとりもの》」であり、主人公が早変わりするから「変《へん》化物《げもの》」であり、最後に亡霊が大蛇になるので「怨霊《おんりょう》物《もの》」でもあります。音楽も長唄から浄瑠璃各種まで用いますので「掛合物《かけあいもの》」となり、何がなんだかわからなくなります。

これら用語には、さらに微妙なニュアンスの間隙を埋める用語が存在します。「色」という言葉は、「地《じ》」と「詞《ことば》」の中間的な意味合いをもっていますが、さらにそれらの中間を表現する「地色《じいろ》」や「色詞《いろことば》」などという用語があります。アナログ的といわれる日本音楽の体質をあらわす真骨頂の用例です。

■邦楽固有の用語

●音楽用語

	用語	近世邦楽での解釈	本来の音楽的な意味	種目
趣向	曲《きょく》	面白味のある…変わった…即興的な作品や器楽の演奏	「曲がる」から音階が線形に屈曲する…つまり旋律型の意	雅楽・能
器楽	手《て》	器楽の旋律単位　技法・技術さらに器楽の音型・旋律型	楽器を手で叩く・打つの意味から楽曲の特徴的な旋律型を	近世邦楽全般
歌曲	節《ふし》	歌・語り口の旋律型　流儀名特徴ある個人の節回しの名称	「竹の節」のように「区切り」を意味する旋律の区切りのこと	近世邦楽全般
伴奏	地《じ》	伴奏の器楽や合奏のパート名や反復する類型的な旋律型	眼目となるものに対し「背景」特殊なものに対する「基本」	近世邦楽全般
科白	詞《ことば》	語り物芸能で旋律を伴わない会話部分で「節」「地」の対位	「歌詞」「詞章」…歌曲の旋律と対立する文字表現部分のこと	浄瑠璃
脚色	色《いろ》	語り物芸能で高旋律性の地と無旋律型の詞の中間的な存在	原則的なものに対し何らかの脚色を加えた修飾的発声法	浄瑠璃

複雑化する概念

音楽変化にあわせ
隙間を埋める中間
的用語が増加する

●類型区分用語

物《もの》　旋律形やリズム形、主題や形式、曲調や構成
類型的なものをグループ化した名称

・種目を超越……歌い物：語り物／世話物：時代物
・主題作品群……祝儀物・道行物・心中物・浅間物
・特定主人公……曽我物・判官物・助六物・累物
・内容属性………王朝物・お家騒動物・松葉目物
・更なる細分……能(四番目物)…狂女物・執心物・唐物

※類型の下位にまた類型が…

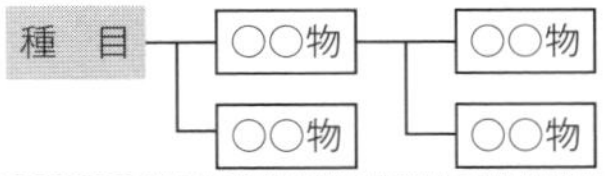

・箏曲……段物・手事物・掛合物
・地歌……作物・浄瑠璃物・謡物
・平曲……平物・習物
・能………初番目物・二番目物

事《こと》　歌舞伎役者の演技・演出に関する類型の名称
最初は能楽の楽式名　今は歌舞伎の用語

歌舞伎舞踊（どれも舞）
・所作事（しょさごと）
・景事（けいごと）
・振事（ふりごと）

歌舞伎様式
・荒事（あらごと）…江戸系・勇壮
・和事（わごと）…上方系・軟柔
・実事（じつごと）…苦悩・辛抱・写実

※能楽（囃子事のうち）
出入事（でいりごと）…立方の登退場の所作
舞事（まいごと）…抽象的で形式的舞
働事（はたらきごと）…表意的要素の舞

歌舞伎演技　・手負事・濡れ事
・怨霊事・化身事

●形式区分用語

段《だん》　音楽的な一つのまとまりをもった単位名称
いくつかの「段」が積み重ねられ一曲（演目）

能は形式区分は「段」ではなく「序破急」　歌舞伎では「段」「場」「幕」　「段物」は邦楽全種目に及ぶ

※段構造の典型（義太夫節）
・初段目＝事件の発端
・二段目＝展開
・三段目＝悲劇の頂点
・四段目＝情勢転換
・五段目＝解決

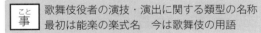

まぬけをきらう音楽——音楽理論と間

日本音楽の理論は、渡来した中国理論を日本化したものです。それに裏づけられた音楽は雅楽《ががく》、声明《しょうみょう》までで、それ以降は体系化しようとする動きはなく、特に声楽が中心となった近世邦楽では個別の曲や演奏のあり方を重視する傾向が強くなり、理論が後追いになる状況でした。近代になって上原六四郎《うえはらろくしろう》（一八四八—一九一三）は、日本音楽が「五音《ごおん》音階」であること、それを「都節《みやこぶし》」（陰旋《いんせん》）と「田舎節《いなかぶし》」（陽旋《ようせん》）の二種に分け、それぞれの音階の上行形と下行形では違う音を用いることを指摘しました。

その後小泉文夫《こいずみふみお》が民謡調査を通して、日本音楽には旋律中にその音楽を決定する音、「核音《かくおん》」の存在を見出し、その核音を含んだ四種類の音階（基本テトラコルド）理論を提示しました。左図の「民謡音階」「都節音階」「律音階」「沖縄音階」がそれです。小泉理論は研究者によって議論はあるものの、現在もっとも普及している日本音楽の音階論といえます。

さらに小泉は民謡リズムについて、「拍」をもつシラビック（歌詞一字一音）の「八木節《やぎぶし》様式」と、無拍でメリスマティック（歌詞一字多音）の「追分《おいわけ》様式」に分類しました。今では民謡にかぎらず日本音楽全体にも、この分類が適用されています。

リズムの最小単位を「拍《はく》」といい、それがまとまって周期的に変化するのを「拍節《はくせつ》」と呼びます。日本のリズムの特徴は、洋楽のような強弱周期ではなく、「表間《おもてま》」（前拍）と「裏間《うらま》」（後拍）という一拍を前後に分けた二拍構成です。これを「拍子《ひょうし》」といいますが、類型化したものには「○○拍子」という特定の名前がつけられています。この拍も時間の伸縮が自在ですので、均等なリズムを刻む洋楽になれた現代人には違和感があるかもしれません。

これらに大きく影響するのが「間《ま》」という独特の感性です。洋楽の休符ではなく、楽音と楽音の間にある時間的空間の「無音《むおん》」という音です。日本音楽は「間」を聴かせる音楽で、これがうまくできないと「間抜け」「間延び」といわれ、台無しになります。

■音楽特性

●音階と小泉理論

■呂と律の五音音階

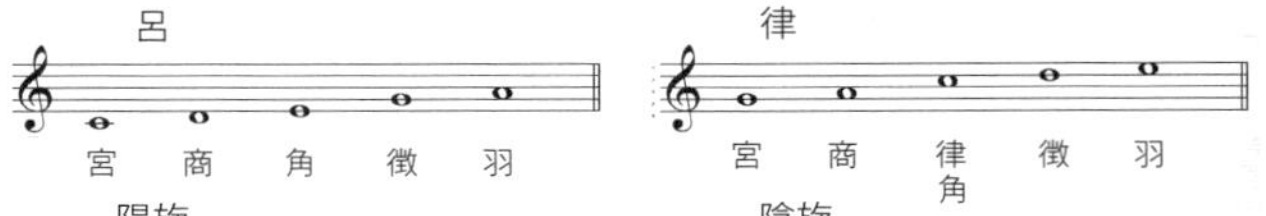

■上原六四郎の
陽旋法と陰旋法

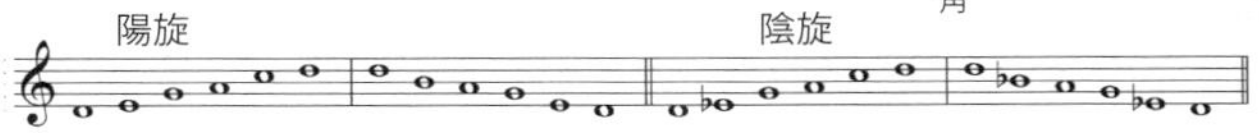

■小泉文夫の
四種のテトラコルド

■民謡のテトラコルド　民謡音階

■都節のテトラコルド　都節音階

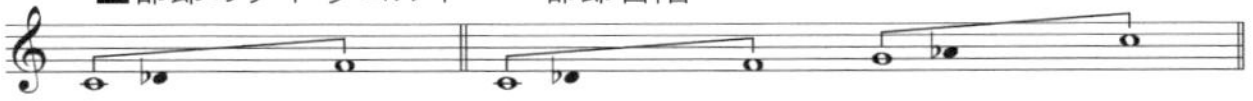

■律のテトラコルド　律音階

■沖縄のテトラコルド　沖縄音階

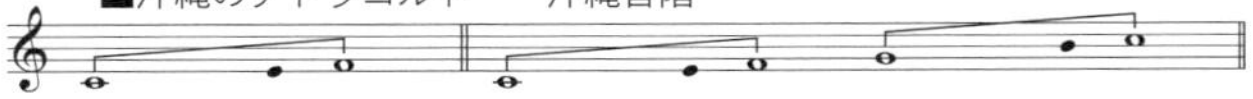

●リズム

■メリスマ様式の典型
追分様式の一例
江差追分節

日本放送協会編『復刻　日本民謡大観
九州篇（南部）・北海道篇』
日本放送出版協会より

■シラビック様式の典型
八木節様式の一例
八木節

日本放送協会編『復刻　日本民謡大観
関東篇』
日本放送出版協会より

●間（ま）

音と音の間に　「無音」という音がある
洋楽でいう「休止符」でなく「間」である
この空間の「長さ」（＝間の取り方）が重要

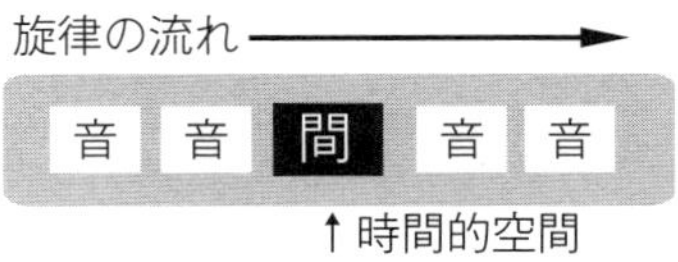

種目・楽器・流派で異なる楽譜
——日本音楽の記譜法

「日本音楽の伝承は口伝《くでん》によるもので、楽譜を用いない」というのは誤解です。楽譜は種目や流派ごとに存在します。ただそれらに共通性があまりありません。

日本最古の楽譜は七四七年の「天平琵琶譜《てんぴょうびわふ》」です。印刷楽譜では「声明集」が一四七二年で、これは西洋で現存する印刷楽譜より一年早い最古のものです。

日本音楽は単旋律のものが多く、西洋音楽のような和声《わせい》とか合奏といったものがあまりありませんから、種目や楽器に共通する楽譜が必要ありませんでした。また音楽種目とその楽器が密接な関係をもっていましたから、種目ごと、その流派ごとに固有の楽譜がつくられていきました。

そのように楽譜があったにせよ、師匠と一対一の口頭伝承による直接指導が原則です。楽譜はメモ程度の役割でしかありません。

日本音楽の学習とは、楽しんでというより「修行」という感覚で学びました。よって演奏技術だけでなく、師弟間の礼節や流派の「しきたり」「作法」までが伝授項目の対象となっています。

しかし江戸末期になって、庶民のなかで音楽愛好者が生まれ、そのお稽古の利便性が要求されるようになり、一般の人にもわかりやすい楽譜が考案され、刊行されるようになります。それらは音楽種目ごとに、さらに流派ごとにつくられます。そのため同じ箏曲や三味線を習っていても流派が変われば、楽譜の記譜方式が違うものになりました。

それらの種類を一覧にしたのが左頁の表です。特長は楽器用の「奏法譜《そうほうふ》」と、歌用の「唱法譜《しょうほうふ》」に分かれていることです。西洋音楽のように、音高・音長などを理論的に教えることはできませんから、「唱歌《しょうが》」、わかりやすくいえば、テン・トン・シャンなど「口三味《くちじゃみ》線《せん》」のような擬音的なものが普及します。

ところでネウマ譜と博士《はかせ》譜（七六頁参照）、ソルミゼーション（洋楽で用いられる階名唱法）と唱歌、時代や洋の東西が離れていても、人間が考える「道具」というものが似ているのには驚きです。

■伝統音楽の記譜法

●「歌」が主　「楽器」は従　両者の関係は不即不離

日本音楽　＝　単旋律の線的構造

和声的音楽　×
器楽合奏　×
⇒　統一的な記譜法は不要
⇩

●音楽の稽古（学習）…

「遊興」　×
「修行」　○

・技術習得の前に
・師弟の礼節
・流派の戒律
・種々の作法

●個別の記譜法が…

・唱法譜と奏法譜で
・音楽種目（楽器）で
・同種目でも流派で

師匠と一対一の…直接の指導が主
これら記譜は「メモ」程度
⇒　**口伝**　が大切

●日本の代表的記譜法

奏法譜　楽器演奏用の楽譜　音高より楽器の操作法を数字・文字・記号で表す

楽譜名	適用楽器	概　要
唱歌譜（しょうがふ）	雅楽～三味線	洋楽でいうソルミゼーションの一種　楽器の擬音で旋律やリズム型を表す
孔名譜（こうめいふ）	篳篥・横笛類	管名譜ともいう　同じ管でも尺八は孔名ではなく指遣い（開閉）名
弦名譜（げんめいふ）	箏	十三弦の「一、二、三～十、斗、為、巾」の弦名を譜字として記したもの
勘所譜（かんどころふ）	三味線・琵琶	左手の弦の押さえ位置（勘所）を譜字で示すもの　譜では音高認識は希薄
粒付譜（つぶつけふ）	打楽器	太鼓や鼓類の打音の最小単位を「粒」とよびこれらリズムを記したもの

唱法譜　歌の唱法専用譜　大半が詞章の記述のみで旋律の高低の不記載が多い

楽譜名	適用音楽	概　要
博士譜（はかせふ）	声明・催馬楽	ネウマ譜と同じ　歌詞の脇に旋律の高低を直線や曲線で視覚的に表す
胡麻譜（ごまふ）	早歌・平曲・謡	詞章の脇に棒状に近い点で表す　シラビックな曲に多い　音階名併記も
曲節譜（きょくせつふ）	浄瑠璃・長唄	旋律の類型を「曲節」といい　胡麻点や音階名と共に曲節名を記したもの
併記譜（へいきふ）	箏曲・長唄	分類名称ではない　奏法・唱法を併記のもの「歌の弦名（勘所）譜」などと

師匠といえば親も同然……

——流派と家元

日本の伝統芸能が永い歴史のなかで古格《こかく》を継承できたのは、家元《いえもと》制度のおかげといっても過言ではありません。流派や家元（家本）という組織構造は、日本人の精神の根本に「家」という概念があるもので、これは芸能にとどまらず宗教・政治・経済・文化の各方面に及んでいます。

芸能などで独自の優れた技能や芸風などを開発し、その開発者のもとに弟子が集まって後代に伝承される一流を形成するようになった場合、その集団を「流派」といい、総師《そうすい》を「家元」といいます。

家元は、組織の家父長的存在として、原則は代々世襲で継承されます。種目によっては必ずしも血族とはかぎりません。その「流」が発展するなかで芸の改良や新機軸の再開発がおこなわれ、流のなかに「派」が形成されます。この連続のなかで実力のある弟子が家元の印可《いんか》を受けて分家的な家元となり、その繰り返しから「完全相伝《かんぜんそうでん》」という伝承形式で分裂していきます。

江戸後期には芸能の大衆化により、素人《しろうと》を含め弟子が増大します。彼らの指導は名取《なとり》師匠《ししょう》という中間教授職が担い、伝承免許は家元だけがおこなうという、分業化された組織管理体制の「家元制度」が発達します。

この管理システムは、教授料・免許料など莫大な利権をともないますから、その権力をめぐって流派内の紛争や分裂が多発します。その結果、現代では、小唄や日本舞踊の分野では分派の連続によって百を超える家元が乱立しています。その反面、荻江節《おぎえぶし》や宮薗節《みやぞのぶし》などのように、伝承を絶やさない努力で目一杯の家元もあります。

雅楽では楽器別に数百年もの間、「家の芸」としてそれぞれが守っていますし、能楽のシテ家系など家元制度の厳格な保持体制は、分裂はおろか数百年にわたり役種も不可侵になっています。

こうした制度があったため古格が守られたという利点もありますが、それを保持するために他種目や他流との交流を禁じ、タテ社会構造を継続させたがゆえに、結果的に時代の流れに即応できない例もあります。

■流派・家元

●家元の性格

①絶対権力者（相伝権・免許権を独占）
②隷属的身分関係の多層構造上に君臨
③擬制的な家族的結合で拘束力絶大
※世襲性が原則（血族でない芸養子も）

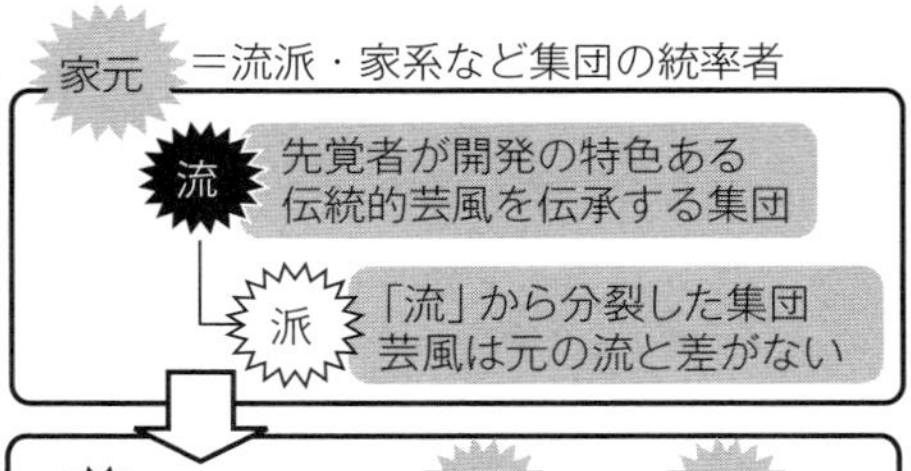

●分家的家元

・流の実力者が家元に準ずる技能・権力保有の分家（派）を構成、世襲的伝承を
・分家要因（家元承認・家元血縁断絶自然発生的・客観的事実・家元と抗争）

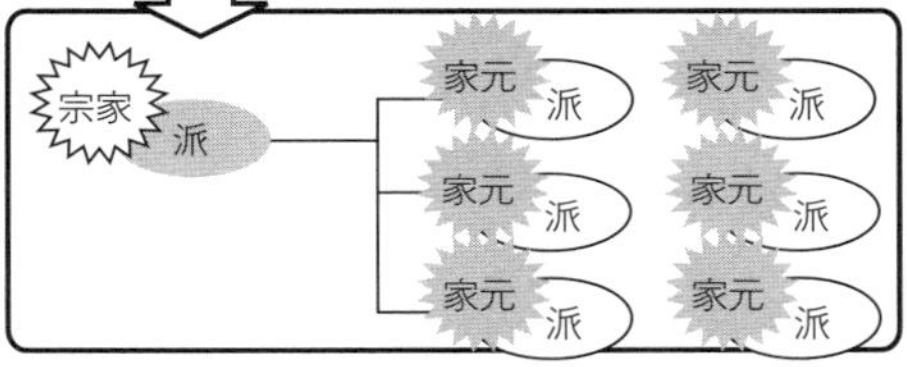

●名取制度

・技能が上達し専門家として独立相当と家元が認めたとき、印可（免許）を受け家系固有の芸名を与えられるもの
・教授権はあっても伝授権はもたない
・そのため弟子を育成し名取格まで養成しても認可料はすべて家元のところへ
・それを要因の分派独立などモメ事多数
・素人が生徒の三味線・箏曲・尺八に多い

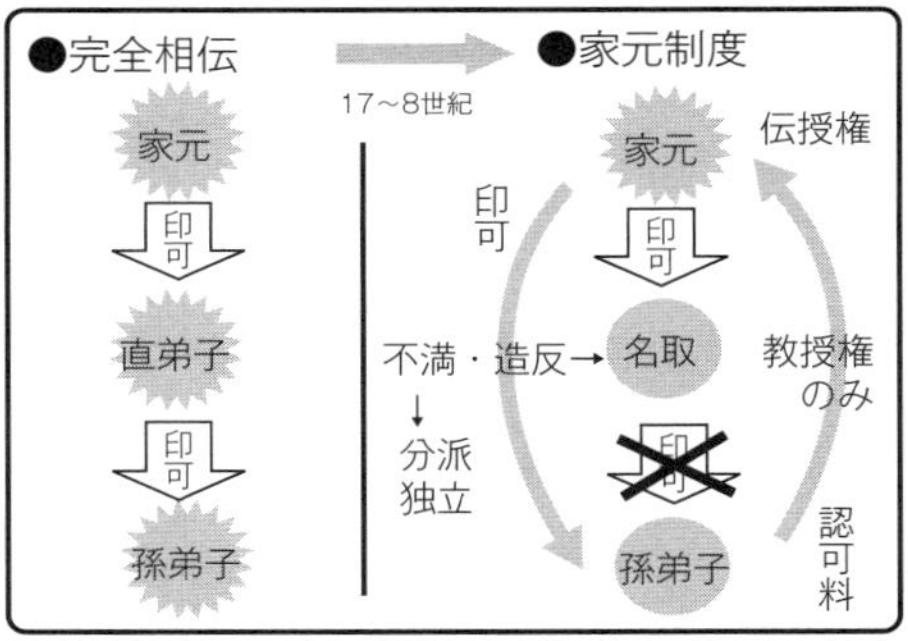

●家元（家本）

・奈良期の雅楽（多家）鎌倉期の歌道（冷泉二条家）などが最初
・室町期には能楽シテ系（観世・金春・金剛宝生・喜多流）を始めとし　伝授系が発生
・江戸期になり茶道（千家・藪内家）から神道・陰陽道・修験道華道・香道・舞踊から囲碁・将棋・書画など各方面にわたる

種目	流儀	派・会名	芸名・襲名
地歌箏曲	生田流 山田流	正派邦楽会・宮城会・双調会 山登・山木・山勢	菊筋・富筋・中筋 姓に「山」の字
尺　八	琴古流 都山流	竹友社・寿会・竹盟社・鈴慕会 財団法人に一本化	名に「童」が多い 名に「山」の字
浄瑠璃	常磐津 清　元		姓は常磐津のみ 姓は清元のみ
文　楽	太夫 三味線 人形遣	竹本・豊竹 竹沢・鶴沢・野沢・豊沢 吉田	姓は竹本・豊竹 姓に「沢」の字 姓に「吉田」
長　唄	杵屋系 囃子系	杵六派・杵栄派・杵勝派・佐吉派 田中家	姓は皆「杵屋」 「田中」
琵　琶	薩　摩 筑　前	正派・錦心流・錦琵琶 旭会・橘会	名に「錦」「水」 名に「旭」が多い

地方舞楽（鄙舞楽）《太平楽》
糸魚川市・天津神社［撮影／新田義人］

第二章

雅楽

三つまとめて……——日本の雅楽

雅楽《ががく》とは、千数百年もの歴史をもつ、日本が世界に誇る芸術音楽である……といっても、実際に見聞きした経験のある人や、具体的に説明できる人は少ないのではないでしょうか。

神前結婚式で普段は耳慣れない笙《しょう》や篳篥《ひちりき》の音を聞いて、「ああ、これは雅楽だ」とわかる人のほうが珍しいでしょう。それほど雅楽は現代の日本人にとってなじみのない音楽になってしまっています。

その理由は、皇室の儀式や大きな寺社の特別な祭礼のような場面を除いて、一般の人は雅楽をなかなか見聞きする機会がない、そんな特殊な音楽世界だからです。たまにテレビの正月特別番組などで「舞楽《ぶがく》」などを見る機会があっても、そこで見る仮面や衣装、そして舞や音楽が、演目によっては「これも日本の文化なのか」と思われるほどエキゾチックなものもあれば、日本古来の神事を見るようなものもあるため、雅楽をなおさらわかりにくいものにしています。

春秋《しゅんじゅう》時代（前八世紀ごろ）の中国で、孔子の説く礼《れい》楽《がく》思想に基づき祖先をまつる祭祀《さいし》音楽「雅声《がせい》」が生まれます。それが漢代（前二世紀ごろ）に宮廷音楽である舞楽「雅楽」が確立するもととなります。雅楽は朝鮮・ベトナムなどアジア諸国に伝わり、それぞれの国情にあわせて儀式音楽、宮廷音楽として発展しながら、やがて複数の国を経由して日本にまで伝来します。

日本には大昔からオリジナルの儀式音楽がありました。そういった古来のものと外来の音楽文化とが、日本が国家として体裁を整えていく過程で折衷されながら、アジア諸国とは違う「日本の雅楽」が形成されていきます。

つまり日本の雅楽とは、一つの様式を指すものではなく、左図に示したように生まれも育ちもまったく違う三種の音楽文化が集合したグループの総称なのです。これら三種の異質な音楽文化は、その奏演場面、使用目的、音楽的性格などが明確に区分されていて、使い分けられながら現代までに伝承されています。

雅楽とはそんな稀有な音楽文化なのです。

■日本の雅楽

雅楽 とは

- 神道系皇室行事を中心とした古代祭祀より発生した儀式楽
- 1300年の歴史を現代まで伝承する世界最古の音楽
- 現代は「ががく」古くは「うたまひ」と発音も

●中国では

雅楽 =「雅声の楽」 =上品で正しい音楽

- 孔子『礼記(らいき)』=古代の儒教的音楽論
音楽はたんに美しいとか芸術的だけではなく　道徳的にも立派なものがよい

礼楽思想
「礼」=社会の秩序をなす儀式
「楽」=人心を調和する音楽

●音楽的性格

- 荘厳具　律令国家の威信装備
- 儀礼音楽　宮中祭祀の儀礼式楽
- 宮廷音楽　外来賓客への宴饗楽
- 芸術音楽　世界最古の芸術音楽

➡ 宮中儀式のみならず…
神社の祭礼
寺院の法要
とのコラボレーションも

●「日本の雅楽」は　一つの音楽様式ではない

三種の異質な音楽　の集合体の……総称

	目的	形態	時代	発生	主たる場面
国風歌舞	祭祀	歌舞	先史	神話	宮中儀式
大陸系舞楽	鑑賞	舞楽	奈良	大陸	法要祭礼
雅楽歌謡	御遊	歌謡	平安	公卿	管弦付帯

生まれも
育ちも
まるで違う
音楽種

左舞(萬歳楽、平成16年10月、宮内庁楽部)

右舞(延喜楽、平成18年4月、宮内庁楽部)

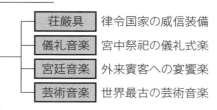

導入・そして日本化——雅楽はマルチボックス

昔の日本では雅楽と書いて「うたまひ」と読んでいました。文字どおり「歌と舞」の意味だったのでしょうが、外来音楽によって歌と舞に「楽」、つまり器楽の演奏が加わることになります。

大陸と日本との交流は、西暦五七年に倭奴国《わのぬのこく》の王が後漢《ごかん》に遣使を派遣し光武《こうぶ》帝から金印《きんいん》を受けた、という記述がもっとも古い記録です。しかし稲作をはじめ青銅器や鉄器などの伝来時期を考えれば、それ以前から交流があったことは疑問の余地がありません。その後、三国《さんごく》時代の魏《ぎ》へ卑弥呼《ひみこ》が、また東晋《とうしん》へ倭王讃《さん》が使者を送り、交流は絶えることなく続きます。特に隋・唐の時代には遣唐（隋）使の往来が頻繁になり、音楽を含めあらゆる大陸の先進文化が日本にもち込まれます。

最初は、外来の文化はそのままのかたちで受容されますが、やがて日本の風土や習俗にあわないものを修正・改善し、日本化していきます。これは現代も変わらない日本的な異文化の咀嚼《そしゃく》方法です。

音楽の場合、中国だけでなく複数の国から、しかも各国の国情を反映したものが氾濫ともいえる状態で奈良時代に一挙に流入してきます。それらは宴饗《えんきょう》用の舞楽が中心でした。というのも、いわゆる儀式音楽は、日本ではすでに厳然として存在していたため導入されなかったのです。しばらくの間、日本古来の音楽と渡来音楽が同居したかたちで演奏され、学習されていきます。

特に王朝文化の華やかな平安時代には、貴族や公家たちが舞や楽を「知」の象徴とみなしたため、天皇を含む宮廷中にこれらをマスターしようとする気風が生まれます。なかには名人とされる貴族も数多く出現して、楽曲の創作までを手がけるようになります。そうなれば外来のままではなく自国の宮廷制度にあった「日本の雅楽」整備の必要性が生まれます。

後に「楽制《がくせい》改革」とも呼ばれる宮廷音楽の日本化活動がそれです。すなわち平安のニュー・ウエーブが古来の音楽と伝来の音楽を整理統合することによって、現代に伝わる日本の雅楽が確立することになります。

■日本の雅楽はマルチボックス

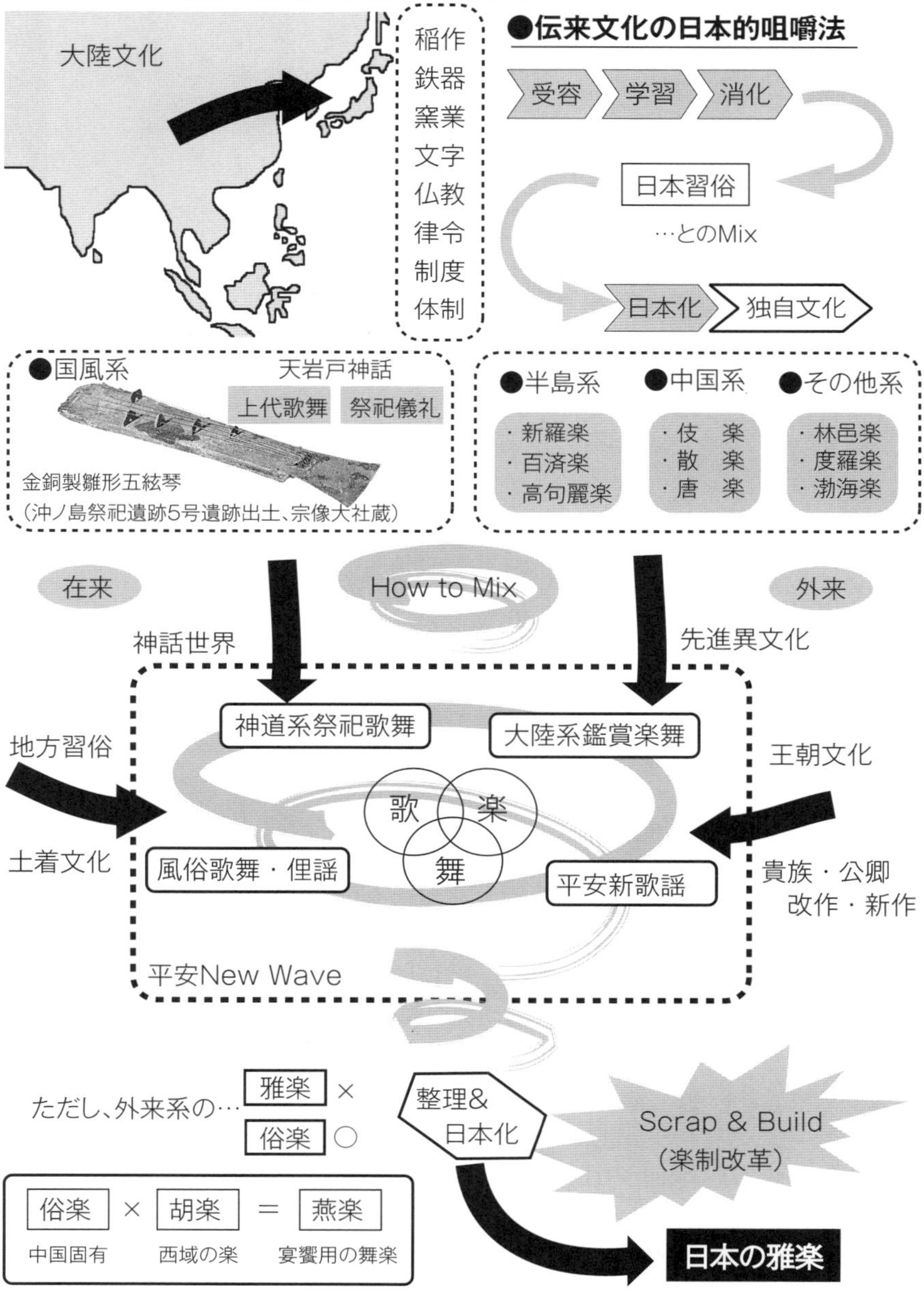

倭のクニにはウタとマヒが……
——日本の古代音楽

大陸から輸入される前から、すでに日本にはウタ（歌）とマヒ（舞）はあったといわれます。

三国時代（三世紀ごろ）に書かれた『魏志倭人伝《ぎしわじんでん》』にも、日本では「お通夜の場面で寄り集まった人が歌ったり踊ったりして酒を飲む」と記されています。農耕民族である日本人は、五穀豊穣《ごこくほうじょう》を祈願する田植祭、同じく農耕儀礼にまつわる民衆の祭りのなかでおこなわれた「歌垣《うたがき》」など、歌と舞に親しんでいたのです。

そうした事例の痕跡は、『古事記』や『日本書紀』に残された二百首を超える記紀《きき》歌謡や、『万葉集』、風土記などにおさめられた古代歌謡のなかに数多くみとめられます。それらのなかには、詠む歌である三十一文《みそひとも》字《じ》の短歌形式とは違った、言葉（歌詞）と音楽（旋律）、そして所作《しょさ》（舞踊）までが結びついたと考えられる歌謡が散見されます。たとえば『古事記』にある《八千《やち》矛神歌《ほこがみのうた》》の冒頭部分のように、一首が四十句二十行の歌詞で、しかも正確に二句ずつ区切られた掛合《かけあい》形式になっているものがあります。歌詞の内容から、男女が互いにうたい、舞ったものと考えられます。

記紀の「天岩戸《あまのいわと》神話」における天鈿女命《あまのうずめのみこと》の歌舞も、神話の世界とはいいながら、見方を変えれば大昔から歌・舞は日本の習俗として広く定着していたことのあらわれと解釈できます。記紀のほかの個所に、また風土記などの古文書にも、歌とセットになっている舞の名称が数多く記載されております。

考古学の世界では、道具類と一緒に古代楽器がたくさん発掘されています。皮を張ってツヅミとして使われたのではないかと推測される縄文土器の壺、石や土でできたフエやスズ、全国各地の弥生遺跡から発掘された古代琴や銅鐸《どうたく》などがそうです。出雲神話に大国主《おおくにぬしの》命《みこと》がスセリヒメを馬にのせて脱出する際にコトを抱えて……という記述がありますが、コトを持つ埴輪の発掘によって、小型サイズの古代琴の存在が証明されつつあります。

洋の東西を問わず神話といえどもすべてが架空の話ではない、という言に妙に納得させられます。

■古代日本の固有音楽

	歌謡	楽・舞	楽器
弥生時代 古墳時代 飛鳥時代	・記紀歌謡 ・万葉集歌謡 ・風土記歌謡 ・法会歌謡	・天岩戸伝説 ・「歌垣」 ・「踏歌」	・フエ　(石・土・竹) ・コト　(木ー5弦) ・ツヅミ(土ー丸胴) ・スズ　(木の実・土) ・ヌリデ(青銅)

弾琴人物埴輪(埼玉県舟山古墳出土　埼玉県立さきたま史跡の博物館蔵)

雅楽 ＝ うたまひ ＝ 歌と舞 ＝上代日本に不可欠な習俗

●天岩戸神話

高千穂・天岩戸神楽
(撮影／新田義人)

「御神楽之儀(みかぐらのぎ)」は　『古事記』『日本書紀』の記述の「天岩戸神話」が起源　天照大神(あまてらすおおみかみ)が素戔嗚尊(すさのおのみこと)の乱行にたまりかね　高千穂の天の岩屋にこもると世は闇になった　その時に天鈿女命(あまのうずめのみこと)が神憑(かみがかり)して肌もあらわに舞ったのを　囃す神々の声で天の岩屋戸が開いた…という神話　このウズメの歌舞が日本音楽や日本の芸能の発祥とされる

●歌垣(うたがき)

大昔の「合コン」　男女が集り掛合でうたい舞う求愛習俗
　一種の求婚の場で　性的な解放の場である　後に宮廷に入り大陸渡来の「踏歌」と合流し儀式化した歌舞となった

御田植祭(一宮市・真清田神社　撮影／新田義人)

●田植祭

五穀豊穣を祈念し田植祭などが盛大になり芸能化した
　もちろん歌舞付が条件で収穫時も歌舞のついた祭礼

●古来の歌と舞

歌 ⇒ 神《かむ》語《がたり》　思国歌《くにしのびうた》　酒楽歌《さかぐらうた》　久米歌《くめうた》　天語歌《あまがたりうた》　志都歌《しずうた》　尻上歌《しりあげうた》　宮人振《みやびとぶり》　田《た》歌《うた》　神楽歌《かぐらうた》　東《あずま》歌《うた》

舞 ⇒ 国栖奏《くずのそう》　筑紫舞《つくしまい》　諸県舞《もろがたのまい》　久米舞《くめまい》　吉志舞《きしまい》　楯伏舞《たてふしのまい》　隼人舞《はやとのまい》　倭《やまと》舞《まい》　田《た》舞《まい》　御神楽《みかぐら》　東遊《あずまあそび》

古代のグローバリゼーション——大陸よりの伝来音楽

外国の音楽文化はまず朝鮮半島からやってきます。『日本書紀』によれば、五世紀半ばの允恭《いんぎょう》天皇の葬儀に新羅《しらぎ》から楽人多数が参列し新羅楽を演奏したとあります。その後六世紀には百済《くだら》から、七世紀には高句麗《こうくり》から朝鮮半島の国楽が導入されます。六八三年には飛鳥《あすか》の宮廷で朝鮮三国楽の演奏会が催されたと伝えられています。

同じころ百済の味摩之《みまし》によって伎楽《ぎがく》が伝えられます。伎楽は「呉楽《くれのがく》」（くれのうたまい）とも呼ばれ、本来は中国の呉の仮面劇でした。百済人の味摩之がどのようにしてこれを修得したのか不明です。仏教思想によって国の安寧《あんねい》を願う聖徳太子は伎楽を奨励し、それが寺院の法会などに結びついて、飛鳥時代には三韓楽とともに伎楽も盛んに演ぜられました。

八世紀のはじめ、今度は唐から体系化されたハイレベルな楽理や楽舞、加えて楽器や楽人までが伝来し、藤原京で《五常楽《ごしょうらく》》《太平楽《たいへいらく》》などが上演されます。日本にはすでに儀式楽があったために、唐から受け入れたものは、祭祀楽ではなく燕楽《えんがく》という宴饗用の楽舞でした。中国固有の音楽は三～六世紀にシルクロードを経て西域から流入してきた胡楽《こがく》の影響によって大変革が起こりました。琵琶や篳篥《ひちりき》などの新しい楽器の採用、ペルシャやインドの音楽舞踊の要素などが俗楽と融合して燕楽が発生し、唐代には大成します。それが日本に伝来したのです。

奈良時代になると朝鮮・中国だけでなく大陸のあちこちから楽舞の伝来が続きます。林邑《りんゆう》の僧「仏哲《ぶってつ》」によって伝えられた林邑楽、当時の中国東北部にあった渤海《ぼっかい》国の楽舞、そして今なお所在地が謎である度羅楽《とらがく》など、八世紀中には東南アジア全域から日本に音楽文化が流れこんできました。これだけ外来楽が流入しても日本固有の国風歌舞《くにぶりのうたまい》はすたれることなく、皇室中心の儀式楽としての役目を今日まで担ってきました。

千数百年も前の時代に、日本の雅楽が形成される過程で、これほどの文化のグローバリゼーションが起こっていたとは、本当に驚かされます。

■大陸よりの渡来音楽

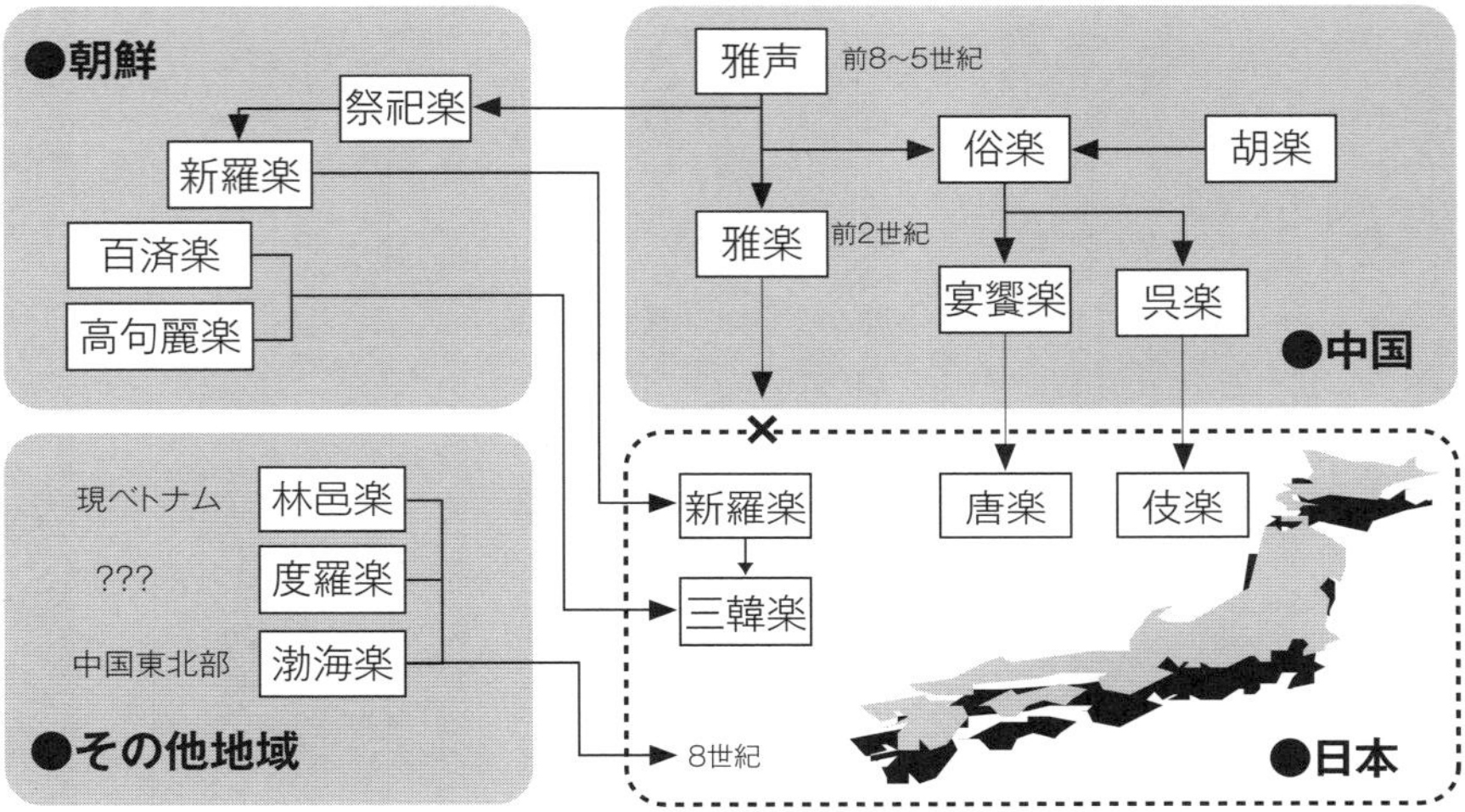

●その種目と概要

楽名	初見	摘要
伎楽《ぎがく》	612年	中国の仮面楽劇で「呉楽」(くれのうたまい)とも　仏教興隆に聖徳太子が輸入を奨励　雅楽に直接の影響はない
三韓楽《さんかんがく》	—	新羅楽・百済楽・高句麗楽の総称　正しくは「三国楽」とも　「三韓」とは一世紀頃の馬韓・弁韓・辰韓を指す
新羅楽《しらぎがく》	453年	「三韓楽」の一つで舞楽　大陸からの伝来音楽として記録上最古のもの　九世紀には高麗楽に統合される
百済楽《くだらがく》	554年	同じく「三韓楽」の舞楽　伝来記録は新羅楽の百年後だが　実際はもっと早いとも　後に高麗楽に統合される
高句麗楽《こうくりがく》	618年	七世紀初頭(推古天皇の時代)に舞師が来日の説も　後に右方舞の意味の「高麗楽」と混同されるが別物
唐楽《とうがく》	701年	唐楽は中国唐代の「俗楽」のことで胡楽とも　日本化により左方を総称することで意味が拡大した
度羅楽《とらがく》	731年	度羅国は韓国済州島など諸説あるが不明　『続日本紀』などに舞の名称あるも　内容や音楽は不明
林邑楽《りんゆうがく》	736年	林邑国は現ベトナム北部チャンパ国　「天竺楽」と同説もある　伝来経路に直接と中国経由の二説あり
渤海楽《ぼっかいがく》	727年?	渤海国は中国東北地方で朝鮮の北に位置し交流は頻繁だった　右方に統合も原型の舞や音楽は不詳

百年がかりのジャパナイズ——平安の改革

外国からの音楽輸入ブームは平安初期ごろでほぼ終わります。遣唐使制度の廃止などによる理由もあるかもしれませんが、その背景には、「雅楽寮《ががくりょう》」(「うたまいのつかさ」とも)という研修施設の整備と学習の成果、平安貴族が教養として奏楽や演舞に励んだこと、特に自らも作曲をする仁明《にんみょう》天皇や日本初の本格的作曲家といわれる大戸清上《おおべのきよかみ》、尾張浜主《おわりのはまぬし》などの天才の出現を得て、外来曲の改作や新曲の作曲などが盛んになったことがあります。そして雅《みやび》な王朝文化に適合しない部分などは、日本の風土にみあった格調高い音楽に改変しようという風潮が生まれ、平安の音楽改革運動が始まりました。

改革のポイントは左図の五項目に集約されます。まずは流入にまかせた外来楽を分離・統合して唐楽《とうがく》(左方)と高麗楽《こまがく》(右方)に二分し、楽曲を整理・国風化したことです。そのなかには廃曲されたものもありますが、国産の新曲もあります。この段階で伎楽は宮廷と無縁になります。次は楽器の整理です。渡来楽器で音質や音域が重複するもの、まれにしか使わないもの、日本的趣向にあわない音色をもつ楽器が廃され、吹物《ふきもの》五、弾物《ひきもの》三、打物《うちもの》六の十四種に絞り込まれます。三番目は煩雑な楽理の簡素化、日本化です。六十種にもなる中国の音階の調子を六調子《ろくちょうし》に集約、音名を日本式にする大胆な改革です。第四は、演奏披露を天皇臨席のもとでおこなう「御遊《ぎょゆう》」の定例化です。これは、改革の旗頭であった貴族たちの音楽的な技量向上と雅楽を高尚な趣向にするためです。この改革から舞を抜いた「管絃《かんげん》」が生まれました。

最後は、漢詩に旋律をつけ管楽器を伴奏にうたう「朗詠《ろうえい》」、民謡・馬子唄《まごうた》を優雅な雅楽風にアレンジし管弦の伴奏でうたう「催馬楽《さいばら》」など、平安王朝文化ならではの創作活動です。こういった改革によって日本の雅楽は完成をみます。

この「改革」は仁明天皇の時代に始まりましたが、完成するまでにほぼ百年かかったものと考えられています。さすがに平安時代、ゆったりしたものです。

■平安の国風化

●楽制改革

仁明天皇代(在位833–849)

①左右舞楽への整理・統合 →

楽曲の国風化

国風化

唐　楽／林邑楽　統合 → 唐　楽　左方

三韓楽／渤海楽　統合 → 高麗楽　右方

②楽器と編成の簡素化 →

廃止楽器

- 管楽器　尺八《しゃくはち》・莫目《まくも》・大篳篥《おおひちりき》
- 弦楽器　五弦《ごげん》・箜篌《くご》・阮咸《げんかん》・新羅琴《しらぎこと》
- 打楽器　方響《ほうきょう》

③音組織の日本化・簡素化 →

(音階・音名)

呂音階	壱越調 D	双　調 G	太食調 E
律音階	平　調 E	黄鐘調 A	盤渉調 H

漢名	洋名	和名
黄鐘《こうしょう》	D	壱越《いちこつ》
大呂《たいりょ》	D#	断金《たんきん》
太簇《たいそう》	E	平調《ひょうじょう》
夾鐘《きょうしょう》	F	勝絶《しょうぜつ》
姑洗《こせん》	F#	下無《しもむ》
仲呂《ちゅうりょ》	G	双調《そうじょう》
蕤賓《すいひん》	G#	鳧鐘《ふしょう》
林鐘《りんしょう》	A	黄鐘《おうしき》
夷則《いそく》	A#	鸞鏡《らんけい》
南呂《なんりょ》	H	盤渉《ばんしき》
無射《ぶえき》	C	神仙《しんせん》
応鐘《おうしょう》	C#	上無《かみむ》

④「管絃」の成立と「御遊」 →

- 貴族・公卿の詩歌管絃の必須教養化
- 貴族による管絃の演奏や演奏会の開催

- そうした場面の定例化→「御遊」
- 繊細で密度の濃い日本音楽の追求→「管弦」

「管絃絵巻抄」(部分　宮内庁蔵)

⑤平安の創作活動 →

- 音楽理論の理解と日本的情緒の追求
- 本格的な作曲家・演奏家の出現
- 音楽直輸入時代が終焉→新作・改作

催馬楽　朗　詠　の創作

御自身も造詣深い‥‥仁明天皇《にんみょう》(810~850)

日本最初の本格作曲家‥‥‥大戸清上《おおべのきよかみ》(?~839)

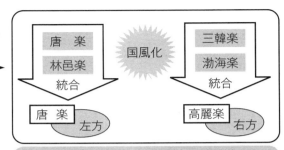

千年の楽舞 ——現行の雅楽

左頁は、現代に息づいている「日本の雅楽」の分類図です。平安中期に雅楽の改革がおこなわれて以来の約一千年間、ほぼこの姿で現代まで伝承されてきました。

朝鮮や中国など大陸には雅楽をもつ国は数多くありましたが、ほとんどが伝承の中断、あるいは断絶状態の期間があり、連続した伝承は日本だけです。時間軸の長さを考えれば、日本の雅楽は世界でも類をみないすごい音楽文化であることは間違いありません。

これまでも説明しましたように、雅楽は成立系統からみて三つに大きく分けられます。

一つめは日本古来の祭祀《さいし》音楽であった「国風歌舞《くにぶりのうたまい》」です。研究者によっては神道系祭式歌舞《しんとうけいさいしき》、上代《じょうだい》歌舞、あるいは士風《しふう》歌舞などとも呼ばれ、主として皇室関連の儀式に用いられるものです。

二つめは大陸からの「外来楽舞《がいらいがくぶ》」で、宴饗《えんきょう》に供されるものです。左（唐楽《とうがく》）右（高麗楽《こまがく》）に二分され、唐楽にのみ「管絃」があります。大陸系楽舞または大陸系鑑賞芸能と呼ぶこともあります。大陸系の楽舞は、厳粛さを基調とする国風歌舞と違い、宴饗あるいは鑑賞という名称がつくように、儀式性より芸能的な趣があります。仮面や装束は目にも鮮やかな色彩でエキゾチシズムが横溢したものです。舞も静かなものから勇壮なものまでと、バラエティーにあふれています。

舞楽・管絃ともそうした趣向から、古い時代に仏教法会や神社祭式などと結びつき、法会や祭式の荘厳性や祭礼における娯楽性などを盛りあげる重要な役割を担っています。

三つめが舞のともなわない「雅楽歌謡」です。漢詩や和歌を詠むのは貴族の必須教養ですが、さらにこれらに雅楽風の旋律をつけて優雅にうたうというのが流行しました。前の二つに較べれば時代もずいぶんと新しいうえに、風俗歌なども取り込むなど先進性がみられ、平安新作歌謡などとも呼ばれます。

歌・舞・楽で構成される雅楽ですが、種目によってさまざまなパターンがあるのです。

■現行の雅楽

●成立系統

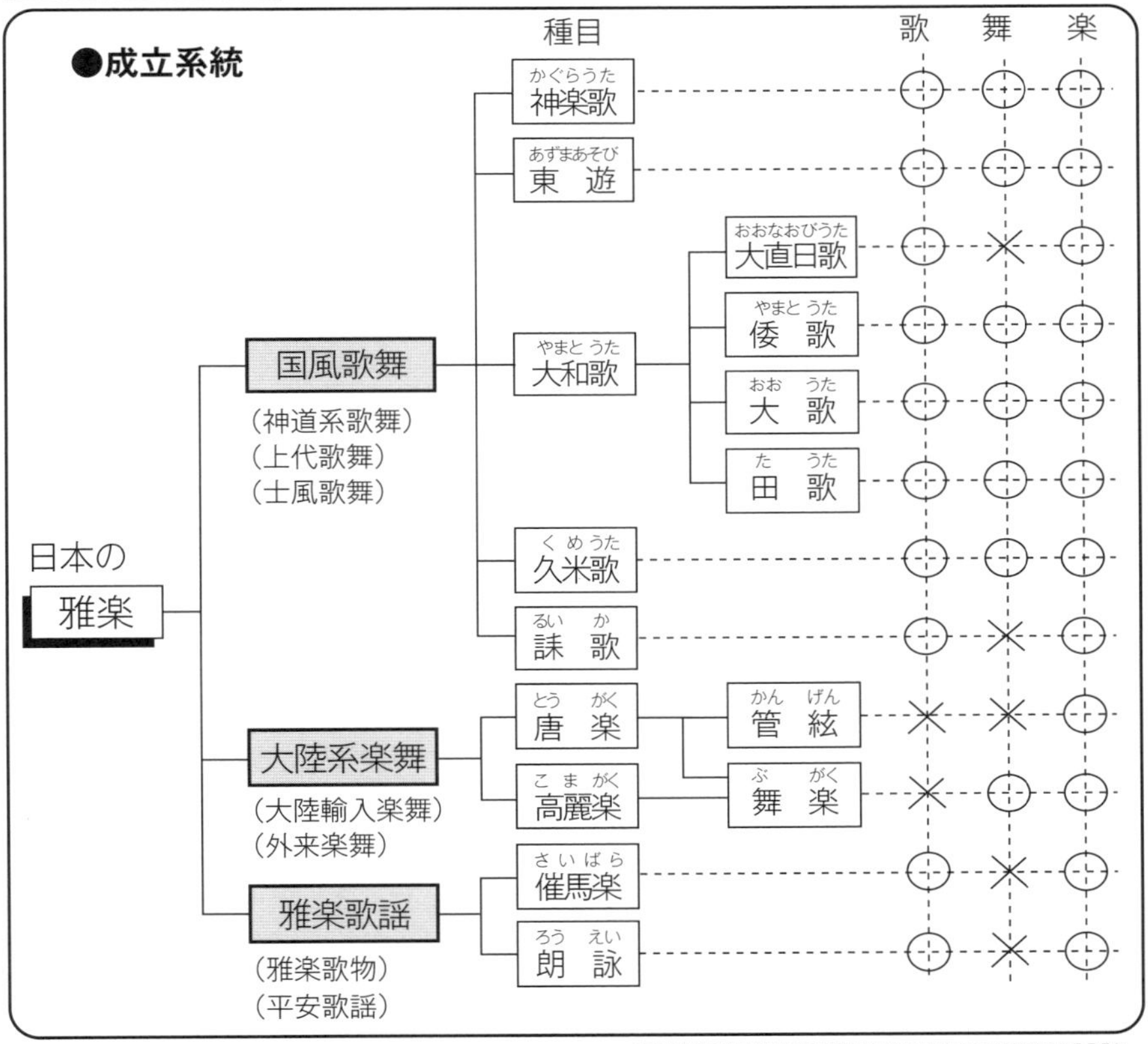

●左右両部性

雅楽で外来系を二分
- 唐　楽＝中国系＝左舞・左方舞
- 高麗楽＝朝鮮系＝右舞・右方舞

平安期の左右の近衛府の官人が楽舞にたずさわるようになったことに起因

中国では官職で「右を尊び左を卑しむ」ことから「左遷」という言葉も生まれた
平安期の日本では逆で　左大臣は右大臣より上位　舞の左・右に優劣はない

●管絃と舞楽

管絃は「唐楽」のみ　舞楽は両方

唐楽には

①管絃専用曲

《越殿楽》《武徳楽》《千秋楽》

②舞楽専用曲

《案摩》《二ノ舞》《散手》《壱鼓》

③管絃・舞楽兼用曲

《陵王》《春庭楽》《倍臚》《五常楽》

雅楽の三要素「楽・舞・歌」

——厳しく定められた演奏形態

雅楽を演奏形態で分類すると、管絃《かんげん》・舞楽《ぶがく》・歌謡、つまり楽・舞・歌の三種になります。

管絃は三管《さんかん》・二絃《にげん》・三鼓《さんこ》の八種の楽器を十六名編成で演奏します。三管にそれぞれ三人の奏者がいます。前にいるのが音取《ねと》りです。奏者は全員が客席を向いて座ります。指揮者はいません。演奏のリード役は右前の鞨鼓《かっこ》奏者で、徐々にあがるテンポを鞨鼓の打ち方で全員に知らせます。管絃の演奏では、全員が玉虫色の直垂《ひたたれ》に立烏帽子《たてえぼし》という装束で舞台上に安座《あんざ》（あぐら）して演奏します。

舞楽は歌にあわせる国風歌舞と、楽にあわせる左方《さほう》・右方《うほう》の三種があります。国風は神道系儀式が主ですから、左右舞と一緒に上演されることはありません。

左右舞の上演では、左右各一人の舞人によって《振《えん》鉾《ぶ》》が舞われ、オープニングの役割をします。その後は左図のように平舞《ひらまい》、武舞《ぶのまい》、童舞《わらべまい》、走舞《はしりまい》と番組編成で決められた、舞のテンポが徐々に速くなる曲の順番で進行します。このとき平舞は一つの演目で武舞に移るのではなく、左右から平舞に属している似たテーマの舞姿の演目を交互に演じます。これを番舞《つがいまい》といい、最初は左舞、次いで右舞の順番です。左右の舞はまさに舞台のそれぞれ左右から登場します。

左舞は赤系、右舞は緑系の装束、舞い方は男性的なものと女性的なもの、小道具は金色系と銀色系、と徹底した左右対象の様相をみせます。これは陰陽思想に基づいているからです。同じ唐楽系といっても、舞楽は楽器編成が管絃と違い、管が主体になります。装束も舞人のような襲《かさね》装束の鳥甲《とりかぶと》を着用します。

雅楽歌謡は、いかにも雅楽風におっとりとした朗詠が、最初に漢詩の訓読読みくだしで、次に独唱で、最後に斉唱でと三区分される交互唱です。二の句は高音域で「二の句が継げない」の語源にもなっています。それに比べ催馬楽はリズミカルで囃し言葉なども入る、原曲の風俗歌を彷彿とさせる歌です。

昔より減ったとはいえ、『明治撰定譜』には管弦九十曲、舞楽五十曲、歌謡四十曲があります。

■演奏形態からみた分類

管絃　器楽のみの合奏

三管	①龍笛　②篳篥　③笙
二絃	④楽箏　⑤楽琵琶
三鼓	⑥鉦鼓　⑦釣太鼓　⑧鞨鼓

●舞台の楽器配置

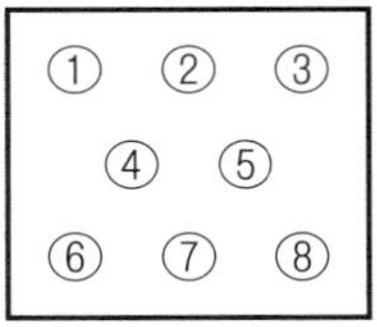

客席

舞楽　器楽（または歌）にあわせて舞人が舞う

- 国風歌舞　天皇周辺の上代神事歌舞／斉唱の歌にあわせ舞う／平安装束　面は用いない／笛・篳篥・和琴ひとりずつの伴奏
- 右方舞　朝鮮半島系を中心／音楽の旋律にあわせ舞う／赤色系装束　面のつくのが多い／三ノ皷・太鼓・鉦鼓に　篳篥・高麗笛
- 左方舞　唐楽など中国系／打楽器のリズムにあわせ舞う／緑色系装束　右に比べ仮面は少ない／鞨鼓・太鼓・鉦鼓に　笙・篳篥・龍笛

●舞楽の番組構成

- 振鉾《えんぶ》　初めに舞台を清める役割　左右舞人が対照的に舞う
- ↓
- 平舞《ひらまい》　4人ほどで静かに舞う　「文舞(ぶんのまい)」ともいう
- ↓
- 武舞《ぶのまい》　太刀・鉾・盾など武人姿で　四人ほどが勇壮に舞う
- ↓
- 童舞《わらべまい》　子どもたちが鳥や蝶など　に扮してかわいく舞う
- ↓
- 走舞《はしりまい》　異形な面をつけた2人の　舞人が躍動的に舞う
- ↓
- 番舞《つがいまい》　左方右方の似た舞姿の　演目を一組にして演ず

●左右二分化と陰陽思想

	左（陽）	右（陰）
伴　奏	唐　楽	高麗楽
舞い方	男性的	女性的
装　束	赤系統	緑系統
小道具	金色系	銀色系
舞　人	左足から	右足から
大太鼓	三つ巴	二つ巴
	昇竜・日輪	鳳凰・月輪
摺り足	下した所	先に摺る

歌謡　雅楽器を伴奏にした雅楽風の旋律の歌謡

種　目	詞　章	旋　律	伴　奏
催馬楽	風俗歌・わらべ歌・民謡など日本語の俗なウタ	一音節ごとにメリスマ調で	明確な四拍子が主体の拍節歌詞の意味より旋律中心
朗　詠	漢詩文を日本語読みで古くは和漢の朗詠も	フシをつけて朗吟する	自由リズム、旋律は歌を追いかけ大半がユニゾンで演奏

見てはならぬ、見せてはならぬ——国風歌舞

国風歌舞《こくふうかぶ》は「くにぶりのうたまひ」と呼ばれました。これは「日本風の歌舞」を意味したことによるものであり、よって同じ雅楽でも外来楽とは一線を画した格上の扱いになっています。これを気の遠くなるような長い歴史をもつ楽家《がっけ》が、宮中祭祀の音楽として口伝によって代々相伝《そうでん》してきました。その代表的な儀式である「御神楽之儀《みかぐらのぎ》」は、毎年十二月中旬に、漆黒の静寂につつまれる皇居賢所《かしこどころ》の前庭に幕で楽人の座を仕切り、庭火を焚いて座を清めながらこれを明かりとして、夜通しで催される荘厳な儀式です。

人長《にんじょう》の作法（座を鎮め神迎え）に続き《庭火》の曲が奏され、以下《採物《とりもの》》《小前張《こさいばり》》《星》という、三種の傾向の違う神楽歌《かぐらうた》が捧げられます。御神楽は新嘗祭《にいなめさい》や神武・昭和天皇祭などにも宮中で執りおこなわれます。御神楽《みかぐら》と書いて「おかぐら」と読むと、それは民間神事の「里神楽《さとかぐら》」のことで、宮中の儀式とはまったく別ものです。宮中の御神楽は「見てはならぬ、見せてはならぬ」といわれ、秘中の秘の宮中神事であるため、一般の人の目に触れることはありません。同じく「大和歌《やまとうた》」の四曲や「久米歌《くめうた》」の奏演も新天皇の即位式に当たる大嘗祭《だいじょうさい》だけで、「誄歌《るいか》」は天皇御大喪《ごたいそう》だけのものですから、御神楽同様に一般人はめったに目にする機会はありません。

これらのなかで「東遊《あずまあそび》」だけは、皇室から神社に奉納される楽舞という性格があるために、著名な大寺社の祭礼で、心がけてさえいればだれでも目にすることができます。元々は東国の地方芸能であった「東舞《あずままい》」が近畿地区でも流行し、それが宮廷音楽としてアレンジされたものですから、他の歌舞にくらべてひときわ明るく、洗練された歌舞です。

国風歌舞全体にいえることですが、歌とはいいながら、母音で歌詞を長く引っ張るメリスマ調でうたわれますから、正直なところ歌詞の意味がわかりづらいです。歌のテンポも、それに付随する舞もゆったりとしていて、平安の悠然たる時の流れにひたることができるでしょう。

■国風歌舞（くにぶりのうたまい）の曲目

名称	舞	概要	奏演日
神楽歌《かぐらうた》	人長舞《にんじょうまい》	宮中の祭祀「御神楽之儀」で奏演される歌舞　平安期から中絶・再興の連続　「見てはならぬ見せてはならぬ」との言い伝えで現在も非公開	新嘗祭・鎮魂祭　昭和天皇祭　神武天皇祭
東遊《あずまあそび》	駿河舞《するがまい》　求子舞《もとめごのまい》	元は東国地方の士風歌舞で神事歌舞の代表的な存在　宮中以外に大社などでも奏演される　長命祈願の鎮魂・招魂など神事呪術がもと	春・秋季皇霊祭　神武天皇祭
大和歌《やまとうた》		新天皇の即位式「大嘗祭」に奏演される音楽で大直日歌から大歌まで四曲の組曲構成に	大嘗祭
大直日歌《おおなおびうた》	・・・	大嘗会の前日に　倭歌の前奏として奏する歌と器楽からなっている　舞はつかない	大嘗祭前日
倭歌《やまとうた》	倭舞《やまとまい》	大和地方に伝わる歌舞　もとは大和国の風俗舞だったといわれる　十八世紀に再興したもの	
大歌《おおうた》	五節舞《ごせちのまい》	国風歌舞で唯一の女舞　大垂髪・十二単の女房装束をした舞姫五人による華麗な「五節舞」が演奏される	大嘗祭当日
田歌《たうた》	田舞《たまい》	五穀豊饒を祈念する儀式歌舞　もとは田植の労働歌で田舞につく　最近は上演されない	
久米歌《くめうた》	久米舞《くめまい》	日本最古の歌舞とされる　神武天皇の大和の戦勝に由来　抜刀した武者による勇壮な舞	大嘗祭　紀元節（戦前）
誄歌《るいか》	・・・	皇室葬儀にのみ演奏される　御葬歌ともいう　伴奏に使われる楽器は和琴と笏拍子のみ	天皇大喪礼

●大嘗祭（だいじょうさい）

天皇が即位して最初の「新嘗祭」のことで一代一度の大祭の名称　「おおにえまつり」とも　この祭祀ならびに節会（宴）を「大嘗会」（だいじょうえ）とも

「新嘗祭」（にいなめさい）とは毎年十一月二十三日に天皇が新穀を神々にささげともにこれを食す祭儀で国の祝日であった　戦後に同日が「勤労感謝の日」となる

国風舞（東遊、平成13年4月、宮内庁楽部）

平成の大嘗祭の大饗における五節舞
［写真提供／宮内庁］

平安人のトレンディ——外来舞楽

日本古来のものを歌舞といい、外来のものを舞楽《ぶがく》と呼びます。国風歌舞にも楽器の伴奏はつきますが、あくまで歌が主です。外来舞楽には歌がありません（昔はあったともいわれますが）。

左・右という二分は、近衛府の官人が雅楽を担当したことに起因していますが、筆者が舞楽を見た印象では、舞の所作や音楽、装束や仮面から中国系（左）と朝鮮系（右）という、「原籍」をイメージできません。曲名や、装束の色系統、登場する方向などで左右を判別できても、左右は国風系と外来系との違いほどに差を感じないのが正直な感想です。

これは平安中期の改革で、徹底した日本化を進めた結果、本来の属性が薄まってしまったからではないでしょうか。外来系として曲名や主題はそのままであっても、平安期の貴族による新作や改作によって準日本舞楽になってしまっているからなのかもしれません。

左図にあげたのは左右舞楽の代表曲の例です。明治時代に選定された舞楽は五十曲です。平安期にはその三倍の曲目があったと考えられています。『源氏物語』や『枕草子』の楽舞に関する記述の多さをみれば、いかに平安貴族にもてはやされた当時の最新芸能だったかがわかります。

左舞・右舞の曲でも、例えば《還城楽《げんじょうらく》》《抜頭《ばとう》》などは、図には入れていませんが、左右どちらにも同名の曲があります。また《五常楽《ごしょうらく》》や《春鶯囀《しゅんのうでん》》などは、天皇の臨席のもとでおこなう「御遊《ぎょゆう》」の定例にもリストされています。舞のテンポや楽器の構成など、演出は微妙に違いますが同じものです。左舞は六調子ありますが、右舞は壱越・平・双の三調子のみです。同名の左の調子より長二度高いのが「高麗壱越調《こまいちこっちょう》」「高麗《こま》平調《ひょうじょう》」です。これは、唐楽の龍笛《りゅうてき》、高麗楽の高麗笛《こまぶえ》の調性に由来するものです。

歌舞伎舞踊や日本舞踊などを見ている現代人の目からすれば、左右舞楽ともずいぶんと異質なものに感じます。しかし平安人にとっては、それらは最新のトレンディな文化だったのでしょう。

■左・右舞楽の代表曲

左舞	読み	舞	曲	調子	舞人	装束	内容
陵　王	りょうおう	走	中	壱越	1	裲襠	美男の王が戦場に奇怪な仮面で臨む
迦陵頻	かりょうびん	童	中	壱越	4	別	極楽で美声の鳥の舞　弁財天が奏した
青海波	せいがいは	平	中	盤渉	2	別	光源氏が頭中将と帝の前で舞った曲
太平楽	たいへいらく	武	中	太食	4	別	項羽と劉邦の戦いの剣舞　装束も勇壮
打球楽	たぎゅうらく	平	中	太食	4	別	大陸版ポロ競技を舞に　黄帝の作とも
還城楽	げんじょうらく	走	中	太食	1	裲襠	蛇が好物の胡国人が蛇を捉え喜ぶ舞
抜　頭	ばとう	走	小	太食	1	裲襠	唐の妃が嫉妬のあまり鬼になって舞う
安　摩	あま	平	中	壱越	2	襲	竜宮に潜入し宝玉を盗む　仮面に特徴
春鶯囀	しゅんのうでん	平	大	壱越	6	襲	題名通りの舞楽　『源氏物語』に情景が
五常楽	ごしょうらく	平	中	平調	4	蛮絵	序破急が整う唯一の曲　唐の太宗の作
春庭楽	しゅんでいらく	平	中	双調	4	蛮絵	玄宗が開花の遅さを嘆くと咲いた逸話

右舞	読み	舞	曲	調子	舞人	装束	内容
延喜楽	えんぎらく	平	中	壱越	4	襲	和製の高麗曲で延喜年に創作　筋なし
狛　桙	こまぼこ	平	中	壱越	4	別	昔の高麗の船を五色の棹で操る態の舞
貴　徳	きとく	走	中	壱越	1	裲襠	匈奴の「貴徳侯」の武人らしい勇壮な舞
八　仙	はっせん	平	小	壱越	4	別	崑崙山の仙人が帝徳に姿を変え舞う
納曾利	なそり	走	小	壱越	2	裲襠	雌雄の龍が楽しげに舞い遊ぶ姿の舞
蘇利古	そりこ	平	中	壱越	4	襲	宗教的な曲　格別の筋はなく面が特徴
胡　蝶	こちょう	童	小	壱越	4	別	可憐な胡蝶が山吹の花に戯れる振り舞
陪　臚	ばいろ	武	中	平調	4	別	拍子に特徴　舞では武将の勇壮な舞が
地　久	ちきゅう	平	准	双調	4	襲	花の宴の舞　面の特徴から渤海楽とも

平安セレブのジャム・セッション——管絃と雅楽歌謡

雅楽のなかでも管絃と雅楽歌謡は、平安貴族によってつくられた日本独自の音楽様式です。国風の歌舞も外来の舞楽も舞はつきものでしたが、管絃と雅楽歌謡とは、器楽と声楽という純音楽の世界です。

雅楽全盛であった平安中期には、「管絃の御遊《ぎょゆう》」という名の、天皇および公家《くげ》たちによって催される園遊会スタイルの合奏会がありました。そこでは管絃曲と、雅楽歌謡が交互に披露されます。

これは、演奏者と聴き手にわかれた演奏会ではなく、園遊会の参加メンバーである天皇や公家たちが、自作の歌や演奏をお互い披露しあって、その出来栄えや演奏の技量をほめあったりするものです。

当時は、「詩歌管絃《しいかかんげん》」は貴族の必須教養でしたから、地下人《ちげびと》と呼ばれる身分の低い専門楽人による神前の年中行事や儀式などの祭祀雅楽とは別に、貴族たちによる「あそび」という名の、宮廷雅楽ともいえる宴饗場面がその披露の場になったのです。その結果、貴族のなかに専門家に劣らぬ技量をもった天才音楽家や、それを家業とする家系が生まれるようになります。たとえば源博雅《みなもとのひろまさ》を祖とする藤家《とうけ》、源雅信《みなもとのまさのぶ》を祖とする源家《げんけ》などは、雅楽歌物の二大流派として名を馳せました。

雅楽の演奏形態で分類すれば、管絃の曲数が一番多くなっていますが、それは舞楽曲のほとんどが管絃にリストされているからです。舞楽曲には登・退場楽などが付帯していますが、これらを取り去り主題になっている「当曲《とうきょく》」だけで演奏されます。もちろん有名な《越殿楽《えてんらく》》のように管絃が専門の曲もあります。

催馬楽・朗詠ともに、歌謡とはいいながら、それにつけられる管絃の伴奏の配し方や歌唱形式にきわめて装飾的な工夫があり、詩歌管絃に明け暮れた貴族らしい雅《みやび》な趣向が感じられます。同じ宮廷歌謡でも例年正月の「歌会始《うたかいはじめ》」でお馴染みの「歌披講《うたひこう》」となると、これはとても音楽とは思えません。王朝文化が華ひらいた平安時代も、末期の保元・平治のころになりますと武家の時代になり、貴族による雅楽は健在であっても、その雅さはいささか変化してきます。

■管絃と歌謡の代表曲

管絃　舞なしに純音楽を楽しむもの　舞楽にくらべ奏法もテンポもゆったり

曲名	読み	舞	曲	調	内　容
春鶯囀	しゅんのうでん	○	大	壱越	鶯の囀りを連想させる旋律　門出にめでたい曲
酒胡子	しゅこうし	○	小	壱越	酒席を盛りあげる曲　軽快な旋律のリフレイン
五常楽	ごしょうらく	○	中	平	五常(仁義礼智信)を五音に模し和を備えた曲
陪　臚	ばいろ	○	中	平	太鼓も賑やかなリズム感のある曲　天竺楽とも
越殿楽	えてんらく			平	雅楽曲の知名度No. 1の曲　漢の文帝が作とも
柳花苑	りゅうかえん	△		双	仙人が陶門柳園で花を手折り詩を詠んだ時の曲
海青楽	かいせいらく			双	仁明帝の勅命で大戸清上などが即興で奏した曲
千秋楽	せんしゅうらく		小	盤渉	曲より意味性で有名　近衛帝の大嘗会に披露
蘇合香	そこう	○	大	盤渉	唐楽でも最重視される大曲　重厚で風格ある曲
仙遊霞	せんゆうが			太食	伊勢斎宮となる皇女伝が原典　別離に禁物の曲

催馬楽　管楽器と弦楽器を伴奏に拍節をつけて歌う

伊勢海	いせのうみ	元は農魚業などを詠んだ風俗歌　雅楽風に洗練され宮中・御遊に
更　衣	ころもがえ	陰暦四月·十月の衣服を改める時期の歌　「さ公達」(さきむだちや)の囃し言葉
安名尊	あなとう	大らかでめでたい内容の歌詞　御遊の始まりを告げるテーマ曲

朗詠　管楽器一人ずつを伴奏に拍節なしに詠う

嘉　辰	かしん	『和漢朗詠集』所収　御遊や公宴などでうたわれる　漢詩を音読み
二　星	じせい	これも『和漢朗詠集』　織姫と彦星を詠んだもので　乞巧奠などに
紅　葉	こうよう	『新撰朗詠集』所収　紅葉と白い蘆花の鮮やかな対象を詠んだ歌

●歌物の家系　藤家と源家

公卿・殿上人の楽人のうち　歌物に関し下記の二家　いずれも鎌倉・室町期に廃絶

・藤家ー(祖)源博雅(醍醐帝の皇子克明親王の子)
　→子・至光→藤原道長の子・頼宗→北家藤原氏系の中御門家

・源家ー(祖)源雅信(宇多帝第八皇子敦実親王の子)
　→子・時中→宇多源氏の流派→子孫・信有が立てた綾小路家

はるかユーラシア、悠久の響き——雅楽器と種目

平安の改革では、八つの楽器が雅楽から淘汰されて、十四種が残りました。残った楽器類はそれらが伝来した飛鳥のころから千数百年、構造も音色も変わらないままで現代に伝承されています。それらのほとんどの原産地は、アラビアからシルクロードを経て大陸から日本にもたらされたものも含めて、ユーラシア大陸全域に及びます。

吹物《ふきもの》（管楽器）は五種あります。篳篥《ひちりき》は、西域の胡《こ》から伝来した楽器ですが、誄歌《るいか》を除く日本古来の国風歌舞も含めて、雅楽の全種目に用いられています。小さな楽器ですが、大音量で、ポルタメント奏法や「塩《えん》梅《ばい》」という独特の奏法ができるのは、この楽器だけです。笙《しょう》が使われるのは唐楽と歌物だけです。笙は和音を出せ、個性的な音世界を雅楽でつくり出します。

龍笛《りゅうてき》・高麗笛《こまぶえ》・神楽笛《かぐらぶえ》の三種は、龍笛が七孔、あとの二管は六孔です。管の長さが違うため、同じポジションでも微妙に音程が変わります。篳篥・笙・龍笛のアンサンブル、これこそ雅楽の音です。

弾物《ひきもの》（弦楽器）の琵琶《びわ》・箏《そう》は、中世・近世になるとそれぞれ独自の音楽領域を形成します。雅楽では楽琵《がくび》琶《わ》・楽箏《がくそう》と呼び、管絃での例外的な奏法を除いて、曲の流れのなかでリズムを明確にする役割を担います。和琴《わごん》は当然ながら国風歌舞《くにぶりのうたまい》だけですが、それら全曲に用いられています。

打物《うちもの》（打楽器）で左右舞楽に分かれるのは鞨鼓《かっこ》と三《さん》ノ鼓《のつづみ》だけで、鉦鼓《しょうこ》・大太鼓は左右同じく使います。管絃では唐楽（左方）系の打物に釣太鼓《つりだいこ》（または楽太《がくだい》鼓《こ》）が加わります。

ただし国風にはこれら鼓や鉦などの打物は用いず、その代わり二枚の笏《しゃく》（平板）をあわせ打つ笏拍子《しゃくびょうし》が、すべての曲で使われます。自由リズム（無拍）が多い歌謡には打物はあわないようです。

篳篥などの古楽器が、癒し系の音楽・音色として現代によみがえりつつあります。悠久の響きが、古さを感じさせず現代の若者にも通じるものがあるからでしょう。

■雅楽器

○ 奏者1名
◎ 2名
● 3名

		吹物（管楽器）					弾物（弦楽器）			打物（打楽器）					
		篳篥《ひちりき》	神楽笛《かぐらぶえ》	龍笛《りゅうてき》	高麗笛《こまぶえ》	笙《しょう》	琵琶《びわ》	箏《こと》	和琴《わごん》	鞨鼓《かっこ》	三ノ鼓《さんのつづみ》	鉦鼓《しょうこ》	釣太鼓《つりだいこ》	大太鼓《おおだいこ》	笏拍子《しゃくびょうし》
国風歌舞	神楽歌	○	○						○						◎
	東遊	○			○				○						○
	倭歌	○		○											○
	大直日歌	○		○											○
	大歌	○		○					○						○
	久米歌	○		○					○						○
	田歌	○		○					○						○
	誄歌								○						○
大陸系	左方舞	●		○		○				○		○		○	
	右方舞	●			○						○	○		○	
	管弦	●		○		○	◎	◎		○		○	○		
歌謡	催馬楽	○		○		○	◎	◎							○
	朗詠	○		○		○									
仕様		ダブルリード	ノンリード	ノンリード	ノンリード	フリーリード	リュート系撥弦	ツィター型撥弦	ツィター型撥弦	樽型締太鼓	砂時計型締太鼓	釣型ゴング	鋲止両面太鼓	大型締太鼓	二枚合わせ拍子木

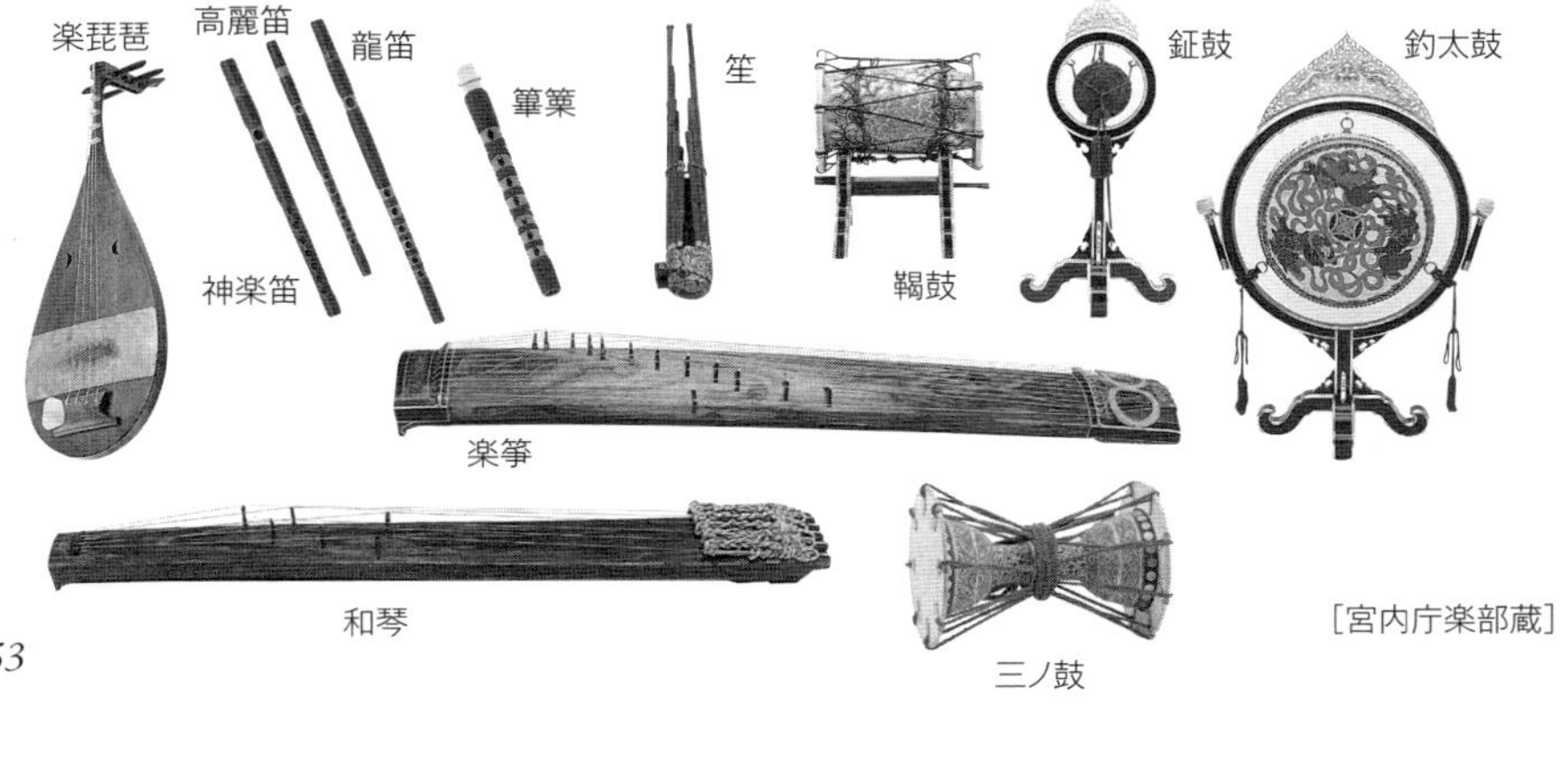

［宮内庁楽部蔵］

エキゾチック・コスプレ——面と装束

何も知らされず、いきなり舞楽の代表作《蘭陵王《らんりょうおう》》(単に陵王とも)を見たら、「これも雅楽?」と思うに違いありません。筆者も初めて舞楽を見たとき、そんな印象をもちました。

《蘭陵王》という舞楽は、中国北斉《ほくせい》(六世紀)の王長恭《ちょうきょう》があまりに美男すぎたため、戦場での士気を考え、左図のような獰猛《どうもう》な仮面を被って戦ったという故事から生まれたものです。怪獣のような面、真っ赤な袍《ほう》という上着に、金襴《きんらん》で織られた派手な差貫《さしぬき》という袴《はかま》、そしてまわりに毛などをあしらった裲襠《りょうとう》という、今風にいえばベスト。これらは唐代の宮廷衣装からきたものといわれます。この奇怪な仮面と装束に、太極拳にも似た身のこなしの舞(筆者にはそう見えました)を篳篥や鉦鼓・大太鼓の伴奏などで演じる……、とても日本の伝統的なものとは思えません。

また一方で、御神楽や東遊などの国風歌舞は、神社でおなじみの神主さんのような冠装束を着けています。管絃の楽人の烏帽子《えぼし》・直垂《ひたたれ》の姿もよく知るところです。

これだけ違う雰囲気の装束を雅楽で用いていることを知らず、もし《蘭陵王》だけを観た人と《東遊》だけを観た人たちとが雅楽の印象を語れば、それぞれまったく違うものになりかねません。

舞楽の装束を分類すると、平安時代の武官用衣装として、オーソドックスな「襲装束《かさねしょうぞく》」(常装束《つねしょうぞく》とも)、それに似たようなデザインですが、丸模様に特長のある「蛮絵装束」、陵王など奇怪な面の曲目に用いることが多い「裲襠《りょうとう》装束」に分けられ、それとは別に曲目ごとに特定された「別装束」があります。楽人も舞楽伴奏では装束が変わり、襲装束の鳥甲《とりかぶと》という華麗な装束になります。

雅楽の仮面は、能楽と違い、一貫した体系がありません。したがって分類ができかねます。あえて分ければ、人間らしいものと獣の類との二種類にしかなりません。

エキゾチックな仮面と装束が特異な舞楽は、王朝文化のコスチューム・プレイそのものです。

■面と装束

●舞楽の面

［宮内庁楽部蔵］

蘭陵王

納曾利

散手

抜頭

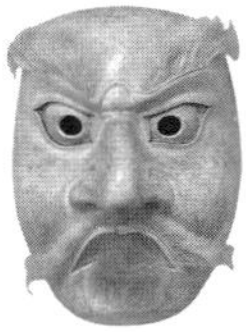

貴徳

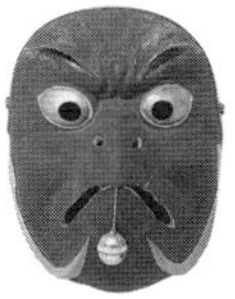

八仙

蘭陵王

［一宮市・真清田神社　撮影／新田義人］

●舞楽の装束

襲《かさね》装束	袍(ほう)・半臂(はんぴ)・下襲(したがさね)を重ねて着用することから　襲装束と呼ばれるが「常装束」ともいう　平安時代の武官の装束が原型になっている
蛮絵《ばんえ》装束	蛮絵とは獅子などの文様を丸文にしたもの　その文様の入った袍を上着にした装束で平安の近衛府の随身が着用する装束には　この蛮絵の文様がある
裲襠《りょうとう》装束	一枚の織物の中央に首穴を開け　頭を突き出してかぶる　身頃が胸と背にあたるので裲襠(両当)という　周囲を毛や金襴など派手な房で飾られている
別《べつ》装束	別とは「特別」の意味で　その舞楽にのみ用いられる特別のデザインの装束《青海波》なら「青白波に千鳥」《崑崙八仙》なら「網に鯉」と演目ごとの意匠

鳥甲(萬歳楽)

鳥甲(貴徳)

鳥甲(青海波)

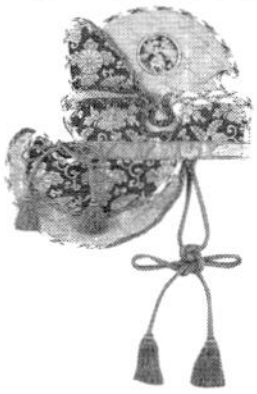

裲襠(蘭陵王)

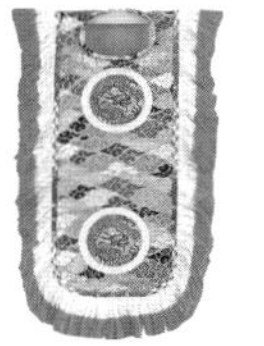

御神楽人長(舞楽図より)

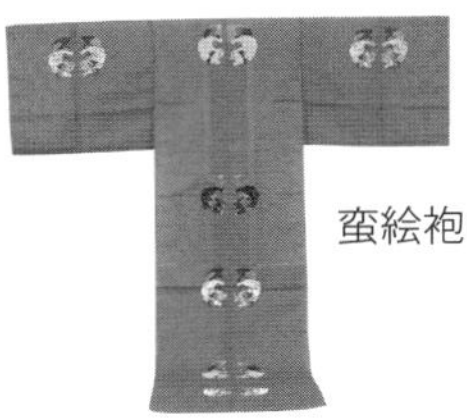

蛮絵袍(左方)

蛮絵袍(右方)

［面・装束／宮内庁楽部蔵］

奈良時代の作品は新曲
——雅楽の音楽用語

左右舞楽の代表曲を示した項で触れませんでしたが、舞楽曲は大曲《たいきょく》・准《じゅん》大曲・中曲《ちゅうきょく》・小曲《しょうきょく》に分類できます。これは楽曲の規模によって区分されたもので、数楽章にもおよぶ大規模構成の曲が大曲と呼ばれ、中・小曲は規模が小さな楽曲のことです。大曲の楽章は序・破・急で構成されるものと、左図のように遊声《ゆうせい》・序・颯《さつ》踏《とう》……囀《さえずり》と表示がなされる場合の二種類があります。これら楽章全曲を通して演じられるのを「壱具《いちぐ》」と呼び、部分だけの上演を准大曲といいます。

驚くのは、これらの楽曲に「古楽《こがく》」と「新楽《しんがく》」の区分があることです。その区分基準はなんと天平勝宝《てんぴょうしょうほう》十三（七五四）年といいますから、千五百年前の作品でも新曲、つまり「新楽」です。

「序破急《じょはきゅう》」は、後年の世阿弥《ぜあみ》に端を発して、さまざまな芸能の構成概念として多用されていますが、雅楽で使われたのが最初です。ただし序破急がすべてそろったものは《五常楽》一曲しかありません。

舞楽では、最初に「音取《ねとり》」から始まり、舞人が「調子」「品玄《ぼんげん》」「乱声《らんじょう》」「乱序《らんじょ》」といった登場楽によって舞台にあがり、舞楽のメイン「当曲《とうきょく》」によって舞います。舞が終われば「安摩乱声《あまらんじょう》」「重吹《しげぶき》」などといった退場楽で舞人が舞台から退き一曲の終了となります。

しかし高麗楽（右舞）では、特定の退場楽がなく、当曲の演奏の間に退場するものもあります。舞楽曲の多くが管絃にもあると前述しましたが、管絃ではこのうちの当曲部分を演奏するのです。

左図に「雅楽の拍子」を示しました。ここでいう「拍子」とは、西洋音楽の三拍子とか四拍子といった意味とは少し違います。もちろん拍節法に関連する意味もありますが、打楽器を何回打つか、どう打つか、そのアクセントや装飾的奏法の加減など、幅広い意味がこめられた用語です。「拍子」という語は、天平時代に吉備真備《きびのまきび》が唐より楽理を紹介した段階で用いられたといわれます。

明治期に洋楽が入り、リズムとかビートに「拍子」の文字をあてたため今も意味の混乱が続いています。

■雅楽の音楽用語

●楽曲の分類（楽曲の規模）

- **大《たい》曲《きょく》**　数楽章にもなる大規模の曲「四箇大曲」といい4曲のみ
- **准大曲《じゅんたいきょく》**　「大曲」に準ずる曲の意味で大曲の部分（破）のみ奏する
- **中《ちゅう》曲《きょく》**　「破」にあたる賑やかなもの延・早八拍子はほとんど中曲
- **小《しょう》曲《きょく》**　「急」にあたる小規模な曲で早四拍子のものはほぼ小曲

- **壱《いち》具《ぐ》**　長大な大曲を、全楽章を通しで演奏するを「壱具」という

　部分だけを演奏することの「准大曲」の反対にあたる
- **古《こ》楽《がく》**　天宝13(754)年以前の作曲を「古楽」という　壱鼓が基準
- **新《しん》楽《がく》**　それ以降の作品を「新楽」といい鞨鼓が基準

●楽章の用語

- **序**　＝無拍節でゆったりと
- **破**　＝延楽でゆったりと
- **急**　＝字の如く早楽で軽快

こんな楽章表示も

遊《ゆう》声《せい》	序《じょ》	颯《さっ》踏《とう》	入《じゅ》破《は》
急《きゅう》声《せい》	鳥《てっ》声《しょう》	道《みち》行《ゆき》	囀《さえずり》

●雅楽の曲種

- **音取**(ねとり)　音合わせ　または演奏曲の調子を確認の短い曲　ほとんど無拍
- **登・退場楽**　舞楽で舞人が登・退場するための曲「乱声」「乱序」など　無拍
- **当曲**(とうきょく)　舞が舞われるその本体の楽曲　管弦・歌物でもその中心の曲

●当曲の範囲の違い

	登場	演舞	退場
唐楽		当曲	
高麗楽	当曲	当曲	当曲

●雅楽の拍子（唐楽の例）

- **楽拍子**　拍節的リズム
  - 早拍子　4/4　2/2
  - 延拍子　8/4
  - 只拍子　2+4の6拍子
- **序拍子**　非拍節的リズム
  - 夜多羅拍子　2+3の5拍子

●渡物(わたしもの)

- 唐楽での移調曲のこと
- 別の調子に移調するのを「渡す」と呼び移調した曲を原型に対し渡物という　管絃専用の曲のみ適応
- 移調で曲趣や旋律形までかわるため曲名変更も

天平のソフトウェア——雅楽の伝承法

日本のさまざまな伝統音楽が、古《いにしえ》のままに現代に伝えられた鍵は日本独特の伝承法によるものです。それらは雅楽を規範としています。まずは「口伝《くでん》」です。後世にはその家系や流派などの秘技《ひぎ》・奥儀《おうぎ》を伝授する意味にもなりますが、この時代には口頭によるマンツーマンの直接指導を意味します。

次は「記譜《きふ》」です。雅楽では作曲・演奏のための楽譜ではなく、記録・伝承の心覚えといった意味です。そして最後が「唱歌《しょうが》」です。旋律に仮名文字をあてて暗譜《あんぷ》する、いわゆる「口三味線《くちじゃみせん》」のことです。これら三つは雅楽より始まり、現在の日本音楽の伝習もこれらの方法に負っています。

左図中段に掲げた「楽譜」（初めての人には、そう見えないでしょうが）は、管絃《越殿楽《えてんらく》》の冒頭部分です。同じ部分をあらわしますが、楽器ごとに記譜法が違います。これらは、筆者が各楽器のその部分を切り取って並べただけの楽器ごとの「パート譜」であって、もちろん西洋音楽でいう「総譜《そうふ》」ではありません。何度も述べましたが指揮者に相当する人はいません。

篳篥譜では、仮名譜《かなふ》（中央）が唱歌になっていて旋律と音の長短をあらわします。右の黒丸は小節の区切りと太鼓を打つ印、左の本譜は指孔のポジションを示す孔名譜《こうめいふ》です。笙の場合は十七本の竹管を、単音ではなく「合竹《あいたけ》」という五、六管の和音で演奏しますから、記譜も合竹名になっています。

もちろん同じ箏の類でも、楽箏と和琴ではまるで違った記譜法です。

楽器だけでなく歌謡にも楽譜（左図下段）があります。それらは声明と同じように歌詞部分に旋律を図形化しあらわしたネウマ譜と同じ発想の譜です。驚くのは舞にも「舞譜《まいふ》」という譜があり、篳篥譜の脇に、その進行にあわせた状態で、回転する、腕を振る、といった所作《しょさ》の「型」が記されています。

左図にあげた楽譜はいずれも現代のものですが、天平十九（七四七）年には、『天平琵琶譜』という最古の楽譜がつくられていますから、驚くばかりです。

■雅楽の伝承法

●日本的伝承法の原点　雅楽

			後世への影響
口伝(くでん)	口頭・相対指導による直接伝承法	→	「家の芸」「流派」「秘伝」
記譜(きふ)	流儀の規範・口伝の覚書(補助資料)	→	楽器・流儀別の特定譜
唱歌(しょうが)	旋律の擬声化による暗譜学習法	→	口三味線

●雅楽の記譜法

鞨鼓・太鼓・鉦鼓譜
(小掲声　早四拍子)

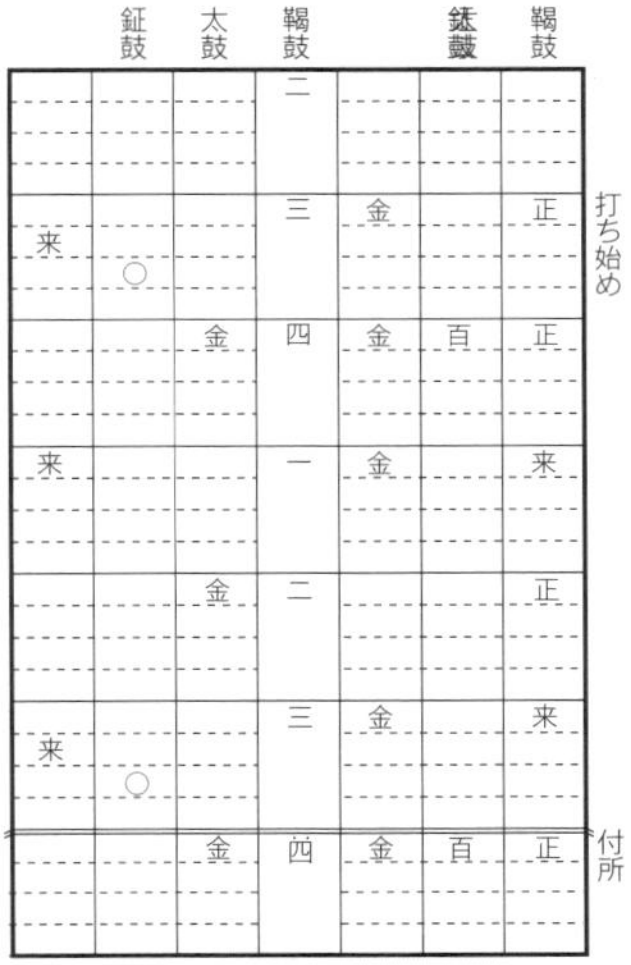

●『明治撰定譜』

・三方楽所の雅楽局移管により曲目や奏法など各流儀の統一が必要
新たなる規範に基く雅楽曲として明治21(1888)年に編纂　選定外は「遠楽」に

●総譜はナシ　パート譜のみ

篳篥	本譜(指孔)・仮名譜(旋律・拍)
横笛	本譜(同上)・仮名譜(同+音域)
笙	合竹譜(和音)
箏	弦名譜
琵琶	琵琶譜(ポジション)
鼓類	打物譜(拍子記号)
和琴	奏法譜
笏拍子	和琴譜・歌唱譜に付記
歌	ネウマ譜(旋律型)
舞	舞譜(所作)

琵琶譜　箏譜

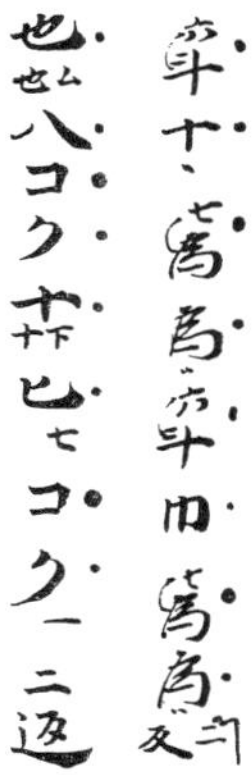

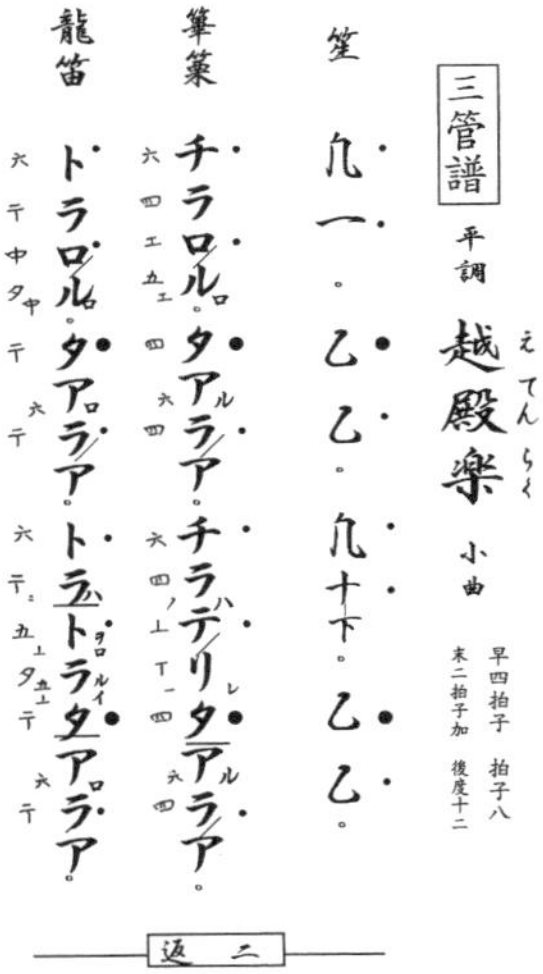

朗詠譜
(春過)

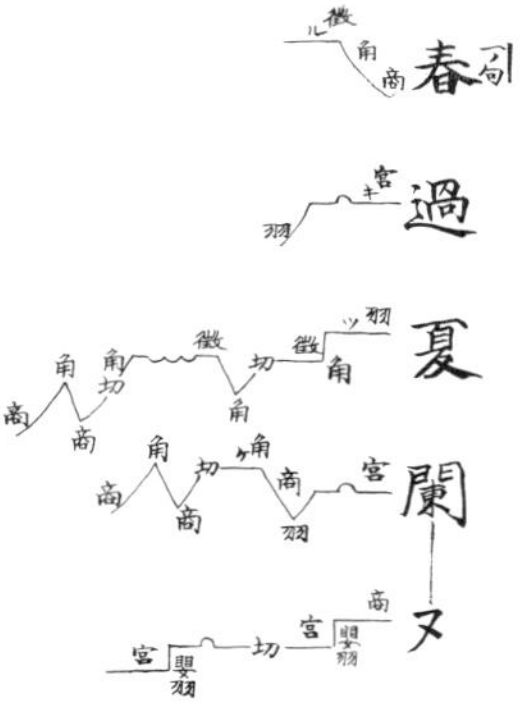

催馬楽譜
(更衣)

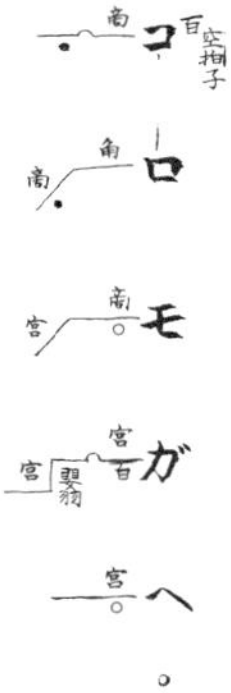

和琴譜
(菅掻)

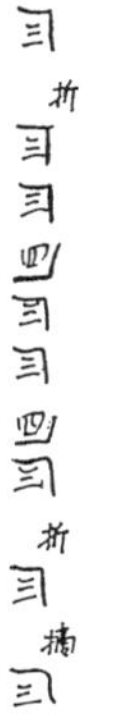

[三管譜：笹本武志著『はじめての雅楽』、日本雅楽会『箏譜』『琵琶譜』『雅楽打物総譜』『神楽歌譜(和箏譜付)』『催馬楽・朗詠墨譜集』より]

創立千三百周年の音楽学校――雅楽の伝習機関

雅楽の伝承では口伝・楽譜・唱歌なども有効でありましたが、もっとも機能したのが、楽人の国家的な伝習養成機関の「楽所《がくそ》」設置と、「家の芸」として現代までノウハウを伝承した「楽家《がっけ》」です。

外来音楽は流入当初こそ大陸人によって演奏されていましたが、律令体制が整備されるなかで、治部省《じぶ》に楽人養成を目的として七〇一年に「雅楽寮《ががくりょう》」が設置されます。総勢四百名にもおよぶ大組織でした。なおこれより前に、大坂の四天王寺に外来舞楽の伝習所があったともいわれます。聖徳太子によって建立された四天王寺では、伎楽を仏教式楽としていたため外来楽人が周辺にたくさん居住して、今でもその近くに「伶人町《れいにんちょう》」という町名が残っています。天王寺方の楽人は秦河勝《はたのかわかつ》の子孫といわれ、みな秦《はた》姓を名乗っています。雅楽奏者で秦河勝が先祖という人がいますが、計算すれば千四百年の家系であり、秦河勝の祖先が始皇帝という伝説から計算すると二千二百年におよびます。これには少々疑問を感じます。雅楽寮はその後、国風歌舞を別格にして平安初期に「大歌所《おおうたどころ》」に、次に外来歌舞を宮廷専属として「大内裏《だいだいり》」に移管され、その役割を終えます。おりから仏教法会と結びついた雅楽は、大内裏、奈良興福寺《こうふくじ》の南都楽所《なんとがくそ》、大坂の天王寺楽所の三つに分かれます。

平安中期に絢爛たる王朝文化のなかで雅楽は最盛期を迎えますが、やがて源平の合戦を経て武家の時代に、そして室町中期の「応仁の大乱」と、長い戦火で京の都が荒廃し、楽人たちの離散で宮中での雅楽が衰退していきます。状況を憂えた後陽成《ごようぜい》天皇が、残ったわずかの京都方に天王寺や南都の楽人数名を補充して新生の楽所を結成、これが「三方楽所《さんぽうがくそ》」です。やがて秀吉が御遊《ぎょゆう》を再興し、それを契機に雅楽が復興します。家光《いえみつ》も江戸城内に紅葉山楽所《もみじやまがくそ》を設けますが、大政奉還で明治政府により東京遷都がおこなわれ、その際、三方楽所なども宮内省雅楽局に統合されます。

ここまで千三百年、日本は一貫して雅楽のための人材育成をなしてきました。

■雅楽の伝習機関と楽家

「**雅楽寮**」=(うたまいのつかさ)

後継者育成の歌舞教習所

●「雅楽寮」創立時の陣容(総勢400人超)

・官人	師(6)　・使部・直丁(22)
・国風	歌師(4)　歌人(40)　歌女(100)　舞師(4) 舞生(100)　笛師(2)　笛生(6)　笛工(8)
・外来	唐楽師・生(12・60)　高麗楽師・生(4・20) 百済楽師・生(4・20)　新羅楽師・生(4・20)

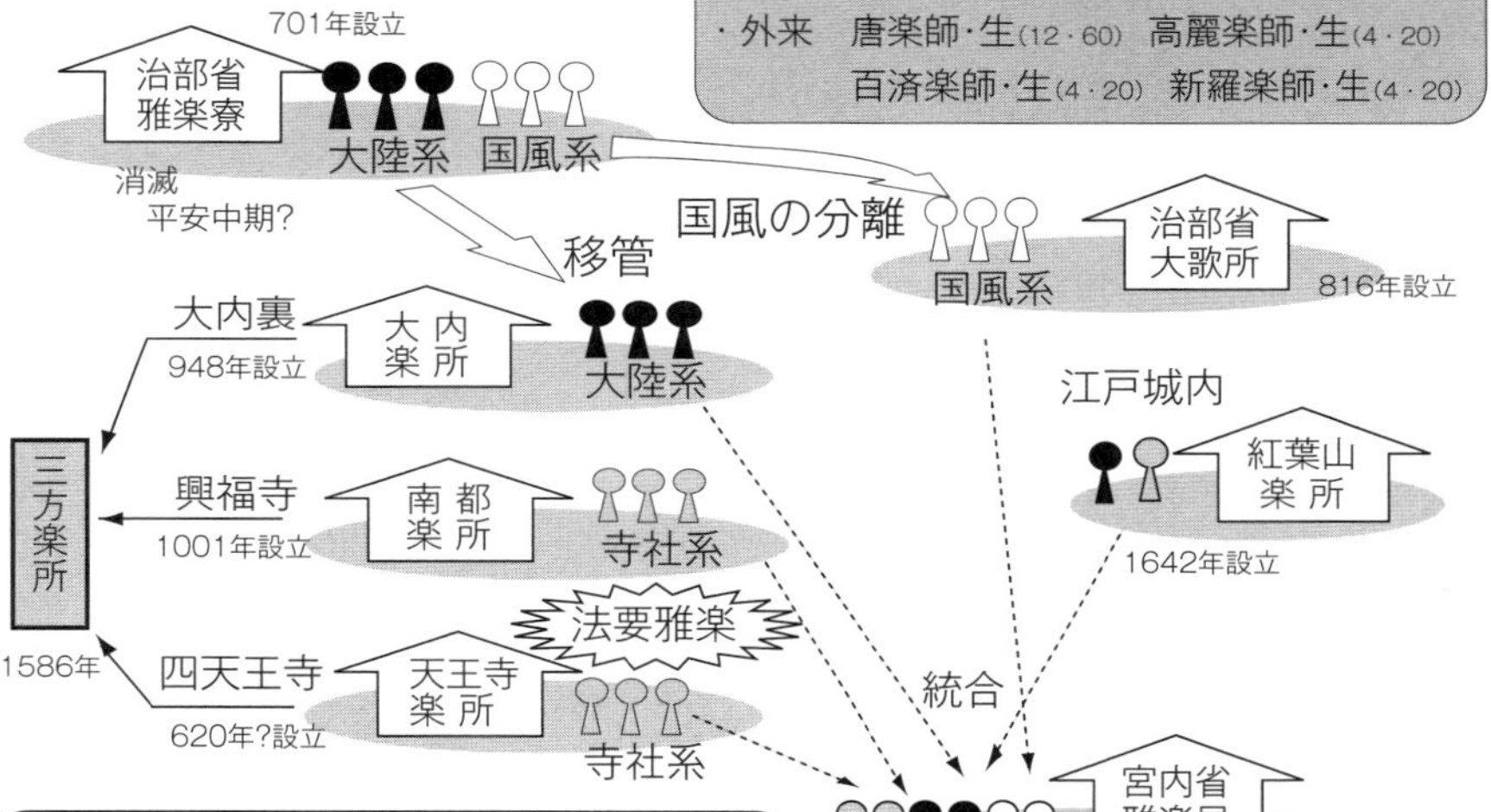

●三方楽所の現状

★平安雅楽会(財・平安義会)　大正　5(1916)年
★春日雅楽会(春日大社)　明治20(1887)年
★天王寺・雅亮会(四天王寺)　明治17(1884)年
その他「楽家」系
☆安倍蘆声会(安倍)・東京楽所(多)
☆雅楽道友会(薗)・雅楽鳳鳴会(東儀)

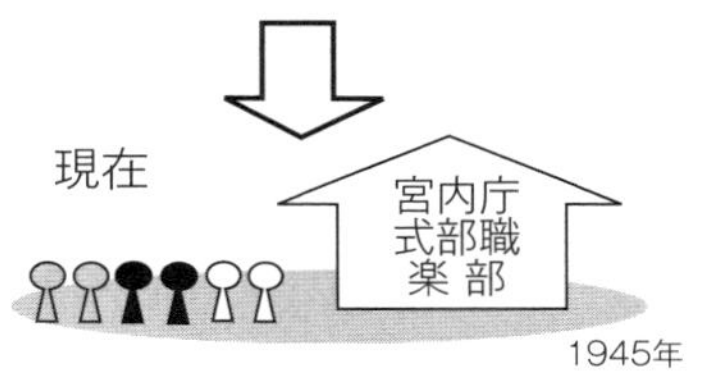

●伝承楽家の系統

※(　)は姓　その後ろは併行伝承演目

伝承	京都方　大内	奈良方　南都	大坂方　天王子
笙	豊　(豊原)	辻　(狛)　左舞 東　(狛)　左舞	薗(秦)　左舞 林(秦)　右舞
笛	山井(大神)　舞 多　(多)　神楽・右舞 戸部(玉手)	上　(狛)　左舞 芝(藤原)　左舞 奥　(狛)　左舞	岡(秦)　右舞
篳篥	安倍(安倍)　神楽・右舞 中原(中原)　神楽	久保(狛)　左舞 窪　(狛)　左舞	東儀(秦)　笛・左舞 東儀(安倍)神楽・篳篥

声明と雅楽のフュージョン——宮中以外の雅楽

仏教経典『法華経《ほけきょう》』に、「伎楽は供養楽《くようがく》であり天人《てんにん》の奏楽」とあるそうですが、聖徳太子が伎楽を奨励したことはすでに述べました。なかでも天平勝宝《てんぴょうしょうほう》四（七五二）年の東大寺大仏開眼供養会《かいげんくようえ》では、伎楽や外来楽舞によって「四箇法要《しかほうよう》」が挙行され、これがその後の法会形式を定めたといいます。その後、雅楽が品位ある楽舞に整備され、余興的な意味あいの強い伎楽は、仏教法会が求める荘厳楽として不適切とみなされ、衰退していきます。やがて大きな法会では、雅楽は法会の式次第と一体化して、法会の荘厳化に不可欠なものになります。

特に浄土信仰では、大伽藍《だいがらん》に響く荘厳な音響と仮面をつけた菩薩《ぼさつ》姿の僧による行道《ぎょうどう》が、声明の斉唱とあいまって阿弥陀来迎図《あみだらいごうず》のように信徒の眼前に展開され、人々に極楽浄土を体験させる効果を発揮します。

これら法会雅楽が、中世の神仏習合のなかで、神社祭祀にも導入されるのは当然の流れです。その流行は都にとどまらず、平清盛《たいらのきよもり》による厳島神社、源頼朝による鶴岡八幡宮などの例でみられるように、武家が建立した地方の寺社にも伝播していきます。そうした寺社のなかには現代まで伝承がなされ、今でも祭祀祭礼で舞楽を奏演するところはたくさんあります。左図にあげた例はごく一部ですが、宮中でおこなうのと同じ舞楽を鑑賞することができます。

神社が国家管理になった明治以降、神社祭式が制定され、全国同一の祭式次第の実施義務が発生し、第二次大戦後もそれを大きく変えずにいますので、今も大きな神社で鑑賞できるのです。もちろんすべての寺社に楽所や専門楽人がいるわけでなく、神職や寺僧が舞楽を担当することもありますが、最近は民間の教習や演奏団体が多く結成されているため、それらも寺社での楽舞公演に参加し、活躍しています。

御神楽も鶴岡八幡宮では観ることができます。厳島神社の、瀬戸内海と大鳥居をバックにした《蘭陵王》、寺院の本堂で体験する荘厳なサウンドなどは、初めての人でも大興奮です。

舞楽《胡蝶》(右方　一宮市・真清田神社　撮影／新田義人)

舞楽《迦陵頻》(左方　一宮市・真清田神社　撮影／新田義人)

■宮中以外での雅楽

仏教儀礼

- 法会と雅楽　初の結合
  「東大寺大仏開眼会」(752)　コラボレーション
- 法会次第と雅楽の一体化
  「雲林院塔供養会」(963)　フュージョン
- 浄土信仰と舞楽法要
  「阿弥陀二十五菩薩来迎図」　ビジュアライズ
- 声明・法要形式への感化
  声明の理論化　法会雅楽と仏教歌謡の発生
- 武家による庇護
  列島各地への伝播(地方寺社での楽所配備)

神社祭祀

- 神仏習合(中世)→仏教祭礼との同化
  仏教(供花)→神社(献饌)　国衙楽所の設置
- 廃仏毀釈(明治維新)→神社の国家管理
  「神社祭式」の制定　全国同一祭祀の実施
- 宗教法人化(戦後)→「祭式」の継承
  伝統芸術の保存環境

●雅楽の演奏団体

○三方楽所系
- 平安雅楽会(財・平安義会)
- 南都楽所　(春日大社)
- 天王寺・雅亮会(四天王寺)

○「楽家」系
- 安倍蘆声会　(安倍)
- 東京楽所　(多)
- 雅楽道友会　(薗)
- 雅楽鳳鳴会　(東儀)
- 十二音会　(豊)

○その他系
- 蓬莱雅楽会　(大分)
- 伶楽舎　(東京)
- 小野雅楽会　(東京)
- 熱田神宮桐竹会　(愛知)
- 筑紫楽所　(福岡)
- 日本雅楽保存会　(京都)
- 洋遊会　(富山)
- 雅楽翠篁会　(奈良)

●雅楽奏演の寺社例

寺社名	所在地	奏演団体	御神楽	東遊	舞楽	法会雅楽
宇佐神宮	(大分)	(神職)	●			
上賀茂神社	(京都)	平安雅楽会		●		
下鴨神社	(京都)	平安雅楽会		●		
石清水八幡宮	(京都)	平安雅楽会	●		●	
春日大社	(奈良)	南都楽所(神職)		●	●	
四天王寺	(大阪)	雅亮会			●	
伊勢神宮	(三重)	神宮司庁	●		●	
熱田神宮	(愛知)	桐竹会(神職)			●	
厳島神社	(広島)	(神職)			●	
鶴岡八幡宮	(神奈川)	(神職)	●		●	
日光東照宮	(栃木)	楽部(神職)		●	●	
三千院	(京都)	平安雅楽会				●
唐招提寺	(奈良)	南都晃耀会			●	
知恩院	(京都)	平安雅楽会				●
住吉大社	(大阪)	雅亮会			●	
大念佛寺	(大阪)	楽融会(寺僧)				●
増上寺	(東京)	増上寺雅楽会(寺僧)			●	●
氷川神社	(埼玉)	宮内庁楽部		●		

戦争とは「応仁の乱」のこと――雅楽の歴史

雅楽の歴史は、有史時代の日本史とほぼ同一の時間をもっています。国家体制構築の黎明期《れいめい》には、大陸から律令《りつりょう》や典礼《てんれい》などとともに「楽」も輸入され、積極的に異文化摂取がおこなわれます。これらはやがて受容した原形ではなく、国情・文化・風土に適合した改変、つまり日本化がおこなわれます。

律令や社会制度はもちろん、服装・文字・書画・詩といった文化面でも、唐風から和風・国風への転換が平安中期になされ完成に至ります。歴史的に雅楽は、その後伝承だけをすればよいのですが、室町中期（一四六七～七七）に起きた「応仁《おうにん》・文明《ぶんめい》の乱」によって存亡の危機を迎えます。

十年にも及ぶ長い戦乱の嵐は、京はむろん全国に飛び火して、楽人のみならず装束・楽器に至るまで四散し、雅楽の維持存続が難しくなりました。口伝や家系が唯一の伝承手段ですから、楽人の不在はそのまま芸系の杜絶を意味します。戦禍で伝承が失われ、復興できなかった曲目が相当あるといわれます。

応仁の乱が終わっても戦国時代で不安定な世情は変わりません。秀吉の天下統一によってようやく安定期を迎えます。後陽成帝《ごようぜい》の働きかけにより、衰退した京の雅楽復興のために南都方や天王寺方の楽人を迎え入れて三方楽所ができ、雅楽再興の道が開かれます。特に史上名高い後陽成帝の聚楽第《じゅらくだい》行幸での奏楽は、秀吉の派手好みな性格もあって、「御遊《ぎょゆう》」華やかなりし時代の王朝文化の再現となりました。絶えかけていた舞楽の多くが、これを期に再興することができたといわれます。その後の徳川幕府も、家光がパトロンとなり、雅楽を幕府の式楽に位置づけ、第二の盛期を迎えます。大政奉還後、雅楽は、本来のかたちであった宮廷音楽・皇室儀式楽として政府の管理下で運用され、第二次大戦後は、それに加え、開かれた芸術音楽として奏演・伝承されています。

ところで一般に戦後とは第二次大戦の終戦以降を意味します。しかし雅楽の世界の人たちがいう戦後とは五百年以上も前の「応仁の乱」以降のことを指します。

■雅楽の歴史

先史	天岩戸で天鈿女命が舞を(??)　・ウタ・マヒ・フエ・コト・ツヅミ…上代歌舞?
飛鳥	・允恭天皇葬に新羅より楽人が参列(453)　仏教 伝来(538) ・味摩之 伎楽 を伝える(612)　・百済より楽人4人が来日(554) ・四天王寺に楽所設置(620?) 三韓楽 伝来・宮中にて演奏(684)　・新羅使・難波で歌舞を上演(673) ・治部省に 雅楽寮 設置(701)　・この前後に『古事記』成る
奈良	・吉備真備帰国『楽書要録』と楽器献上(735)　・仏哲 林邑楽 を伝える(736) ・渤海使、中宮で 渤海楽 を奏す(740)　・度羅楽 もこのころに ・東大寺大仏開眼法会(752)　・大陸伝来系から国風まで一堂に
平安	・大歌所 設置　国風歌舞を専門に(816) ・仁明天皇(在833~850)のころ 楽制改革 始まる　新作活動が活発化 雅楽 成立(894)　楽制改革成る　遣唐使 制度廃止(894) ・御遊 始まる(908)《胡蝶楽》初演 ・藤原忠房『催馬楽楽譜』『東遊歌譜』『神楽歌譜』を選定(920) ・「楽所(大内」設置(948)　このころ源博雅・藤原師長など公卿に名人が ・内侍所で初めて 御神楽 がおこなわれる(1002) ・平清盛「厳島神社」で舞楽(1176)　・藤原公任撰『和漢朗詠集』(1012)
鎌倉	・藤原師長・箏譜『仁智要録』、琵琶譜『三五要録』成る(1190) ・狛近真『教訓抄』(1263)　・頼朝「鶴岡八幡宮」に楽所を(1191)
南北朝	・安倍季氏『篳篥抄』(1349)
室町	・「応仁の乱」で楽人離散　京の雅楽は壊滅状態に(1467~77) ・豊原統秋『舞曲口伝』(1509)、『体源抄』(1512)を著す　三味線 伝来(1560ころ)
桃山	・天正~文禄に　天王寺・南都楽人を召し 三方楽所 設置(1575~96) ・秀吉　後陽成天皇の聚楽第行幸で舞楽の盛宴を(1588)
江戸	・家光「紅葉山楽所」設置(1642)　・賀茂祭再興で東遊も再興(1694) ・雅楽研究が盛行　狛光逸『蘆声抄』(1671)　・安倍季尚『楽家録』(1690) ・大嘗祭で和舞再興(1748)　・大嘗祭で五節舞再興(1753)　・田安宗武『楽曲考』(1768) ・御遊で再興催馬楽の原型が整備(1809)　・大嘗祭で久米舞再興(1818)
明治	・宮内省式部寮雅楽課(1876)　三方楽人が東京に召集　明治維新(1868) ・雅楽伝習を一般人に許可(1873)　・同年に伊勢神宮で雅楽伝習始まる ・『明治撰定譜』編纂(1888)　・宮内省雅楽局で洋楽伝習開始
昭和~平成	・「宮内省」が「宮内庁」に(1947) ・「国立劇場」開場・雅楽の定期公演始まる(1966)

「流行語大賞」があったなら
——日常語になった雅楽の言葉

雅楽は最古の日本の音楽ですから、ここで使われた楽器、唱・奏法、記譜法などが後世の音楽に影響を与えているのは当然です。なかでも音楽専門用語、たとえば調子や拍子、曲、譜、唱歌から序・破・急などといった用語は、後世のさまざまな音楽に応用されています。

しかし音楽とはかけ離れた場面でも、雅楽の用語や、曲名、語句などを語源として、現代も意識なしに日常的に使われている言葉がたくさんあります。左頁にその一例をあげてみました。どれもお馴染みのものですが、これ以外にもまだたくさんあります。

野球の左投手や、包丁・鋏など道具類を左手で使う人のことを「左ギッチョ」などといいますが、この「ギッチョ」も雅楽の曲目からきています。左方舞に《打球楽《たぎゅうらく》》というのがあり、騎馬装束の舞人が球子を打つ所作をする舞です。球子《まり》を英国のポロ競技のようなスティックで打ちます。そのスティックを「毬杖《ぎっちょう》」と呼び、舞人は右手にもつことが決められています。

「打ち合わせ」と同様に、物事や興行などの終了を意味する「打ち止め」も雅楽用語です。雅楽の舞楽で舞人などが退出し、曲を途中でとめるときの打楽器奏法の名称から転化したといわれます。なお「打ち合わせ」は雅楽ですが、「申し合わせ」は能・狂言の用語からきています。

相撲やお芝居などの最終日の意味に使われる「千秋《せんしゅう》楽《らく》」は、管弦の曲名にもあります。法要雅楽の最後に必ず「千秋楽」が奏されたので、興行の最終日を千秋楽というようになったという説と、謡曲《高砂《たかさご》》のなかの句「千穐楽《せんしゅうらく》は民を撫で」が演能《えんのう》の最後に謡《うた》われたから、との二説があります。

よく使う「あいつはC調だ」という表現は、西洋音楽でいう「ハ長調」（Cメジャー）のCをもじった「調子がよい」の掛詞《かけことば》です。その「調子がよい・調子っぱずれ」の語源は雅楽です。

もし昔にも「流行語大賞」があったなら、さぞやたくさん雅楽用語が入選したことでしょう。

■雅楽用語が語源の日用語

ロレツ

「呂律」と書く　中国から伝来した音階や旋法の用語　日本では律音階が主流　呂律が混在する曲を吹き分けできないことを「呂律が回らぬ」という　それが転じ酔っ払いなど意味不明の言葉を「ロレツが回らない」

音頭

雅楽で「おんどう」　民謡では「おんど」　雅楽で吹物の首席奏者　冒頭にソロで演奏し他の奏者が追随する　民謡で歌の初句をうたい出す人を「音頭取り」　会議の進行役を「音頭を取る」や銀行の「頭取」も同じ

打ち合わせ

三方楽所に統合以前は各楽所の打楽器奏法に微妙な差があり　この調整の約束事の取り決めや実際の拍子合わせの場　転じて物事をうまく運ぶように前もってする話し合いを「打ち合わせ」

二の舞

「案摩（あま）」の舞に続き　異様な面の舞人二人が前演の舞を真似る滑稽な舞のこと　そこから人の真似をする意味に　さらに前の人と同じ失敗をすることを「二の舞をふむ」という言い方になった

二の句

朗詠における第二段目の句のこと　その歌い出しが高音（一オクターブ上）のため　その発声が苦しく難しいところ　それが転じて驚いたり　あきれたりして声も出ない状態のことを「二の句が継げない」

按配

なだらかなカーブと抑揚をつけながら音程を変える篳篥独特の奏法のことで「塩梅（えんばい）」と書く　指遣いと息遣いが決め手で　料理の塩加減などで「塩梅」や物事の段取りを「按配（あんばい）」と呼び雅楽が語源

乙な…

雅楽で高めの音　朗詠の二の句などを「甲（かん）音」とし　それより低い音を乙音という　それから「低音で渋みのある声」や「気のきいた」または「味なこと」を「オツだねぇ」などと　「甲高（かんだか）い声」も同じ語源

野暮

笙は本来十七音すべてにリードがあるが　日本の笙には「也」と「毛」の二音はリードがなく音が出ない　不要というより日本趣味にあわぬ（洗練されてない・風雅でない）から二音の名称「や・もう」が訛って野暮（やぼ）に

やたら

舞楽の曲に「夜多羅拍子」という二拍・三拍、二拍・三拍つまり五拍子を繰り返すもので日本楽人には苦手であったらしい　むやみやたらに拍子を刻んでいるさまから「やたら（八多良とも）」に転化の説　矢鱈はあて字

楽屋

古い時代　舞楽で「管方（吹物）奏者の演奏する場所」のことを「楽之屋」と呼び　舞人の準備する場所も兼用していたらしい　この用語が能楽に入り「出演を準備する場所」つまり「楽屋」に　呼び名も意味も変わった

第三章

声明

唐・天竺から大和へ——声明の伝来

「声明《しょうみょう》」とは、法会などで僧侶がフシをつけて経文を唱える声楽曲のことで、フシがなく詠むだけならば「読経《どきょう》」といいます。

声明は古代インドのバラモン僧が学ぶべき五つの学問の一つで、文法学や音韻学を意味しています。それが中国で漢訳されて「声明」と書かれるようになりました。中国には前一世紀ころに伝わり、三国時代に現在のような様式が確立したといわれます。

日本へは仏教と同時に伝来したと考えられていますが、はっきりしたことは不明です。日本で声明に関する最初の記述は、各宗派ごとに異なっていた「転経唱礼《てんぎょうしょうれい》」（＝声明の唱い方）を、七二〇年に唐僧の道栄を招いて統一する作業がなされたというものです。また七五二年、東大寺大仏の開眼法会《かいげんほうえ》において「散華《さんげ》」や「唄《ばい》」など、いわゆる「四箇法要《しかほうよう》」がおこなわれたことも記録に残っています。

日本で声明と呼ばれるようになったのは中世以降で、それ以前は「梵唄《ぼんばい》」「唄匿《ばいのく》」と呼ばれていました。

「唄」とは「経を詠ずる」という意味で、今でも中国・韓国・チベット、そして日本では禅宗系が声明ではなく梵唄と呼んでいます。

「奈良（南都《なんと》）声明」と呼ばれる時代を経て、八〇四年に空海と最澄が唐に渡り、帰国してそれぞれ真言宗と天台宗を開き、同時に声明も伝えました。その後、真言宗では寛朝《かんちょう》、天台宗の円仁《えんにん》・良忍《りょうにん》という声明の大家が出現し、現代に伝わる真言・天台の二大声明が確立されます。空海・最澄の時代にはそれほど差がなかった真言・天台の両声明も、時代とともに変化します。一例として、十一世紀ごろには真言宗だけでも百五十ほどの流派が発生して、それを四流にまで絞ったといわれるほどの変化でした。それほどまでに流派が分かれた理由は、各宗派の分派活動によるものです。

左図は紙面の都合で代表的なものをあげたに過ぎません。これだけでも相当の数に及ぶ流派独特のものです。同じ曲名の声明でも唱え方や作法が、宗派でかなり違ったものになっています。

■声明とは

法会・法要など仏教儀礼で　経文などを歌詞に　旋律をつけ歌う仏教の声楽曲

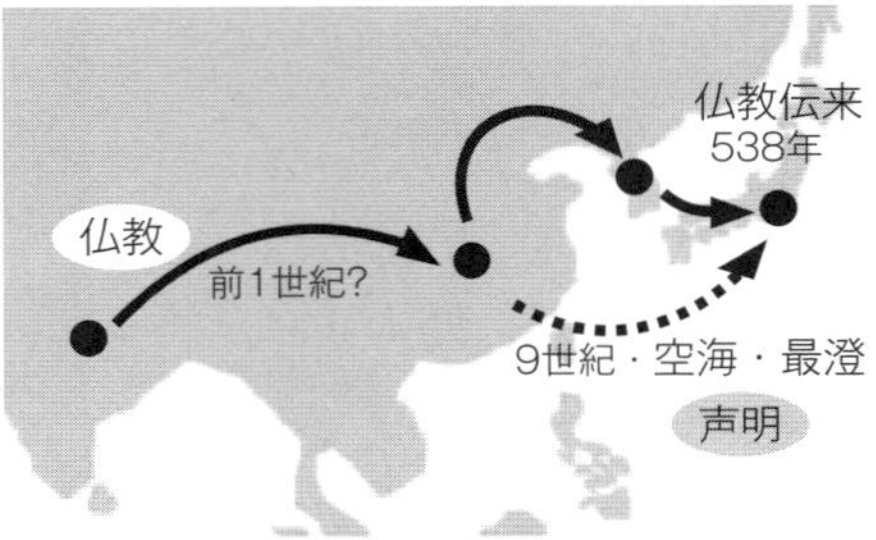

●バラモン僧必修の五学問

五明《ごみょう》

- 声　明（しょうみょう）言語学
- 内　明（ないみょう）心理学
- 因　明（いんみょう）論理学
- 医方明（いほうみょう）医学
- 工巧明（くぎょうみょう）工芸

ベーダ聖典に基づく
サンスクリット語（梵語）による
バラモン教典礼音楽『サーマ・ベーダ』

シャブダヴィドャ（Śabda-vidyā）
＝発声理論　←　詠唱研究
漢訳

梵《ぼん》　唄《ばい》　＝　声《しょう》　明《みょう》　漢訳命名者は玄奘三蔵との説も

●中国声明「魚山」のいわれ

『魏志』によれば3世紀初頭　魏の曹植《そうしょく》（曹操の四男）が魚山《ぎょさん》（山東省泰安府）の山深い洞窟から　天空よりの響きを聴き陶然となり　その妙音の声節を写して「梵唄＝声明」をつくったとの伝説が…
のちに「魚山」といえば声明のことに

●日本の声明の流れ

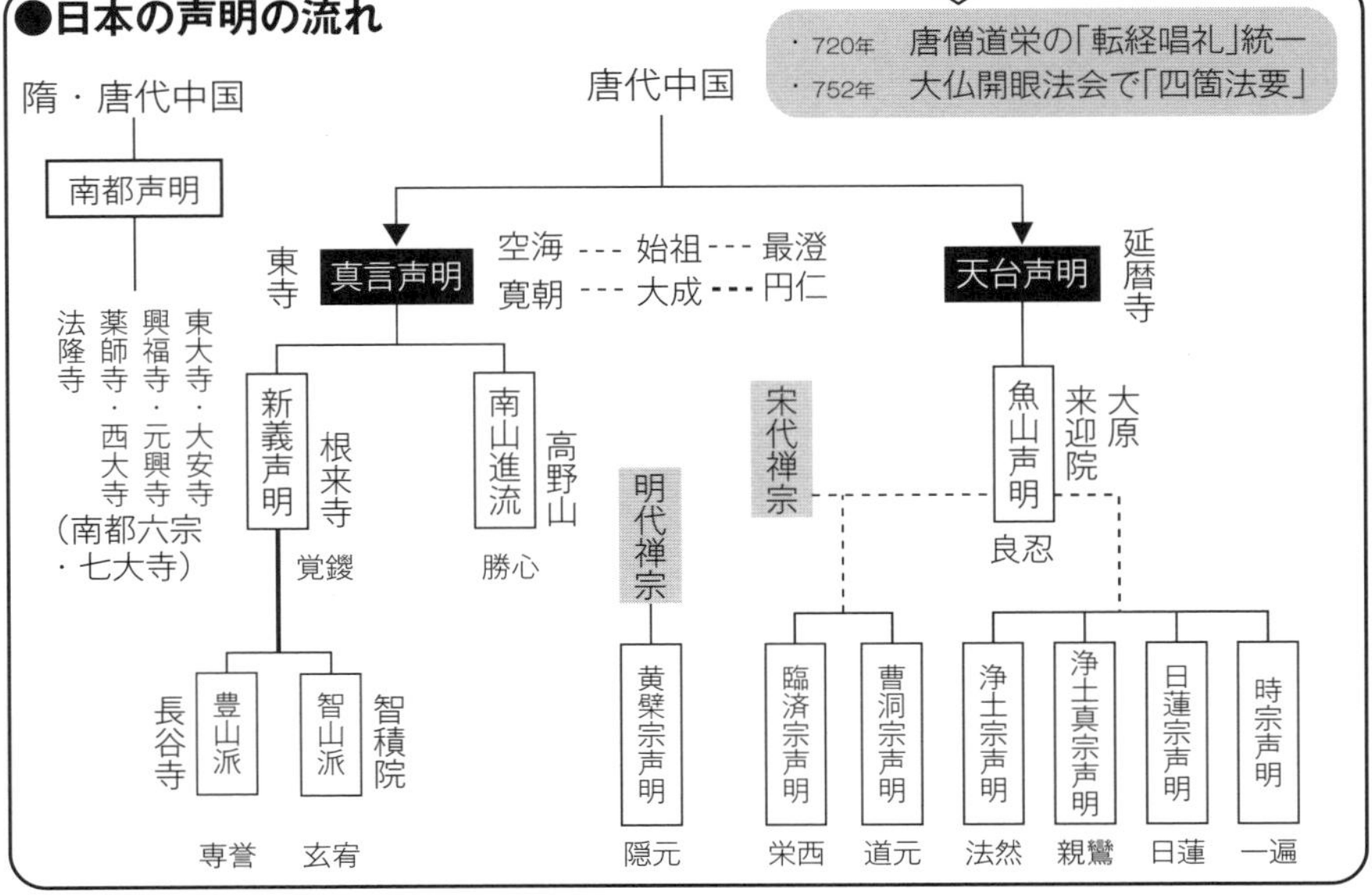

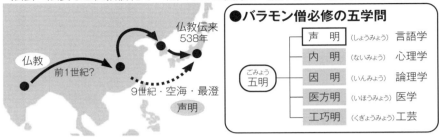

梵・漢・和のコラボレーション——本声明と雑声明

法会《ほうえ》などで唱えられるもののすべてが声明ではありません。正式には「本声明《ほんしょうみょう》」の類だけが声明とされ、それ以外は「雑声明《ざつしょうみょう》」や「仏教歌謡《かよう》」と呼ばれるものです。

本声明とは梵語《ぼんご》・漢語で書かれた外来の声明、またその様式にのっとって日本でつくられた韻文の声明類の一部だけを指します。平安時代以降の和製の声明は「雑声明」と呼ばれます。これら二種の声明類は、法会などで僧侶によって唱えられるもので、同じ法会でも主に信徒が唱えるものは「仏教歌謡」と呼ばれます。

本声明に詠まれている内容は、仏・菩薩などの功徳をたたえる「讃《さん》」、法会の道場への諸神・仏の降臨を願う「勧請《かんじょう》」、それに法要や道場の「荘厳《しょうごん》」（美しく整え飾る）などです。全体に音節を長く引き伸ばした唱え方ですが、同じ曲名でも全宗派が同一ではなく、宗派によってかなり差があります。

雑声明の内容には、仏や高祖の功徳《くどく》への賛歌、法要の趣意告知、教義の解説や神仏への供養《くよう》、さまざまな祈願の願文《がんぶん》など、民衆化した仏教に対応したものになっています。

梵語（サンスクリット）の声明といっても、梵字で書かれているわけではなく、左図にあるように漢字で書かれています。これはインドから伝来した梵語の読み（音）に、中国で同じ音をあらわす漢字をあてて表現（音写音）しています。日本でたとえるなら外国語を片仮名で書いたようなものです。

左図に梵語讃と漢語讃を並べてみました。梵語讃は梵語の発音どおりの漢字をあてて書かれ、漢語讃はその内容を漢文に翻訳して書かれています。両者の文面を一見するとまったく違いますが、書かれている内容は同じなのです。同じ内容だから、どちらか一方だけを唱えれば終わりということではありません。法会では基本的に両方が唱えられます。

こうしてみると、仏教の儀式や声明は、発祥地であるインドのものを、中国で様式化と整備がなされ、日本に伝わったことがよくわかります。

■声明の分類

- **声明**
  - 本声明 ― 狭義には「本声明」のみを声明とする　1音節を長く引きのばした詠唱的なものが多い
    - 梵語
      - 韻文　『四智梵語讃』『仏讃』
      - 散文　『陀羅尼』『真言』「呪」
    - 漢語
      - 韻文　『四智漢語讃』『唄』『散華』『梵音』『錫杖』
      - 散文　『経』（中曲理趣経・引声阿弥陀経）
    - 日本語
      - 韻文　『讃嘆』『伽陀』『教化』
  - 雑声明 ― 平安期以降に日本でつくられた声明　本声明とは区分　宗派によってメインの例も　曲名・旋律は宗派で変化
    - 日本語
      - 韻文　『和讃』（法要で僧侶が唱えるもののみ）
      - 散文　『祭文』『表白』『神分』『講式』『論議』
- ×（声明とは別）仏教歌謡 ― 声明の域とは認めていない仏教音楽　唱詠するのは僧侶ではなく　信徒が唱えることがベース
  - 日本語
    - 韻文　『和讃』（信徒が唱える）『御詠歌』

●梵語と漢語の讃

梵語讃　サンスクリット語経典の《音写音》を　漢字で表現

漢語讃　サンスクリット語経典の《内容》を　漢語に翻訳

中国製の讃も多数ある

●四智梵語讃

唵《おん》嚩《ばん》日《ざ》囉《ら》薩《さ》怛《と》嚩《ば》
蘇《そ》蘖《ぎゃ》囉《ら》賀《か》嚩《ばん》日《ざ》囉《ら》
囉《ら》怛《たん》曩《のう》摩《ま》覩《ど》怛《たん》囕《ら》
嚩《ばん》日《ざ》囉《ら》達《たら》麼《ま》誐《きゃ》夜《や》
那《たい》嚩《ばん》日《ざ》囉《ら》羯《きゃら》磨《ま》迦《きゃ》
嚕《ろ》婆《ばん》嚩《ば》

文面が違っても書いてある内容は同じ

●四智漢語讃

金《きん》剛《こう》薩《さ》埵《た》攝《せつ》受《しゅう》故《こ》
得《とく》為《い》無《む》上《しょう》金《きん》剛《こう》宝《ほう》
金《きん》剛《こう》言《げん》詞《し》歌《か》詠《えい》故《こ》
願《げん》成《せい》金《きん》剛《こう》承《しょう》仕《し》業《げう》

大衆化とはジャパナイズ——声明の日本化

仏教は日本に伝来してから、その役割、目的、受容層などが時代によって大きく変化します。

仏教が、国家鎮護《ちんご》の策でもあった「奈良仏教」の時代は、漢語の仏教経典をそのまま理解できる貴族や官僚層などの知識層がその受容の対象でした。よって声明が外来語のままでも問題ありませんでした。やがて仏教は、各宗派の樹立の時代を経て、民衆を受容層にした大衆仏教の時代に向かいます。

ありがたい仏典、美しい旋律の声明であっても、梵語や漢語で唱えられては一般の人にその内容はとても理解できません。特に鎌倉期になって新宗派が続々と誕生し、各宗派の布教活動が始まるようになりますと、信者の大半が字の読めない民衆ですので、仏の功徳の礼賛《らいさん》や教義の説明などを外来語のまま用いては、とても民衆の理解や支持は得られず、声明や経典の日本化が必要となりました。その結果、平安末期ころまでに、日本人の手によって和製声明が左図のように多数つくられました。

日本化は「大衆にわかりやすく」が目的ですから、その文体は平易な日本語で書くか、あるいは漢語で書いたとしても訓読（日本語読み）する方法がとられました。これら和製声明のほとんどは、雑声明に分類されていますが、日本語の讃に相当する「讃嘆《さんだん》」のみは本声明に分類されています。

なお「和讃《わさん》」と「御詠歌《ごえいか》」だけは声明とはされず、「仏教歌謡」に分類されます。和文で七五調、和歌体といった特徴をもつこれらは、当時流行していた中世歌謡「今様《いまよう》」と相互に影響しあってできたため、音楽的に共通点があります。その通俗的な性格が儀式性と乖離していると受け取られたのか、声明の域には入れられず、このような位置づけになったのでしょう。浄土真宗など鎌倉以降の新仏教の布教や法会では、和讃が多く用いられました。その旋律は子守歌の「ぼうやよい子だ、ねんねしな」と同じだといいますから、当時の日本人の感性にマッチした、親しみやすい、また覚えやすいものであったのでしょう。

声明の日本化

●その背景

時　代	性　格	対　象	状況内容	僧	目　的
飛鳥時代	仏教伝来	権力者	咀嚼と定着	官僚僧	政治勢力利用
奈良時代	学問仏教	朝　廷	仏教学研究	学者僧	国家鎮護統治
平安時代	山岳密教	寺　僧	本格的宗派	私度《しど》僧	国家管理離脱
鎌倉時代	大衆仏教	大　衆	新仏教開花	遁世僧	民間布教信仰

仏教を大衆に広めるため　**声明の日本化**　⇒　経典を平易な和文／和製の漢語声明

●主な和製声明

これらが出そろうのは12世紀半ば（平安末期）　中世的声明

名称	言語	詩形	趣意	適　要
讃嘆《さんたん》	和文	散文	讃（仏徳）	最古の和文声明で和讃の先駆　散文形式だが和歌体または韻文も　《法華讃嘆》《舎利讃嘆》
伽陀《かだ》	漢文音読体	韻文七言一句	讃（仏徳）	漢語韻文の音読だが和製　天台系でつくられ真言系でも　《総礼伽陀》《回向伽陀》管伴奏も
講式《こうしき》	漢文訓読体	語り物	仏典・教義の講釈	『和讃』とならび和製声明の代表　これを源流に語り物の『平曲』が誕生　《六道講式》《四座講式》
論議《ろんぎ》	和文	問答形式	仏典・教義の講釈	修行学僧の試験で経論の問答・議論　それに節がつき　形式が定まり法要で　宗派で様式が別
祭文《さいもん》	漢文訓読体	韻文	讃（本尊・祖師）願文	本来は陰陽道系の祝詞　徴・角の二音の単純な旋律　日本独特の願文だが　近世では芸能化
表白《ひょうはく》	漢文訓読体	韻文	法会趣旨の告知	詞章に簡単なフシがつき切れ目にユリ　講式の序曲の役で　音楽的には講式に大きな影響
教化《きょうけ》	和文	四句1章2連以上	仏道の教導	内容を簡易な和文で記述　奈良仏教時代からある　和文の声明ながら仏教歌謡的な側面も
神分《じんぶん》	漢文訓読体	韻文	願文解脱増威	諸神の勧請をし　《般若心経》をあげ法会の擁護を祈願　法会の冒頭『表白』の前か後かにつく
和讃《わさん》	和文	七五調4句1首	讃（仏徳）	同じ和製の讃の類でも詩形以外に曲節の形式も讃嘆とは別物　浄土真宗系で盛行　仏教歌謡と
御詠歌《ごえいか》	和文	三十一文字和歌体	巡礼歌	和歌体の詞章を一節だけの旋律で詠う　最近は葬儀の付き物　和讃の一種だが「仏教歌謡」と

声明なしに成立しない仏教儀式
——法会と法要

声明が唱えられるメインの場面は、仏教儀式である「法会《ほうえ》」の席です。仏教儀式としてほかに「法要《ほうよう》」「法事」という名称の会合があります。ここでも声明は重要な役目をはたします。

法会と法要は何が異なるのでしょうか。辞典類の記述から最大公約数的にとらえれば、法会とは大勢の人たちを対象に仏の教えを説き聞かせる会合で、主に寺院が主催するものです。法要は特定の祈願や死者の供養など、また俗にいう年忌などの法事も含むとあります。これが一般的な理解です。しかし宗派によって解釈が大きく異なるのも事実です。極端な例では「法会と法要は同じもの」とする宗派があります。よって厳密に区分するのは難しいようです。真言宗（密教）では、落慶《らっけい》法会、施餓鬼《せがき》法会、彼岸《ひがん》法会など、法会はいわゆる仏教儀式全体のことを指し、法要はその法会のなかで荘厳化するパーツ、法会のプログラムとしています。法会では道場荘厳のために、三礼《さんらい》・如来唄《にょらいばい》の「一箇法要」、唄《ばい》と散華《さんげ》・対揚《たいよう》の二つの法要で「二箇《にか》法要」、唄・散華・梵音《ぼんのん》・錫杖《しゃくじょう》の「四箇《しか》法要」があります。これによって密教でいう法会と法要の関係がわかります。

密教系以外（顕教《けんきょう》）では、法会と法要についてその方法や考え方が相当に違うようです。さらに顕教でもそこに用いられる声明の曲目や読まれる経文、そして儀式の手順・作法などが宗派によりすべて異なります。

ごく一般的な法会のプログラムは大きく四区分できます。導入部では僧侶が入場してきて三礼し、供物《くもつ》をそなえて、仏・菩薩の功徳をたたえる讃を唱い、ついでこれら法会会場に仏・菩薩の降臨を請願します。また荘厳部で法会会場を清め整える儀式（法要）をおこないます。三番目は法会の中心部で、法会そのものの目的に沿った内容の告知や祈願などが、決められた次第に沿って展開されます。そして最後の終結部では、その功徳が法会参加者以外にも広く功徳がおよぶ（回《え》向《こう》）ことを祈願して終わります。これら各段階には、用いるべき声明曲がすべて準備されています。

■声明の用法

●声明が唱えられる場面は…

法会（ほうえ） → 本来は仏法を説く会合、寺院のイベント

法要（ほうよう） → 祈願・供養など 目的ごとの仏教儀式

法要の基本コンテンツ＝ 声明 修法 読経

●用いられる声明は 法会の種類によって曲目編成や進行がかわる

●法会の種類

- 密立法会《みつだてほうえ》（密教独自）
  - 経典を読むことが中心………（経立）《きょうだて》
  - 講式を唱えることが中心……（講式立）《こうしきだて》
  - 真言を唱えることが中心……（咒立）《しゅだて》
- 顕立法会《けんだてほうえ》（密教以外）
  - 経典を読むことが中心………（経立）
  - 講式を唱えることが中心……（講式立）

●法会のプログラムと声明

区分	内容と次第	対応する声明曲類
①導入部	僧侶入場・仏法僧に三礼 奠供道場への仏菩薩降臨を請願	総礼（伽陀）・三礼・供養文・讃・祭文・勧請
②荘厳部	仏・菩薩をたたえ 華を道場に撒いて荘厳（清める）する	唄・散華・梵音・錫杖（四箇法要）
③中心部	開催した法会が目的とする法要の次第を遂行する	表白・神分・仏名・前唄礼…、経・講式論議・偈・真言…、合殺・宝号・後唄礼
④終結部	法会の功徳が参会者以外にも広く衆生に及ぶことを願う	回向・三礼

舞楽《納曽利》（御忌大会・増上寺雅楽会・平成20年4月5日）［写真提供／増上寺］

声明 往生礼讃（御忌大会・晨朝《じんじょう》法要・平成18年4月6日） ［写真提供／増上寺］

千二百年の伝承を支えた博士——声明の音楽構造

声明は実に明解で合理的な音楽理論によって構成されています。その理論は、雅楽と同様に伝来した中国の音楽理論がベースです。雅楽が伝来した音楽理論を日本化する過程で、声明もその影響を受けたのか、音楽用語や解釈は雅楽のものとほぼ一致しています。

たとえば音名の「宮《きゅう》・商《しょう》・角《かく》・徴《ち》・羽《う》」の五音《ごいん》（五《ご》声《せい》）、「壱越調《いちこっちょう》・平調《ひょうじょう》・双調《そうじょう》・黄鐘調《おうしきちょう》・盤渉調《ばんしきちょう》」の五調子、「呂《りょ》・律《りつ》」の旋法《せんぽう》などがそうです。雅楽ではそれに「太食調《たいしきちょう》」を加え六調子です。声明では呂・律曲以外に中曲《ちゅうきょく》があります。このように雅楽と声明は部分的に異なる箇所もあります。なお声明では音名に大日《だいにち》如来など、仏の名前を与えているところがいかにも仏教的です。そしてヨナ抜きの五音（ヨ＝四番目の音、ナ＝七番目の音。ファとシが抜けた西洋音階）、オクターブをあらわす初重《しょじゅう》・二重《にじゅう》・三重《さんじゅう》など、声明はその後の日本音楽、特に声楽曲に多大な影響を与えました。声明には独特の「十一位の音階」がありますが、それ以外に人が出し得ない「無声音」というものを前提にして音階が組み立てられているのも、おもしろい特徴です。

こうした音楽理論をベースにした声明独特の楽譜があり、これを「博士《はかせ》」と呼んでいます。博士には二種類があります。音階音（五音）の高低を示すものを「五音《ごいん》博士」（墨譜《ぼくふ》）、旋律の動きを視覚的に示すものを「目安《めやす》博士」（仮譜《かりふ》）と呼びます。宗教音楽「グレゴリオ聖歌」で用いられる楽譜をネウマ譜と呼び、旋律を図形であらわしています。それは目安博士と興味深い一致です。現在では五音博士を使っているのは真言宗だけで、それ以外は目安博士のみとなっています。目安博士も宗派によって工夫・簡略化されて、それぞれ独自のものになっています。こういった声明の楽譜も、のちの平曲、謡曲や浄瑠璃などの記譜法に大きな影響を与えます。

声明の千二百年にわたる伝承の歴史は、これら記譜法のおかげによるものですが、伝承過程で時代とともに徐々に記譜法も変化し、同じ宗派の同じ曲でもずいぶん違ったものになっています。

■声明の音楽構造

七声《しちせい》	変宮 ド	レ	ミ	変徴 ソ	ラ
五音《ごいん》	宮《きゅう》	商《しょう》	角《かく》	徴《ち》	羽《う》
五仏	大日如来	無量寿如来	阿閦《あしゅく》如来	宝生如来	不空成就如来
五調子《ごちょうし》	壱越調《いちこつ》	平《ひょう》　調	双《そう》　調	黄鐘調《おうしき》	盤渉調《ばんしき》
	二調	ホ調	ト調	イ調	ロ調
三種《さんしゅ》	呂曲	律曲	呂曲	中曲	律曲

●初・二・三重・十一位の音階

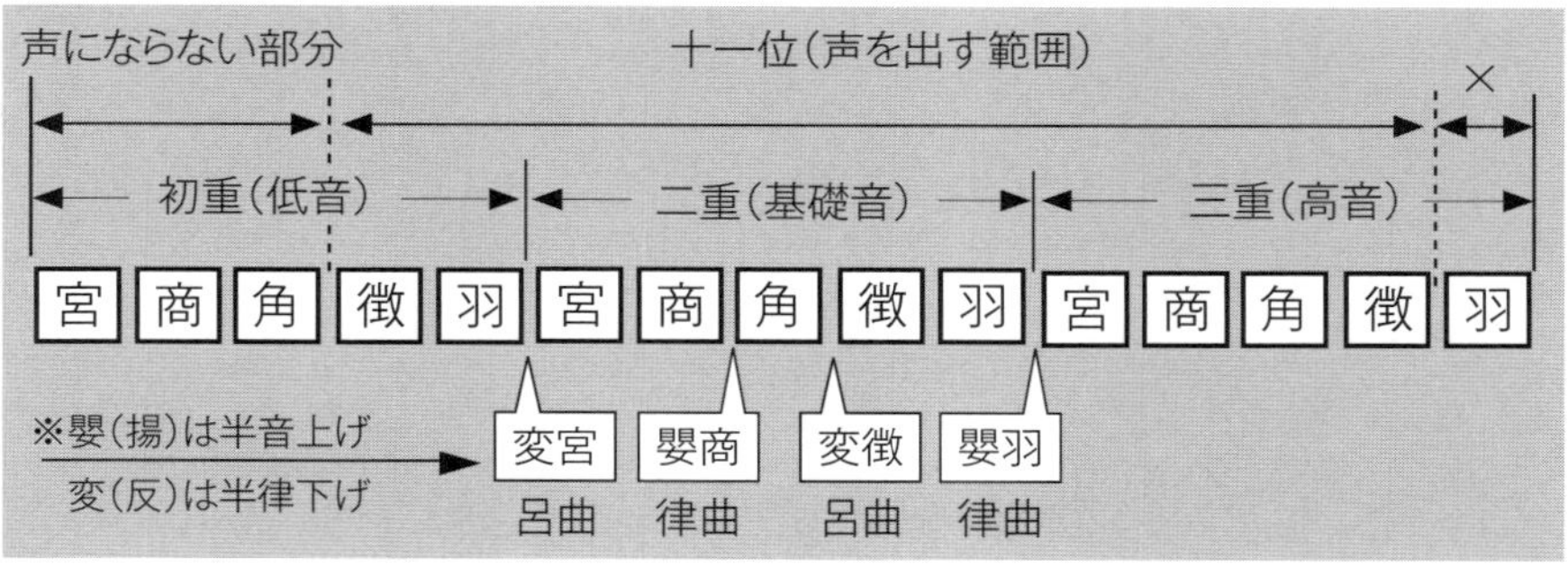

●博士（記譜法）の例

・目安博士

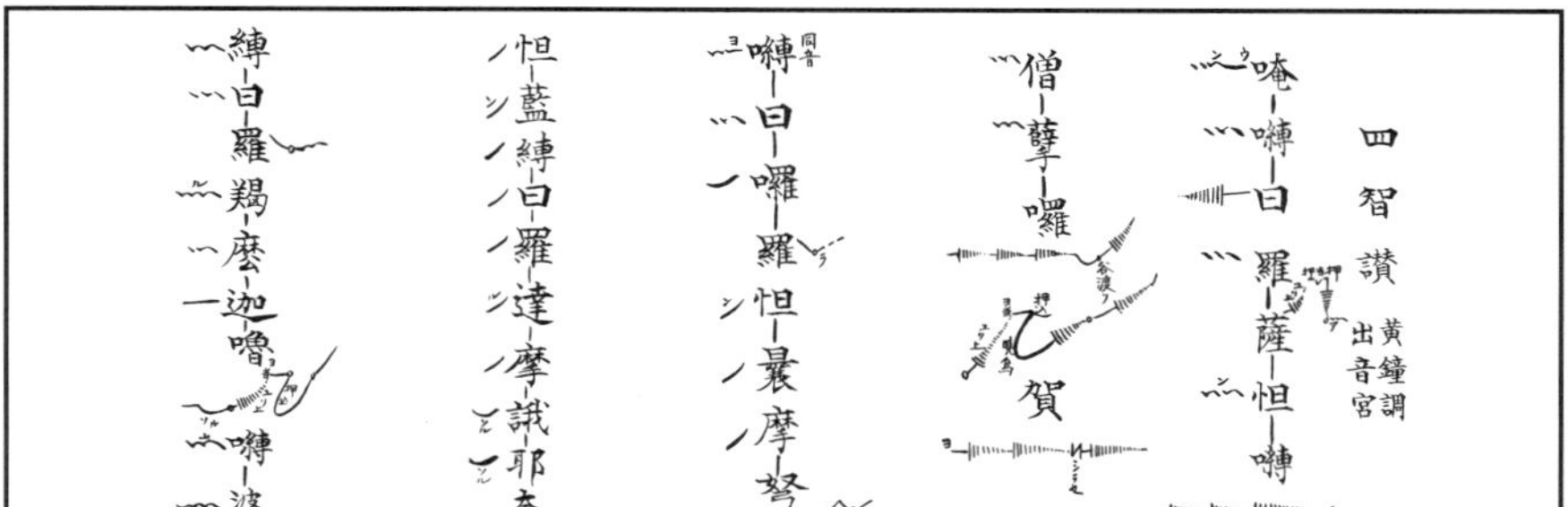

「四智讃」（『御忌法要集』増上寺　より）

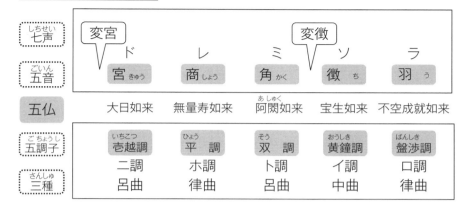

免許皆伝までざっと三十年——声明の唱法

最近の法事は、お坊さんが一人で勤めることが多いようです。しかし、たとえお坊さんが大人数になっても、声明を全員で一斉に唱えだすということはありません。導師《どうし》という、いわばリードボーカル役がいて、そのソロから始まり、それに続いてお坊さんたちが斉唱します。もちろん声明は単旋律ですから合唱のようにハモることはありません。

博士という楽譜があっても、それだけで声明を唱えられるようにはなりません。その学習は「口伝《くでん》」というマンツーマンによるものであり、博士はそのための教本であり、メモ帳がわりのようなものです。僧侶となるために習得が必要不可欠な声明ですが、この修得は大変なことです。南山進流《なんざんしんりゅう》（真言宗）の例では、弟子入りしてから左図のステップで学習が進行します。

基本の声を鍛錬する「読経《どきょう》」、度胸試しの「祭文《さいもん》」の読みあげを経て、いよいよ声明の真髄たる「魚山《ぎょさん》集《しゅう》」に入ります。左図では六項目しかあげていませんが、このうちの「讃」だけをとっても十種以上もあり、それぞれに梵語と漢語とのものがあります。しかも単に旋律や歌詞を覚えるだけでなく、その難解な内容を理解しなければなりません。それが終わって次のステップです。伽陀《かだ》や講式などは同じものでも唱え方が二種類あるので両方を習得し、声明を唱える場合の扇や念珠《ねんじゅ》の始末、立ち居振る舞いといった一連の作法も学びます。

声明の修得に一体どれだけ期間が必要か。個人差もあるでしょうが、最低でも五、六年といわれます。たとえば「式三年」というように、講式だけでも三年は必要といいます。選ばれた優秀なものだけに伝授される「三箇秘韻《さんかひいん》」などを修得し、聴いている人は無論、自分でも「これなら」と思える域に達するのには、ざっと三十年かかるといわれます。実に大変な修行です。

ただ覚えるだけでなく、声のよしあしがあり、「四種の悪声」は禁物ですし、よくても「三病《さんびょう》」では「己の小技に驕り昂ぶって、声明の奥深い、旋律の妙曲に到達はできない」といわれます。

■声明の唱法

●詠唱形式（いずれも単旋律）

①導師の独唱……………………… 『三礼』
②職衆《しきしゅう》の一人が独唱……………… 『唄』
③独唱から斉唱へ ………………… 『讃』
④独唱と斉唱が交互に …………… 『回向』
⑤全く異なる声明を同時に ……… 『講式』『伽陀』（常楽会）

※必ず独唱から始まり
斉唱で始まる声明はない
独唱部分を「頭の句」
独唱者は「頭人(とうにん)」

●声明の学習方法（南山進流の例）

・弟子入り

- 読経　声の出し方　抑揚のつけ方
- 祭文　実際の法会で大勢の前で詠む
- 魚山集
  - 散華 → 三礼 → 唄
  - 讃 → 理趣経 → 唱礼
- 伽陀 → 表白　二種類の唱え方 {『御影供表白』『大般若法則』
- 法則類　常楽会・仏明会・仏生会・土砂加持など
- 講式　二種類の唱え方 {『四座講式』中心のもの　『明神講式』中心のもの
- 三箇秘韻　秘讃・乞戒声明・大阿闍梨の声明

・免許皆伝

●詠唱上の注意点

・四種の悪声

①「亡国の声」　哀傷愁嘆（悲しみに心痛めて嘆く）声
②「人法不和の声」　調子っぱずれ（いわゆる音痴）の声
③「短命病患の声」　細々弱々（か細く弱々しい）病気の赤ん坊が泣くような声
④「天魔障碍の声」　喧怒絶叫（やかましくどなり　絶叫する）の声

・声明に三病あり

㋑「美声のもち主」　㋺「リズム感のよいもの」　㋩「早合点するもの」

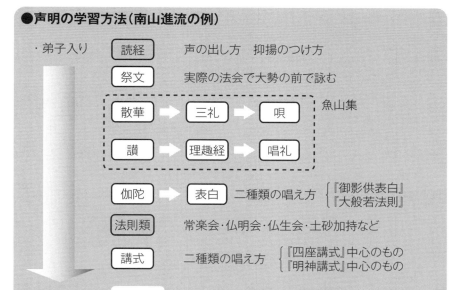

教義讃歌から葬儀歌へ——声明の歴史

声明は仏教に連動しているため、その歴史は紀元前までさかのぼります。日本に伝来する以前の大きな出来事は、三世紀の中国、魚山《ぎょさん》における声明創作の起源です。その後、百済から日本に仏教が伝来したおりに、仏像や経典と一緒に声明も伝わったであろうと推測されていますが、確証はありません。そして奈良時代の「転経唱礼《てんぎょうしょうれい》」の統一事業と大仏開眼法会の開催で、日本の歴史に声明が初めてあらわれました。

しかし何といっても、平安期の空海による真言声明、円仁《えんにん》による天台声明の確立が声明の歴史のエポック・メーキングです。この当時は両派の声明にそれほど差はなかったようで、天台宗の法会に空海以下真言宗の僧侶が同席し、同じ声明の唱和がおこなわれたとの記録があります。これら二大声明が大成するのは十世紀の真言宗の寛朝《かんちょう》、十二世紀になって天台宗の良忍《りょうにん》など、高僧の出現があってからです。彼らが日本型の声明の様式を決定づけ、各宗の独自性が生まれました。

時代を経て真言・天台の両宗ともに、教義の解釈や運営法の違いなどから分派活動が起き、同時に声明も各派の流儀に分かれます。さらには戦乱や飢饉、転変地異などによって民衆が困窮した鎌倉期には、仏教の教義や信仰のあり方も変わり、大衆に支えられた新宗派がたくさん生まれます。特に浄土系の新宗派では、布教にあたって用いた念仏歌《ねんぶつうた》や和讃などが、民衆にもわかりやすく唱和しやすい歌謡的な旋律であったため、一気に大衆の支持を得ていきます。

やがて力をもった宗派は、宗教的な領域を超えて、領主や時代の権力者とも対抗する軍事勢力にまでなります。こうした動向や各地で起きる一揆などに手を焼いた権力者は弾圧によって仏教宗派を骨抜きにします。江戸初期には「寺請《てらうけ》制度」など寺院のあり方に制限を加えられ、布教活動の必要がなくなった仏教寺院は徐々に葬式仏教と化していきます。

一般民衆と仏教は、葬式や供養などの法要が接点の場となります。そのため声明も儀式化した葬儀に唱えられる声楽曲と化してしまいました。

■声明の歴史

先史	・釈迦(前5世紀) ・中国に仏教伝来(前1世紀〜紀元前後) ・朝鮮(高句麗)に伝来(372) ・曹植　魚山で声明を(3世紀)
飛鳥	・仏教 伝来(538)　・百済の聖明王より仏像・経典 ・聖徳太子《三経義疏》著す(600?) ・玄奘三蔵インドより帰国(645)
奈良	・唐僧道栄により「転経唱礼」統一(720) 南都六宗成立(718) ・東大寺大仏開眼法会で四箇法要(752) ・鑑真和上来朝(754)
平安	・空海・最澄入唐(804)　・最澄　叡山で天台宗開宗(806) ・空海　高野山で真言宗開宗(816) 両 声明 伝播 ・円仁入唐(838)天台声明確立 琵琶法師 出現(9世紀後半) ・恵心僧都・源信が『往生要集』─《浄土思想》を著す　和讃の祖型か?(982) ・寛朝《中曲理趣経》作曲・真言声明大成(10世紀末) 雅楽 確立(894) ・南山進流が高野山へ回帰(11世紀末) ・良忍　比叡下山し来迎院で大原声明を開く(1109) ・覚鑁　新義真言宗(根来寺)で高野山より分派(1140)
鎌倉	・天台宗門・比叡山から新仏教の開祖が続々輩出(12世紀後半〜13世紀) ・法然 浄土宗 開宗(1198)　・親鸞　関東で伝道活動(1214)　平曲 始まる(13世紀初頭) ・栄西 臨済宗 開宗(1202)　和讃 盛行(鎌倉期)　猿楽能 萌芽(鎌倉中期) ・道元 曹洞宗 開宗(1244)　・南都仏教改革(13世紀) ・日蓮 日蓮宗 開宗(1253)　・一遍　諸国遊行開始(1267)
南北朝	夢幻能 完成(1380)
室町	・時宗 組織化(1460?) ・蓮如 浄土真宗 を宗名に(1473)・蓮如《正信偈》勤行唱和制定・一向一揆(1466−1570)
桃山	・仏教弾圧(軍事力削除)
江戸	・新義真言宗より豊山派・智山派が分流(1601) ・寺請制度・隠元 黄檗宗 開山(1661) ・葬式仏教化(1664) 明治維新(1868)
明治〜平成	・廃仏毀釈運動(1868)─神道国教化(1870)

仏教音楽なくして邦楽なし——声明と仏教音楽

声明は仏教音楽の代表的なものですが、すべてではありません。声明以外に法会《ほうえ》で演奏される「法会雅楽」や、法会の後で余興として催される芸能的な「延《えん》年《ねん》」も仏教音楽に含まれます。また僧侶による器楽演奏や題材を仏教に求めてつくられた現代の曲までも包含され、仏教音楽は幅広い分野に及んでいます。

しかし意外なことに、ご本尊のお釈迦様の時代には修行の邪魔？　とばかりに音曲を遠ざけています。音楽的要素が取り入れられたのは、宗教として儀式的様式が定まってからといわれます。

仏教音楽のなかでも、法会雅楽の琵琶から琵琶法師による琵琶の音楽が生まれます。それに雑声明の講式や論議の要素や題材がミックスされて「語り物音楽」の原型となる「平曲《へいきょく》」が生まれます。さらに平曲の音楽性や語り口をベースに「浄瑠璃」が、そして「歌舞伎」といった劇場音楽の誕生をうながします。また同じ法会雅楽の箏から「筑紫箏《つくしごと》」が生まれ、そこで「組《くみ》歌《うた》」という歌謡形式が発生します。やがてそれは三味線という楽器を得て「歌い物音楽」をひらき、絢爛たる近世邦楽を築いていきます。一方、法会の余興である延年には、さまざまな芸能が盛り込まれていましたが、「呪師猿楽《しゅしさるがく》」もその一つで、やがて雑声明の論議などの形式の影響を受け、「猿楽能」に到達します。

仏教音楽系で歌謡といわれていた和讃や御詠歌《ごえいか》などは、当時の流行歌であった「今様《いまよう》」と相互影響をしながら、民衆の生活に根ざした民謡やはやり歌など「歌もの」の原流となっていきます。音楽ではない説教でさえも、難しいお堅い理屈だけでは民衆には理解してもらえないということから、音楽性を帯びるようになり、「節談説教《ふしだんせっきょう》」（これは「説教」）など現代につながる話芸の世界をつくり出しました。これらは「説経節」や「説経浄瑠璃」（これらは「説経」）と次第に芸能化していきます。こうしてみると日本音楽や芸能は、声明をはじめとして仏教音楽抜きには成り立たなかったといっても過言ではありません。仏教は日本文化の根源であるということでしょう。

■声明と仏教音楽

●仏教音楽

・仏教儀礼に用いられる　「声明」「法会雅楽」「延年」
・信仰を表現するもの　「伽陀」「偈」「御詠歌」
・仏僧による器楽演奏　「尺八」「琵琶」
・仏教にまつわる事項を主題として作曲・演奏されるもの

★お釈迦様と音楽　釈尊自身は音楽活動はいっさいおこなってない　また弟子たちにも感覚的なものへのとらわれを避けるために器楽演奏・歌劇・舞踊の演奏はもとより鑑賞も禁じている　梵唄は釈尊入滅し仏教教団結成後のこと

●仏教音楽の影響

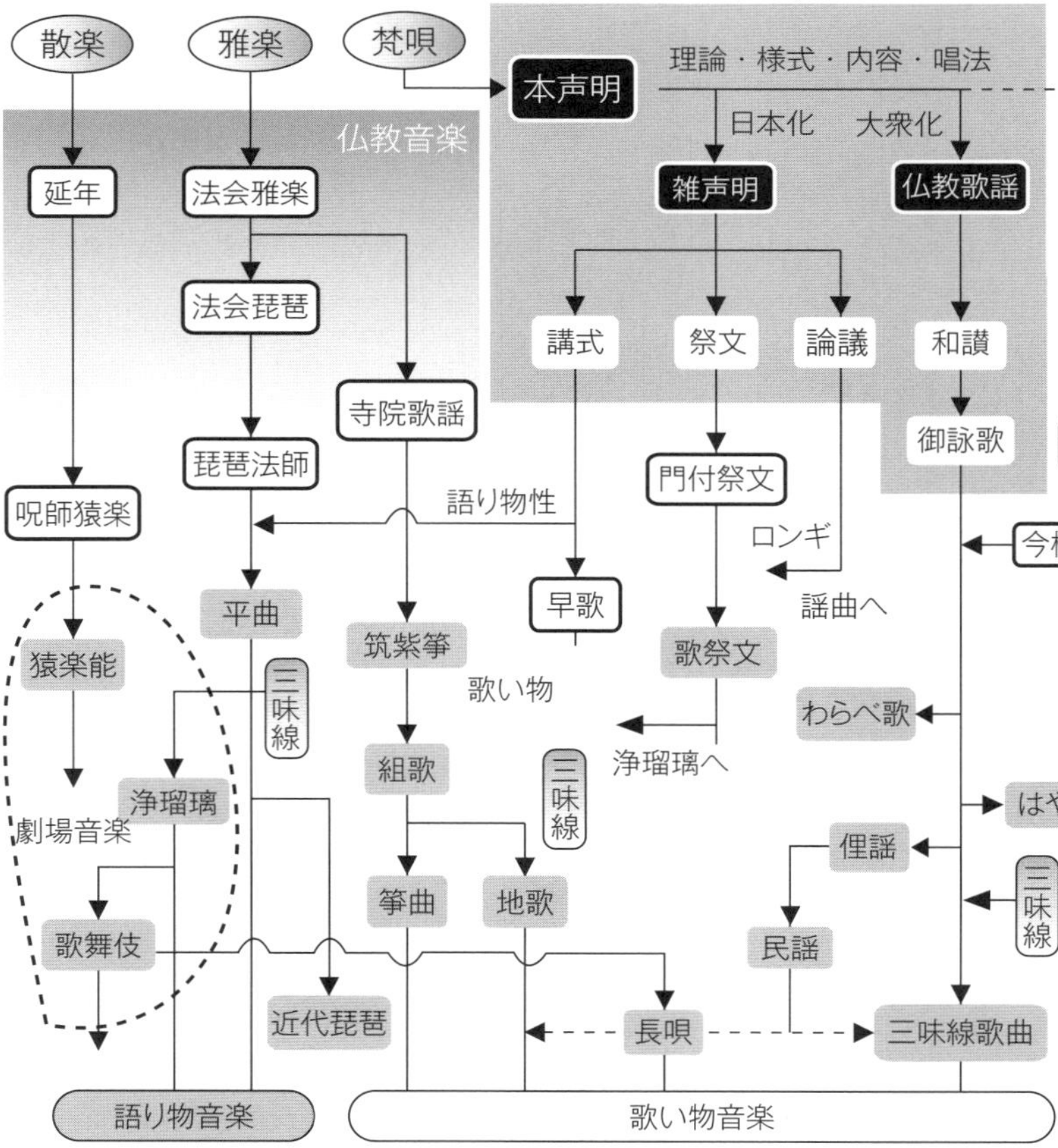

五人囃子
上段向かって左から太鼓、大鼓、小鼓；手前向かって左から笛、謡
（吉徳コレクション）

第四章

能楽

切っても切れない……——能と狂言

能と狂言をまとめて「能楽《のうがく》」といいます。こういう呼び方になったのは明治時代になってからです。

それ以前は「猿楽《さるがく》」（申楽《さる》）と呼んでいました。猿楽の源流といわれる「散楽《さんがく》」が訛《なま》って、猿楽になったといわれます。それ以外にも、昔の芸のなかに猿の演技があり、人気があって猿楽と呼ばれるようになった説。聖徳太子が天竺《てんじく》・神代《かみよ》の吉例《きちれい》にならい演じさせた、仮面をつけた物まね芸の神楽《かぐら》があり、その神楽の「神」の字から偏を除いて「申楽」になったという説。「申《しん》」は芸能の祖とされる秦河勝《はたのかわかつ》の「秦《しん》」に読み方が通じるからという説。これらのように諸説ありますが、どれが正しいかは不明です。

厳粛で難解な歌舞劇の「能」と、軽妙で笑いのセリフ劇である「狂言」とが、なぜ「能楽」として一体のものなのか不思議に思われるでしょう。その理由はともに源流が同じであることと、「能」と「狂言」との成立過程にあります。

日本の伝統芸能には、源流が同じでも、それぞれが分かれて発展していった例はいくつもあります。能と狂言の場合、この二つの芸能はそれぞれに独立していながらも、表裏一体の関係になっているのです。

演能は通常「能」と「狂言」が交互に演じられます。狂言として独立した「曲《きょく》」（一つの作品）を演じる場合は「狂言」または「本狂言《ほんきょうげん》」と呼びます。能一番の中で狂言方が担当する部分、またはその役柄を「間狂言《あいきょうげん》」もしくは「間」「アイ」といいます。その多くは能の曲で、前後二場に分かれている複式能《ふくしきのう》の中間の「中入り《なかいり》」で狂言方《きょうげんかた》が演ずる「語り間」といわれるものです。狂言方が能の劇中で重要な役をする場面もたくさんあります。そして囃子方《はやしかた》は、能だけでなく狂言にも出演して演奏をすることがあります。つまり能と狂言は、別物として独立しているようで、しかし相互の連携なしに「能楽」は成立しないということです。

能と狂言とを詳細に検討すると、同じようで違う、違うようで同じという、共通性と異質性が共存していることがよくわかります。

■能と狂言

●能楽の定義

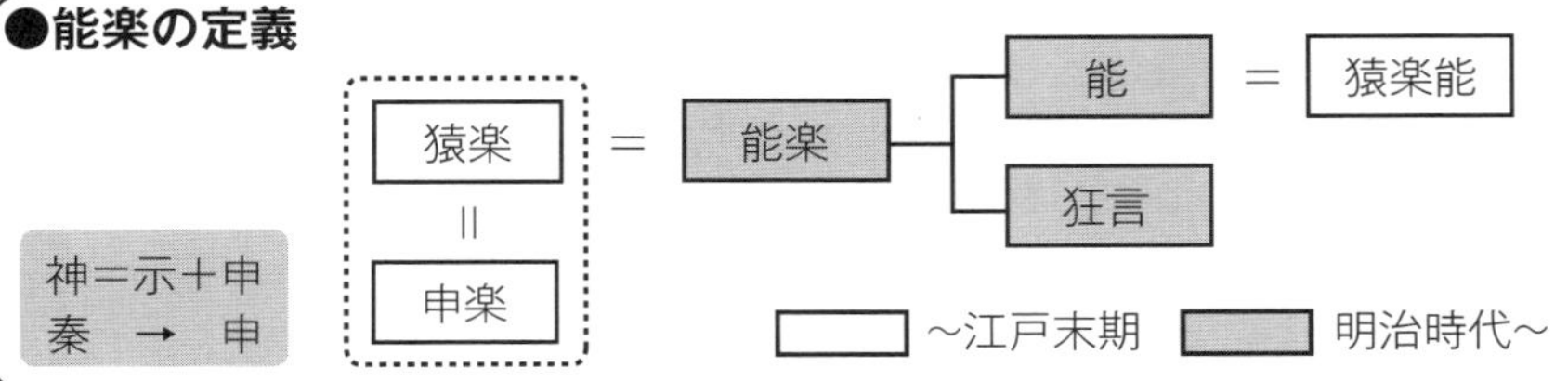

●性格が違う…しかし一体性

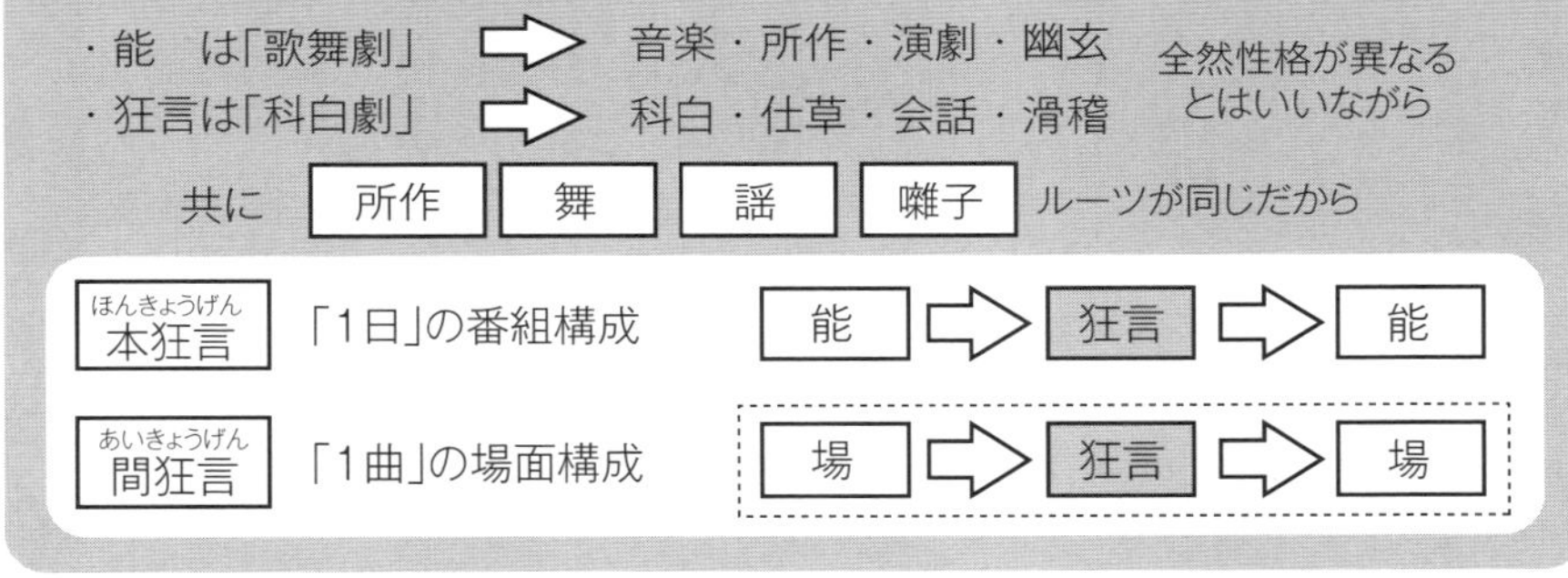

●能と狂言、共通性と異質性

		狂言	能
共通性	場　所	能舞台	
	演　者	男性中心	
	様　式	簡素で省略と誇張、大胆で自由な時間・空間処理	
	進　行	観客の想像力にゆだねられてスジが進行	
	動　作	腰に重心の「構え」と摺り足の「運び」	
	発声法	複式呼吸でよく響く発声・発音	
	演　出	面・装束・舞・謡・囃子・作り物・小道具	
	音　楽	吟型、ノリ型、謡事、囃子事、舞事、働事など	
異質性	構　成	写実的・開放的・率直明快	荘厳・緊張感・様式美
	演　技	語る・喋る・物まね	謡う・舞う
	表　現	声をあげ笑う・泣く・怒る	無表情・類型化・型
	役　柄	ユーモラスで写実的	シリアスで象徴的
	主人公	弱者対権力者（風刺的）	霊・武士・美女・貴族

コラボで磨きあげた生成過程——能と狂言

能楽を創出する母体となったのは、奈良時代に中国から伝来した、曲芸から歌舞までの雑多な芸の集合体であった「散楽」だと考えられています。散楽は伝来した当初は奈良朝廷の儀式用芸能でした。

平安時代に散楽から雑技《ざつぎ》が離れ、滑稽な物まねや道《どう》化《け》などの演技を主とした猿楽と呼ばれる芸能になり、猿楽者というプロの芸人が生まれます。当時、寺院では密教的な呪法《じゅほう》を、僧侶たちの言葉でなく演技でやさしく解説してみせる呪師《しゅし》がいましたが、これを猿楽者が代行するようになりました。

中国の「儺戯《だぎ》」が日本に渡り、節分の豆撒《ま》きの元となった「追儺式《ついなしき》」でも、猿楽者が仮面をつけ鬼の役を演じたようです。やがてこれらが芸能化して「呪師猿《しゅしさる》楽《がく》」が誕生します。また昔からの、翁《おきな》を神とする信仰から「翁猿楽」が生まれます。このようにして猿楽の本芸が形づくられていきました。

鎌倉時代には、それら芸人による猿楽集団である「座」が大和《やまと》・近江《おうみ》・河内《かわち》・丹波《たんば》など各地に生まれ、その地域の寺社をスポンサーにして祭礼や法会で活躍するようになります。当然のことながら、座同士で競合になり、それが相互に啓発しながらさらに新しい芸をつくり出しました。

そうして、滑稽な物まねや道化芸だけではなく、歌舞を中心とするストーリー性のある、「能」と呼ばれる演劇までレパートリーをひろげることになりました。

平安末期に、田植《たうえ》信仰や豊作祈願などの神事が芸能化した「田楽《でんがく》」にも、田楽法師というプロ集団がいて、猿楽能の隆盛をみて、同じように演劇的な芸をプログラムに加えて「能」を上演するようになります。「猿楽能」と「田楽能」との、芸をめぐった激しい戦いが「能」を大成させていきました。

能が芸能として形づくられたのは、南北朝から室町時代ころといわれます。そこに至るまでは、中国からの散楽だけでなく、儺戯や伎楽、寺社の呪師から田植信仰の芸能まで、ありとあらゆる芸事とのコラボレーションがあったのです。

■成立の歴史

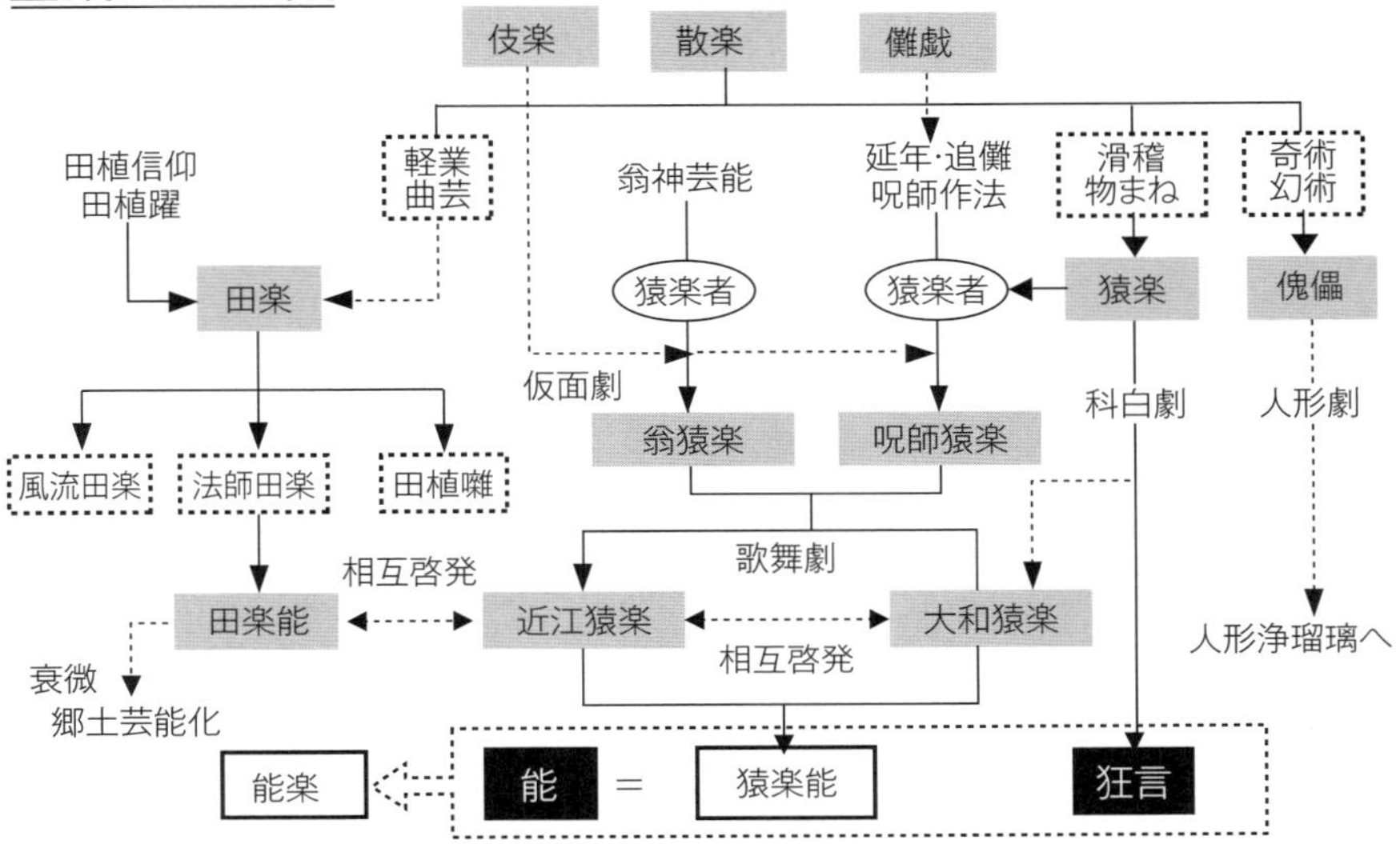

伎楽《ぎがく》
飛鳥期に百済より伝来　供養楽・天上の音楽で能楽へ直接的な影響はない　仮面劇の源流で　滑稽性など影響は大

儺戯《だぎ》
中国古式の鬼祓い儀式　それが転じて仮面劇に　奈良期日本に伝来　大晦日に宮中や寺院の儀式「追儺」とし現存

散楽《さんがく》
奈良期に中国より伝来　器楽・歌謡・舞踊・物まね・曲芸等バラエティーに富む芸能の集合体で　猿楽の祖型とされる

田楽《でんがく》
日本古来の民族芸能　豊作祈願の田植信仰から神事化　発展形が三種　専門家による法師田楽の出現など芸能化

- **田楽能**
田楽で演じられた能　一説には猿楽能より早いとの説も　観阿弥も師と仰ぐ喜阿弥など名手が猿楽をも凌ぐ人気が

猿楽《さるがく》
散楽が訛って猿楽と　申楽とも書かれる　散楽の日本化　当初は散楽同様に曲芸・軽業・雑芸など　能は鎌倉期から

- **翁《おきな》猿楽**
三翁の姿の神があらわれ　天下泰平を祝福する神事芸能の猿楽化　古くは「式三番」　現在は「翁」　猿楽本来の芸
- **呪師《しゅし》猿楽**
法会の呪師作法を猿楽者が代行しそれが芸能化　修法を演技・演舞で示す激しい動きの能　能の宗教性の原点とも
- **近江《おうみ》猿楽**
近江各地に発生の猿楽の一つ　幽玄さを追求し優美で艶やかな題材が主　近江猿楽六座で比叡座の犬王は天才と
- **大和《やまと》猿楽**
大和で結成の猿楽四座で現代にまで伝承　春日大社仕官　強さと物まね（演技）を根幹に武士・鬼・神・松・杉などが主

傀儡《くぐつ》
古くは人形を遣った巫術《ふじゅつ》　のちに放浪の辻芸人と集団化　男は手品・軽業・操り人形で　女は歌や舞あるいは遊女など

父子鷹アーティスト——観阿弥と世阿弥

ライバル関係であった猿楽と田楽《でんがく》でしたが、田楽には本座《ほんざ》の一忠《いっちゅう》、新座《しんざ》の喜阿弥《きあみ》という名人二人の存在もあって、田楽能に人気が集まったといわれます。

一忠が貞和《じょうわ》五（一三四九）年に催した勧進《かんじん》田楽では、大入り満員で客席の桟敷《さじき》が崩れて多数の死者が出たというほどの、大変な人気役者でした。

観阿弥《かんあみ》の所属する結崎座《ゆうざきざ》を含め大和猿楽は、鬼など無骨なキャラクターによる問答や、物まね芸が中心でした。田楽の一忠を「我が風体の師也」と敬愛した観阿弥は、彼らの芸に学びながら、さまざまな新機軸を猿楽能に取り込み、大胆に改変しました。

田楽能の音曲と歌舞性、近江猿楽の上品で優美な風情、そして足拍子など曲舞《くせまい》のもつリズムに謡をのせる構成法に、当時大流行の「小歌《こうた》・早歌《そうが》」など歌曲類をクロスオーバーさせて、それまでの大和猿楽にはなかった音曲や作劇をつくり出し、その面白さによって田楽よりも人気を集めるようになりました。

今熊野《いまぐまの》神社で、父観阿弥とともに十二歳の美貌と才能にあふれる息子世阿弥《ぜあみ》とが演じた、猿楽能に魅せられた将軍足利義満は、観阿弥父子のパトロンになります。将軍家お抱えとなって大和猿楽は地位も人気も、他流を圧倒するようになりました。

世阿弥が二十一歳の時に、父観阿弥が駿河へ巡業中に客死してしまい、世阿弥は結崎座（観世流《かんぜりゅう》）の二代目棟梁《とうりょう》となります。義満の庇護はその後も続きましたが、近江の比叡座《ひえいざ》の名優犬王《いぬおう》（道阿弥《どうあみ》）が演ずる近江猿楽特有の幽玄《ゆうげん》さと情緒あふれる芸風のほうを、義満をはじめ観衆が評価するようになりました。

そこで世阿弥は、大和猿楽の伝統である物まね本位から幽玄な能への転換をはかり、観阿弥時代の柱であった現在能《げんざいのう》からシテ中心の「夢幻《むげん》能」を完成させます。

ところで、現代では「物まね芸」といえば、形態模写の芸人コロッケさんのような誇張した芸を思い浮かべるかもしれません。しかし世阿弥のいう物まねとは「物学《ものまね》び」と書き、写実的演技という意味です。

■完成への道筋

①観阿弥の改革

芸風の転化
歌舞性の強化
リズムの導入
新音曲と作劇

②世阿弥の改革

歌舞能の定型化
主役中心主義
能体系の理論化
夢幻能の確立

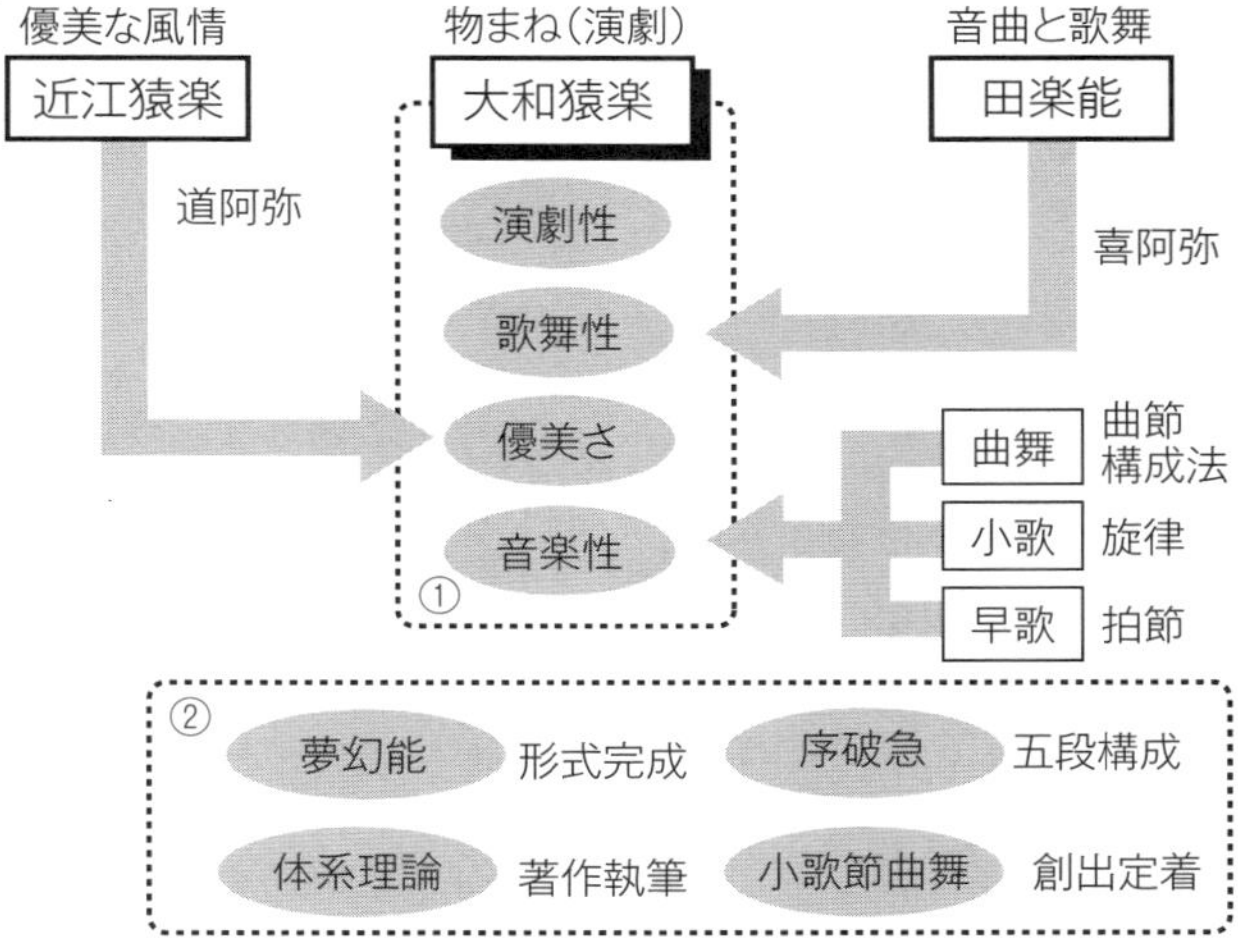

曲舞《くせまい》
鎌倉末~室町期に流行　拍子に重きをおいたリズミカルな歌にあわせて扇をもち簡単な舞を舞った　叙事的歌詞が主のものを観阿弥が能風にやわらげ「小歌節曲舞」を開発した

小歌《こうた》
小歌と呼ぶ小編歌謡は各時代にも存在　この期は「室町小歌」と呼ばれ公家・武士・僧侶など当時のインテリ階級に好まれた　詠まれた歌は『閑吟集』に収録　美しいメロディだといわれる

早歌《そうが》
南北朝~室町中期に流行　貴族や武家の宴饗や寺社の法楽に用いられ「宴曲」とも　七五調で華美な修辞の長大な歌詞をリズミカルに斉唱で歌う　急調でなく　のびやかに軽やかに

幸若舞《こうわかまい》
南北朝時代に曲舞から派生といわれる　軍記物など語りが主で舞は少ない　数人で語るのは能に近いが　人物に仮装性がなく平曲と違って語りに所作がつく　能へ直接の影響はない

観阿弥《かんあみ》
観世座の創始者　大和猿楽の結崎座で棟梁のシテとして活躍　今熊野神社の演能で義満に認められ　父子で絶大な庇護を受ける　曲舞を取りいれ叙事的謡など大和猿楽に大変革を実現

世阿弥《ぜあみ》
観阿弥の嫡子で観世二代目大夫　観阿弥の改革をさらに前進させ歌舞の導入や夢幻能形式を創始・発展　義満からの寵愛も義教の時代には佐渡へ配流され京に戻ることなく当地で没す

道阿弥《どうあみ》
近江猿楽比叡座の能役者で犬王とも名乗る　足利義満の愛顧は世阿弥以上とも　義満の法名の一字をもらい道阿弥と称す　情緒豊かな優美な芸風で観阿弥没後の能界の第一人者という

喜阿弥《きあみ》
田楽能の新座の名手で亀阿弥とも　田楽の本座の一忠と並び初期の猿楽能をしのぐ勢い　猿楽とは異質な芸風とされるが音曲面で優れ　その演技をみた世阿弥も絶賛したという

幽玄美の追求――夢幻能と序破急

観阿弥の没後、若き棟梁《とうりょう》となった世阿弥の肩に、一座を率いていく重い責任がのしかかってきます。

貴族を中心とした時代ですので、幽玄さ（上品で優雅な美しさ）を芸にそなえた犬王が人気の中心でした。貴族が好む幽玄美を追求するしかないと考えた世阿弥が新形式の能を確立しました。それが「夢幻能」と「物狂能《ものぐるいのう》」です。

夢幻能の特色は、過去の人物が現在の世界に登場する前場《まえば》と、過去を再現する後場《のちば》の二場に分かれているものがほとんどです。これは時間の屈折と次元の二重構造を意味し、前場は謡《うたい》の聞かせどころ、後場は謡と舞の見せ場となる、幽玄美あふれる歌舞劇にしあがりました。

物狂能は、時間の経過にしたがい出来事が演じられる「現在能」の形式です。物狂いとは、狂乱（心乱）をみせる能で、親と子、夫と妻の別れを題材にして、シテが情感あふれる謡と舞で表現しました。特に狂乱のさまと芸尽しとが見せ場の中心になっています。

世阿弥が目指した幽玄の歌舞能とは、見せ場が美しい謡と舞によって構成され、どのような言葉も謡として成立し、どのような動作も舞になる、そうした能です。これらの形式を整えたことによって世阿弥の能は、歌舞劇《かぶげき》として不動のものとなりました。

世阿弥の功績は、新形式を考案しただけでなく、これらのことについて体系的に理論づけた著作を数多く残したことです。「秘すれば花」の名句で名高い『風姿花伝《ふうしかでん》』を代表に二十一種を著しています。そこには世阿弥の芸論が直接反映されています。そして現代ではビジネスマンの必読書にもなっています。そのなかで世阿弥は「序破急《じょはきゅう》」論を展開しています。

序破急とは本来、雅楽（舞楽《ぶがく》）の楽章構成をあらわす用語ですが、世阿弥は、能の演出のあり方、それも一曲の構成から一日の番組まで、そして脚本構造や音楽的変化までを、序破急という考え方で論理づけています。その思想は、能にとどまらず、伝統的なあらゆる芸能分野に影響を与えていきました。

■能の種類

種類	登場人物	曲籍と構成	概要
夢幻能《むげんのう》	霊　体 神仏・幽霊 化身・物の精 など	初番目物〜 五番目物 二場構成が 基本	世阿弥が開発し能を芸術的なものに　現在体(ワキ)の人物が化身の人物(シテ)に出会う　化身はその土地にまつわる物語をして本体をほのめかして消える　(中入)シテが霊体になって登場し　仕方話《しかたばなし》や舞を
現在能《げんざいのう》	現在体 現実世界の 人間	三番目物 四番目物 一場構成が 多い	生きている現実の人間世界を描くもので日常的な時間経過で演じられる　夢幻能に比べ「定型」の画一性はないが　登場・物語・舞のくだりに部分的な定型が認められる
夢幻的 現在能	準霊体 鬼・天狗など 肉体ある霊体	四番目物 五番目物	シテが鬼や天狗など異界からの主人公で 夢幻能的な雰囲気はあるが扱い方は現実的で　夢幻能と現在能の中間的な存在

●世阿弥の **序破急** ＝日本音楽・日本芸能全般にわたる形式上の三区分
原典は雅楽の舞楽の曲における楽章の典型的構成

四段	三段		一曲の構成	一日の番組	謡の区切	八拍子
起	序	導入部	序の段 ワキの登場	初番目物	前半の 打切まで	第一拍 第二拍
承 転	破	展開部	破の一段 シテの登場 破の二段 ワキ・シテ問答 破の三段 シテの物語 〜中入り	二番目物 三番目物 四番目物	上げ端まで	第三拍 第四拍 第五拍 第六拍
結	急	結末部	急の段 後ジテの登場 〜終末	五番目物	それ以降	第七拍 第八拍

将軍家御用達——能の歴史

能の歴史は、六百年または七百年ともいわれます。この年数の違いは何をスタートと考えるかによって分かれます。もし源流と考えられている「散楽《さんがく》」の渡来時期や、「猿楽」の初見を能の起点にすれば、七百年はおろか一千年以上にもなります。一般的には観阿弥・世阿弥という天才父子があらわれ、夢幻能をはじめ、現代にまで伝わる能の様式が定められた南北朝時代を始まりとしています。

年表で気づかれると思いますが、足利義満からはじまり、織田信長、豊臣秀吉、徳川家康と幕末まで、いつも時の権力者「将軍家」が能のパトロンになって発展してきました。いうなれば能は武士階級に支えられ、磨かれた舞台芸術なのです。乱世の時代、明日をも知れぬ武家の人たちにとって、緊張感とともに微妙な「間《ま》」をもちながら舞台で演じられる能は、単なる芸能を超えた、武芸にも通じるものがあったのでしょうか。そのため女の役を男が演じても、歌舞伎などのように声色や動きが女っぽく変わるわけでなく、男の演技そのままの武張《ぶば》った雰囲気があります。

後に徳川幕府の式楽《しきがく》になったことで一般大衆とは隔絶された世界のものになりましたから、能は古法《こほう》の遵守が義務づけられ、現代まで変わらぬ伝統を継承してきました。

明治維新で幕府というパトロンが突然消えてしまい、能の諸流は路頭に迷うような苦労もあったようですが、すぐに明治期の貴族や、財閥などがその役にまわりました。いうなれば能はつねに日本のハイ・ソサエティを客層とした芸術でありつづけたといえます。

現在、同じ伝統芸術でも、歌舞伎や文楽では、観客にわかりやすいようにイヤホーン・ガイドや字幕などのサービスが試みられていますが、能ではそういったことは例外であり、プログラムに載せられたあらすじや解説、能の詞章がその役をはたしています。つまりは能を観る側が、ある程度の予備知識をもって、物語が始まったら舞台に集中することが要求されます。そういうところもほかの舞台芸術との違いです。

■能の歴史

飛鳥	・味摩之《みまし》 伎楽 を伝える(612)
奈良	散楽 伝来　雅楽寮に散楽戸設置(701)
平安	・東大寺大仏開眼法会(752)　声明 伝来(806)空海　雅楽 確立(894) ・猿楽 初見(947)　今様 の名(1008)　・法成寺で呪師芸能(1025) ・京都で田楽大流行(1096)　・春日若宮祭に田楽・散楽供奉(1136)
鎌倉	猿楽能 萌芽(鎌倉中期)　・春日若宮・興福寺で薪猿楽(1255) ・猿楽・早歌が流行(1310)　平曲 原型(13世紀初頭) ・観阿弥誕生(1333)　・丹後国分寺の僧「咲(おかし)」を演ず(1334)
南北朝	・世阿弥誕生(1363?)　・曲舞流行　狂言 初見 ・足利義満　今熊野で観世父子の能見物(1375) ・観阿弥没(1384)世阿弥二代目大夫に　・義満の後援をうけ 夢幻能 の確立時期
室町	・『風姿花伝』著述(1400) ・世阿弥　佐渡配流(1434)　・音阿弥と金春禅竹が人気を二分 ・天下の大乱で猿楽受難(1470)　・幸若舞 の名が(1442) 寛正の大飢饉(1460) 応仁の大乱(1467)
桃山	・西本願寺に北能舞台完成(1561) ・信長が家康を観能で饗応(1582)　三味線 伝来(1560ころ) ・秀吉　名護屋で能を習いはじめる　禁中能でシテを演ず(1593)
江戸	・二条城で家康将軍宣下祝賀能(1603)　歌舞伎踊 操浄瑠璃 創始(17世紀初頭) ・江戸城にて四座立合能(市人の観能許す)(1607) ・徳川幕府　能を式楽に(1610)　将軍就任時の祝賀能・外来賓客饗応能 ・江戸城御成門外で勧進能興行(1620) ・幕府が古法遵守徹底の申しあわせ(1647) ・四座一流、幕府の扶持を離れる(1868) 明治維新(1868)
明治	・能楽社設立・芝公園に能楽堂建設(1881)　このころから「能楽」の呼称 ・各国よりの国賓・文化人への饗応能が盛んに ・四流　青山大宮御所御能御用掛拝命(1878)　・岩倉具視邸で天覧能(1876) ・E. モース、フェノロサなど梅若実に入門(1883)
大正 昭和 平成	・観世流が招待を受け渡米して米国ラジオで謡曲を(1927) ・東京音楽学校　能楽科設置(1931) ・警視庁『大原行幸』を不敬罪で上演禁止に(1939) ・東京大空襲で都内能楽堂のほとんどが焼失(1945) ・観世・梅若問題にGHQが介入・女流能楽師が認可(1948) ・能楽が世界無形文化遺産に(2001) 第2次大戦終結(1945)

能の見物は一日がかり――「OH! NOH!」

江戸期、式楽としての演能は、能五番《ごばん》と狂言四番《よんばん》が交互に演じられる「五番立《ごばんだ》て」でした。

能と能の間に独立して演じられる狂言を「本狂言《ほんきょうげん》」と呼びます。桃山時代までは七番立てとか十二番立てなどがあり、勧進能《かんじんのう》（寺社の造営・補修など費用捻出のため見料をとっての演能）では一日十七番ということもあったようです。これでは丸一日がかりですから、観るほうも大変だったでしょう。

五番立ては五つの能で構成されます。その最初の初《しょ》番目物《ばんめもの》（「脇能《わきのう》」ともいいます）は神が主人公、二番目物（「修羅能《しゅらのう》」）は武将が主人公、三番目物（「鬘能《かずらのう》」）は女性が主人公となります。四番目物はどこの分類にも入らないものが集まっているので「雑能《ざつのう》」といいます。このなかに世阿弥が確立した「物狂い」が多いので、「物狂能《ものぐるいのう》」とも呼びます。五番目物は鬼畜類が主役ですが、最後に演じられるので「切能《きりのう》」と呼ばれます。

現在に伝承される能は全部で約二百五十番あります。それらは主人公や物語、構成などのジャンル別に細かく分類されています。ただし、女性のものはすべて「鬘能」に分類されるわけではありません。女主人公が物狂いすれば四番目物に分類される場合もあります。

なお、『翁《おきな》』だけは別格です。『翁』は「能にして能にあらざる曲」といわれ、能の原点として神聖化され、古い芸体をそのまま今にまで伝えています。

国土安穏・天下泰平を祈る儀式性が高いものですから、『翁』の上演は正月の初会《はつかい》や神事能《しんじのう》など、特別の催しの際だけに限られています。かつて『翁』を演じる役者には一定期間の斎戒沐浴《さいかいもくよく》と、食事も家族とは別の火で調理したものをとるといった厳しい習慣がありました。『翁』と五番能を演ずることを「翁付《おきなつき》五番立て」といい、それが江戸期の式楽として上演される能の正式なスタイルでした。しかし現代では、五番立ては稀有で、能三番（または二番）狂言一番か、能楽師個人の主催の会では能一番狂言一番が多く、番組のあり方も万事スピードアップの影響が及んでいます。

■演能の構成（五番立て）

○物＝夢幻能　○物＝夢幻的現在能　○物＝現在能　□＝狂言

主人公	曲種	概要と代表的演目
翁	式三番	三人の老翁が五穀豊穣・生命長久を祈る古式の祭儀的な祝言舞 年初や祝事など　特別な時にのみ厳粛に上演される
神	初番目物 脇能《わきのう》	神の化身が出現して　天下泰平や国土安全を寿ぐ舞などが伴う 祝言性が豊かな能　大半が「夢幻能」の形式をとる 男神物《高砂》　老神物《老松》　女神物《西王母》　赤頭物《竹生島》　悪尉物《道明寺》
	第一の狂言	脇狂言　福神狂言　百姓狂言　商人狂言　果報者狂言
武士	二番目物 修羅能《しゅらのう》	合戦などで死んだ武士や公達の霊が　成仏できずに修羅道で 迷い回向・供養を乞う能　これも大半が「夢幻能」形式で上演 勇士物《八島》　公達物《清経》　若武者物《敦盛》　老武者物《実盛》
	第二の狂言	大名狂言　小名狂言
美女	三番目物 鬘能《かずらのう》	主に若くて優雅な女性が主役で　歌舞が中心となる優美な能 幽玄能の中心的存在で　「夢幻能」形式のものが多い 美女物《井筒》　老女物《姨捨》　精物《杜若》　美男物《小塩》　老木物《西行桜》　美女物《熊野》
	第三の狂言	聟狂言　女狂言　出家狂言　座頭狂言
雑多	四番目物 雑能《ざつのう》	どの分野にも属さない各種の能　狂乱物や執心物が中心 女神物《竜田》　老体物《雨月》　執心女物《砧》　執心男物《通小町》 狂女物《班女》　直面物《安宅》　唐物《邯鄲》　芸尽物《自然居士》　祈り物《道成寺》
	第四の狂言	鬼狂言　山伏狂言　舞狂言　集狂言
鬼畜	五番目物 切能《きりのう》	異界・別世界からの来訪者が主役　賑やかで豪快・早いテンポ 女物《海人》　貴人物《融》　武人物《熊坂》　鬼物《野守》　竜神物《春日竜神》　畜類物《鵺》 特殊物《山姥》　祝言物《石橋》　準祈物《船弁慶》　天狗物《鞍馬天狗》　鬼退治物《土蜘蛛》　霊験物《松山鏡》

エッセンスをどうぞ——上演方式の省略形

現代では能を五番立てから二番立てまで縮めるだけではなく、能の上演方式（というより鑑賞方法）にも省略形やピックアップ型があります。本来の演能は出演者から内容、装束など首尾完全、すべてをそろえて型どおりに上演しますが、それと同じものを、役者が面《おもて》や装束なしに紋服袴姿《もんぷくはかますがた》でおこなうものが「袴能《はかまのう》」です。また装束や面をつけても、複式能（二場構成）の見せ場になる後場《のちば》だけを上演するのは「半能《はんのう》」と呼ばれます。これからさらに、舞《まい》・謡《うたい》・囃子《はやし》・所作《しょさ》など、能の構成要素の各部分を組みあわせたり、抜き取ったりすることで、左図のような上演が可能になります。

まるで能のバラバラ事件のようですが、こうしたやりかたは能だけではありません。たとえばバレエやオペラなどでも同様の上演方式があります。バレリーナを抜きにしてオーケストラだけで演奏される『白鳥の湖』もあれば、扮装もせずにタキシード姿のドン・ホセがアリアを歌う『カルメン』があるのと同じことです。しかし能の場合、「一調《いっちょう》」や「一管《いっかん》」など、笛・鼓などの高度な技術を要求される部分を抜き出しての演奏や、舞や謡なども全曲、主要部分、見せどころ、聞かせどころの小部分など、細部に分解できます。それをマトリックスで組みあわせればそれが演能の形式となり、しかも組みあわせ方のすべてに名前がつけられているという徹底ぶりです。このような上演が可能なのは、能を構成する一つひとつの芸の完成度と独立性が高いということなのでしょう。

江戸期の佐渡では農民が謡曲《ようきょく》を謡いながら田植えをしたという逸話があります。各時代には謡曲や舞、囃子事などを習う人たちがいました。武士が戦陣で謡曲を謡ったり、軍扇《ぐんせん》で舞う場面は映画やテレビでよく見ますが、これらは装束や囃子を抜きでも能を愛好できたあかしでしょう。

現代の演能会では、番数が少なくなった代わりにこれら「仕舞《しまい》」や「素謡《すうたい》」などは、本来の能の曲とともに、番組に挿入されることもあり、楽しむことができます。

■演能の省略型

		能《のう》	袴能《はかまのう》	半能《はんのう》	番囃子《ばんばやし》	居囃子《いばやし》	舞囃子《まいばやし》	素囃子《すばやし》	素謡《すうたい》	独吟《どくぎん》	小謡《こうたい》	仕舞《しまい》	一管《いっかん》	一調《いっちょう》	一調一声	一調一管
出演者	シテ	○	○	○	○	○	○		○	△	△	○		△	△	△
	諸役	○	○	○	○	▲	▲		○							
	地謡	○	○	○	○	○	○		○		▲	○				
	笛	○	○	○	○	○	○	○					○			○
	打楽器	○	○	○	○	○	○	○						○	○	○
道具	面・装束	○		○												
	作り物	○	○	○												
内容	謡事	○	○	○	○	○	○		○			○				
	囃子事	○	○	○	○	○	○	○					○	○	○	○
	所作事	○	○	○			○					○				
奏演部分	全曲	○	○	●	○				○							
	主要部分					○	○	○								
	小部分									○	○	○		○	○	○
	器楽部分							○					○			
摘要		面・装束・囃子方を揃え　全曲奏演の基本形式	面・装束なしに紋服で　全曲（半能も）を演じる	面・装束で　二場のうち後半部分だけを演じる	紋服姿で座し所作事抜きで首尾の全曲を演奏	同じく座して　主要部分（主に後半）のみ演奏	居囃子と同部分を奏し　シテ一人が舞を舞う	立ち方ぬきで囃子方だけで囃子事のみを演奏	座したまま囃子をいれずに　謡のみ全曲を謡う	座したままクセ・ノリ地など聴かせどころを謡う	謡曲の短い一節を　祝言や哀傷の儀礼的に謡う	クセ・キリなど舞どころを　囃子なしで舞う	笛方一人による独奏により　囃子事を変奏	鼓と謡い手が各一人で一曲の聴かせどころを演奏	特殊な一調で　登場曲の「一声」を途中に挿入	「一調」に　笛方が一人加わって囃子事の変奏を

凡例
▲＝有無の双方の例が
●＝後半部のみ全曲
△＝謡の主唱者として

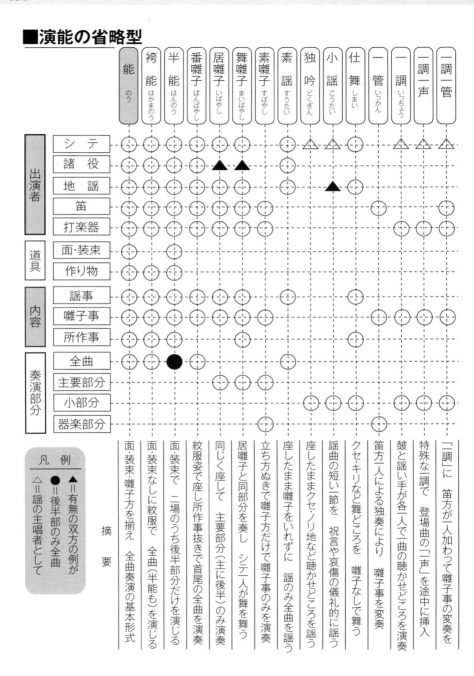

七百年の伝統を持つスペシャリスト——役柄　シテとワキ

「能」の上演を支えるメンバーは、演奏部門を担当する「囃子方」とそれ以外を担当する「立方《たちかた》」に二分されます。立方を「それ以外」といったのは、立方が「役者」だけの仕事ではないからです。

他の芸能の舞台では監督や進行係、大道具や衣装などを担当する裏方が大勢いますが、能にはいません。つまり舞台から楽屋の仕事までのすべてを、出演者である能楽師が全部担当しているのです。

立方には、「シテ」「ワキ」など能だけで（「シテ」は狂言でも）使われる固有の名称があり、それぞれ役柄が定められています。しかもそれらは、シテはシテ、ワキはワキと伝統的に相互に不可侵の専門職として分業化と継承がなされ、それが家元を形成しています。その系統保持には数百年もの歴史があります。

シテは「仕手」または「為手」と書き、能および狂言の中心的存在です。主役のキャラクターや「シテツレ」（シテに準ずる役）を務めるほかに、舞台上で謡のバック・コーラスを担当する「地謡《じうたい》」や、シテの演技を支える役である「後見《こうけん》」をも務め、楽屋ではシテの装束の着付けなどを担当します。

後見とはシテが演能中に、急病などのトラブルが発生したときの代役です。さらに舞台で使う唯一の大道具ともいうべき「作り物」をつくるのもシテ方の仕事です。子方もシテの家から出ます。ですから能の関係者の中では、シテ方に属するメンバーが一番多く、現在、能楽師約一五〇〇人といわれるうち、シテ方がその三分の二の一〇〇〇人にもなります。

ワキは「脇」と書き、シテの脇、つまりシテと対抗しその個性を引き出す役です。現代の映画や演劇などでも「脇役《わきやく》」といわれますが、これは能のワキが語源です。ワキ方はシテを引き立てる役ですから、装束もシテに比べて地味で、面《おもて》なしの素顔「直面《ひためん》」の演技になります。

つまり、世阿弥から以降の能は、徹底的に「シテ中心主義」で構成・演出されているのです。

狂言方は、独立した狂言である「本狂言」の役者と

■役柄

区分	役柄	役割	流派名
立方	シテ方	・能のシテ・ツレ役 ・能の地謡・後見 ・作り物の制作	観世流　宝生流 金春流　金剛流 喜多流
立方	ワキ方	・能のワキ・ワキツレ役	高安流　福王流 下掛宝生流
立方	狂言方	・「翁」の三番叟（三番三） ・能のアイ ・狂言の諸役と地謡	大蔵流　和泉流
囃子方	笛方	・能、狂言の囃子	森田流　一噌流 藤田流
囃子方	小鼓方		観世流　幸流 幸清流　大倉流
囃子方	大皷方		高安流　葛野流 大倉流　石井流 観世流
囃子方	太鼓方		観世流　金春流

して舞台を務める以外に、能の中入りなどで「間《あい》狂言《きょうげん》」として出演し、「間語《あいがた》り」という前後の筋に関する説明をするほか、能のなかでシテ方・ワキ方とともにさまざまな役柄を演じます。

囃子方は、もちろん能舞台にでて、ボーカル以外の音楽を担当しますが、笛と小鼓・大鼓・太鼓それぞれのスペシャリストとして流派が形成された歴史をもっています。

能の「家の芸」としての歴史は、雅楽に次いで古い歴史をもっています。シテの金剛流《こんごうりゅう》初世の坂戸孫太郎《さかどまごたろう》氏勝《うじかつ》は一二八〇年生まれ、観世流の祖、観阿弥清次《かんあみきよつぐ》は一三三三年生まれといいますから、代々六世紀から七世紀という永い伝統を繋いできています。観世・宝生・金春・金剛の四流は大和猿楽四座の系統ですが、喜多流は江戸期に家康や秀忠のバックアップを受けて金剛流より分流したものです。

ワキ方や狂言方、囃子方なども同様に、大体十五世紀（室町初期）あたりまで、祖先をさかのぼることができるようです。

それが、現代の世まで血統とともに技が伝承されているのですから、世界に誇れる芸術として評価されるのは当然のことです。

幕のない舞台——能舞台

大相撲の本場所は屋内でおこなわれますが、土俵の上に屋根がついています。これは能と同様に昔は屋外でおこなわれていたことの名残です。おスモウさんが勢いあまってぶつかっては危険だということで、屋根を支える柱は撤去されましたが、能の場合は残されたままです。

　というのも能舞台の柱は、屋根を支えるだけではなく、役者の演技にとって欠かせないものだからです。能面の小さな目の穴からは、シテは舞台のホンの一部分しか見えません。目付《めつ》け柱《ばしら》という名がついているように、柱は演技者にとって、航海中の船と灯台の関係とよく似て、自分の位置を知るために必要なものなのです。ホールや薪能《たきぎのう》などといった臨時の舞台でも、屋根がなくても柱だけは据えられているのは、そういう役目からです。

　舞台は六メートル四方といいますが、見た目にはずいぶん狭く感じられます。能は摺足《すりあし》を原則とした舞のため、舞台の床《ゆか》は見事に磨きあげられています。

大きな老松《おいまつ》の描かれた背景正面の「鏡板《かがみいた》」、役者の登場や異次元の世界を意味する舞台にもなる「橋懸《はしがか》り」など、舞台それ自体が様式美の極致であることを感じさせます。

　舞台天井の船底《ふなぞこ》構造と床下に埋められた甕《かめ》は独特の音響をつくり出し、まるでティンパニーの上でシテが舞っているような音響効果をもたらします。これらの基本的構造は数百年まったく変わっていないのです。

　一般に劇場舞台というものは、額縁《がくぶち》式で幕や緞帳《どんちょう》で仕切られ、どの客席も舞台に向かって正面を向いています。しかし能舞台は、客席がその舞台をＬ字型で取り囲む配置になっています。そして幕があくかわりに、能では「お調《しら》べ」という幕の内での囃子方の演奏が、開演を知らせてくれます。

　十六世紀末、シェークスピア劇が上演されたロンドンのグローブ座も、能と同様に屋根のある突き出た舞台、大衆用の立見席、高貴な観客用の回廊式桟敷《さじき》席をつくっています。

■能舞台

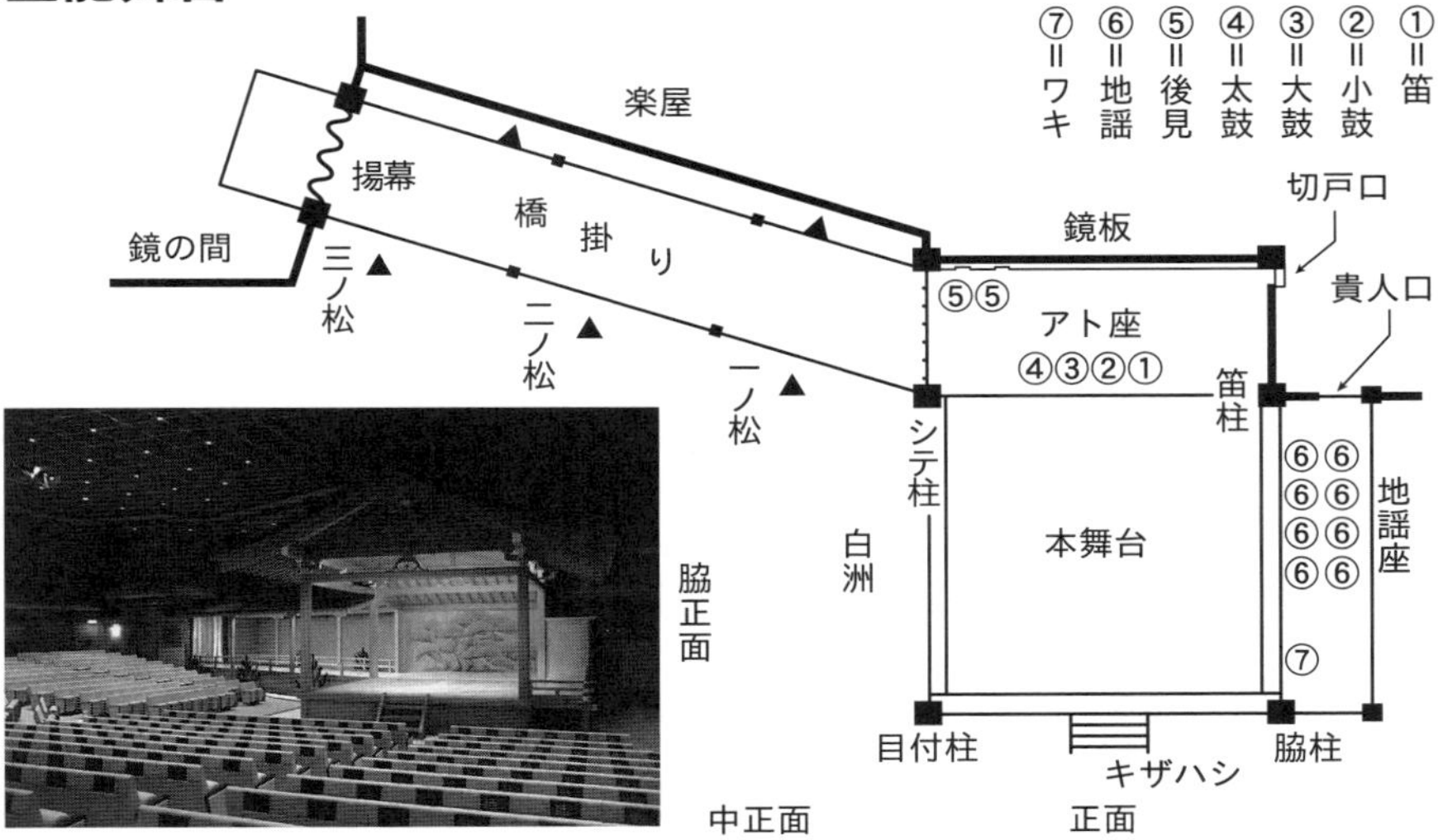

国立能楽堂　能舞台

本舞台《ほんぶたい》	演者が舞や演技をする場所で三方向が開いている　摺足の演技用のために舞台表面は滑らかに磨きあげられている
橋掛り《はしがかり》	演者が登退場の通路以外に本舞台との場面や世界の違いの演出法にも活用される　歌舞伎の花道の祖型ともいわれる
鏡の間《かがみのま》	登場前の演者が面をつけたり役になりきるための　重要な場所　楽屋とは別で　揚幕にさえぎられ客席からみえない
後座《あとざ》	本舞台の奥に位置して囃子方が正面に居並ぶ席　横板とも呼ばれる　囃子方の左後ろの鏡板前は後見が控える席
地謡座《じうたいざ》	本舞台の右側に位置しており　地謡（謡の斉唱団）の座る席　地謡の全員が本舞台の方向に向き　二列になって着座する
切戸口《きりどぐち》	後座の右奥にあり　引き戸を開け　地謡や後見の出入する口　観客が目を向けない位置なので臆病口や忘口とも
鏡板《かがみいた》	舞台正面の背景で松の老大木が描かれている　松は権威の象徴とも　歌舞伎舞台でも能がかりの演目の時には鏡板を
揚幕《あげまく》	鏡の間と橋懸りを隔てる幕　幕の両端を二本の竹棒により内側に引きあげてシテやワキなどが登場する　本幕ともいう
目付柱《めつけばしら》	能舞台に向かって左手前の柱　四本の柱すべて呼び名がある　シテは面の狭い視角から　柱を目印に位置取りをする
正面《しょうめん》	舞台正面の　昔は貴族や武士など高貴な客の席　舞台を囲むように客席があり　鏡板の角度から脇正面・中正面と
白州《しらす》	昔は屋外の演能に大衆をいれた観客席の名残　今は舞台や橋懸りの周りに白玉石が敷かれて客席と分けている

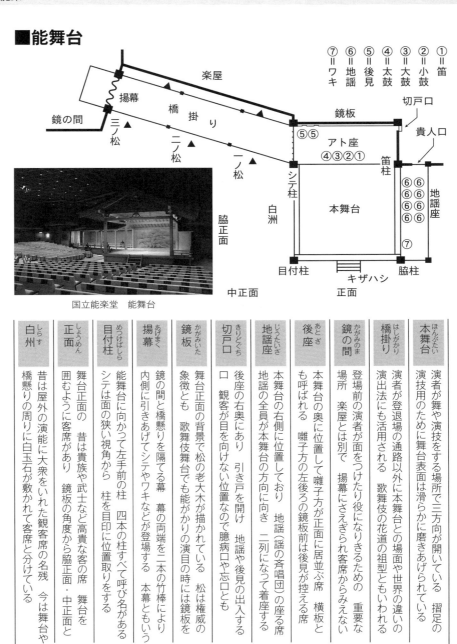

能面が泣いている——不思議な表情

能面《のうめん》といえば、誰もがすぐイメージするのは「小《こ》面《おもて》」と呼ばれる若い女性の面ではないでしょうか。

「能面のような顔」という表現は、無表情の代名詞として使われる言葉です。しかし「小面」の目や口元などをよくながめると、まるでモナ・リザの絵のように、見る側の心情しだいで恨めしげにも楽しげにも見える不思議な表情をしています。モナ・リザの顔は動きませんが、能面はそれをつけた演者のほんの少しの動作で表情が極端に変化します。

たとえば能の演技で「シオリ」という型があります。手の指を伸ばして揃え、斜めに顔を覆うようにして面をふせます。そうするとわずかにふせた能面が泣いているように見えるのです。

能面のことを「面《おもて》」と呼びます。面の種類は二〇〇種以上もあるといわれます。しかし基本は老・女・鬼の三系統です。あえて分類すれば左頁に記したように「翁面《おきなめん》」から「特殊面」まで七分類になり、そのなかにさらに多くの種類の面があります。特に女性の面は、若い女性から老女までとさまざまで、どのような役柄にも対応できるようになっています。登場人物のうち「現在体」（この世に生きている人の役）以外はみんな面をつけます。特定の人物（景清など）の役には、指定された面があります。現在体は面をつけずに素顔で演じますが、能では素顔も面の一つと考えられ、素顔は「直面《ひためん》」と呼ばれています。ですから面と同じように無表情が原則です。面に表情があり、素顔が無表情ですから面白いですね。

なお面は単なる道具ではありません。シテは舞台に出る直前、鏡の間でつつがなく舞台が務まるように、面に対して心をこめて一礼をして、それから後見にそれをつけてもらうのがならわしです。能では扇など、さまざまな小道具がありますが、その種類はわずかです。

背景や大道具のない舞台と、演能の前にシテ方が竹と布などでつくる簡単な「作り物」がすべてという能の世界、まさしく省略の極致の芸なのです。

■能の面（おもて）・扇・作り物

●能面

翁

中将

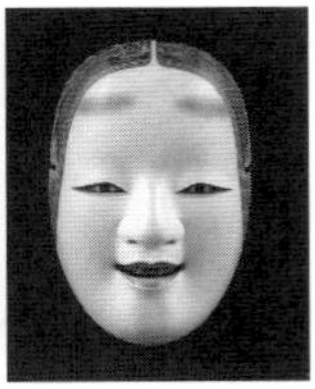
小面

分類	概要	代表的な面の名称
翁《おきな》面《めん》	いずれも神の面として神聖視される　顎部分が切れている	白式尉・黒式尉（狂言面）父尉・延命冠者
尉《じょう》面《めん》	尉とは老翁のことで老人・老体の相の面　髪つきが原則	小牛尉・小悪尉・皺尉大悪尉・べし見悪尉
男《おとこ》面《めん》	武将・公達・法師・少年など老人以外の男性面　特徴的表情も	中将・今若・平太・十六童子・喝食・邯鄲男
女《おんな》面《めん》	若女～老女まで小刻みに揃う喜怒哀楽が不明な中間的表情	小面・若女・増女・泣増曲見・老女・姥・小町
怨霊面《おんりょうめん》	無念の最後や嫉妬など死して霊になり祟る　夢幻能の主役	痩男・怪士・千種男・蛙般若・泥眼・蛇・竜女
鬼神面《きしんめん》	怒りや強さを瞬間的に捉えた表情の面　角は生えていない	大飛出・大べし見・熊坂黒髭・獅子口・天神・顰
特殊面《とくしゅめん》	景清・俊寛・山姥など特定の曲にだけに用いる固有の人面	景清・俊寛・蝉丸・頼政釈迦・不動・猩々・山姥
直《ひた》面《めん》	面ではなく演者の素顔そのもののこと　これら人間の素顔も「面」と同等に扱われる　よって無表情が原則	

白般若

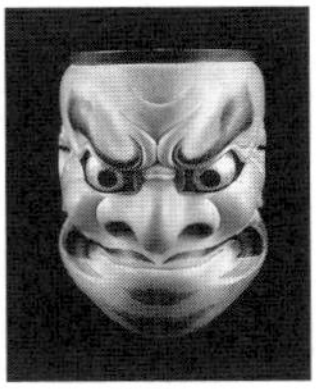
大癋見

●能の扇

能の出演者はシテやワキだけでなく地謡・後見にいたるまで全員が扇をもって舞台に上がる　扇には　能の役に使われる扇を閉じた時に先が半開きになる「中啓（ちゅうけい）」と　扇が閉じた形の「鎮扇（しずめおうぎ）」の二種類があり　鎮扇は後見・地謡・囃子方そして狂言で用いられる「面・装束・扇」は三位一体のもので　曲・役柄・流儀により文様が決められている　一本の扇が無数の世界と情景を表すという

翁扇（蓬莱山図）

天女扇（流水桜図）

紅入鬘扇（明皇貴妃花軍図）

●作り物・小道具

写実を排する能は舞台装置をもたない　竹と布でつくられた　象徴的で簡素な「作り物」は観客の想像を加味し情景がイメージされる　作り物は演能ごとにシテ方によってあらたにつくられしたがって簡素なものが多い　その反面　小道具には豪華なものが

矢立台（加茂）

鐘楼（三井寺）

［能面・中啓・作り物：国立能楽堂蔵］

装束と着こなし、それ自体がアート——能の装束

能の衣装を「能装束《のうしょうぞく》」といいます。装束とは公家《くげ》のフォーマルな装いのことで、能装束はそれを基本にし、衣装といわず装束という、格式を標榜しています。

高度な染色と織物技術、金糸・絹糸など高価な素材、練られた文様、意匠など贅をつくした能装束は、舞台衣装というより、それ自体がもはや美術品です。

創成期の能装束については、不明な点が多いようです。外面の華やかさより演者の内面性や演技性を重視した世阿弥のころまでは、日常の衣類と大差がなかったと考えられています。装束が華麗さを誇るようになったのは安土桃山以降で、万事派手好みの秀吉がパトロン時代になると、意匠が奇抜でかつ華やかな装束が使われます。当時、明《みん》の時代であった中国から金襴《きんらん》や緞子《どんす》が輸入され、西陣《にしじん》の染織技術で「唐織《からおり》」が織られるようになりました。唐織は将軍など特別の人しか着用が許されませんでした。それが猿楽者に与えられたのですから、能への庇護がいかに格別であったかがわかります。今は唐織や摺箔《すりはく》などは能でしか観ることができません。

能は写実を排して観客に想像力を求める演劇です。様式化が徹底され、優美さを追求した「幽玄美」の世界ですから、当時の風俗そのままを反映したものではありません。絹布《けんぷ》に折り目のついた純白の姿で農夫や漁師の役を演じるのも能独特の審美眼です。

装束そのものの華麗さに加え、その装束の着け方でも、着流しの右袖を脱いで垂らす「脱ぎ掛け」、唐織など胸のあたりでゆったり湾曲させる「壷折り」、縫《ぬい》箔《はく》の袖を通さずの「腰巻《こしまき》」、着付けだけの「裳着胴《もぎどう》」など、ファッション性豊かな着こなしであると同時に、その役柄の心情を表現する演出法でもあります。

現在演じられる能の曲目は二百あまりですが、多種多様の数多い登場人物の割に、能装束の数は三、四十種程度しかありません。ただし図柄・文様、色彩などが各種あり、例外的な一役一装の「決まり模様」以外は、装束や付属物とのアンサンブルで、そうした多様な役柄に対応させせています。

■能装束

着付け類	上衣の下に着る装束であるが下着ではない
摺《すり》 箔《はく》	無地の平絹に金や銀の箔で模様を施した女性専用の小袖　上着に唐織を着用する
白《しろ》 綾《あや》	絹で織られた純白の小袖　「翁」の着付けなど能においては　白色は最高の位とされる
縫《ぬい》 箔《はく》	光沢の地に箔をおき　絹糸で刺繍を施した小袖　貴族・女性・子方と用途が幅広い
熨《の》斗《し》目《め》	水衣や素袍の下に　着付け用として着用　無地は僧や従者に　段模様は武士など
厚《あつ》 板《いた》	文字通りぶ厚い織物の小袖　色や模様が多種で　主として男性の着付に用いる
上着類	着付けの上に羽織ったり　被ったりする装束
唐《から》 織《おり》	中国伝来の織物　金襴緞子で織られ能の装束の中で　もっとも豪華で代表的存在
長《ちょう》 絹《けん》	薄い絽を素材とした　広袖の直垂形式の腰までの上着　女舞用だが男役にも用いる
水《みず》 衣《ごろも》	単(ひとえ)の広袖の上着　僧侶や尉に姥や男・女・子方など　その利用範囲は広い
素《す》 袍《おう》	麻布製の直垂の一種　武士の日常服だが一般男役の平服にも　長袴なら礼服にも
狩《かり》 衣《ぎぬ》	元は狩の衣装　絹製で公卿たちの公用服に丸襟の広袖で　前身たくし上げ腰紐結び
法《はっ》 被《ぴ》	胸紐のない広袖の上着　狩衣と共通の生地金糸で華やかな模様が織込まれる
側《そば》 次《つぎ》	袷(あわせ)法被の袖のない上着　甲冑姿を表し　いかめしくない武将や唐人用に
袴　類	いうまでもなく下半身につける装束
大《おお》 口《ぐち》	能装束の袴の典型　前側にヒダで後ろは横に角張り平らで堅い　色で身分や役を
半《はん》 切《ぎれ》	袷狩衣や袷法被を着用の男役の袴　大口と同形だが　金色の文様が織出してある
指《さし》 貫《ぬき》	裾が紐で括られ膨らむ袴　貴族や大臣に狩衣と共に着用される　高貴な身分の役
帯　類	装束の着付け具以外に装飾的なものも
鬘《かづら》 帯《おび》	女面の鬘上から締めて背中に長く垂らす　女性の扮装には絶対欠かせない装飾品
腰《こし》 帯《おび》	狩衣・法被・水衣など上着の上から締め前に帯を重ねて結び垂らす　模様や色多種

摺箔
（白地青海波に紅葉模様）

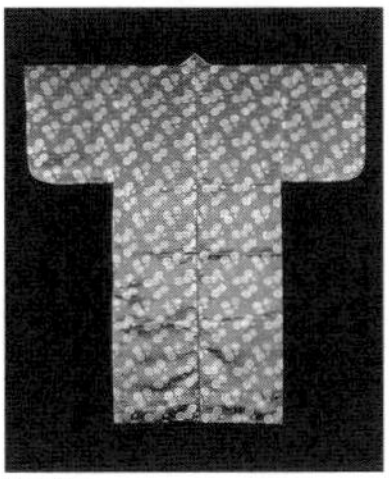

厚板
（萌葱地源氏車模様）

唐織
（紅白段替霞に花車模様）

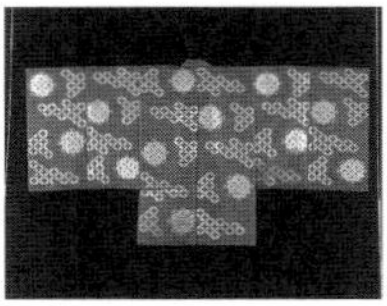

長絹
（納戸地破れ七宝繋唐花模様）

浅葱 大口

［国立能楽堂蔵］

難解な能の「舞」の概念――能の所作

通常「所作」といえば「身のこなし・動作」の意味ですが、能ではこれを「舞」と同義語にしています。

能の世界で「舞」とは、単に舞踊的な所作だけでなく、音楽や動作を含めた能の総合的な表現活動の総称です。

また一方では「能の舞の舞」という表現もありますが、これは能の一曲のなかの舞踊的所作としての「舞」を指し、他の所作と分ける呼び方です。このように「舞」は非常に広汎で複雑な概念をもっています。

舞といっても基本は回転運動で、「踊る」ような上下運動はありませんし、他の芸能の舞踊のように、具体的動作の模写「当て振り」もありません。また演技的所作の場合でも、大仰な動作や顔の表情による演技などは存在しません。ほとんどの所作は、特に意味性をもたない定型化・様式化された「型」に細分化され、一連の舞はそれら細かい型の連なりによって、淀みなく作りあげられていきます。具体的な意味のない抽象的なものがほとんどの能の型ですが、一連の動作に演者の心や謡や囃子などの要素が重なって、型に曲固有の意味がもたらされます。それら型の中でもっとも基本となるものは、能を演ずる基本姿勢である「カマエ」です。膝を少し曲げて重心をやや低く固定し、腕は肘をやや内側に絞り気味に円く曲げ、右手に扇を持ちます。動くときの基本動作は「ハコビ」です。重心の高さを極めたまま、摺り足で踵を上げずに一足ずつ前へ進みます。前進も後退も方向転換もすべて、定められた型によって静態的に進行されます。能の型は全部で二五〇種ほどあり、それぞれが洗練された動きで、能の様式美の重要な要素ですから、基礎をしっかり身につけて「型通り」に舞う必要があります。それが外れますと「型ナシ」や「型破り」になってしまいます。

数は少ないですが、具体的な意味性をもった型もあります。それらも動作を極限までシンボライズした定型化された型になっていて、能が象徴の芸術といわれる所以です。すべての能の所作は、基本の「カマエ」に始まり、「歩行の芸術」といわれる「ハコビ」や各種所作を経て「カマエ」に戻って完結します。

■所作(舞)

所作《しょさ》 ⇒ 一般的解釈 ⇒ 行い　ふる舞い　しぐさ　身のこなし　演技の動作 ⇒「能」の場合 ⇒ 舞《まい》 最広義

●「能を舞う…」 ＝ 能一曲を演じきること

能における 舞 の概念
- ①音楽や動作など能の表現活動の総称 → 所作・囃子・謡
- ②囃子など音楽と演ずる特定部分の名称

●能の「舞」は舞踊に非ず

・基本は 「舞う」→回転運動○ 「踊る」→上下運動 ×
　例外中の例外《道成寺》の「乱拍子」激しい上下の型
・各種芸能にある舞踊の基本の「当て振り」は能にはない
・極端に無駄をそぎ落としたシンプルな軌跡　静態的所作

舞 狭義 ← 舞踊的所作
舞 広義 ⇐ 演技的所作

●能の「所作」は「型」の組合せ

能の 所作
- × 事象の具体的な動作の模写
- ○ 定型化・様式化された表現

⇩
型 …… 所作を構成する最小の単位　抽象的で具体的意味が過少

型 の連続・組合せで能の 所作 ⇒ 型 ＋ 型 ＋ 型 ＋・ → 舞踊的所作　演技的所作

●能の「所作」の基本

カマエ　立ち姿	胸を張り重心を低く落として力を溜めながら立つという型
ハコビ　歩む型	構《カマエ》えから踵の上下運動を控え舞台を削るようスリ足で歩む
サシ込ミ	右手を前に前進する型
ヒラキ	両手を開き後退する型

能は本質的に 「歩行の芸術」

全ての所作
出発 構《カマエ》え
⇩
諸々 所作
⇩
帰結 構《カマエ》え

●少ないながら具体性の「型」　極限までシンボライズ

型名	表意	型名	表意
「シオリ」	涙を抑える	「モロジオリ」	激しく泣く
「打チ合ワセ」	はっとする	「両ユウケン」	喜びを表す
「面を直す」	晴れ晴れと	「クモル」	哀しみの
「巻き込み扇」	胸が痛む	「抱い込み扇」	恥じらう
「招き扇」	相手を招く	「面を伏せる」	沈痛悲哀

シオリ

両ユウケン

●「舞」の各種の形式

舞事《まいごと》	表意性のない抽象的な純形式舞踊《序の舞・中の舞・急の舞・神舞》	謡事《うたいごと》	地謡が囃子付きで謡うシテの舞《大ノリ・中ノリ・サシノリ…》
働き事《はたらきごと》	能の舞では表意的・具象的な所作《イロエ・カケリ・舞働き・祈り》	囃子事《はやしごと》	囃子だけの演奏で見せ場の所作《出端・早笛・一声・大べし…》

空気を切り裂く掛声——能の音楽構造

能の音楽は、大別して「謡《うたい》」という声楽と、「囃《はや》子《し》」という器楽で構成されています。

能は歌舞劇ですので、物語に沿って舞台が進行します。そこには登場人物のセリフもあれば、筋や情景、心理描写などを旋律にのせてうたう歌曲もあります。セリフの部分を「詞《ことば》」といい、独特のイントネーションや抑揚がついています。旋律のある声楽部分を「節《ふし》」といい、この節を謡うのはシテ・ツレ・ワキなどのほかに「地謡《じうたい》」という、普通は八人編成のグループです。

能の器楽になる「囃子」は、文字どおり「謡」や、それで演じられる「舞」などを「栄《は》やす」役目です。

小鼓・大鼓・太鼓の打楽器三種と、唯一の旋律楽器である笛の四種の楽器で構成されています。この構成を「四拍子《しびょうし》」と呼んでいます。桃の節句に、ひな壇にならぶお雛様に、「五人囃子」という人形がありますが、これらは四拍子に謡方の一人を加えたものです。

能の音楽には、弦楽器がないのが特色で、このことが能の音楽的構造、特質を規定する大きな要素となっています。

能は、演技も舞も音楽も、すべてに基本となる「型」があって、その任意の組みあわせの連続で構成されています。この基本となる単位を「小段《しょうだん》」といい、謡なら「クセ・クリ・サシ・クドキ」といった小段がありますし、囃子にも「出端《では》・下《さが》り端《は》・イロエ・序の舞《まい》・中《ちゅう》の舞《まい》」などの独立した小段があります。これらを組みあわせることで能の音楽が成立します。

能の音楽の特徴的なところは、独特の「掛声《かけごえ》」にあります。初めて能を観ると、その迫力にびっくりさせられます。まるで剣術の試合のように、空気を切り裂く鋭い気合が感じられます。囃子には指揮者の役目の人はいません。掛声の種類でいま何拍目なのかを確認し、そうすることによって囃子同士がピッタリと同調していきます。しかも掛声は囃子のためだけでなく、シテや地謡など、舞台全体の演出上のキッカケもあたえています。掛声があってこその能の音楽なのです。

■音楽構造

能の音楽
- 謡《うたい》
  - 節《ふし》（旋律部分）
  - 詞《ことば》（科白部分）
  - ＝ 謡《よう》曲《きょく》
- 囃子《はやし》
  - 笛 ― 大鼓
  - 太鼓 ― 小鼓
  - ＝ 四拍子《しびょうし》

■小段(しょうだん) ＝ 能の基本構造の単位、同時に旋律構造の単位

句 ➡ 節 ➡ 小段 ➡ 段 ➡ 場 ➡ 能一番

・謡や囃子・所作は小段ごとに類型化
・能全体はそれをモザイク状に積み重ねた構造
・そのため小段には独立性があり　削除・添加・入れ替えが自在なのが特徴

手組《てぐみ》	一定の粒と一定の掛声を　一定の順序に配列されたリズム単位のこと
粒《つぶ》	打楽器の打音一つ一つの単位
掛声《かけごえ》	拍数や重要箇所の表示、抑揚・長短・緩急でリズム感の伝達手段

	粒数	音色の変化	手組
小鼓	1拍1個	調紐の調整	170種
大鼓	1拍1個	強弱と革の押え	200種
太鼓	1拍2個	強弱と革の押え	100種

掛け声・基本の四種
- ヤ　第一拍・第五拍の前
- ハ　第二・三・四・六・七・八拍の前
- イヤ　奇数拍の前
- ヨイ　主として第三拍の前

※観客には「ヤ」は「ヨ」に「ハ」は「ホ」にも聞こえる

「道成寺　替装束」
シテ：梅若六郎　ワキ：宝生閑（平成10年12月　国立能楽堂）

所作同様におさえた旋律——謡曲

能は歌舞劇ですので、よくオペラやミュージカルなどと対比されます。しかし謡曲の旋律は上音・中音・下音の三音を基本としたもので、オペラの歌のようにメロディックではありません。初めて能を鑑賞する方は、「これが旋律?」と疑問に思うかもしれません。

謡はシテと舞台右側に二列で居並び、謡の合唱隊ともいうべき「地謡《じうたい》」の役目です。地謡には「地頭《じがしら》」と呼ばれる人がいますが、タクトを振って指揮をするわけではありません。

謡の発声の仕方には、柔らかい息づかいの「ヨワ吟」と、ヴィヴラートがきいた強い息づかいの「ツヨ吟」があります。流派によっては柔吟《じゅうぎん》・和吟《わぎん》、強吟《つよぎん》・剛吟《ごうぎん》などともいいます。

また謡には「ノリ型」と呼ぶ独特のリズム型があります。その拍節は八拍子が基本で、それに句を割りつけて謡っていきますが、その型には次のようなバリエーションがあります。

日本古来の七五調十二音を八拍子にのせて謡うのを「平《ひら》ノリ」といい、一番多いノリ型です。また八八調十六音は、一拍に二句をいれ「中《ちゅう》ノリ」といいます。四四調八音は、拍と同数ですから一拍一音で「大《おお》ノリ」と呼んでいます。五七調は日本人の感覚にあうためか、平ノリは聴いていて心地よい安定感があります。それにくらべ中ノリは、後ろから追いかけられている感じがします。大ノリはゆったりして眠気を誘います。

以上の三つは拍節《はくせつ》が明確ですので、「拍子《ひょうし》合《あい》」といいます。それ以外に拍子を意識せずに、延び縮みして自由に謡われるのを「拍子不合《あわず》」といいます。「コトバ＝セリフ」は旋律をつけずに語られます。自由に謡われる拍子不合ですが、しかし型にはまった抑揚があり、能独特の語り口になっています。

「○○して候」の「そうろう」がセリフの中でやたら耳につくかもしれません。武家の式楽であった能ですから、謡曲の文句やセリフが、どうしても現代人には耳慣れがせず、特に初めての方は理解するのに苦労するでしょう。

謡(うたい)

●地謡(じうたい)

地謡(京都観世会館　©京都観世会)

舞台上で謡を担当する集団の名称　曲の主題や情景描写を謡いシテやワキの代弁役も8名編成で前後2列に坐すのが標準　後列に「地頭(じがしら)」という主導者役がいる

●音階

上音・中音・下音の「基礎三音」があり　ほとんどその三音間の推移である
その上下(高低)への巡り方には　定められた法則がある

節 の吟型(発声法)

吟型		
吟型	ヨワ吟	能本来の発声法で　柔らかい息遣い　複雑な音階で技巧性大 優美・温和・哀愁といった場面に用いられる　柔吟・和吟とも
吟型	ツヨ吟	力強さを強調した気迫のこもる息遣い　音域は狭くて不安定 勇壮・壮快・厳粛な場面に用いられる　強吟・剛吟とも呼ばれる

●拍子構造

八つの拍子を一つの単位が基本で「八拍子(やつびょうし)」と呼ばれる
拍節的なリズムでは八拍子に句を割りつけて謡う　例外的であるが「六(むつ)拍子」や「四(よっ)拍子」に「二(ふた)拍子」というのもある

●ノリ型の例

な…にがな…にし て…なん と… やら…【平ノリ】

1	2	3	4	5	6	7	8	拍　子

なにがなにしてなんとやらホイホイ　【中ノリ】

なんにとがやなられにホしイてホない　【大ノリ】

な	に	が	な	に	し	て	な	【大ノリ】
ん	と	や	ら	ホ	イ	ホ	イ	

節 のノリ型

ノリ型			
ノリ型	拍子合 拍節リズム	平ノリ	ノリ型の最多型　七五調12音を8拍に配分　小ノリとも
ノリ型	拍子合 拍節リズム	中ノリ	八八調16音で1拍2音による急調な謡　修羅ノリとも
ノリ型	拍子合 拍節リズム	大ノリ	四四調8音のゆったり単調気味　太鼓が入り太鼓地とも
ノリ型	拍子不合 自由リズム	詠ノリ	朗詠など起伏ある旋律を謡あげ　生み字でアヤをつける
ノリ型	拍子不合 自由リズム	サシノリ	旋律性低く七五調韻文の文意をシンプルかつ明快に謡う

詞 セリフ部分ゆえ発声に特別規範はないが　抑揚のつけ方に型が　拍子は当然あわず

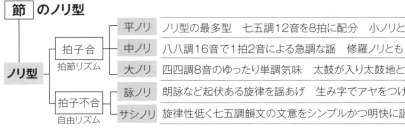

能では、囃子といわず「四拍子《しびょうし》」と呼びますが、太鼓方が入る曲とそうではない曲がありますので、この四種の楽器は常に一緒に演奏するわけではありません。

唯一の旋律楽器である笛は「能管《のうかん》」と呼ばれます。見た目は雅楽の「龍笛《りゅうてき》」そっくりですが、管に「ノド」という特殊構造をもつため「ヒシギ」という能管独特の高音を出せます。旋律楽器とはいっても、謡曲自体が洋楽のようにメロディックでないため、笛の旋律も同様です。

鼓は、中空の胴の両端に枠に張った皮二枚を麻紐で締める構造で、皮枠のサイズの大小で「小鼓《こつづみ》」と「大鼓《おおつづみ》」の二種があります。構えと打ち方は小鼓が右肩に担いで、大鼓は左脇に抱えて、それぞれ右手で打ちます。一般に楽器は構造が同じならサイズの大きいほうが低い音が出るのですが、鼓の場合は逆です。その理由は皮の締め方と状態の違いにあります。目一杯に紐を強く締めあげる大鼓に対して、小鼓は逆に緩めにしています。さらに大鼓は皮の表面を炭火で乾燥させ、反対に小鼓は湿気を絶やさぬようにします。そのため大鼓のほうが「カーン」と金属的な高い音がでます。表面が堅い大鼓を素手で打つと皮膚が切れたりしますので、「指革」や「当て」などというプロテクターを必要とします。太鼓は鼓を平たく幅広くした構造で、田楽《でんがく》踊りなどの「腰鼓《ようこ》」がルーツだといわれます。撥《ばち》を使い、明快なリズムを叩き出して、音曲の楽しさや終局の場の高まりなどを演出します。

『翁』では、笛と小鼓が三人入りますが、こうした呪師系の古能は、笛と鼓を能に最初に用いたことのあらわれだといわれます。その後の創作によって太鼓が入れられたと考えられています。

打楽器、笛ともに拍子型をもっており、「並《なみ》拍子」は謡にあわせるので「合セ打チ」、「サシ拍子」は独自のリズムで打つので「アシライ打チ」、「ノリ拍子」は場合によりどちらにもなります。笛も同じです。囃子の楽器は、能面と同様に数百年も前のものが今も使われています。

■囃子と楽器

四拍子の編成		笛	小鼓	大鼓	太鼓	地謡
式三番	翁	○	○×3			○
	三番叟	○	○×3	○		
大小物	修羅物 狂女物	○	○	○		○
太鼓物	脇　能 鬼畜物	○	○	○	○	○

素囃子「楽」
笛：藤田朝太郎　小鼓：鵜澤速雄　大鼓：國川純
太鼓：助川治（昭和59年7月　国立能楽堂）

囃子のノリ型（リズムと速度）

打楽器	合セ打チ	並拍子	伸縮性が大きい拍子型　謡の緩急や息の表情に即応可
		ノリ拍子	等拍性の強いリズム　大ノリの謡や拍子不合の謡に
	アシライ打チ	サシ拍子	リズム感を抑制の拍子　掛声も不明瞭　粒も不等間隔
笛	合セ吹キ	渡り拍子	舞いながらの登場楽で囃子事のみ　ノリのよいリズム
		ノリ拍子	一般的な拍子型だが囃子事のみ　舞やシテの登場楽に
	アシライ吹キ	アシライ拍子	謡の拍子や旋律に関係なく　謡の伴奏と囃子事に

●囃子方の楽器

笛（ふえ）…他の横笛と区別して「能管」と呼ばれる
竹製の横笛で歌口（息を吹き込む穴）と指穴が七つある　同じ横笛でも長唄などの篠笛や雅楽の龍笛とは外見は似ているが管内にノドという細い竹が仕込まれ構造的に大きく異なる

小鼓（こつづみ）…単に「つづみ」とも
鉄輪に馬革をはった表裏二枚の革と桜をくりぬいた胴を　麻紐の調緒《しらべお》で組み立てる　左手で調緒をもち右肩にかついで右手で打つ　革の打ちどころや調緒の締緩で音色が変えられる　革表面は適度な湿気が必要

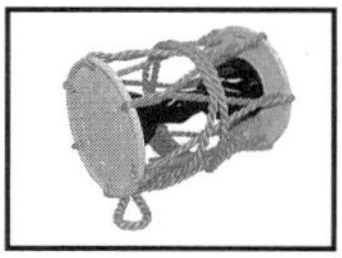

大鼓（おおつづみ）…通常は「おおかわ」と呼ばれる
材質や構造は小鼓にほぼ同じだが少し大きめ　打ち方は左手にもって左膝にのせて右手で強く打つ　小鼓とは逆に革表面は乾燥が必要で演奏前に炭火にかざす　調緒は力一杯に締めあげられ金属的な甲高い音色

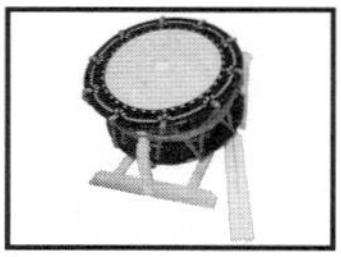

太鼓（たいこ）
構造は基本的に鼓類と同じ　革は牛で胴の形が平らで大きくて撥のあたるところにバチ革という鹿革が貼ってある　二本の撥で両手で打たれるが音色はテンテンと響くのとツクツクの押さえた二種類がだせる

［写真提供／武蔵野楽器］

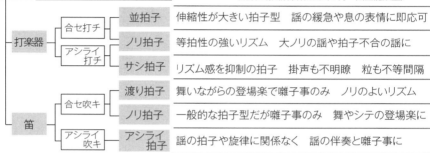

片頬の笑い——狂言とは

狂言は能に従属しているようなイメージがありますが、「猿楽」の本質が滑稽な要素であるという意味では、狂言が猿楽の正統を継いでいるといえましょう。春日若宮御祭《かすがわかみやおんまつり》で、巫女《みこ》による猿楽が催された記録よりも十年前の、一三三九年に丹波国分寺の寺僧が「咲」(をかし)という、狂言スタイルの芸を演じたという記録があるくらいです。

「狂言」は、仏教用語の「道理にあわない物言いや飾り立てた言葉」を意味する「狂言綺語《きょうげんきご》」に由来、やがて猿楽の物真似芸や滑稽芸の名称に転用されました。それがまた転用され、歌舞伎の芝居のことを「歌舞伎狂言」と呼び、「歌舞伎舞踊」に対比しています。

さらに現代では「狂言強盗」や「あれは狂言(作り話)だった」など芳しくない用例になっています。

似たような表現で「能狂言」といえば「能の狂言」ということになります。

狂言(本狂言)の登場人物は能と違い、貴族や歴史上の人物でなく、身近な親しみのおける普通の人々です。話の筋も、中世庶民の生活感情を生き生きと描いた、言葉にウエイトがおかれた対話劇です。もちろん現代的な普段私たちが使っている言葉と発声による対話劇ではなく、「〇〇でござる」などと古い時代の言葉遣いです。また語り口も狂言独特の調子で喋ります。現代では使われない用語などがあっても、会話の前後からニュアンスは伝わります。

狂言は幕府の式楽にまでなったものですから、笑いも野卑な滑稽性ではなく、洗練された軽妙洒脱で上品なユーモアが要求されます。式楽として公式の場や儀式の場で演じられる狂言をみて、「男たる者、一生に三度、片頬で笑うだけで良し」といわれた武士たちは、その笑いの処理をどうしたのでしょうか。

狂言の曲目の多くは、大名や山伏、僧侶など当時の権力者の無知や欲張り、見え透いたカラクリなどを、笑いで包んだ、弱者から強者への「諷刺」が主題になっています。その多くに登場するのが「太郎冠者《かじゃ》」という、現代にもいそうな、憎めないキャラクターが主

■「狂言」の用法

語源＝「狂言綺語」

狂言：道理に外れた語
綺語：飾り立てた語

（白楽天『香山寺白氏洛中集記』より）

歌舞伎狂言　たんに　狂言　と呼んだり　芝居　の代名詞

能狂言　＝　能　と　狂言　＝　狂言

狂言 の方式と狂言方の役割

本狂言《ほんきょうげん》	能と能の間に演じられる　独立したいわゆる能楽の「狂言」のこと　通常は「本狂言」の呼び方はしない　間狂言に対する呼称としてのみ
間狂言《あいきょうげん》	一曲の能の中に狂言方がでて　登場人物の一人として演ずることや　またはそうした場面のことを指す　略して単に「アイ」とも呼ばれる
語りアイ	能の前場・後場の間にでて　筋の物語や不審な点の解説をする
居語り	舞台に正座し　ワキを相手に物語し後ジテにつなぐ
立喋り	立ったままの語りで　客席に向かって物語りをし舞も舞う
アシライアイ	狂言方が能の登場人物の一員として　筋に沿って役柄をこなす
口開アイ	能の幕開けに登場　筋や状況の説明をしてシテの出を
教えアイ	能のワキに筋にかかわる物語や探し物などを教える
翁《おきな》	別格扱いの能　能シテが「翁」を　「三番叟」（三番三）は狂言方が勤めるのが決まり　金春流・金剛流・喜多流では　「千歳」の役も狂言方が勤める

役として活躍します。諷刺の対象は強者だけでなく、社会的な弱者といわれる非健常者層を笑いの対象にしているのもあります。現代では差別問題から、上演もはばかられる主題もあります。

繰り返しになりますが、狂言として独立して上演するものを「本狂言」といいます。能の曲のなかで狂言方がある役割をはたすのを「間《あい》狂言」といいます。「アイ」には「語りアイ・アシライアイ」などさまざまな形態があります。また別格扱いの「翁」では、「三番叟」（大蔵流では「三番三」）の役を狂言方が勤めます。こうしてみると、能というものは狂言方なしには成り立ちません。

能の「五番立て」に似て、狂言でも第一の狂言「脇《わき》狂言」から第四まで四大別されています。それら狂言演目も、「大名・聟・女・鬼・山伏《やまぶし》・出家……」など、物語の主人公によって類型化され分類されています。

狂言も、能の場合と同じく主役を「シテ」と呼びます。しかし脇役は「ワキ」でなく「アド」と呼ばれます。

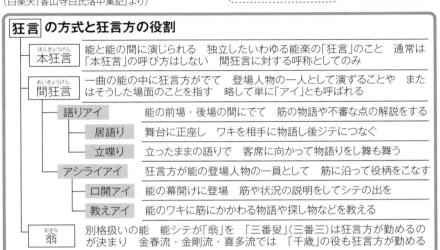

セリフだけでなく音楽が……
——狂言の音楽

セリフ劇とされ、それほど音楽性がないと思われがちな狂言ですが、演目の六〇%に謡や舞がついている歌舞劇といえます。その独特な調子や明解な発声によるセリフにしても、謡によって磨かれたものです。

狂言の音楽は、大別して謡事の「狂言謡《うたい》」と、囃子事の「狂言アシライ」で構成されています。

狂言謡を用例的に分類すれば「劇中謡《うたい》」と、「特定謡」に分けられます。狂言には「小舞《こまい》」という、謡いながら舞う狂言固有の舞があり、その謡を「小舞謡《こまいうたい》」といい、狂言謡の代表的なものです。といっても舞が劇全体をカバーするような強い性格のものでなく、会話のなかにでてくる酒宴などの情景の「劇中劇」として、謡い舞われるものです。しかし、それが狂言の見どころ、聴きどころともいえます。

特定謡とは、文字通り特定の演目のみで謡われるものです。本編の筋にかかわる、例えば、ミュージカルのようにセリフの一部が謡と化すようなものや、一曲の大部分を謡で構成されるもの、さらには「舞狂言」と呼ばれる夢幻能《むげんのう》の様式をそっくり模した能のパロディのようなものなどがあります。狂言謡に、「小歌《こうた》・平家節《へいけぶし》・浄瑠璃節《じょうるりぶし》」という用語があるのは、時代毎に流行した音楽を狂言が素早く取り入れた痕跡なのです。

狂言謡はシテやアドの役目です。狂言にも地謡《じうたい》がつくことがありますが、能と違い一曲を通して謡うことはありません。狂言謡もリズム型や適応場面などによって各種があり、能の謡より複雑多様です。

狂言の囃子事《はやしごと》「狂言アシライ」は、左図に示すように、用いられる場面ごとに、能と同様に小段《しょうだん》が決められ名前がつけられています。また同時に、四拍子のそれぞれの分担が明確になっています。

この小段名のうち、「次第《しだい》」から「鞨鼓《かっこ》」までは、能のそれと区別するために、「狂言次第」や「狂言一声《いっせい》」などと、「狂言」という接頭語がついています。

これらからしても、能と狂言が、どちらから相手のどこを借り物にしたというのでなく、もともと一体のものだったということが理解できます。

■狂言の音楽

狂言謡のリズム型

- 謡曲同系
  - 拍子合
    - 平・中ノリ
      - 謡曲借用：謡曲そのものをそっくり借用
      - 謡曲風：民謡・俗謡を謡曲風にした謡
    - 大ノリ：舞事の前後にはいる　祝言的な内容の謡
  - 拍子不合：後半部分になって「能がかり」になる曲など
- 狂言独自
  - 拍子合
    - 狂言ノリ：最も多い型　小舞謡のほとんどはこの型
    - 特殊謡
      - 囃子物：即興的文句をあてはめた謡
      - イロ詞：コトバとフシの中間的な謡
      - 踊節：浮かれながら謡と踊る場面
      - 混合拍子：拍子合・不合・ノリが各種混在
  - 拍子不合
    - 小歌：ユリなど装飾的で優美な旋律
    - 平家節：座頭狂言で平曲を模した謡
    - 浄瑠璃節：浄瑠璃を模した小歌似の謡

狂言の音楽
- **狂言謡**：謡事　劇中謡・特定謡
- **狂言アシライ**：囃子事　登場楽・舞物・狂言固有

狂言アシライの場面

		囃子事の場面	笛	小鼓	大鼓	太鼓
登場楽	次第	人物の登場する時の囃子事に	○	○	○	
	一声	能の「一声」を模した囃子事に	○	○	○	
	下り端	大勢が浮き立つような登場	○	○	○	○
	早笛	鮒の精の登場	○	○	○	○
	来序	間狂言（末社間）で神などの登場	○	○	○	○
	舞働	めでたさを強調する所作	○	○	○	○
	早鼓	間狂言で早打ちが登場		○	○	
舞物	楽	唐人が舞う場面	○	○	○	○
	神楽	巫女などが神に奉納する舞	○	○		
	羯鼓	羯鼓を打ちながら舞う場	○			
	カケリ	物狂いで興奮状態の所作	○	○	○	
	三段の舞	能の三段の舞を模した舞	○	○	○	○
狂言独特	責め	鬼や閻魔が亡者を地獄へ落とす	○	○	○	○
	シャギリ	めでたい脇狂言などの終曲	○			
	棒フリ	羯鼓売りが長い棒をふる場	○			

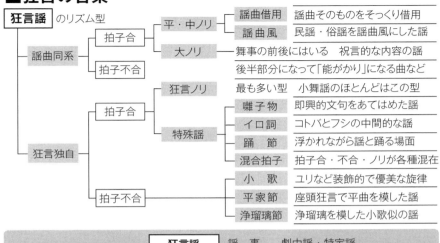

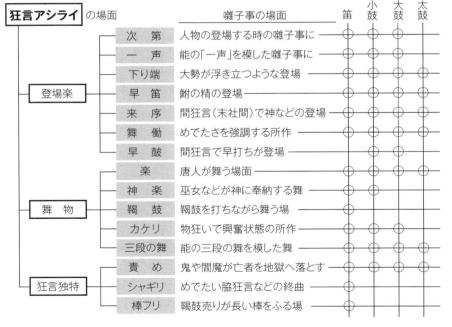

卓越した造形
——狂言の面・装束

能と違って狂言は、登場する役柄のほとんどが現世の人間ですから直面《ひためん》、つまり素顔で演じられますが、面《おもて》が使われる演目も全体の二〇%、あるいは三〇%もあるといわれます。

能面といえば、表情が曖昧で、無表情の代名詞とされるイメージですが、狂言の面にはデフォルムされた表情豊かなものが多く、「賢徳」や「空吹《うそぶき》」など実に味な表情をしています。怖いはずの鬼の面「武悪」でさえ、見るからにユーモラスな親しみやすい表情で、数百年も前にこうした造形が存在したことは驚きです。

面を使う役は限定されていて、左図のように神や鬼、霊といった人間以外の役がほとんどです。人間でも老人や、特殊な女性の役に限っては、面が使われます。

能の女性役はすべて面をつけますが、狂言にでてくる普通の女性役は、面をつけず「ビナン」(美男鬘《びなんかずら》)と呼ばれる、白い麻の布で頭をくるむように巻きつけ、その両端を三つ編みのお下げ髪のように垂らし、腰のところで握っています。装束は縫箔《ぬいはく》など女性のものを身につけますが、歌舞伎などと違い、顔は白粉《おしろい》など塗らないスッピンで、役者の男の顔そのままです。

狂言でも、能装束の縫箔・熨斗目・水衣《みずごろも》などが使用されます。唐織は狂言ではあまり使われませんが、女性の役に用いる縫箔などは、能より狂言でつかわれるほうが多いくらいです。つまり、これらは能装束であると同時に、狂言装束でもあります。

もちろん、狂言独自の装束があります。太郎冠者や庶民男性の装束である肩衣・狂言袴、太郎冠者の「主」の長裃、そして「大名」の素襖など、身分に応じた装束が準備されています。これらはみな「麻《あさ》」でつくられているのが、絹物の能装束と異なる特徴です。

舞台における省略の様式化は、能以上ともいわれます。そのため「作り物」は少ないですが、小道具はさまざまなものがあります。なかでも「鬘桶《かずらおけ》」は、狂言の特徴的な表現である「見立て」により、椅子や船の舳先、酒樽、茶壺などに見立てられ、桶の蓋《ふた》は盃や徳利などの小道具として用いられています。

■狂言の面・装束・小道具

●狂言の面

狂言方専用で　全体の曲の20%で用いられる

分類	代表的な面の名称	使用する役
神面	黒式尉・福の神・夷・大黒	さまざまな神仏
鬼面	武悪(ぶあく)・神鳴(かみなり)	鬼や閻魔
霊面	通円・塗師・平六	幽霊
獣面	子猿・狐・狸・鳶	動物あるいは動植物の精
雑面	賢徳(けんとく)・空吹(うそぶき)	馬・牛・犬・蟹の精など 蚊の精・案山子・天狗など
男面	祖父(おおじ)・伯蔵主(はくぞうす)	普通の老人 『釣狐』専用　人間と獣
女面	乙御前(おとごぜ)または乙(おと)・ふくれ	若い女性・お地蔵様など 年配の女性

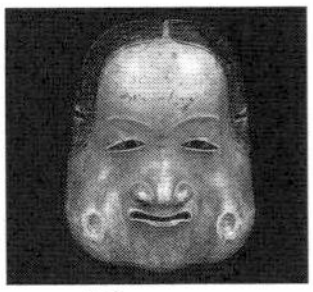

乙(ふくれ)

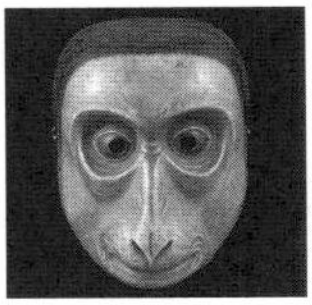

聟猿

武悪

●狂言の装束

狂言では　下記の四種の狂言固有の装束のほか
縫箔・熨斗目・水衣などの能装束も用いられる

名　称	摘　要
肩《かた》衣《ぎぬ》	麻地製の庶民の男性の装束　これに狂言袴・縞熨斗目・紋腰帯の四点が　太郎冠者の装束
狂言袴《はかま》	庶民男性の仕事着(ズボン)　肩衣は替え上着とも　紋が大きい　狂言の代表的な装束袴
素《す》袍《おう》	武士のフォーマルウエア　上下が同色・同柄袖も大きく袴の裾も長く大名役などに用いる
長《なが》裃《かみしも》	素袍を簡略化したもので　肩衣と長袴が同色・同柄のスーツ　袖は短く動きやすい

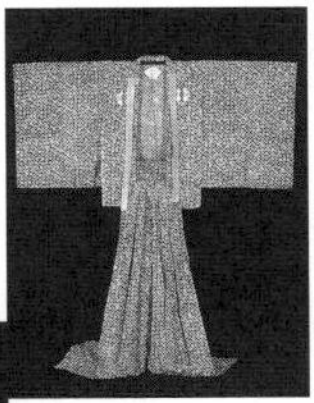

黒麻地菊花模様　素襖

濃萌黄麻地紋散模様　半袴

[狂言面・装束／国立能楽堂蔵]

●狂言の扇・小道具・作り物

舞台装置がないのは　能と同様
作り物は限定的だが　小道具は多い

名　称	摘　要
扇《おおぎ》	狂言での「中啓」の使用は稀　「鎮(しずめ)扇」と呼ぶ扇を多用　地色は三色　絵柄は多種多様
作《つく》り物《もの》	能にくらべ作り物は　立木の台など種類は少ない　演者が手にする小道具は多種多様
鬘《かずら》桶《おけ》	腰掛や酒樽　茶壺などに見立てられ　酒宴などでは鬘桶の蓋が盃として用いられる

扇(大蔵流蚊相撲)
[大蔵家蔵、写真提供／国立能楽堂]

番外編 ローカル・トラディション——地方に遺る能・狂言

能楽鑑賞といえば、観世《かんぜ》・宝生《ほうしょう》・金春《こんぱる》・金剛《こんごう》・喜多《きた》など、室町時代から（喜多は江戸初期）の伝統シテ方五流を軸に編成された、能楽堂公演や特設会場での薪能《たきぎのう》などを思い浮かべるのではないでしょうか。ところが、それらだけでなく、日本各地にはもっと古い伝統をもつ能・狂言の系統が多く伝承されています。左図は、そのうちの代表的なものにすぎず、充分な伝承環境が整わずに、民俗芸能化したものもありますが、これらを含めて各地に伝承される能・狂言系のほとんどが国・県や市の重要無形文化財に指定されていたりしています。

能の完成期は観阿弥《かんあみ》・世阿弥《ぜあみ》父子の時代ですが、それよりも古い時代から伝承されるものも多くあります。それら古式のものは呪師《しゅし》の系統にあたる、『翁《おきな》』などを演じる「神事能《しんじのう》」です。社寺そのものが伝承・維持したものもありますが、多くは氏子《うじこ》など、その土地の人たちによって伝承されてきたものです。これらのなかには伝承が数百年から千年をこえるものもあります。その年数の真偽はともかく、特に有名なものは猿楽能のもっとも古い上演記録のある、奈良の春日若宮御祭《かすがわかみやおんまつり》でおこなわれる演能です。今でも毎年十二月に開かれ、古式のままの翁や田楽《でんがく》などが観覧できます。また出羽《でわ》春日神社の神事能として名高い「黒川《くろかわ》能」は、世阿弥当時の流れを汲み、現存のシテ五流と同系ながら、どの流儀にも属さず独自の伝承をしてきました。能五四〇番、狂言五〇番を氏子二四〇戸、能役者、囃子方を含め子供から長老まで一六〇人の氏子たちだけで五〇〇年余も守ってきたのですから驚きます。ここでは神社の能舞台だけでなく、民家の座敷を舞台にして蠟燭《ろうそく》の照明による「蠟燭能」、水辺につくられた舞台で薪《たきぎ》を照明にした「水焔《すいえん》能」など独特の形式を伝えています。黒川能の見物は抽選で幸運を引きあてねばなりません。

狂言では京都の「壬生《みぶ》狂言」が有名です。スピーカーもない時代、大勢の参拝客に仏法の説明を身振り手振りのパントマイムで伝えたことに由来します。新撰組の近藤勇や土方歳三も楽しんだのでしょうか。

■各地に遺る能・狂言の系統

名　称	所在地	関連寺社	摘　要	歴史(発生)
春日若宮御祭	奈良県奈良市	春日若宮神社	古式の祭礼様式	850年(1136)
黒川能	山形県鶴岡市櫛引	春日神社	大成後非五流系	500年(室町中)
能郷の中楽	岐阜県本巣市根尾能郷	白山神社	古態猿楽	500年(室町期)
菊池の松囃子	熊本県菊池市	菊池神社	古態	650年(1350?)
水海(みずみ)能	福井県池田町水海地区	鵜甘神社	古態(田楽能と能舞)	750年(鎌倉前)
西浦(にしうれ)田楽	静岡県浜松市水窪町	西浦観音堂	古態	1250年(719)
翁　舞	奈良市奈良阪町	奈良豆比古神社	神事舞	1200年(8世紀)
神事舞	兵庫県加東市上鴨川	住吉神社	神事舞	700年(鎌倉末)
一色能	三重県伊勢市一色町	一色神社	伊勢三座、和谷座	450年(室町中)
車の翁舞	兵庫県神戸市須磨区車	車大歳神社	古態(翁五人舞)	300年(江戸中)
佐渡の能	新潟県佐渡市相川下戸村	春日神社	宝生流本間家	400年(1604)
松山能	山形県酒田市	神明神社	観世系	300年(江戸中)
山戸能	山形県鶴岡市山五十川	河内神社	神事能	500年(室町中)
新城(しんしろ)の能	愛知県新城市	富永神社	町方による伝承	270年(江戸中)
新野(にいの)の雪祭	長野県阿南町新野	伊豆神社	神楽・田楽・猿楽	650年(室町?)
東通の能舞	青森県東通村	目名不動院	修験能	500年(室町中)
登米(とよま)能	宮城県登米市登米町	八幡神社	伊達藩の式楽	230年(江戸後)
壬生狂言	京都市中京区	壬生寺	無言劇狂言	700年(鎌倉後)
嵯峨大念仏狂言	京都市右京区	清涼寺	無言劇狂言	700年(鎌倉後)
毛越寺の延年	岩手県平泉町	毛越寺	延年舞・田楽躍	800年(平安末)
小迫(おばさま)延年	宮城県栗原市	白山神社	延年舞・田楽舞	800年(平安末)

黒川能　野外能楽「水焔の能」
(2004年7月　撮影／林謙介)

千本ゑんま堂大念佛狂言《土蜘蛛》
(2008年3月　随心院　撮影／新田義人)

初心忘るべからず――芸論を超えた名句

雅楽同様に、能楽から転じて今も使われる用語が山ほどあります。左頁にあげた例以外にも「あこぎ」とか「いざ、鎌倉」も能楽の言葉からきたものです。なんといっても有名なのは世阿弥の「初心忘るべからず」でしょう。この名句は能の芸論から発し、現代ではスポーツからビジネスの世界まで、その人生訓・教訓としてもてはやされています。

　この言葉は、ある程度、技量がついて自信をもち始めた時期が「慢心」という陥穽にはまる時期であり、この時期こそ「初心を」といさめているのです。なお、この「初心不可忘」という名句が書かれているのは『風姿花伝』ではなく、『花鏡《かきょう》』の中です。

　世阿弥でもう一つ有名なのは『風姿花伝』にある「秘すれば花なり。秘せずば花なるべからず」という言葉です。

　演技内容や作法は、そのすべてをさらけ出してはなんにもならない、それを「秘する」ことによって、観る側の興味をそそり、さらに芸の深みや面白さを感じさせ、堪能させることができるという意味です。

　ここでいう「花」とは「芸能のもっとも大切な勘所」のこと、つまり植物の花のように一世一代の「見せどころ」という意味にも使っています。「花がある」役者、「花も実もある」「花形」など、現代では「いわぬが花」にまでつながる概念です。

　世阿弥は、能のさらなる芸術性の訴求と、流派の永遠なる隆盛のための訓戒を、これら芸論の著作を通し、後代の人たちに書き残しました。しかし世阿弥本人はパトロンであった足利義教から疎まれ、佐渡島へ配流されてしまいました。佐渡で世阿弥がどのような終焉を迎えたのかも不明のままです。

　それから百年後の江戸初期になって、佐渡に金山が発見され、初代佐渡奉行の大久保長安がここに能をひろめます。世阿弥の思いが通じたかのように、佐渡だけで二〇〇もの能舞台がつくられ、佐渡の農民は謡を謡いながら田植えをしたといわれるほどの能のメッカになります。

■能から派生した用語

間
拍と拍との時間的間隔　西洋音楽のフェルマータに近いが　その一瞬の沈黙「間」を効果的に聴かせるのが日本音楽の特徴　その捉え方の好悪で「間がよい」や「間抜け」「間違い」「間に合う」「間延び」となる

型
能の演技は二五〇種余の基本動作の組み合わせといわれ囃子も同じく基本の「型」の組み合わせで成立　伝統芸能すべてに及ぶ概念だが能では型尊重が顕著「型通り」が当然で「型なし」や「型やぶり」の能はない

番組
演能の曲名や配役・演者名など編成を一覧にした紙のことで　今流にいえばプログラム　五番立て　初番目物など同類の「曲」のジャンル名を「番」と呼ぶところからきている　「今夜のTVの邦楽番組は…」

中入り
夢幻能など一曲が前場・後場に分かれる場合　前場が終わってシテなどが一旦退場する場面転換のこと　寄席や相撲などの興行では途中の休憩時間の意味で使用されている　「中入り後の好取り組みは…」

後見
舞台上で後方に控えシテの演技の補佐役　場合によりシテの代行も　転じて後ろだてとなり面倒をみる人のこと　歌舞伎でも後見はいるが　「黒衣（くろこ）」とは別「私の後見役はこの人」などと使われる

一くさり
能の拍節は原則として八拍子からなり　この単位のことを指すが　謡や語りの一段落も呼ぶようになり　それが転じて　ある話題について　ひとしきり話されること　「先輩から昔ばなしをヒトクサリ」

くつろぐ
演者が演能の途中に舞台上で観客に背をむけている状態　これで演者は場面から消えている意味　休息や衣装替えなど窮屈な格好から楽なものへの転換「浴衣に着替えてクツロぐ」や「クツロいだ雰囲気」

ノリ
「平ノリ」や「中ノリ」など拍子にあった謡のリズム転じてテンポ　それにあわせての演奏や演技のこと音楽だけでなく　場面などにつりこまれて調子づくことで「ずいぶんノリがよい人だ」とか「ノッテるね」

あしらい
会釈と書く　登場楽などで謡に対し併奏される笛や打楽器の演奏で拍子不合が多い　転じて骨格となる旋律に見はからいで別旋律を適当に併奏すること　人の応対や扱いの場面などで「適当にアシラわれた」

申し合せ
演能の開催の前日や当日に　各役の出演者が揃っておこなう舞台(通し)稽古のこと　話し合って物事を決めることや　その決定事項のことで「申し合わせ通りにコトを」など　「申し合い」となれば相撲の稽古のこと

囃子
笛と鼓などによる伴奏音楽　またはその奏者のこと　能では「四拍子」と呼ぶ　語源は「栄やす」からとされ　転用されて歌舞伎囃子や祭囃子・寄席囃子など和風のパーカッション集団をあらわす用語

役者
猿楽時代に　劇中の人物の役を演じる人を「役者」と呼び歌舞伎などもその例にならった　元禄期に「芸者」ともいい　現代では「俳優」が普通　今では抜け目がないの意味　「役者が違う」「役者が一枚上」

能狂言に題材を求めた奈良人形
（《道成寺》九体　地謡や囃子方も加わったもの）
［吉徳コレクション］

第五章

琵琶楽・詩吟

世界の弦楽器はみな兄弟——琵琶のルーツ

琵琶は西アジア（ペルシャ）の弦楽器「ウード」がルーツで、シルクロードから中国を経由して八世紀に日本に伝来したといわれます。ウードの原型は紀元前十九世紀のアラビアの「バルバッド」だという説と、逆にウードがアラビアに伝わってバルバッドになった説もあります。異なる琵琶のルーツ説としてインドの「ヴィーナ」というものもあります。どれが本当なのかよくわかりません。ただしウードが、十字軍によってヨーロッパに伝わり改良されて「リュート」になったことは、曲頸《きょくけい》洋梨形の形状や構造、奏法などから確かです。ギターやマンドリンは、リュートから変化した楽器と考えられていますので、多くの撥弦《はつげん》楽器のルーツはウードということになります。

琵琶という楽器名にも諸説あります。撥弦の奏法をあらわす文字の意味から出たという説。インドのヴィーナが中国に伝えられ、その漢訳に「琵琶」と書かれ「ビバ」と発音されるようになったという説。後者は琵琶という楽器がインドで発祥したという説からきています。なお果実の枇杷の形状に由来するという説は逆で、この楽器に似た果実だったため、「ビワ」と呼ばれるようになりました。

日本への渡来時期についても諸説あります。ペルシャ原産の楽器が雅楽の楽琵琶になった八世紀という説。インドの盲僧寺でおこなわれていた竈祓《かまばらい》信仰とともに中国経由で九州に六世紀に伝来したという説。諸説をめぐって今も研究者の間で議論されています。奈良時代、唐から伝来し今は正倉院にある国宝「螺鈿紫檀《らでんしたん》五絃琵琶」は、形状がウードと違い頸《くび》がまっすぐな五弦です。これはインドから伝来したと考えられています。

最近、中国琵琶（ピーパー）が注目されていますが、これは日本の琵琶と違いフレット（柱）が三十もあり、撥《ばち》ではなく指で弾きます。唐の時代、日本の琵琶と同じ構造、音色、撥を使って演奏された楽器が改良されて、一九五〇年代には現在の姿になりました。

それに対して日本の琵琶はあまり変化していませんが、音楽的には独特の琵琶楽の世界を築きあげました。

■琵琶のルーツ

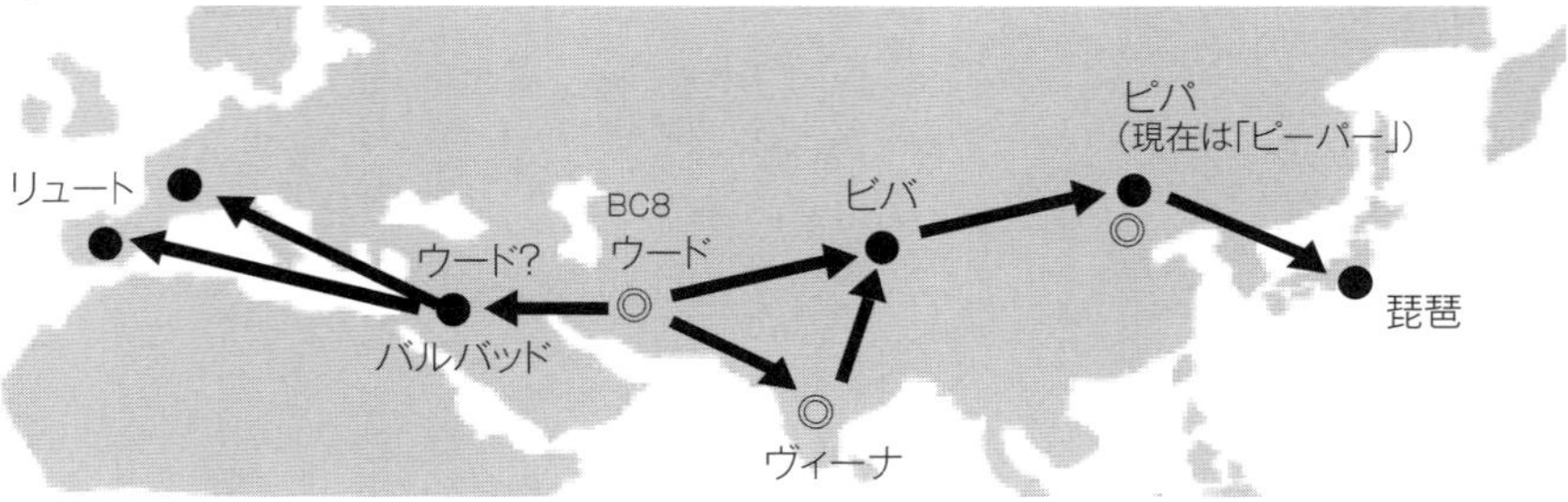

ウード	リュート	楽琵琶	中国琵琶	直頸琵琶
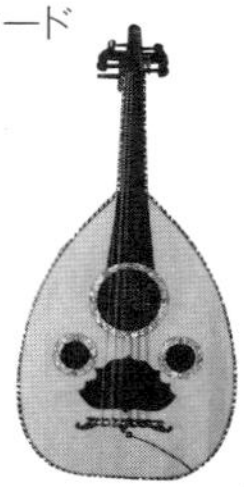			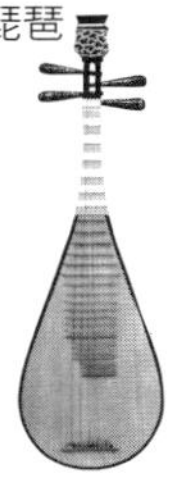	
琵琶・リュート類の祖型　中近東で現在も広く利用	十字軍がウードを持ち帰り発展ギター類の祖型	中国より伝来の雅楽用で現在の各種琵琶の祖型	現行の中国琵琶楽琵琶と同型も20世紀に改造	唯一の直頸琵琶五弦琵琶でインドヴィーナが祖型

［ウード、リュート、中国琵琶／若林忠宏蔵］

螺鈿紫檀五絃琵琶
（正倉院宝物）

●日本伝来/複数ルート説

・「楽琵琶」ルート　7〜8世紀に伝来
ペルシャ起源→シルクロード→中国→日本

・「盲僧琵琶」ルート　6世紀に伝来
インド起源→中国（三国時代）→九州

●「琵琶」の命名　※果実の「枇杷」の名も楽器の形から

琵　**（枇）**＝弦を手前から外側へはじく

琶　**（杷）**＝外側から弦を手前にはじく

・ヴィーナ vina（梵語）
↓ 漢訳
「琵琶」　ビバと発音（中国）
↓ 改良（多フレット化）
ピーパー　pipa（中国）

・ウード　→　・リュート
冠詞＋ud
↓
al-ud ⇒
lute　（英語）
luth　（仏語）
laute　（独語）
liuto　（伊語）
laud　（西語）

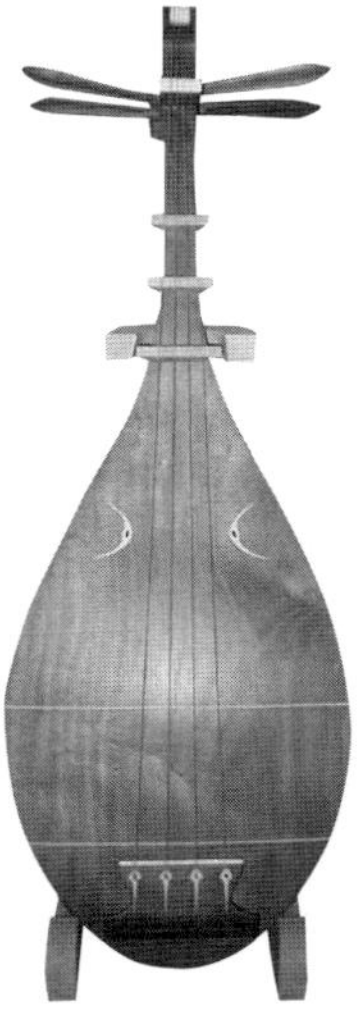
現行の日本の琵琶（薩摩）
［写真提供／武蔵野楽器］

語り物のフロンティア、琵琶法師
——琵琶楽の流れ

雅楽とともに伝来した琵琶は、メロディを弾くのではなく、曲にアクセントをつけるリズム楽器のような音楽的役割でした。この奏法と声明の唱法が結びついて日本独特の語り物音楽が発生します。

百人一首の「これやこの行くも帰るも……」で有名な「蟬丸《せみまる》」は、盲目で琵琶法師だったといわれますから、琵琶法師は平安期（九世紀）以前から存在していたと考えられます。琵琶法師は法師姿をしていても寺僧ではなく、地域の素封家などの求めに応じて琵琶の演奏や物語をし、金をもらい暮らしをたてる職業芸能者でした。蟬丸のことが書かれている『今昔物語』の逸話から類推しますと、当時の琵琶法師がする物語は、唐から伝わった中国歴史の皇帝や英雄の話なども題材であったと考えられます。

時代を経て十三世紀半ばには『平家物語』の原型が生まれ、やがて琵琶法師によって平家琵琶が全国各地に広がっていくようになります。このころには各地で、琵琶法師たちは一人の親方のもとに各流派を組織するようになり、流派独自の語り口などが口伝によって引き継がれていきます。これら組織は、江戸期に官許の全国的な組織「当道座」にまで発展し、明治維新まで続くことになります。

近世以前の琵琶法師や盲僧琵琶については、伝説的な言伝えが多く不明な部分が多いですが、これら当道とは別に、非常に古い時代から、九州や中国、大和にかけて宗教活動の一つとして琵琶を演奏する盲僧の存在がありました。このうち九州を中心とする集団の一部は、江戸時代に当道座に加盟しなかったため、その音楽的活動を規制されるなど迫害されますが、比叡山の根本中堂建立で地鎮をしたという起源伝承をかかげて、十八世紀に「盲僧座」を組織しました。

竈祓いや地神祓いなどをする法要琵琶をおこなうだけでなく、人々の求めに応じ、琵琶を改造して三味線の代用とし、当時の流行した三味線音楽や語り物芸能も披露するようになります。彼ら盲僧琵琶の集団が近・現代の琵琶楽を生む原動力となります。

■琵琶楽（語り物）と盲僧

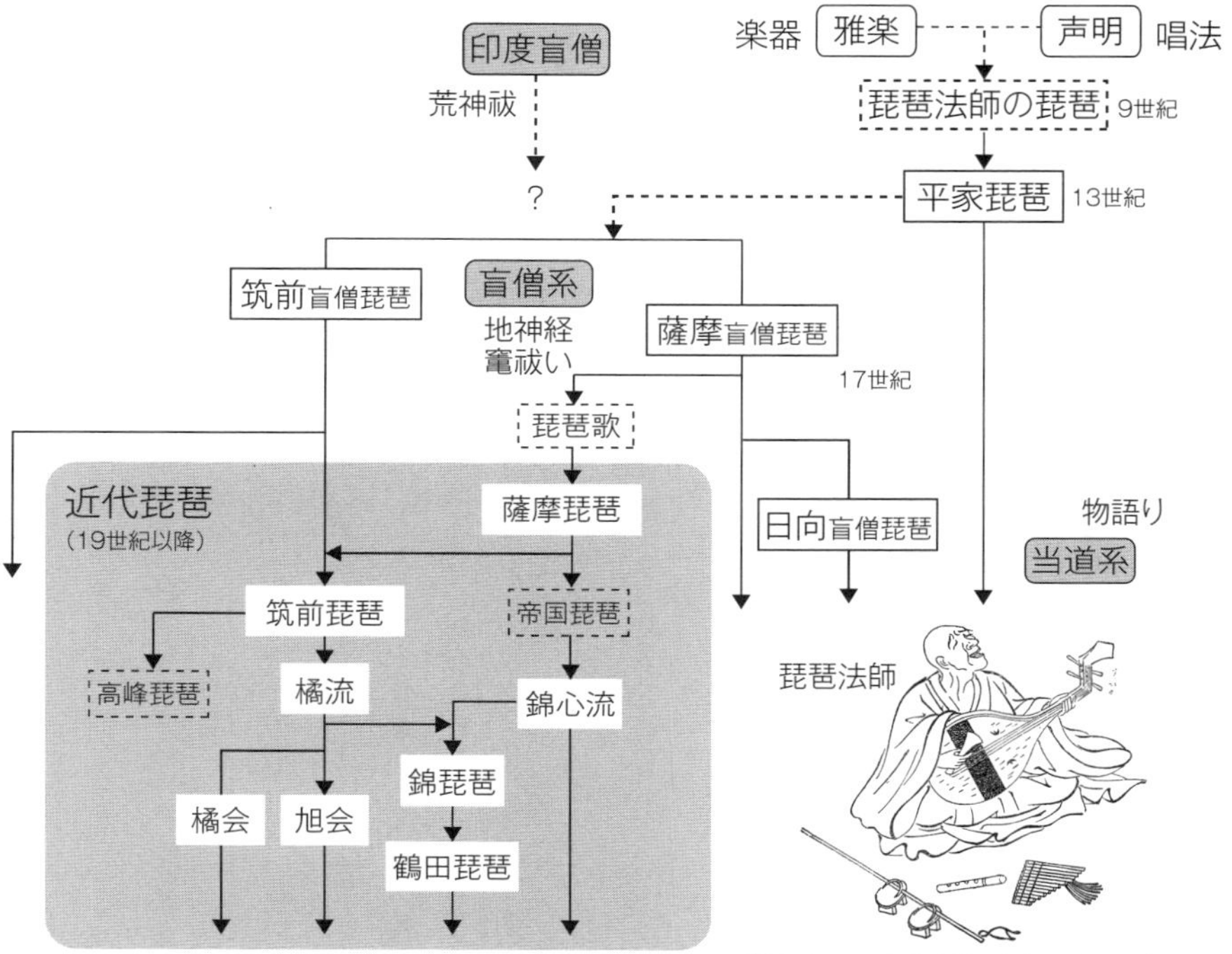

［「七十一番歌合」（『群書類従』）より］

●琵琶法師と盲僧琵琶

	琵琶法師	盲僧琵琶
発生	平安期（9世紀）	江戸期（17世紀）
外見	盲目で僧体	盲目の僧侶
身分	芸能者（宗教者）	宗教者（芸能者）
服装	法師姿	法師姿
楽器	琵琶	琵琶
内容	物語り（地神経も）	経文読誦（余興で物語り）
目的	日銭稼ぎ	法要の一環
場所	大道　座敷	寺院　檀家

「平家琵琶」（当道座）

●盲僧琵琶の場面（筑前・天台宗玄清法流の例）

法楽法要琵琶　初観音（1月）施餓鬼法要（8月）の2回寺院の法要でおこなわれる

回壇法要琵琶　寺院に属する盲僧が土用ごとに檀家を一軒一軒回り　琵琶を弾じながら　各種のお祓いをする

荒神祓い　竈祓い　地神経（じしんきょう）　土地祓い

琵琶法師の祖「蟬丸」

現代の盲僧琵琶

「つきの百姿　月の四の緒　蟬丸」（国立国会図書館「貴重書画像データベース」より）

日向盲僧琵琶　永田法順［写真提供／延岡市内藤記念館］

語りが先、物語は後 ——平曲とは

平曲《へいきょく》とは、琵琶を弾きながら「平家の物語」を「語る」語り物音楽です。あえて「平家の」としたのは、既存の『平家物語』を語ったのでなく、琵琶法師が語った「平家の物語」を、筆録して読み本にまとめられたものが『平家物語』になったといわれます。小泉八雲の「耳無し芳一」の話でもわかるように民衆だけでなく武家からも請われ語ったこともあるようです。なお当道座はこの物語を「平家」といいならわしていましたが、最近では「平曲」と呼称しています。

『徒然草』によれば平曲は、当時、世間に流布していた平家一門の話を信濃前司行長《しなののぜんじゆきなが》が整理し、「生仏《しょうぶつ》」に語らせたものが、琵琶法師の間に広まったものとされています。行長は琵琶の母体たる雅楽の人、その行長の面倒をみていた慈鎮和尚《じちんおしょう》は天台宗、そして生仏は琵琶法師と、平曲を構成する三要素（琵琶・声明・語り）の面々がそろったことで完成しました。その後、平曲のストーリーには琵琶法師や説教師、公家たちによって挿話や新説が取り入れられ、独自の語り本がつくられていきました。なかでも一方《いちかた》座の天下無双の名人とされた明石覚一《あかしかくいち》によって、後日談ともいうべき『灌頂《かんじょう》の巻』が書き加えられた『覚一本』が、『平家物語』のスタンダードになっていきました。

情報も娯楽もない時代、当時はまだそれほど昔の話でもない、琵琶法師の語る源平合戦や平家の公達《きんだち》の哀れな物語は、文字を読めない民衆にとって最大の娯楽として大人気を得ます。そして平曲は後世のさまざまな文芸・音楽・芸能へ影響を及ぼします。

平家の物語が世に受け入れられるほどに、能や浄瑠璃、歌舞伎の世界では、よりわかりやすいビジュアルな演出が付加された、平家を題材にした芸能を創出しました。こういった芸能が世に受け入れられるほどに、皮肉にも源流の平曲そのものが衰微させていくことになります。そのため当道座の琵琶法師たちは、盲人芸能の表芸であった平曲から離れ、三味線によって生まれた地歌や浄瑠璃、あるいは箏曲などへ転出していくことになりました。

■「平曲(へいきょく)」とは

内容　琵琶を弾きながら　『平家物語』を語る…「語り物音楽」

名称　正式には「平家(へいけ)」「平家琵琶」「平語(へいご)」ともいうが「平曲」が一般的

成立　13世紀ころ　信濃前司行長《しなののぜんじゆきなが》という雅楽の人が　世をすて比叡山の慈鎮《じちん》和尚の居候をしているおり　関東出身の生仏《しょうぶつ》という盲僧に語らせたのが始まり

（兼好法師『徒然草』226段より）

●行長（雅楽人）　雅楽　声明　●慈鎮（天台宗）

音楽的構成 ⇦ 琵琶法師 ●生仏（琵琶法師） ⇨ 仏教的無常観

加筆改作　寺院説教師 ⇦ 琵琶法師 ⇨ 分流

非当道系　読み本

当道系　語り本

全12巻
200曲

↓

「平曲」完成

↓

南北朝期　平曲隆盛

如一《じょいち》「一方《いちかた》（座）」

「建礼門院　大原にて往生す」
12巻本に「六道の沙汰」など
『灌頂の巻』を付加したもの

覚一本

如一の弟子
天下無双の名人　明石覚一《あかしかくいち》

↓

当道座

城玄《じょうげん》「八坂《やさか》（座）」

「平家の子孫は絶えにけれ」
清盛曾孫・六代御前が斬られる
までの12巻　創始原型に忠実

八坂本

衰退し
やがて浄瑠璃などに転向

●平曲の影響

読本　『平家物語』…『源平盛衰記』　『義経記』　『太平記』　『曽我物語』

題材　→ 近代琵琶
→ 能 → 浄瑠璃 → 歌舞伎 → 諸芸能へ

奏法　地歌箏曲・浄瑠璃

唱法　浄瑠璃（特に義太夫節）

形式　「語り物音楽」の祖型

組織　盲人権益（当道座）

平家琵琶

今井検校
（平成16年10月　国立劇場邦楽公演）

ストーリー全部を丸暗記？——平曲の構成

映画やテレビなどで繰り返し平家を題材にしたものがつくられています。平家一門の盛衰、源平合戦、義経・弁慶の主従話、義経・頼朝との確執など、劇的な内容にこと欠かないので当然でしょう。

しかし『平家物語』には、有名な義経と弁慶との五条橋の出会いや安宅《あたか》の関での勧進帳の話などはありません。これら私たちが知る平家にまつわる話は、その後つくられた『義経記《ぎけいき》』や『源平盛衰記』など、『平家物語』を取り巻くさまざまな文芸作品の内容がミックスされたものです。後代のこうした著作も、『平家物語』という物語があったがゆえに創出されました。『平家物語』の文学的価値とその影響が実にすごいということでしょう。

『平家物語』は全部で十二巻、二百話を超える膨大なものです。盲目の琵琶法師がそれらすべてを口伝で伝承し、またそれらを語ったといいますが、現代ではにわかに信じられない話です。平曲は基本的な稽古部分の「平物《ひらもの》」、それらを五十とか百曲修得したあとで伝授される「習物《ならいもの》」、そして特別な伝授資格を必要とする「秘事《ひじ》」に分かれています。全部をマスターするのには大変な時間と手続きが必要です。このような長い物語は、丸一日かけても語りきることはできませんので、「平家正節《まぶし》」という各巻から一句ずつ抜き出して再編集した略式のものがあって、それを語れば全十二巻を語ったのと同じとします。

語りの音楽的な要素として「曲節《きょくせつ》」がありますが、大きく分類すれば九つに分けられます。これらの源流は声明です。ここで確立された曲節のいくつかは、平曲にとどまらず浄瑠璃やその後の三味線音楽にもとりいれられた内容です。

約二オクターブ半の声域で、基礎音を中心に、その四度上の音とを上下する動きが多くみられます。邦楽の歌の場合と同じく、うたう人の声域によって曲の音高が変わります。平曲を聞いていると、琵琶は語りの伴奏楽器の役割だけでなく、語りの音高を確認しているのではないかと思われます。

■「平曲」の構成

●物語の概要（全12巻）　200曲

巻1	忠盛昇殿から清盛の覇権獲得　その転覆への鹿谷密議など平家の登場
巻2〜巻6	俊寛の流罪　驕れる平家の台頭　頼政の反乱　頼朝挙兵から清盛死去
巻7〜巻9	木曾義仲・源義経の登場と一の谷・屋島合戦　敦盛の最期と平家の衰退
巻10〜巻12	惟盛・安徳帝入水の壇ノ浦　義経都落ち　六代御前の最期で平家滅亡
灌頂の巻	徳子出家　大原行幸　六道之沙汰　そして建礼門院の死去まで

平家正節《へいけまぶし》　平曲略式再編集版

実際に全12巻を演じるのは不可能ゆえ各巻から一句ずつ抜き出したものを演じて全巻を語ったのと同じとするもので　前田流の譜本で荻野検校により1776年に成立　下記の上下2冊からなっている

一之上	一之下
『鱸』	『竹生島詣』
『卒塔婆流』	『宇佐行幸』
『無文沙汰』	『生食』
『厳島還御』	『海道下』
『月見』	『那須与一』
『紅葉』	『土佐坊被斬』

●平曲の曲目分類

平物《ひらもの》　「普通の曲」の意味　修得するのに特別な許可や契約・許し金など不要なもの
- 節物　物悲しい叙情的　緩かなテンポで歌う
- 拾物　勇壮で叙事的　緩急変化の語り物代表

習物《ならいもの》　師の伝授なしには演奏の不可能な曲　平物の修得済みの曲数などの条件がある
- 読物　漢文体でリズミカル　50曲修得条件
- 炎上物・五句物・揃物　平物100曲以上を修得後に伝授　音楽的には差がない
- 灌頂巻　美しい旋律　伝授に3日間の精進必要

秘事《ひじ》　「秘曲」と同意　厳格な制限があり容易には修得不能　伝授は口伝・儀礼・誓詞など

●「平曲」の音楽構成（代表的な曲節）

素声	(しらこえ)旋律なしの語りの部分　琵琶を下に置いて語る　朗読というより吟誦に近い
口説	(くどき)シラビックで言葉に近い基本的曲節　四度音程を上下だけの単純な旋律がつく
下ゲ	(さげ)口説を締め括り「三重・中音・折声」など　つぎの歌謡的な曲節につなぐ短い曲節
拾	(ひろい)早いテンポで変化あるシラビックな曲節　合戦や武士の装束の描写などの詞章
初重	(しょじゅう)旋律部分　段落の導入部や曲節のつなぎ場面　締めくくりの場面など広汎
中音	(ちゅうおん)旋律部分　優雅な場面や悲しい場面など広く用いる　メリスマティックに
三重	(さんじゅう)旋律部分　情景描写や語句の説明を　高い音域でメリスマ多用で歌われる
折声	(おりごえ)悲哀・悲壮な場面　一音ごと上から折りさげるような修飾音で語ることに由来
歌	語りで詠む和歌につける旋律的曲節　上歌(あげうた)・下歌(さげうた)・曲歌(くせうた)など

士気鼓舞目的の歌——近現代琵琶の系譜

十六世紀後半に、薩摩藩主の島津忠良《しまづただよし》が武士の士気を鼓舞するために薩摩盲僧寺の常楽院住持《じゅうじ》である淵脇《ふちわき》了公《りょうこう》に命じて、琵琶を伴奏にした教訓的な歌、「琵琶歌」を創始したという説が一般にいわれていますが、最近の研究では起源伝説にすぎないともいわれます。

十七世紀後半に、当道座とそれに属さない琵琶法師が、小倉城での席順をめぐり係争し、琵琶法師側が敗訴します。非当道座系の琵琶法師は地神経《じしんきょう》などの活動以外、つまり芸能的な活動は禁止されてしまいました。しかし表むきはともかく、はやり歌の一つもできなければ檀家は満足しません。このころ三味線音楽が普及しはじめ、琵琶法師たちは琵琶で同様の演奏効果を出すために楽器改良をします。本体を小型にし、柱を高くして琵琶を縦に構えて左手の自由が利くようにし、柱と柱の間に弦を押しこむことで音程を発生させ、旋律性の高い演奏を可能にする楽器をつくり出しました。

十八世紀にこれら琵琶法師たちは盲僧座の組織化を果たし、このような楽器の工夫と琵琶歌から発した盲僧琵琶から一八〇〇年ごろに「薩摩琵琶」が誕生、そして明治になってより音楽性や旋律性のある「筑前琵琶」が生まれます。新政府の樹立で薩摩藩士が大挙上京するとき、一緒に薩摩琵琶ももたらされ、東京の町方でも流行し、士風の琵琶歌に町風の味付けもされるようになり、そこから近代琵琶楽の幕が開きました。

近代の琵琶は、盲僧琵琶を源流としてもすでに仏教的な色彩はなくなりましたが、語り物であることに変わりありません。その題材には平家ものはもちろん、『太平記』『曾我物語』『忠臣蔵』から西南・日露戦争までであります。ただし同じ語り物でも、語り口はシラブル様式に近く、そのため現代の人にも理解しやすい表現になっています。薩摩琵琶と三味線音楽の影響を受けてできた筑前琵琶は、反対に薩摩琵琶に音楽的影響を与え、「錦心《きんしん》流」から「錦《にしき》琵琶」を生み出しました。このように相互に影響しあいながら、近代の新しい琵琶楽が成立していきます。このことは、琵琶を旋律楽器と変化させていくことにもなりました。

■近・現代琵琶の系譜

筑前琵琶　山崎旭萃
［写真提供／山崎旭美］

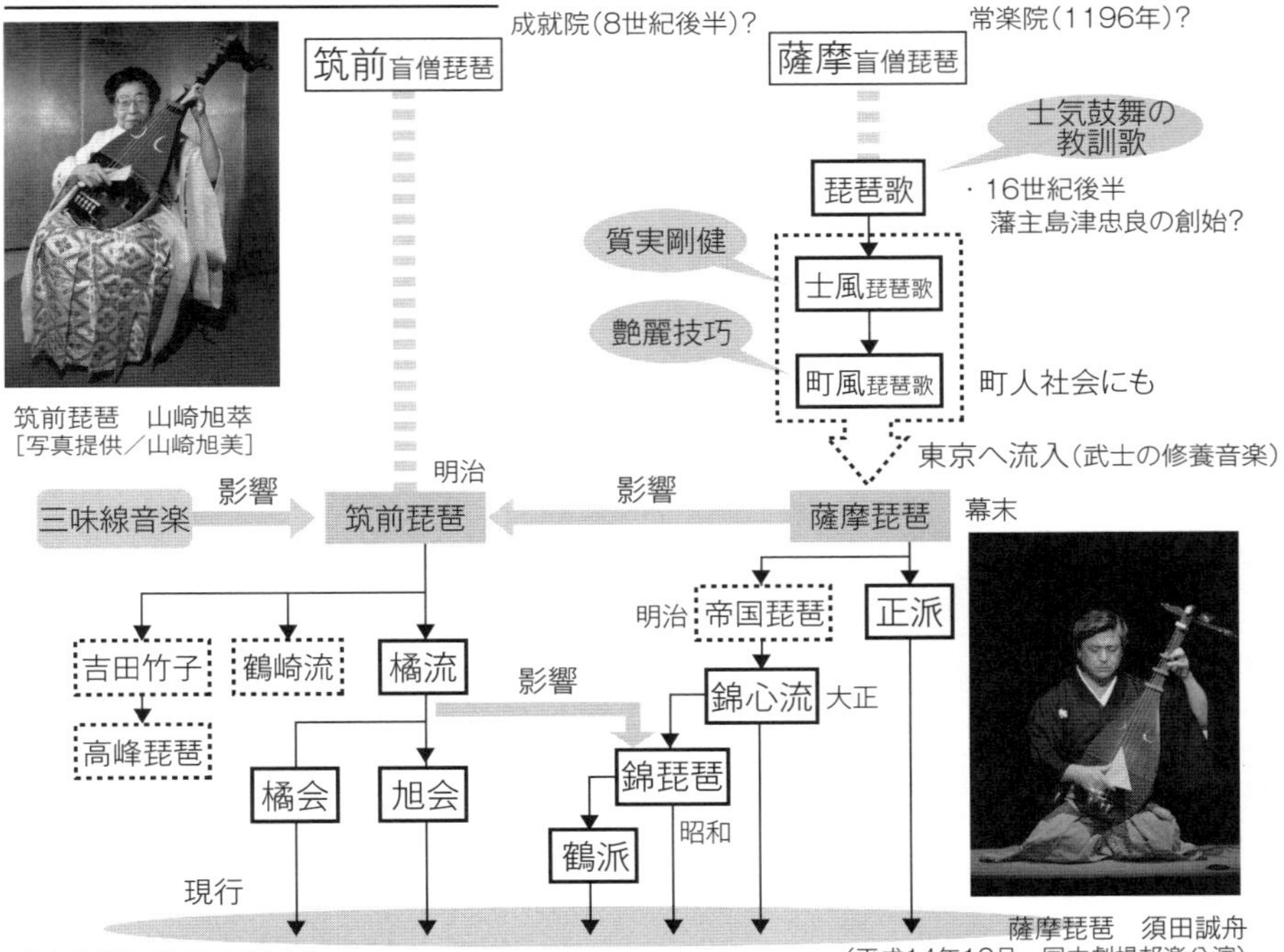

薩摩琵琶　須田誠舟
（平成14年10月　国立劇場邦楽公演）

●近代琵琶の流派

流派名	創始者	内容と曲風
薩摩琵琶	池田甚兵衛	質実剛健な「士風」と　艶麗な「町風」の琵琶歌の系譜とが融合
正派	盲人　妙寿	明治期に薩摩盲僧が芸能的琵琶を自粛　伝統的な曲風を堅守
錦心流	永田　錦心	薩摩士風の武張った琵琶歌から東京人むきの優美で華奢な曲風
錦琵琶	水藤　錦穣	語りながら琵琶を弾くなど薩摩に筑前琵琶の手法を採用の新風
鶴派	鶴田　錦史	錦琵琶から派生　楽器の構造や奏法に工夫の新琵琶楽の提案
筑前琵琶	橘智定（旭翁）	筑前盲僧琵琶を基本に　薩摩琵琶歌や三味線楽を加味の新様式
旭会	三世　旭翁	初世旭翁が創始した橘流のうち三世が宗家として組織された派
橘会	橘知定（旭宗）	初世の養子　名人といわれ五弦琵琶も開発　橘会創設で分派

★薩摩の「帝国琵琶」は錦心流に吸収★筑前の「鶴崎流」は衰微★「吉田竹子」は「高峰琵琶」で消滅

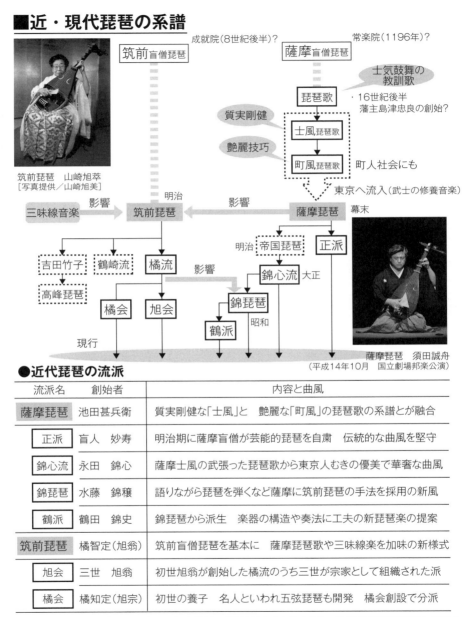

変化を重ねる琵琶楽——琵琶楽の歴史

　正倉院収蔵の琵琶が物語るように、八世紀に雅楽とともに琵琶が伝来したことは間違いありません。しかし、それに先立ち欽明帝《きんめい》のころ（五五〇年）に、中国から九州に盲僧琵琶が伝来し、元明帝《げんめい》即位の時（七〇七年）、盲僧が内裏で土荒神《つちこうじん》の祈禱や琵琶演奏をおこなったとの説もありますが、確認はされていません。それがあって延暦寺根本中堂の地鎮祈禱に結びつくようですが、そうだとすると琵琶法師はさらに古い時代から存在していたかもしれません。もしそうならば琵琶は雅楽以前に伝来していたということになり、琵琶楽は古代歌謡に次ぐ古い音楽になるのかもしれません。

　平家という題材、声明という声楽、琵琶という楽器、それに琵琶法師という語り手を得て平曲が完成し、琵琶法師たちは放浪芸人を振り出しに、やがて強大な権益をもつ当道座を組織化して、平家琵琶のブームを興します。しかし後代、能や歌舞伎など舞台芸術にその内的おもしろさをもっていかれます。そのため演者である当道が浄瑠璃など三味線音楽分野へ転職してしまい、江戸も末期には琵琶楽の流派を伝承することも容易ではない危機状態になってしまいました。

　幕末になって、琵琶の奏法や役割、語り口や題材が時代にあわせて大きく変化し、生まれ変わった琵琶楽が、さらに次々に新流派を産み出し、ブームを再生していきました。

　琵琶楽の歴史を形であらわしますと、中間が大きくくぼむ「ヴァイオリン型」か「ひょうたん型」です。くびれたところに位置する近世の時代にも、平曲の物語は文芸、能、浄瑠璃、歌舞伎といった各芸能の題材を多々提供することになり、また平曲の語り口、琵琶の奏法や演出は三味線音楽の語り物に受け継がれて発展しました。

　近年、武満徹が作曲した「ノヴェンバー・ステップス」をとおして、洋楽の世界にはない琵琶の音世界を全世界にアピールすることとなりました。

　盛者必衰を語る琵琶語りですが、琵琶楽の歴史そのものが有為転変のごとき様相でした。

■琵琶楽の歴史

飛鳥	盲僧琵琶　九州に伝来(550)
奈良	琵琶 伝来(8世紀?) ·東大寺大仏開眼法会(752) ·正倉院御物に直頸五絃琵琶 ·延暦寺根本中堂地鎮に盲僧 ·筑前·成就院開山(789)
平安	声明 伝来(806) 空海 雅楽 確立(894) 蝉丸『今昔物語』に(9世紀後半) 琵琶法師 出現(9世紀後半) 平家滅亡 (1185) ·常楽院　薩摩移転(1196)
鎌倉	平曲 始まる(13世紀?) ·行長·生仏の合作?(1221) ·『治承物語』成立(1240) ·『保元物語』『平治物語』成立(13世紀末) ·如一(一方)· 城玄(八坂)に分派(13世紀半ば) ·『源平盛衰記』成立(鎌倉末期) ·『徒然草』成立(1331) 猿楽能 萌芽(鎌倉中期)
南北朝	·覚一『灌頂之巻』完成(14世紀初) ·『吾妻鏡』編纂(13末～14世紀) ·覚一が検校に　当道座確立(南北朝期) 夢幻能 完成(1380)
室町	·平曲隆盛(15世紀) ·『義経記』成立(室町初期) ·平家読み本『延慶本6巻』·『長門本20巻』転写(15世紀前半) ·『平家物語絵巻』完成(室町中期) 寛正の大飢饉(1460) ·応仁の乱後　平曲ブーム衰微(1470) 応仁の大乱(1467)
桃山	三味線 伝来(1560?) 琵琶歌 島津忠良の命で創始?(16世紀中頃)
江戸	·平曲家·三味線へ転向(16世紀半) ·徳川幕府　能を式楽に(1610) 箏組歌 八橋検校·13曲作曲(1630) 地歌 本手組～破手組(1650?) 浄瑠璃 歌舞伎 創始(17世紀初頭) ·当道座主体「箏·三味線」へ(16世紀) ·竹本義太夫「竹本座」(1684) ·一方(座)より波多野流·前田流分派(17世紀) ·幕府「当道座と盲僧座」係争で盲僧の芸能活動禁止(1674) ·「平曲」譜本の成立　晴眼の茶人·俳人に静かな「平曲ブーム」(17~19世紀) ·『平家正節』完成(1776) ·薩摩で座頭歌が一般人にも流行
明治	明治維新(1868) 薩摩琵琶 東京で流行(1897ころ) ·当道制度廃止(1868) 筑前琵琶 成立(1899)
大正 昭和 平成	錦心流 成立(1908) 旭会 成立(1909) 錦琵琶 成立(1926) 橘会 成立(1920) 第2次大戦終結(1945) 『November Steps』ニューヨーク初演(1967)

詩吟か、吟詠か——詩吟

　漢詩を声高らかに吟ずるのが「詩吟《しぎん》」です。最近は「吟詠《ぎんえい》」という表現も使われています。どちらも同じものであるともいわれますが、その道の方々の話では、「漢詩を訓読体で吟《ぎん》ずる」ことでは同じでも、その対象になる詩形と生成が異なるといいます。つまり詩吟は漢詩だけですが、吟詠は和歌もその対象になります。

　また吟詠は、薩摩琵琶や筑前琵琶などが演ずる琵琶《びわ》歌《うた》から生まれたといわれます。琵琶歌のサワリのような形で漢詩が挿入されていましたが、それが人気となりやがて漢詩を吟ずる部分が独立して、吟詠になったといわれます。

「漢詩」といいますが、『唐詩選』でわかるように、漢詩は中国唐の時代がその最盛期となります。日本には、奈良時代に伝来し、日本人の作による漢詩集もつくられるようになります。そして、その詩の吟じ方が雅楽のなかの朗詠《ろうえい》という声楽にもなりました。

　現在の詩吟のもとは頼山陽の書生たちによるといわれますが、事実は不明です。ただ同じ幕末期に、悲憤慷慨型の漢詩の内容とその朗吟《ろうぎん》が憂国の志士たちの琴線に触れたようで、大流行しました。酒席などで詩吟が始まりますと、持っている刀を抜いて舞うようになり、それが剣舞の始まりになりました。

　大正期には忌避された勇壮な気風の詩は、昭和初期の開戦時期を間近にした日本国民精神高揚の気風にマッチしたため、青年学徒の士気鼓舞策として奨励されるようになります。その反動のせいか、戦後しばらく詩吟は敬遠されていましたが、また徐々に人気が集まり復興しました。

　今では若干、芸能化の傾向がありますが、漢詩・和歌以外にもあらゆる詩形が対象となり、また歌謡曲や民謡とこれら吟詠との組みあわせや、楽器の伴奏による吟詠もあたり前になっています。

　詩吟と剣舞は一対のようですが、それ以外に華や書《しょ》、茶などを吟詠にあわせて仕上げてみせる、華道吟《かどうぎん》や書道吟《どうぎん》・茶道吟《さどうぎん》などというエンターテインメント化されたものもあります。

■詩吟とは

詩吟 ＝ 吟詠 ？
…とする説もあるが
吟者たちは

	詩型	吟法	特記
詩吟	漢詩	訓読を吟ずる	詩歌の朗吟
吟詠	和歌・漢詩	訓読を吟ずる	**琵琶歌**から独立

●漢詩　隆盛期は唐の時代

著名な詩家が大量に輩出
・李白・杜甫・王維・白楽天…

奈良時代
渡来

・**日本最初の漢詩集『懐風藻《かいふうそう》』**
大友皇子・大伴旅人・大伴家持
山上憶良など
詩人67名 漢詩124首

・**平安期　日本の漢詩創作ブーム**
『凌雲集』『経国集』『和漢朗詠集』…
嵯峨天皇・空海・菅原道真…

宮廷声楽
- 歌披講　和歌のみ
- 朗　詠　漢詩・和歌

吟法の影響

●詩吟の発生

幕末（安政期）

昌平黌（しょうへいこう）の書生
頼山陽作詞の漢詩を
適当な節回で吟じた

悲憤慷慨調の詩吟
憂国志士に大流行！

明治期　様式化

流派
・咸宜園流（大分）
・時習館流（熊本）
・久坂流　（山口）
・聖堂流　（湯島）

憂国志士、詩吟で
真剣を振り回し→「剣舞」に

明治期

取り入れ

薩摩琵琶
筑前琵琶

琵琶歌

人気　詠唱部分を独立

吟詠　女流詩吟家激増
（琵琶奏者からの転進）

芸能的要素が濃厚に

大正デモクラシー　詩吟各派衰微

昭和初期　木村岳風
山田積善

昭和戦中期
青年学徒の
士気鼓舞に奨励

戦後
軍国主義イメージ
詩吟愛好者激減

その後
詩吟　徐々に復興

第40回全国吟剣詩舞道大会（平成19年11月11日　日本武道館）［写真提供／財団法人日本吟剣詩舞振興会］

●舞台化

吟詠にあわせ…
・詩舞吟……… 扇で舞う
・華道吟……… 華を活る
・茶道吟……… 茶を点る
・書道吟……… 書を記す
・構成吟……… 物語する

歌謡曲
民　謡
伴　奏
＋ 吟詠
漢詩
和歌
俳句
新体詩
翻訳詩
散文詩

クロスオーバー現象

絶句といっても……——漢詩とは

漢詩は、最近の歌謡曲の歌詞のような散文調と違い、字数や句数などに厳密なルールがあります。

左頁の例は、唐代の詩人、孟浩然《もうこうねん》が詠んだ日本でもお馴染みの『春暁《しゅんぎょう》』です。起承転結の四句からなり、一句が五文字で構成されているので五言絶句《ごごんぜっく》といいます。四句は「絶句」で、その倍の八句なら「律詩《りっし》」、十句以上なら「排律《はいりつ》」と呼びます。一句が七文字で八句なら七言律詩《しちごんりっし》となります。

各句の役割はいわゆる文章の組み立て法の起承転結に対応し、八句の律詩になれば二句ごとがそれぞれ一つの句の役割になります。呼び方は起聯《きれん》、前聯《ぜんれん》、後聯《こうれん》、尾聯《びれん》などと「句」から「聯」に変わります。

漢字だけをそのまま順番に読んでも意味が通じませんから、それに日本文のような句点、読点、送り仮名をつけて日本文に読み替えるのを訓読といいます。白《はく》文《ぶん》といわれる漢字の原文を訓読体にして、それを日本語読みにすると左頁の例のようになります。これにフシ（旋律）をつけると詩吟です。

旋律をあらわす詩吟の楽譜「吟譜《ぎんぷ》」は、流派によってその記譜法はすべて違います。

五線譜を使っても音符でなく、リニアな音の高低を線であらわすものや、九線譜という記譜もあります。どの流派でも共通することは、記譜は絶対的な音高を示すものでなく、吟じるときの高・中・低の音高を意味していることです。

流派によって音の高低を細かく分けているのもありますが、旋律の正確さよりも、息継ぎの場所、母音の強調、感情表現などの「原則」を守ったうえで、その人なりに吟じたほうが魅力的であるといわれます。

なお最近は、吟声の引き立て役として伴奏がつくのが普通ですので、それら楽器が出だしの音の高さ、あるいは旋律の動きを誘導しますから、楽に吟ずることができるとのことです。詩吟の旋律は短音階です。

淋しく悲しく陰にこもって聴こえるのが特徴ですが、この悲壮感こそ詩吟の命であり、それが日本人の精神性に訴えるのでしょう。

■漢詩と吟法

●漢詩の構造

絶句 四句から成る詩

律詩 八句から成る詩

排律 十句以上の詩

春眠不覚暁
処処聞啼鳥
夜来風雨声
花落知多少

五文字

↓（起句）↓（承句）↓（転句）↓（結句）　四句

五言絶句

七文字　四句　↓　七言絶句

五文字　八句　↓　五言律詩

五言律詩（八句）の場合
一・二句が起句、三・四句は承句

↓起聯　↓前聯　↓後聯　↓尾聯

●漢詩の表記法

春眠不覚暁
処処聞啼鳥

（白文）

春眠不レ覚レ暁を
処処に聞く二啼鳥一を

（訓読文）

春眠暁を覚えず
処処に啼鳥を聞く

（日本文）

●吟じ方の原則

・音高は吟者（男声ニ短調・女声ト短調）で変化
・曲・句の最後には主音（ミ）に戻るのが多い
・L記号で止め（主音または副主音）息継ぎを
・二句三息の法（起承と転結の二句を三分）
・「母音で吟ずる」余韻でなく意識して強調
・正しい訓み、明瞭な発音、朗々たる発声
・詩の内容で感情表現の相違を吟じ分ける

●基本の8音（レソ抜き音階）

低音部	平音部	高音部
△	▷	▽
ラ シ ド	ミ ファ	ラ シ ド
副主音	主音	副主音

参考『詩吟上達法』（渡辺吟神, ひかりのくに）

※上記核音の中間に経過音がある
記譜法は流派によって別形式

●伴奏（最近は伴奏付きが多い）

奏法：①　吟音の旋律と同じ音位をもって　吟声の後になり先になり随伴する
　　　②　吟音の旋律を離れて前奏・後奏および吟の切れ目に間奏を効果的に

楽器：①の奏法向き…尺八・横笛・胡弓・クラリネット・オーボエ・アコーディオン…
　　　②の奏法向き…箏・三味線・琵琶・ハープ・ピアノ・ギター・ウクレレ…
　　　①と②両方に…太鼓・鼓・ヴァイオリン・チェロ・マンドリン・パイプオルガン

効果：吟声の引き立て役・正確な各音位の把握・吟声と主音の整合で全体の締り

第六章

尺八楽

尺八というネーミング ―尺八のルーツ

尺八は中国でつくられたといわれますが、その起源は、紀元前二千年ころのエジプトの壁画にも見られるセビ（sebi）、または西アジアのネイ（nāy）という、葦でつくられた縦笛にまでさかのぼります。それがシルクロードを経由して、漢の時代の中国に伝えられ（インド経由説も）素材の葦が竹製になり、「洞簫《とうしょう》」として広まった、といわれます。また中国には昔から「籥《やく》」や「簫《しょう》」というノンリードの縦笛がすでにあり、それらを尺八のルーツとする説もあります。

また唐代の歴史書『唐書』では、呂才《ろさい》という楽人が、それら縦笛を左記のように改良し、その管の長さ一尺八寸から「尺八」と呼ばれるようになったと述べられています。後説が一般的です。

日本へは唐楽とともに奈良時代に伝来したとされますが、それより前の飛鳥時代に、朝鮮から進物として贈呈されたといわれ、聖徳太子も尺八を吹いたという記録があります。奈良時代に伝来した実物は現在も東大寺の正倉院に八本、法隆寺に一本保管されており、これらは「正倉院尺八」または「古代尺八」と呼ばれています。正倉院の古代尺八のなかには、素材が竹だけでなく石や玉《ぎょく》、象牙などでつくられたものもありますが、これらにはわざわざ節などが彫りこまれて、いずれも竹を模しています。

これらを現代の尺八と比較してみますと、指孔の数・型状、歌口のカット、節の数、竹の利用部分などに違いが見られます。なにより意外なのは古代尺八の長さが全体に短いことに気づきます。

というのも、これら伝来の尺八がつくられた中国・唐の時代の尺度は、一尺が約二四・五センチであり、この長さは日本の曲尺《かねじゃく》の一尺より短い八寸一分（〇・八一倍）に相当し、したがって日本の尺八よりも短くなります。

発祥の地である中国には、呂才の系統の尺八はもはや存在せず、また尺八という名称もないといわれます。尺八という楽器とその音楽は、むしろ日本で独特の進化をとげることになります。

■尺八のルーツ

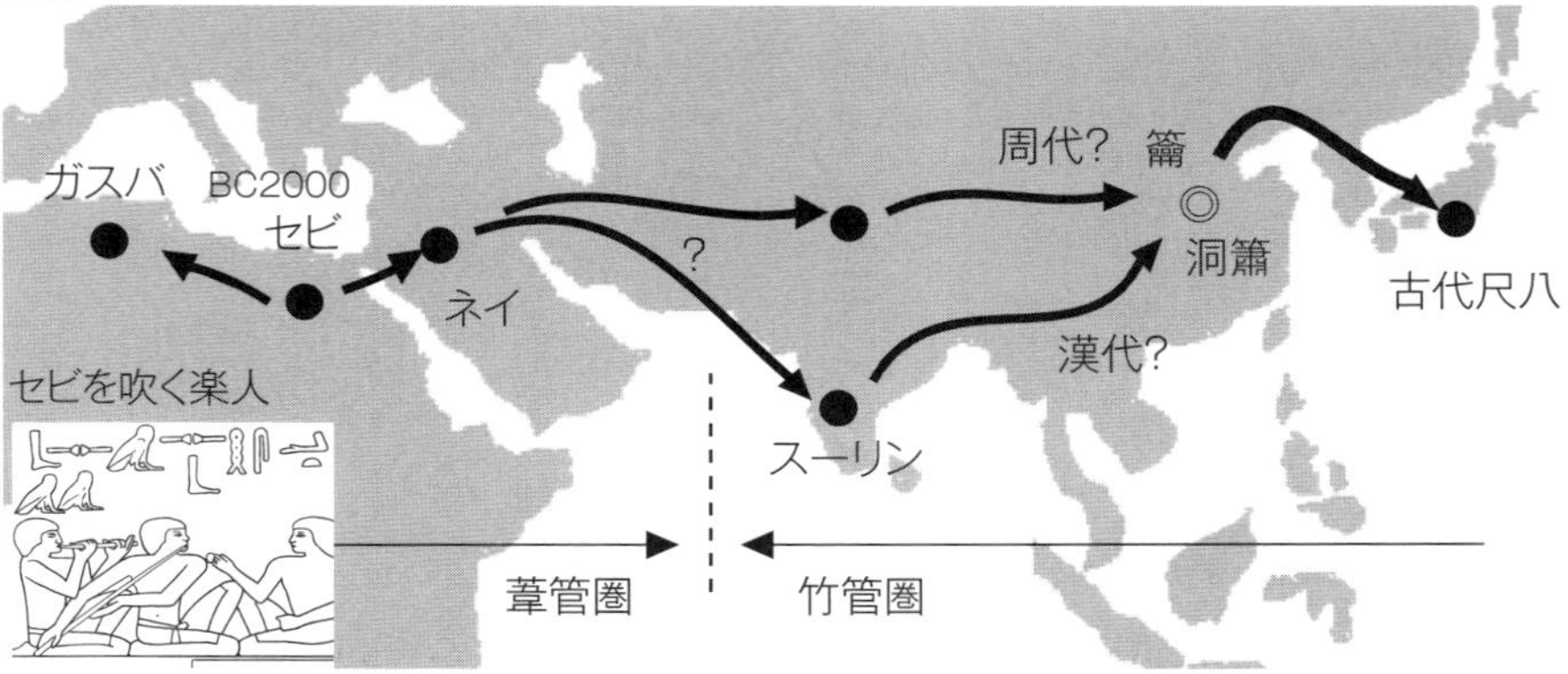

●尺八は呂才によって…　『唐書』列伝巻29「呂才伝」

呂才なる人物が　唐の貞観年(627-649)に筒音を十二律にあわせて　長短12種類の縦笛を制作する　「黄鐘(おうしき)」を筒音とするのが最長管であったが　その長さを計測すると一尺八寸(唐の尺)だったので　「尺八」の名がつけられたという

●日本への伝来　正倉院尺八、由来の三説

①百済国の義慈《ぎじ》王(641−662)より尺八4管が贈呈されたのが最初との説

②三韓楽・唐楽が楽人・楽器・楽曲と共に同時に渡来(7~8世紀)との説

③東大寺大仏開眼法会(752)で　大陸各地の楽人・楽器と一緒に伝来説

●正倉院「古代尺八」の概要

	素材	管長(cm)	特徴
①	呉竹	43.7	管表面に刻彫
②	白玉	34.35	三節の竹を模す
③	呉竹	38.25	
④	呉竹	38.5	樺桜皮巻き
⑤	蝋石	36.1	三節に彫刻あり
⑥	象牙	35.2	同上
⑦	呉竹	39.3	東大寺の銘あり
⑧	呉竹	40.9	やや太め

現行尺八との比較

項目	正倉院尺八	現行尺八
・孔数	6孔(前5・背1)	5孔(前4・背1)
・孔形	楕円	正円
・管長	34.4~43.7cm	1尺8寸(54.5cm)
・外径	平均2.3cm	3.5cm前後
・材質	竹・石・牙	真竹のみ
・節数	3節	7節
・歌口	丸みを帯びて	斜めに鋭く
・補強	切断のまま	象牙などで補強
・管尻	竹の中間	竹根(そのまま)

●寸足らず?

・日本の一尺(曲尺)=30.3cm

・中国(唐代)の一尺=日本の八寸一分=24.5cm

伝説だらけの尺八 ——日本の尺八

尺八には、現在では歴史的存在でしかない「古代尺八」「天吹《てんぷく》」「一節切《ひとよぎり》」と、現行の「普化《ふけ》尺八」「多孔《たこう》尺八」（これが今一般的なものです）の五種類があります。普化と多孔、それぞれの尺八は外見的にはほとんど一緒ですが、管の内部の加工法が違います。そのため二つは音色や音量が異なります。両者を区分するために、普化尺八のことを「古管」とも呼びます。

「古代尺八」は、奈良から平安時代までは唐楽の楽器や貴族の嗜《たしな》みとして用いられていましたが、平安末期の雅楽の日本化をめぐる改革過程で淘汰されます。理由は演奏者の人員減のためとも、音色が重複する楽器の整理によるためともいわれます。いずれにしても尺八は表舞台から消えてしまいました。

鎌倉時代になり、田楽法師など遊芸人が尺八のような縦笛を吹くものがあらわれ、それが次第に俗化していきます。そんな集団のなかに縦笛で物乞いをする「薦僧《こもそう》」もいました。そうして「一節切」という新しい尺八が完成します。その名のとおりに一つの竹の節を用いた楽器で、古代尺八より一つ少ない五孔です。なお一節切は中国からきた禅僧、蘆安《ろあん》が伝えたという説がありますが、これも不明です。この楽器は江戸中期ごろまでは大いに流行しましたが、やがて薦僧や浪人などが普化宗と結びついて「虚無《こむ》僧」となり、彼らは一節切より大型の普化尺八を吹くようになりました。

虚無僧集団が力をつけてきて、「尺八は普化宗の法《ほう》器《き》である」と言い出し、一般人が楽しむことや他の楽器との合奏などを禁じるようにしました。このルールは明治維新で普化宗が廃止になるまで続きます。普化尺八が全盛になるとすぐに一節切が衰退し、江戸末期にはほとんど姿を消してしまいました。

「尺八は法器」という建前とは別に、この楽器は関西方面では一般人に人気があり、習う人も多かったといいます。明治の普化宗の廃止によって尺八は楽器として一般人が公に楽しめることになり、それが尺八を芸術音楽や家庭音楽の楽器として普及させていくことになります。

■日本の尺八

旧型の尺八				現行尺八	
古代《こだい》尺八	天《てん》吹《ぶく》	一節切《ひとよぎり》	種類	普化《ふけ》尺八	多孔《たこう》尺八
6孔3節	5孔3節	5孔1節	孔節数	5孔7節	7・9孔7節
1尺8寸(唐尺)(43.7cm)	1尺弱(30.3cm)	1尺1寸1分(33.6cm)	寸法	1尺8寸(54.5cm)	1尺8寸(54.5cm)
呉竹(玉・石・骨)	布袋竹	真竹中間	素材	真竹根元	真竹根元
飛鳥期	室町期	鎌倉期	出現	江戸期	大正期
雅楽用だが平安期に除外	器楽奏、並びに俗謡伴奏用	純器楽、小歌伴奏の「乱曲」	分野	吹禅、托鉢から三曲合奏まで	三曲から現代邦楽
正倉院に所蔵唐楽の楽器や進物で伝来	薩摩地域のみで普及　音量は小起源など不明	当時の音楽に幅広く用いた蘆安が伝えた	適用	昔は虚無僧の法器　現行の尺八そのもの	半音など孔数増で音の安定と容易な奏法

●現代の尺八とは…「普化尺八」モデルのこと

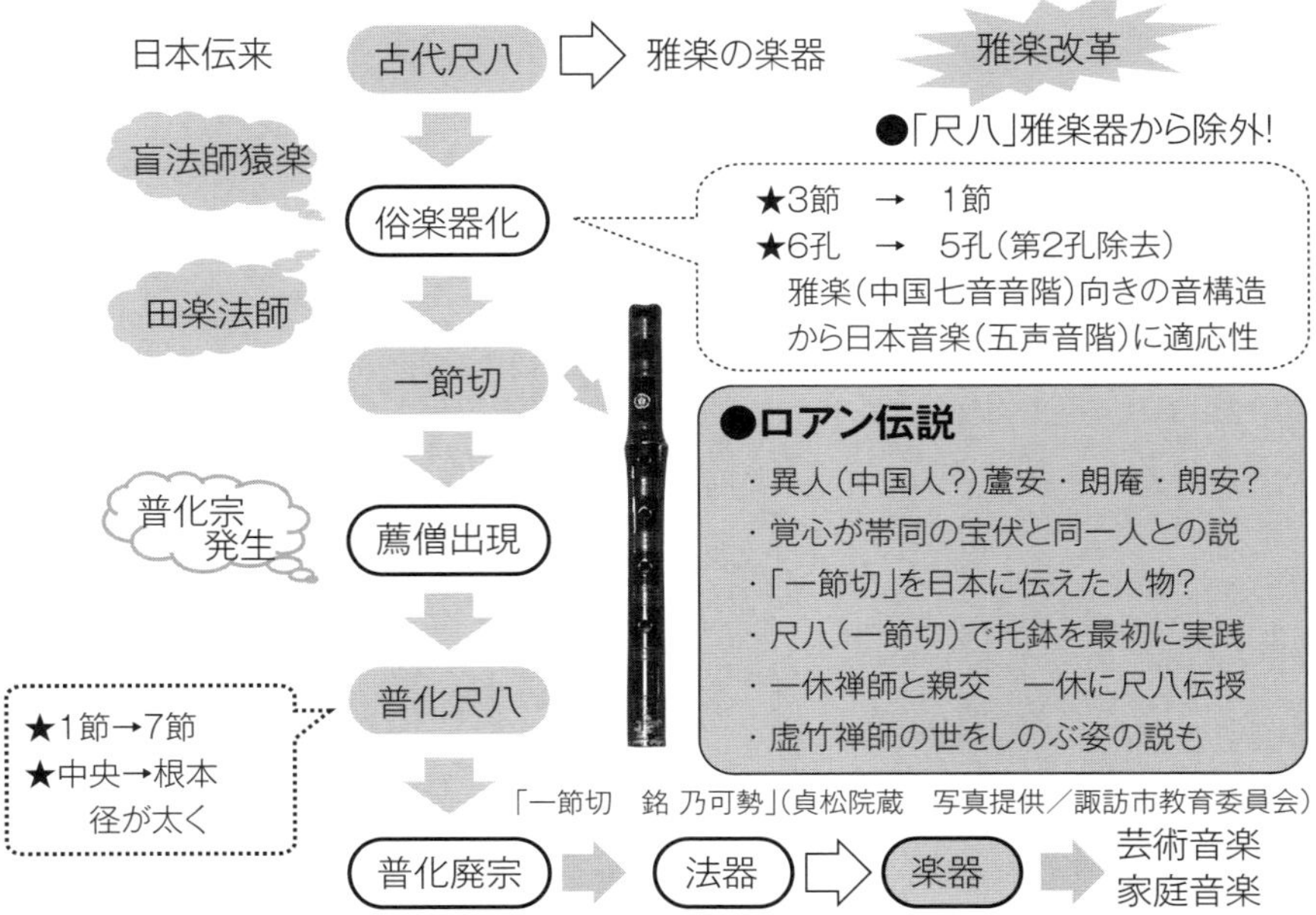

「一節切　銘 乃可勢」(貞松院蔵　写真提供／諏訪市教育委員会)

江戸の怪集団――普化宗と虚無僧

普化宗《ふけしゅう》とは禅宗の一派である臨済宗《りんざいしゅう》系の宗派です。明治維新で廃宗となり現在は残っていません。普化宗の修行法は変わっていて、座禅ではなく「吹禅《すいぜん》」、尺八を吹くことで禅の世界に到るというものです。つまり尺八を吹くことが禅行であり、読経にも相当するという考えです。

こうした尺八による禅行は、一節切《ひとよぎり》を日本にもたらしたという伝説をもつ蘆安《ろあん》に、頓智《とんち》話で有名な一休禅師が尺八での托鉢《たくはつ》を勧めたのが始まりとされますが（蘆安は渡来してきましたので日本語がしゃべれません）、事実は不明です。普化寺は最盛期には七十を超え、その多くは関東地域にありました。そのうち下総小金《しもうさこがね》の一月寺《いちがつじ》と青梅の鈴法寺《れいほうじ》が普化総本山として普化寺を統括する「触頭《ふれがしら》」になり、京都の明暗寺も後に同様の位置づけになりました。それぞれの寺の系統は臨済宗にたどりつきます。

普化宗の僧徒を「虚無僧《こむそう》」といいます。映画やテレビの時代劇でご覧になっているでしょうが、僧というのに髪もおろさず、天蓋《てんがい》という深編笠をかぶり、胸元に「明暗」と書いた偈箱《げはこ》をぶらさげ、尺八を吹いて全国を回る半俗半僧です。虚無僧が普化宗と結びつく以前は、薦僧《こもそう》と呼ばれ、尺八を吹きながら物乞いをする集団にすぎませんでした。薦（菰《こも》）という藁でできた寝具をもって放浪する乞食で、『徒然草』に書かれている「ぼろぼろ」（「梵論」「暮露《ぼろ》」とも書きます）がそれです。

時代劇で見る虚無僧は、幕府の隠密や正義の味方のように描かれていることがありますが、浪人があふれた江戸期、彼らが虚無僧の偽者になりすまし、托鉢に行った村落で、法外なものを要求したり、それがかなわないとなれば暴れ回ったりと、実に厄介な存在だったようです。そのため村落単位で「留場《とめば》」と称し、米銭などを普化寺に払ったといいます。虚無僧を創始したとされる一休禅師も、頓智話の上手なかわいい小僧さんではなく、実態は奔放な破戒僧《はかいそう》であったといわれます。

■普化宗と虚無僧

普化宗《ふけしゅう》 ＝ 臨済《りんさい》系の禅宗の一派 ／吹禅《すいぜん》＝尺八の吹奏による禅行

一休宗純像 ［「肖像集9」 国立国会図書館「貴重書画像データベース」より］

普化尺八の役割

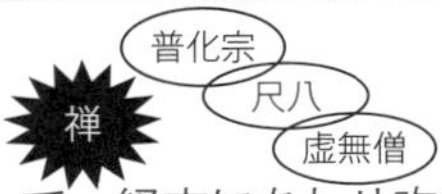

- 法要　法要の一環として　経文にあわせ吹奏
- 托鉢　吹奏は読経　布施が功徳の積みあげ
- 禅行　座禅ならぬ吹禅　吹奏で禅の心を体得

●普化宗の体制

- 臨済宗　京都花園　妙心寺
- ↓末寺
- 臨済宗妙心寺派　紀伊由良　興国寺
- ↓末寺
- 京都大仏　明暗寺
- ↑在境内
- 臨済宗大本山　京都東山　東福寺

●普化宗六派

□＝触頭、統括の総本山

下総小金	一月寺	金先派
武蔵青梅	鈴法寺	括総派
京都大仏	明暗寺	寄竹派
上野太田	理光寺	小笹派
上野高崎	慈常寺	梅地派
常陸下妻	心月寺	小菊派

●各派の代表的末寺

- 金先派 → 筑後柳川　江月院／武蔵神奈川　西向寺／遠江浜松　普大寺
- 括総派 → 武蔵布田　安楽寺
- 寄竹派 → 筑前博多　一朝軒
- 小笹派 → 上野沼田　円宝寺（根笹派）

●その他　奥州系　岩手花巻：松岩軒　宮城増田：布袋軒

●虚無僧とは…

- 禅の一系統たる普化宗に属する僧徒の別称　尺八による禅修行（吹禅）や托鉢で普化尺八は「法器」とされ　市井の楽器ではなかった
- 家康が慶長14年(1614)に普化宗に与えたという『慶長之掟書』によって　諸国自由往来権や深網笠で顔を隠すこと　血刀をさげて寺へ駆け込む者の庇護など　好都合な特権を保持
- 特殊な外見と各種の特権を有する禅宗の僧だが　遺された資料などから　実態は無頼者の集団と変わりなかったともいわれる

●時代で変わる虚無僧スタイル

虚無僧図
（『人倫訓蒙図彙』元禄3・1960年刊）
国立国会図書館「近代デジタルライブラリー」より

江戸菰僧図
（『守貞謾稿』嘉永6・1853年刊）
国立国会図書館蔵

味噌と尺八——普化伝説

普化宗は、覚心《かくしん》という日本の留学僧が、普化禅師の十六代後の弟子、張参《ちょうさん》から吹禅を伝授され、帰国した十三世紀に紀伊由良《ゆら》の興国寺（当時は西方寺）を開山したのが最初とされています。

覚心は尺八と一緒に「径山《きんざん》（金山）寺《じ》味噌」の製法も伝えたので、そのため由良は現在も金山寺味噌の名産地です。興国寺の末寺とされる京都明暗寺《みょうあんじ》の伝聞によれば、覚心の尺八の弟子・寄竹《きちく》が伊勢の朝熊嶽《あさまだけ》で、夢の中で聴いた妙音から啓示をうけて開眼、《霧海篪《むかいぢ》》《虚空《こくう》》の二曲を作曲し、虚竹《きちく》禅師として京都に明暗寺を開山したとされます。一方、関東では覚心が帰国の際に帯同した四人の居士の一人、「宝伏《ほうふ》」の法孫にあたる金先《きんせん》と活総《かっそう》がそれぞれ一月寺と鈴法寺を開いたと伝えられています。不思議なことに、寄竹（後の虚竹禅師）も宝伏も、実は京都の宇治に住まいした中国人、蘆安《ろあん》（朗庵）だという伝説もあります。

こうした普化宗に関する「縁起《えんぎ》」（起源・由来）は、なるほどと思いながらも、何かひっかかるところがあります。

実際に普化宗が発生したのは、覚心の帰国から四百年後の寛永のころといわれ、明暗寺の創設も当然同じころと考えられますので、覚心の弟子といわれる寄竹などとは時代のつじつまがあいません。

昭和の初めにそうしたことを研究した中塚竹禅の『琴古流尺八史観』（一九三九）では、それらの話のほとんどが普化宗の権威づけのための創作であると指摘しています。中国に普化という禅師は存在したが普化宗という宗派は存在しない、寄竹なる人物が実在したかどうかわからない、さらに覚心が尺八を吹いたかどうかも怪しい等々。となれば、捏造も極まれる話です。

こういった創作は、食い詰めたとはいっても、もとは武士だった浪人集団ですから、単なる物乞いではないという、権威づけを狙ったものだったのでしょう。宗教にはこうした縁起はつきものですが、それらの逸話が江戸末期までまかりとおったというのも、すごいものを感じます。

■普化宗

普化伝説の数々

普化宗の成立経緯（縁起）はさまざまな伝説があるがどれも権威づけのため後になってのメークアップとの説

●『虚鐸伝記国字解』
山本守秀（1795）

開祖　普化禅師 →　鐸（鈴）による托鉢
（中国唐代：9世紀ころ）
↓
弟子　張伯　→ 虚鐸（尺八）の托鉢
↓
16代後の弟子　張参　→ 覚心に吹禅伝授
↓
日本の留学僧　覚心　1254年帰国
↓
吹禅普化宗　興国寺　開宗　始祖　法燈国師（覚心）

覚心　以降に…二説あり

●『虚霊山縁起』明暗寺伝（1735）

・師　覚心（法燈国師）
↓ 虚鐸（尺八）指南
・弟子　寄竹（虚竹禅師）
虚空堂で修行中の霊夢の啓示により《霧海篪》《虚空》を創作
明暗寺　京都大仏池田

●『尺八筆記』宮地一閑（1813）

・覚心　四居士を帯同し帰国
宝伏《ほうふ》・国佐《こくさ》・理正《りせい》・僧如《そうじょ》
法孫
　金先《きんせん》　一月寺　下総小金
　括総《かっそう》　鈴法寺　武蔵青梅

●中塚竹禅による普化伝説の検証　・『琴古流尺八史観』（1939）より

・由良興国寺で覚心の書簡・日誌などに「尺八」の記述が一切ない
・寄竹（虚竹禅師）の存在自体が 不明である
・宝伏以下4名の居士は単なる雑役夫で　尺八に長じた事実はない
・明暗寺ができたのは　江戸時代であって 鎌倉期ではない
・江戸初期までは　明暗寺など寺でなく　薦僧の宿泊所にすぎなかった
・「普化宗」という　禅の宗派は　中国に存在しない
・覚心が伝授された《虚鈴》という曲は　中国音楽にはみあたらない
・張伯も張参も　在家の居士であって　僧ではない
・家康自筆の　虚無僧許可および保護状の「慶長之掟書」は 実在しない
・掟書の写本は多種あって　文章の内容が　個別に異なる内容である
・『虚鐸伝記国字解』の原本たる『虚鐸伝記』という　漢書が存在しない
（後代になり『虚鐸伝記』が都山流に実在と判明　ただし真実性は疑問とされる）

中興の祖、黒澤琴古——普化寺と尺八諸流

普化宗の成り立ちの怪しさや虚無僧の振る舞いに問題はあったものの、すべてが不逞のやからばかりではなく、尺八道に精進しその道を究めようとした虚無僧もいました。彼らによって普化尺八の音楽的な質の向上が図られました。十八世紀中ごろ関東の両本山が江戸から離れすぎているために、江戸市中に吹合所《ふきあわせ》（教習所）が設けられ、その指南役に黒澤琴古《きんこ》（初世）が就任しました。琴古は指南のかたわら、全国の虚無僧の間に伝承されている曲を集め、そのうち三十余曲を「本曲《ほんきょく》」に制定します。そして楽器の製作、奏法・譜字や伝習曲順の整理など、その後の「琴古流《きんこりゅう》」の基礎を築いていきました。

関西でも、明暗寺系で本曲の伝統を守る尾崎真竜《しんりゅう》に対し、その弟子の近藤宗悦《そうえつ》が外曲《がいきょく》を中心にした自流「宗悦流」を創始します。これは後継がなく一代限りとなり、またその末流の松調流《しょうちょうりゅう》も同じ運命をたどり、竹保流《ちくほりゅう》になってようやく命脈を保ちました。しかし宗悦の弟子、小森隆吉の指導を受けた中尾都山《なかおとざん》が世に出るに及んで、新曲の創作、記譜法の考案、装飾的な替《かえ》手《で》など尺八楽が大きく変化しました。

中尾都山は虚無僧ではありません。法器として虚無僧以外の吹奏を許されていなかった尺八ですが、幕末近くになれば実際は一般人が尺八を習ったり、他楽器との合奏をしたりしていたといいます。黒澤琴古のいる江戸浅草の指南所では「本則」という免状まで発行したといいますから、この時期、法器という建前はとっくに崩れていたようです。

明治維新になり、普化宗が廃止、虚無僧も廃業させられました。しかし京都の明暗系統では、古典本曲の伝承を目指し、浜松の普大寺《ふだいじ》で西園《せいえん》流を学んだ樋口《ひぐち》対《たい》山《ざん》などの尽力によって、廃止令から十七年後に「明暗《めいあん》教会」として再興をはたします。明暗再興がなった明治中期には、琴古流をはじめ、都山流、上田流、竹保流など尺八楽の新しい流派が全盛となっていました。しかし明暗系は「明暗対山《たいざん》派」として古典尺八の伝統を守り続けることになります。

■普化寺と尺八諸流の系統

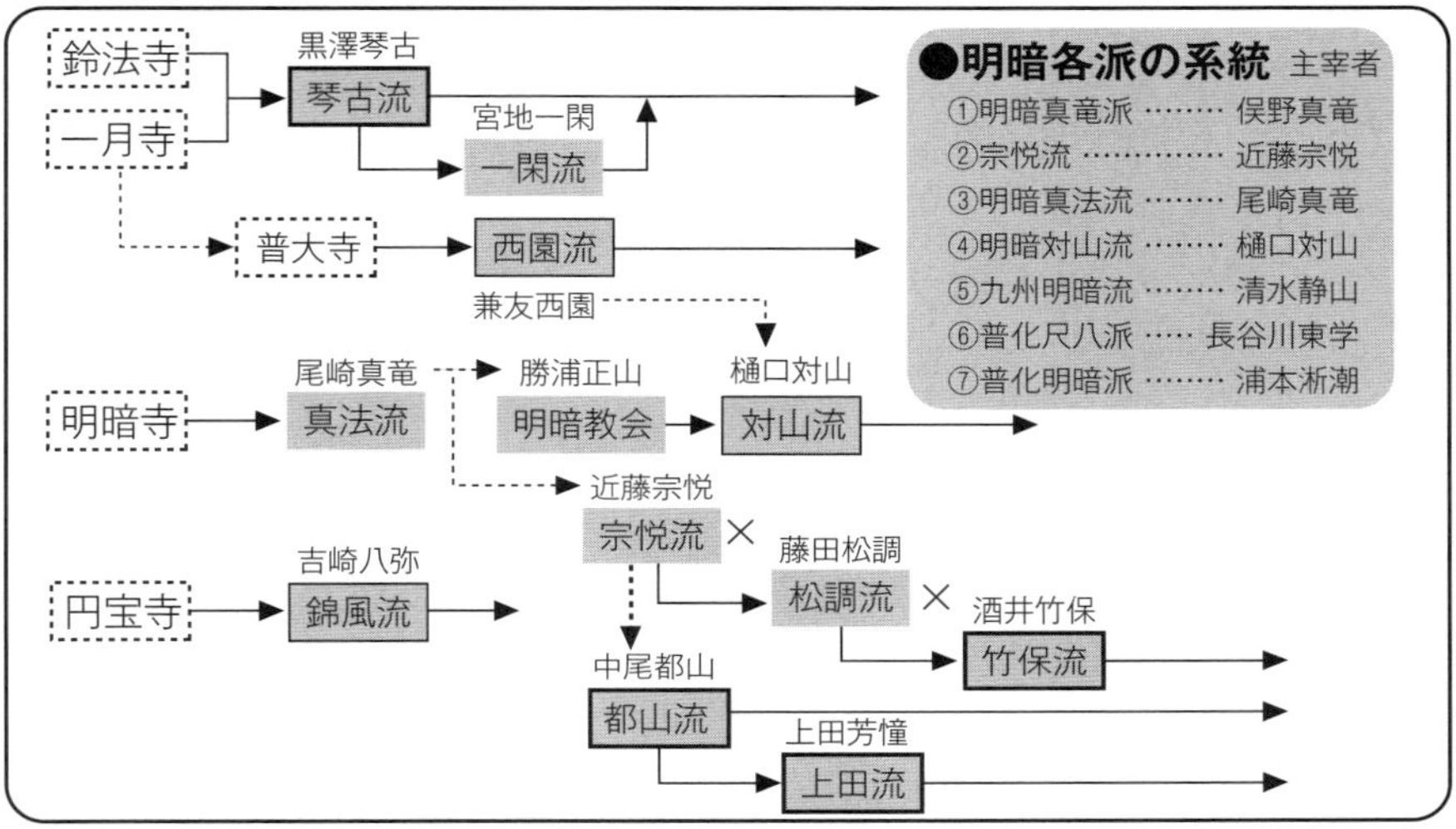

流派名	創始者	流派の特徴
琴古《きんこ》流	黒澤琴古 (1710-71)	普化廃宗後は地歌箏曲と「三曲合奏」に力点　琴古流本曲も宗教的な色彩から脱皮し音楽性重視　外曲は三弦・箏の旋律に密着気味
西園《せいえん》流	兼友西園 (1818-95)	芸どころ名古屋が本拠で外曲が盛ん　「四畳半吹き」ともいわれる静かで柔らかい音韻が特徴　対山流とは普大寺の「子と孫」の関係
対山《たいざん》流	樋口対山 (1856-1915)	対山は西園流から明暗教会の師範　真法流に代り明暗寺の正統に本曲のみで直線的で明快な音韻が特徴　正式名称は「明暗対山流」
竹保《ちくほ》流	酒井竹保 (1892-1984)	松調から外曲　宗悦・真法流から古典本曲を　新曲発表をめぐり師匠と不仲で独立　五線譜採用など近代性と古典性の両面が混在
都山《とざん》流	中尾都山 (1876-1956)	小森隆吉より宗悦流を学ぶも独学で自流創始　独自の作・編曲の曲をもつ　記譜法も考案　装飾的替手など自己主張の強い旋律
上田《うえだ》流	上田芳憧 (1892-1974)	19歳で都山流の最高ポストに　しかし師の公認なしに新作発表をして破門　一門ひきつれ独立　自作本曲を100曲のほか外曲も
錦風《きんぷう》流	吉崎八弥 (1798-1835)	藩主の命で根笹派尺八に学ぶ　普化宗を離れて武士のたしなみとして津軽で盛行　「ちぎり・こみ」など錦風流独自の奏法に人気が
真法《しんぽう》流	尾崎真竜 (1820-88)	古典本曲と法器としての尺八を「真法」とする　明暗正統派の流儀　門弟・正山が奔走し　明暗教会設立も後継者なく対山流に譲位する
宗悦《そうえつ》流	近藤宗悦 (1821-67)	尾崎真竜より真法流を伝授　弟弟子の勝浦正山が本曲を　宗悦が外曲を中心に自流を　創始も後継なく一代で幕　竹保流は孫流
松調《しょうちょう》流	藤田松調 (??-??)	宗悦流から独立して自流を創始　外曲を中心の流儀も後継者なく一代で終わり　門下の酒井竹保と新曲発表をめぐり紛争を起こす

華麗なる転進——尺八の新世界——

一節切《ひとよぎり》にかわって全盛となった普化尺八ですが、明治になり普化宗の廃止という大激変がおそいます。一説には幕府の手先となっていた虚無僧を明治新政府が嫌ったためともいわれますが、虚無僧は世の中でもてあまされていた存在だったのですから、その廃絶は当然かもしれません。

廃絶は法器とされた尺八そのものの存亡の危機をもたらします。その時、荒木古童《あらきこどう》や吉田一調《よしだいっちょう》など琴古流の高弟たちの奔走により、尺八は普化を離れた楽器として社会で位置づくようになります。両名の尽力もあったでしょうが、それよりも「法器」でありその演奏を禁じられていた尺八ですが、それは建前であり、当時、実際には愛好者層が庶民にまで及んでいたことによるものでしょう。左頁の図は、「三曲《さんきょく》」を楽しんでいる様子を描いたものです。三曲合奏などが当時はこのようにおこなわれていたことがわかります。

普化宗の廃止から尺八楽は一気に花が咲くように興隆します。それまでおさえられていたことの反動のように、新しい流派が生まれ、それらによって新しい尺八音楽の可能性が試されます。「尺八の近代化運動」です。楽器や記譜法の改良、楽曲や洋楽理論の調査、新曲発表などが各派各様に展開されました。特に関西系ではその風潮が著しく、普化とは関係しない中尾都山の「都山流《とざんりゅう》」というニューウエーブが出現します。

三曲は無論のこと、当時最先端を担っていた宮城道雄とも交流し、後にいう「新日本音楽」運動、またそれに続く「新邦楽」「現代邦楽」の領域で尺八の可能性を拡げていきます。普化廃止の尺八諸流は、尺八本来の曲から洋楽とのアンサンブルまでと、進取の活動をしています。反対に普化の伝統をかたくなにまで守り、本曲だけの伝承をおこなう明暗諸派や錦風流《きんぷうりゅう》などの潮流もあります。

そしてこれらとはまったく別の活動として民謡や吟詠などの伴奏に用いられる「民俗尺八」があり、これによって民謡は新しいアイデンティティを形成しています。

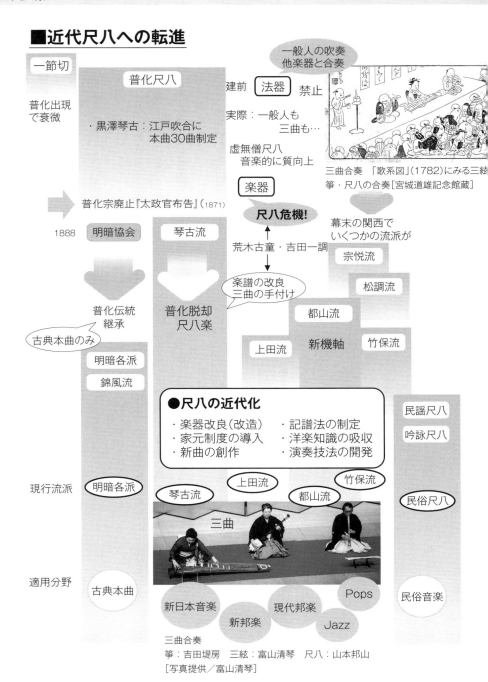

■近代尺八への転進

一節切

普化出現
で衰微

普化尺八

・黒澤琴古：江戸吹合に
本曲30曲制定

建前 法器 禁止

実際：一般人も
三曲も…

虚無僧尺八
音楽的に質向上

楽器

一般人の吹奏
他楽器と合奏

三曲合奏 「歌系図」(1782)にみる三絃
箏・尺八の合奏[宮城道雄記念館蔵]

普化宗廃止『太政官布告』(1871)

尺八危機!

荒木古童・吉田一調

幕末の関西で
いくつかの流派が

1888 明暗協会

琴古流

宗悦流

松調流

楽譜の改良
三曲の手付け

普化伝統
継承

普化脱却
尺八楽

都山流

古典本曲のみ

上田流

新機軸

竹保流

明暗各派

錦風流

●尺八の近代化

・楽器改良(改造)
・家元制度の導入
・新曲の創作
・記譜法の制定
・洋楽知識の吸収
・演奏技法の開発

民謡尺八

吟詠尺八

現行流派

明暗各派

琴古流

上田流

都山流

竹保流

民俗尺八

適用分野

古典本曲

新日本音楽

新邦楽

現代邦楽

Pops

Jazz

民俗音楽

三曲合奏
箏：吉田堤房　三絃：富山清琴　尺八：山本邦山
[写真提供／富山清琴]

時代でひろがる尺八の世界――本曲と外曲

特に説明もせずにこれまで「本曲《ほんきょく》」「外曲《がいきょく》」と表記していましたが、これらは尺八曲固有の用語です。「本曲」とは「尺八本来の曲」つまり「尺八だけで演奏する曲」のことです。そして「外曲」とは「他種の音楽に尺八をそえて演奏する曲」の意味です。本曲のなかでも普化宗で伝承されてきた曲を「古典本曲」として区別しています。古典本曲には、「三虚霊《さんきょれい》」と呼ばれ、別格の扱いをする《虚鈴《きょれい》》《霧海篪《むかいぢ》》《虚空《こくう》》の三曲から、尺八楽の芸術性の極致とされる《鹿《しか》の遠《とお》音《ね》》《鶴《つる》の巣籠《すごもり》》などがあります。なお「尺八のみで演奏」する本曲といっても全部が独奏曲ではなく、尺八二本（二連）による演奏もあります。

ところが近代の流派が出現しますと、この概念が変わってしまい、「その流の存在意義をもつ曲」「流儀独自の曲」ならば新作でも「本曲」と定義するようになりました。都山流、上田流、竹保流など、各流儀にそれぞれ独自の本曲があることになります。これらの本曲には、同じ曲名でも音楽が異なる、いわゆる同名異曲が存在します。

ただし普化宗以来の伝統を守る流派ではこれらの区分は厳格で、あくまで普化本来の古典尊重主義でつらぬかれ、なかには明暗対山流のように三虚霊以外は本曲と認めない例もあります。

外曲の多くは地歌箏曲《じうたそうきょく》との三曲合奏でしたが、時代とともにさまざまな合奏形態が生まれました。昭和初期の「新日本音楽」から「現代邦楽」までの時代までを俯瞰しますと、まさしく多種多様な合奏形態が存在します。明治以降、尺八は民謡の伴奏にも多用されるようになり、《江差追分《えさしおいわけ》》のように、尺八がないと成り立たない曲まで生まれます。

他のどの楽器にも出せない独特の音をもつ尺八は、新しい音色を取り入れようとするジャズやポップスなどの領域でも重要視され、そのことが今も尺八の可能性を拡大しつづけています。

なお、尺八音楽は伝統的な本曲・外曲という区分以外に、楽曲の性格による区分も可能です。

■本曲と外曲の概念

●本来の定義

- 本《ほん》曲《きょく》：尺八本来の曲　尺八のみで奏される曲
- 外《がい》曲《きょく》：他種の楽器・音楽に尺八をそえて奏される曲

変化 ⇒

●新流登場で…

流独自の曲、または流派の存在意義たる曲目

●明暗対山流など普化系では古典（古伝）重視の思想から《三虚霊》のみを「本曲」としそれ以外は「外曲」とみなす

●尺八楽の分類

尺八楽
- 本曲
  - 古典本曲（該当曲名）
    - 別格：三虚霊《霧海篪》《虚空》《虚鈴》
    - 修行用：《志図》《調》
    - 儀式用：《三谷》《手向》《焼香文》
    - 托鉢用：《通り》《門付》《鉢返》
    - 鑑賞用：《鹿の遠音》《鶴の巣籠》
    - 余暇用：《下り葉》《トッピキ》
  - 近代本曲
    - 都山流本曲：《慷月調》《春風》《岩清水》
    - 上田流本曲：《五月雨》《落葉》《雪の夜》
    - 竹保流本曲：《胡蝶の戯》《千代の寿》
  - 現代本曲：《竹籟五章》
- 外曲
  - 三曲合奏：地歌箏曲との合奏
  - 編曲：長唄や他の種目の尺八用編曲
- 現代曲
  - 新日本音楽：1920年代
  - 新邦楽：1930年代
  - 現代邦楽：1950年代以降
- その他：民謡・詩吟などの伴奏、ジャズ・ポップス

●楽曲性格による分類

尺八楽
- 宗教音楽：古典本曲（明暗）
- 芸術音楽
  - 古典：本曲／外曲
  - 近代：本曲／合奏曲
  - 現代：本曲／合奏曲
- 民俗音楽：民謡尺八
- 通俗音楽：ジャズ・ポップス

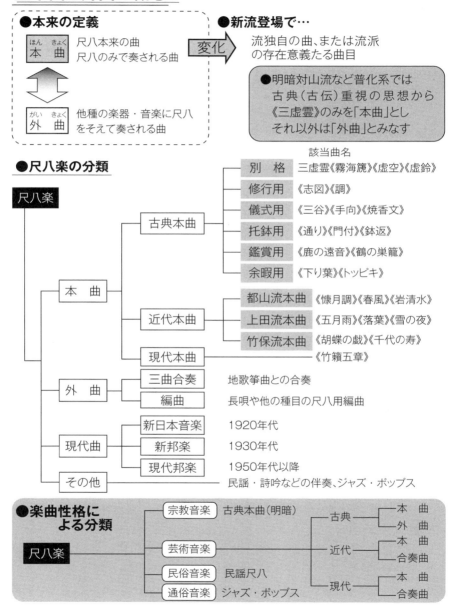

音色から奏法までアナログの世界——尺八の奏法と記譜

尺八の魅力はなんといっても独特の音にあります。しかしこれほど演奏の難しい楽器もほかに例をみません。たぶん、初めての人では旋律はおろか、「音」さえ鳴らすこともできないでしょう。というのも、尺八は節を抜いただけの竹筒に五つの指孔が開いているだけの単純な構造ですので、人の技術があの発音や音色に直接的に反映するからです。

指孔の開閉で音階をつくるのは他の笛類と同様です。しかし尺八演奏には指の操作に加えて、息づかいと顎《あご》の角度という、いわば三位一体の連動による奏法を必要とします。指孔の開閉も全開・全閉だけでなく半分や四半分の開閉があり、その開閉がさらにさまざまな指づかいでのなかで音色をつくりだします。

息づかいでは、吹く息の量や強弱、その時間的変化で音色を変化させることができます。歌口《うたぐち》に対する顎の角度で音高や音の鳴り方なども微妙な変化をします。唇と歌口の間隙を変えることをメリ（顎を引いて音を下げる）カリ（顎を出して音を上げる）といい、指孔を変えずとも音高を変化させることができます。これに指孔の開閉方法や息づかいの変化を組みあわせることで、無限の音色変化とポルタメント（音と音との間を跳躍せずになめらかに移行していく奏法）が可能になり、それらが尺八独特の音世界をつくりだしています。

その意味では、安定した音程・音色をつくりだすためのメカニカルな機能をもつ西洋楽器の対極にある楽器といってよいでしょう。しかしそれが尺八の演奏技術の粋です。こういった演奏技術の難しさを「首振り三年、コロ八年」という言葉が一番うまく表現しているとともに、この言葉自体が奏法そのものを意味することも興味深いところです。

尺八の指南は、口頭伝承が基本ですが、楽譜も存在します。流派によってその表記法は異なりますが、カタカナ名称の譜字であることは共通しています。尺八独特の装飾的な奏法を譜面にどう表現するかで、流派の楽譜の違いが出ています。なお一音一譜字ですから「唱歌《しょうが》」練習も可能になります。

■尺八の奏法

尺八の魅力…
幽玄で神秘的な音色「派生音」

"首振り3年、コロ8年"
独特の奏法

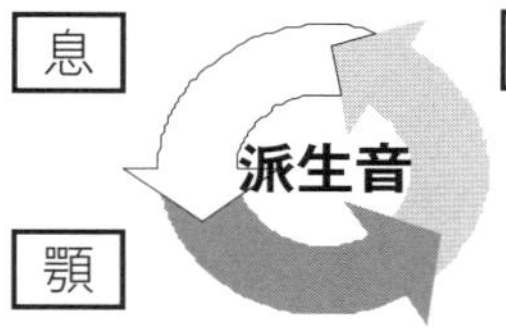

の技術だけではNO!

●幹音と指法(一尺八寸管)

※指法(○=開●=閉)

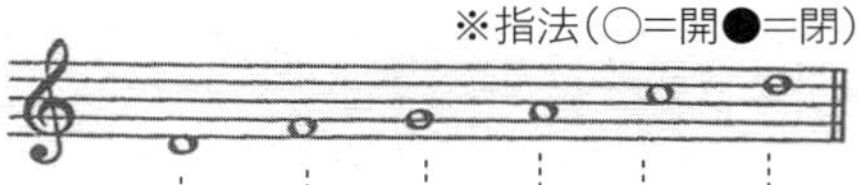

十二律	壱《いち》越《こつ》	勝《しょう》絶《ぜつ》	双《そう》調《じょう》	黄《おう》鐘《しき》	神《しん》仙《せん》	壱《いち》越《こつ》
五	●	●	●	●	●	○
四	●	●	●	●	○	○
三	●	●	●	○	○	○
二	●	●	○	○	●	●
一	●	○	○	○	●	●

指の技巧	息づかい	顎の角度
全開・全閉	過度の息を吹き込む(ムライキ)	顎をあげ音をあげる(カリ)
半開・半閉(カザシ)	舌や口蓋の振動(タマネ)	顎を引き音をさげる(メリ)
打つように(ウチ)	強弱を激しく(コミ吹き)	メリカリを緩く往復(ユリ)
瞬間の開閉(オクリ)	揺らさず真っ直ぐ吹く(虚吹)	低音から徐々に上行(ナヤシ)
孔を擂るよう(スリ)	徐々に移行し消音(くさび吹き)	2装飾音を波状的に(コロ)

●尺八の記譜法

・基本原理
指法をカタカナ譜字の「奏法譜」
音高の相対確実性から「音名譜」

幹音の譜字→

指孔	筒	一	二	三	四	五
琴古流	ロ	ツ	レ	チ	ハ	ヒ
都山流	ロ	ツ	レ	チ	ハ	ヒ
対山流	ロ	ツ	レ	チ	ハ	イ

・補助記号(付記)
オクターブ
呂(第1オクターブ)甲(第2オクターブ)または別の譜字、補助記号
派生音　メ(=メリ)中(中メリ)など
コロコロなど特殊な譜字・記号
音　価　目安で感覚的なもの
(文字の大小・引き線・ゴマ点)
長方形のマス目を1小節(都山)
各音符の長短は譜字の傍線
※基本原理は同じだが　各流間での特異な記号の工夫がなされ　通則はない

各流の記譜→

琴古流　　都山流

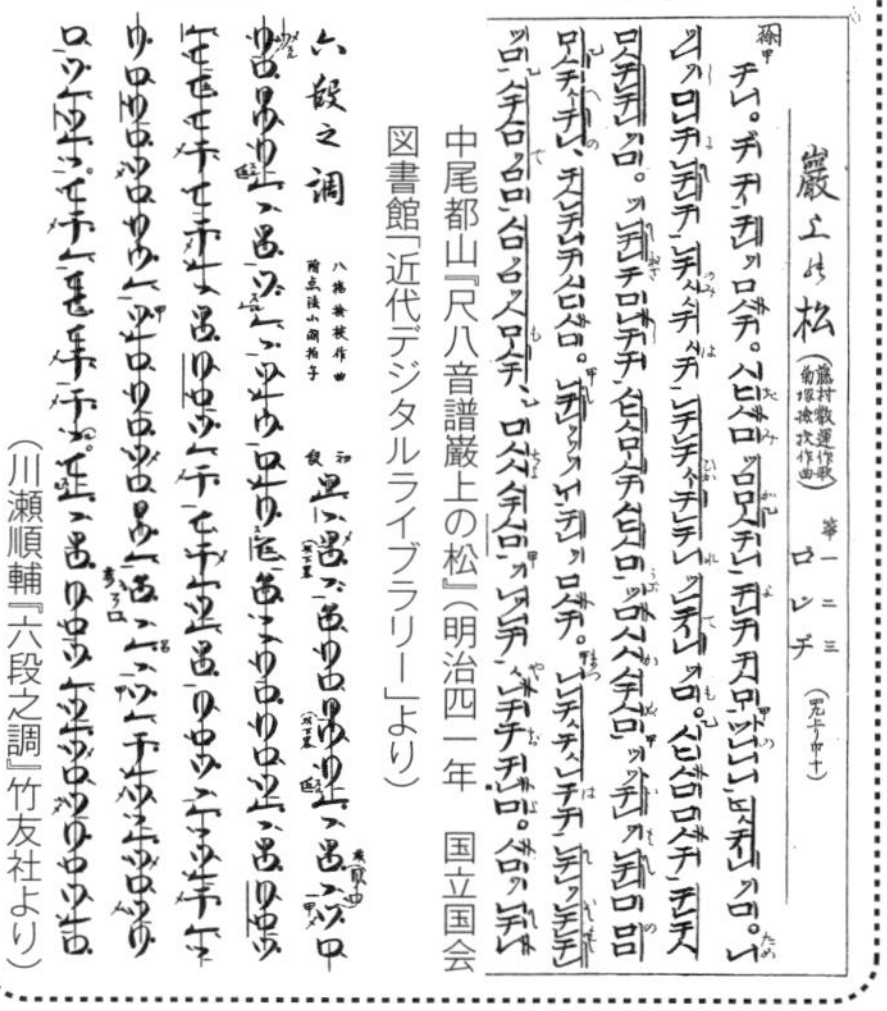

(川瀬順輔『六段之調』竹友社より)

中尾都山『尺八音譜巌上の松』(明治四一年　国立国会図書館「近代デジタルライブラリー」より)

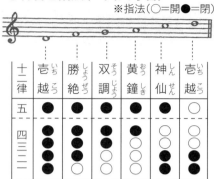

最も古く、最も新しい楽器

——尺八の歴史

尺八楽の歴史を、ものの形状にたとえるならば「ひょうたん型」です。

その原型は紀元前二千年のエジプトにまでさかのぼります。飛鳥時代にはもう日本に伝来し、雅楽の楽器として用いられ、日本の楽器の歴史でも古い時代に属します。しかし雅楽の楽器から淘汰された途端に尺八は歴史からその姿を消してしまいます。それは雅楽改革の九世紀末から一節切が出現する室町中期までの約五百年間に相当します。わずかに「円仁の声明を尺八で」とか、「田楽《でんがく》法師や目闇法師が縦笛を」といった記述が散見する程度で、楽器としては、消息不明になりました。

この空白期間を埋めるようにのちに普化尺八伝説がつくられ、最近までそれが正史として、その系統内で伝聞されてきました。一節切が創出されたころは、戦乱と天変地異が連続した時代でした。街には菰者や旅芸人があふれ、その生活手段の道具として、簡単な構造で誰もがつくれるこの縦笛は一気に普及していきました。

そのうち京都の大森宗勲《おおもりそうくん》や堺の高三隆達《たかさぶりゅうたつ》などという一節切の奏者があらわれるようになりました。この一節切と禅行の托鉢を結びつけたのが一休禅師ではないかといわれます。そこから普化尺八、虚無僧が発生し、尺八を法器として天下御免の闊歩をはじめます。

普化宗以降については、すでに記述しましたように、虚無僧の目にあまる横暴さを別とすれば、尺八音楽の質的な発展はこれら虚無僧たちによるものでした。明治維新の普化宗廃止によって、社会に解き放たれた尺八楽は、新しい指導者の出現や流派の結成によって、新曲をもつとともに新しい演奏局面を開拓して、尺八を世界に認められる楽器として成長させました。その進出は邦楽にとどまらず、洋楽やジャズといった広い分野にまで及びます。

単純な楽器構造から放たれる禅世界の幽玄な音色は、外国人を魅了し、いまや外国人演奏家は日本人の演奏家や名人に伍して、斯界で活躍しています。

■尺八の歴史

紀元前	・エジプトでセビ、アラビアでネイの葦管縦笛が(前2000年) ・洞簫(とうしょう)(縦笛)の記述が漢代に(前2世紀)
飛鳥	・呂才　尺八を製作の風説　唐の貞観年(630ころ) 三韓楽 伝来(683) ・大陸楽人と共に古代尺八伝来?
奈良	・東大寺大仏開眼法会で尺八も(752) ・洞簫(尺八の原型)が中国で盛行 ・正倉院御物に古代尺八(6孔が8管)が収められる(756)
平安	雅楽 成立(894) ・尺八が雅楽の楽器から除外さる ・円仁(天台)　尺八で声明(調音?)を ・『教訓抄』(1233)に「目闇法師猿楽吹之」の記述
鎌倉	・覚心　宋より張参の弟子四人を伴い帰国(1254) ・法燈国師(覚心)　興国寺開山(1258)
南北朝	・田楽法師が尺八を用いたとの記述
室町	・一節切出現(一休宗純) ・『体源抄』(1512)に尺八の記述 ・菰僧が一節切で門付 ・『糸竹初心集』一節切中興の祖　大森宗勲(1570-1625) 三味線 伝来(1520ごろ)
桃山	・鈴法寺・青梅に移転(1613)
江戸	・『慶長之掟書』制定で虚無僧身分確定　法器の公認(1614) ・普化尺八と入れ替わり「一節切」衰退す(17世紀後半) ・普化寺　全国で70か所を超す ・明暗寺(京都)　興国寺へ末寺証文を(1703) ・浅草に一月・鈴法寺の寺務所設置(18世紀中ころ) ・初世黒澤琴古が吹合に　本曲30曲余制定(1750ころ) ・関西で外曲中心の諸流発生 非公式ながら三曲合奏も 琴古二世 琴古流 を名乗る(18世紀末)
明治	明治維新(1868) ・『太政官布告』により普化宗廃止(1871) 明暗教会 再興(1888) 都山流 成立(1896) ・「新日本音楽」運動盛行(1920代) ・『琴古流尺八史観』で普化伝説検証(1939) ・「新邦楽」運動盛行
昭和～平成	・「現代邦楽」運動盛行 ・「尺八三本の会」(1966) ・横山勝也『November Steps』ニューヨーク初演(1967) ・山本邦山Newport Jazz Festivalへ ・国際尺八フェスティバル各地で開催

箏の演奏
箏：米川敏子
[写真提供：米川敏子]

第七章

箏曲

「箏」に琴柱あり、「琴」に琴柱なし
——琴・箏の定義

街を歩いていますと「箏・三絃教室、生徒募集」（三弦」の表記もあり）などという看板をよく見かけます。少し前の時代ですと、その看板の表示は「琴・三味線教室」などと書かれていました。

「コト」という日本の伝統楽器を「琴」と表記したのは、当用漢字を制定した当初に「箏」の字が含まれていなかったことによるものでした。正しくは「箏」と書き、その音楽を「箏曲《そうきょく》」と呼びます。しかし「琴」という楽器がないわけではありません。箏を「そう」と呼ぶように、琴は「きん」と呼び、両方とも長胴の弦楽器ですが、その構造は異なります。

なお「琵琶のコト」という表現もあるように、昔は「琴」の文字は弦楽器の意味として使われていました。それが明治以降に渡来した洋楽器の命名例にみられるように、「風琴《ふうきん》」でオルガン、「自動琴」でオルゴールを意味し、「琴」の文字は弦楽器だけでなく、楽器全体に用いられるようになっています。

遺跡から発掘された古代琴《こだいごと》の木片や、コトを弾く埴輪《はにわ》の像の例でわかるように、コトは太古の昔から日本にありました。大陸から伝来した楽器の多くは、ペルシャなど西アジアが原産といわれますが、琴や箏の類は中国を中心とする東アジアの各地で発生したと考えられています。

琴の類は飛鳥時代ころに朝鮮から数種類が伝来、なかにはハープのような竪琴《たてごと》もありました。箏は奈良時代に雅楽とともに中国から伝来しました。『源氏物語』の主人公、光源氏も弾いたというくらいに平安貴族は琴を愛好しましたが、なぜか琴は箏にとってかわられ、日本では廃れてしまいます。琴（きん）は「七《しち》弦琴《げんきん》」だけで、その名のとおり七弦が張られた長胴の楽器です。しかし箏のように音程を定める役目の琴柱《ことじ》（単に柱《じ》とも）がありません。

こうした例から、琴と箏の違いは「柱」の有無で判別されます。しかし「和琴《わごん》」や「伽耶琴《かやきん》」は、「琴」の字がついていても柱がありますから、文字の違いだけで箏と琴とを区分することはできません。

■「コト」とは…弦楽器のこと

●平安時代の物語に　「きむのこと、さうのこと、びわのこと…」

現代語訳にすれば…「琴（きん）のコト、箏（そう）のコト、琵琶のコト…」

つまり　「琴」とは　弦楽器を総称する用語である！

「提琴＝violin」　「風琴＝organ」　「手風琴＝accordion」　「木琴＝xylophone」

●弦楽器のなかでも…

・細長い胴面に水平、かつ平行に多数の弦を張った撥弦楽器

洋楽的な分類では…「ロング・チター属」＝「コト」

コト類	琴　きん	箏　そう	瑟　しつ
発生	東アジア（中国）	東アジア（中国）	東アジア（中国）
史述初見	太古の王　舜（前20世紀）周の文王・武王（前10世紀）孔子（前5世紀）…などが琴を弾じたとの記述	秦（前220）の将軍・蒙恬《もうてん》が考案の伝説　または秦の兄弟が25弦の瑟を争い12弦・13弦に分断の伝説	『詩経』（前10～6世紀）の中に「琴瑟相和す」の語がみえる　太古の時代から存在？
仕様	125（長）cm先細り構造　七弦を水平張り・琴柱なし　13個の徽（目安ポイント）	三国時代12弦150（長）が一般的　唐代に13弦なるも構造はほぼ現行	25弦で箏と同類構造　琴柱あり　12弦を12律とオクターブに
日本	奈良時代伝来　平安中期まで貴族に愛用されたが次第に箏に代わられる	奈良時代に唐制13弦が伝来で雅楽に　楽箏が筑紫箏や近世箏曲に発展	同じく奈良時代に伝来して日本でも一時使われたが詳細不明
種類	七弦琴《しちげんきん》　●伽倻琴《かやきん》　●和琴《わごん》　須磨琴《すまごと》	楽箏《がくそう》　筑紫箏《つくしごと》　俗箏《ぞくそう》（13・17弦）	

琴柱のある「琴」も…

●印の琴には琴柱がある

●「琴＝きん」と「箏＝そう」の違い

→ 琴柱の有無…？

琴柱（ことじ）

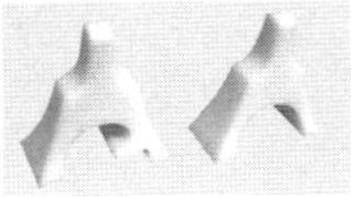

琴柱の有無

×　→琴

○　→箏

●百済琴（箜篌《くご》）

復元された箜篌
（正倉院宝物）

朝鮮から奈良時代伝来　百済琴という　古代中国で箜篌と呼ぶ構造は竪琴でハープ属　伝来のものが正倉院に現存　箜篌にはチター系の横型など３種類ある

三味線や尺八、琵琶などの音楽を、三味線楽、尺八楽、琵琶楽などと呼びますが、箏の音楽を「箏楽」とは呼びません。三味線曲、尺八曲などといった場合、それはその楽器の個別の曲を指していますが、「箏曲」といえばコトの音楽の総称を意味します。

一般には、コトの音楽とは、《六段《ろくだん》の調《しらべ》》や《春の海》などに代表されるように「器楽曲である」と思っている方が多いのではないでしょうか（実は筆者も、そう思っていました）。しかし箏曲という音楽とは「箏を弾きながら、演奏者がうたう歌曲」です。もちろん六段や近代曲など器楽曲といえるものがありますが、それらはむしろ箏曲のなかでは例外的な存在です。

洋楽的に考えれば「楽器名＋曲」という表記は、器楽曲であり独奏曲といった解釈が一般的ですが、「箏曲」では三味線と合奏があり、なおかつ楽器奏者が歌手の役目も務めるのです。さらに驚くのは、箏と三味線の奏者が曲によっては入れ替わって演奏するのが、ごく普通のスタイルです。

「地歌《じうた》」の項で詳しく述べますが、これはコトの音楽「箏曲」と三味線音楽の「地歌」とが、楽曲の生成と演奏技巧とのあり方等において、密接な連携をもって発展したことによるものです。そして最終的には「地歌箏曲」という、もとは二種の音楽が融合した新ジャンルが創出されました。

すなわち、地歌と箏曲のどちらも、箏と三味線をよくした盲人音楽家の集団である「当道《とうどう》」組織（一八六頁参照）に所属した人たちによって発展をとげた音楽世界なのです。そのため優秀な箏曲家は、同時に優秀な三味線奏者でもなければならなかったのです。箏曲も地歌も、箏と三味線のマルチプレイヤーがつくりだした音楽世界といえるでしょう。

こうした当道の活躍は、より発展した「三曲《さんきょく》」という音楽の成立に結びつく一方で、反対にそういったさまざまな音楽との融合に反発をし、原点回帰を意図した当道の純箏曲の創作活動に結びつきます。

■難解な「箏曲」の定義

★箏曲＝「箏（そう）」つまり「コト」の音楽

洋楽的理解…「ヴァイオリン曲」や「ピアノ曲」→

★箏曲＝「演奏者が箏を弾きながらうたう」
基本形は「箏の弾き歌い」（「段物」は例外的）

《小督の曲》など「山田流箏曲」 といっても

★箏曲＝「箏」と「三味線」の合奏もある

宮城道雄作曲の《春の海》など

☆「箏・尺八二重奏」でも「箏曲 春の海」

独奏曲・器楽曲

○ 声楽曲
× 器楽曲

○ 合奏曲
× 独奏曲

？？？

●さらに複雑「地歌」との関係

どちらも 当道 の音楽

原型の
段 物
箏組歌
箏曲

連携
（コラボレーション）

地歌
三味線組歌
替手式
手事物

・箏曲の主体性喪失
（三絃の装飾的な役割）
・地歌との判別不能

・箏曲ルネッサンス

幕末新箏曲
明治新曲

・地歌との合奏（ベタ付け）
・地歌（本手）と箏（替手）
・地歌の箏曲化（移曲）
・箏にも手事物の手付け

地歌箏曲 → 三曲

三絃奏者 ＝ 箏曲家

コラボ…というより
フュージョン

●「箏曲」があるなら…

弦曲	江戸期に“三絃曲”つまり“三味線音楽”の意味で実際に使われた
琴曲	江戸期に箏を合奏する場合の三絃曲を「琴曲」と呼んだことが
箏歌	「山田流箏曲」が箏を主奏として歌うので「ことうた」と呼ばれた

●まぎらわしい名称…

山田流箏曲家 ： 生田流箏曲家

生田流箏曲家 → 地歌三絃演奏家

・山田流以外の奏者

地歌三絃演奏家 → 地歌箏曲家

筑紫箏の変容と八橋検校——箏曲の成立

箏はかつて雅楽の「管絃」にのみ用いられる合奏専用の楽器でした。平安時代には、貴族の必修教養であった詩歌管絃《しいかかんげん》の楽器として箏が愛好されている様子が、各種の絵巻物に描かれています。最初は、分散和音《ぶんさんわおん》を主とした箏の伴奏に雅楽曲の《越殿楽《えてんらく》》の旋律をスキャット風に口ずさむものでしたが、やがてこれに当時の流行歌である「今様《いまよう》」の歌詞がつき、「越殿楽謡《うたい》物《もの》」として大流行しました。特に雅楽と法要とが結びついた「寺院雅楽」が盛んになると、越殿楽謡物は「寺院歌謡」として法要になくてはならないものになります。こうした流行のなかで、九州久留米の善導寺《ぜんどうじ》の賢順《けんじゅん》（一五四七？－一六三六）という僧が、寺院芸能以外にも琴楽《きんがく》（七弦琴の音楽）などをミックスして、「筑紫流箏曲《つくしりゅうそうきょく》」という、箏を伴奏に用いた歌曲や曲の一部を器楽曲にした音楽を創出しました。

賢順の弟子・法水《ほうすい》から、若き八橋検校《やつはしけんぎょう》が筑紫流箏曲を学び、やがて独自の「箏曲」の世界を築きます。筑紫箏にさまざまな改良、改変を加えた組歌《くみうた》（箏を伴奏の歌曲）十三曲と、段物《だんもの》（箏独奏の器楽曲）三曲がそれらです。この結果、箏の音楽が盲人音楽家集団（当《とう》道《どう》）の専業となっていきます。

八橋がはじめた近世箏曲を「俗箏《ぞくそう》」と呼びます。箏が貴族や寺院だけでなく庶民にまで普及していたため、そう呼称されたのでしょう。八橋の功績は、新しい創作や調弦法など時代にあった音楽をつくったこと、すぐれた弟子たちを数多く育成したこと、音楽を全国に普及させ芸術の域まで高めたことです。こうして箏曲は現代にまで伝承されたのです。八橋の作として名高い、通称《六段》や《八段》は、最近の研究では弟子の北島、倉橋検校の作ではないかといわれますが、だからといって八橋の功績がかげることはありません。それほどに八橋の業績は評価できます。

コトの形をした京都の銘菓「八ツ橋《やつはし》」も、焼菓子だけでなくチョコ味や生八ツ橋などと時代にあわせてどんどん変化していますが、これも名前の由来である八橋検校の影響でしょうか。

■近世箏曲の発生

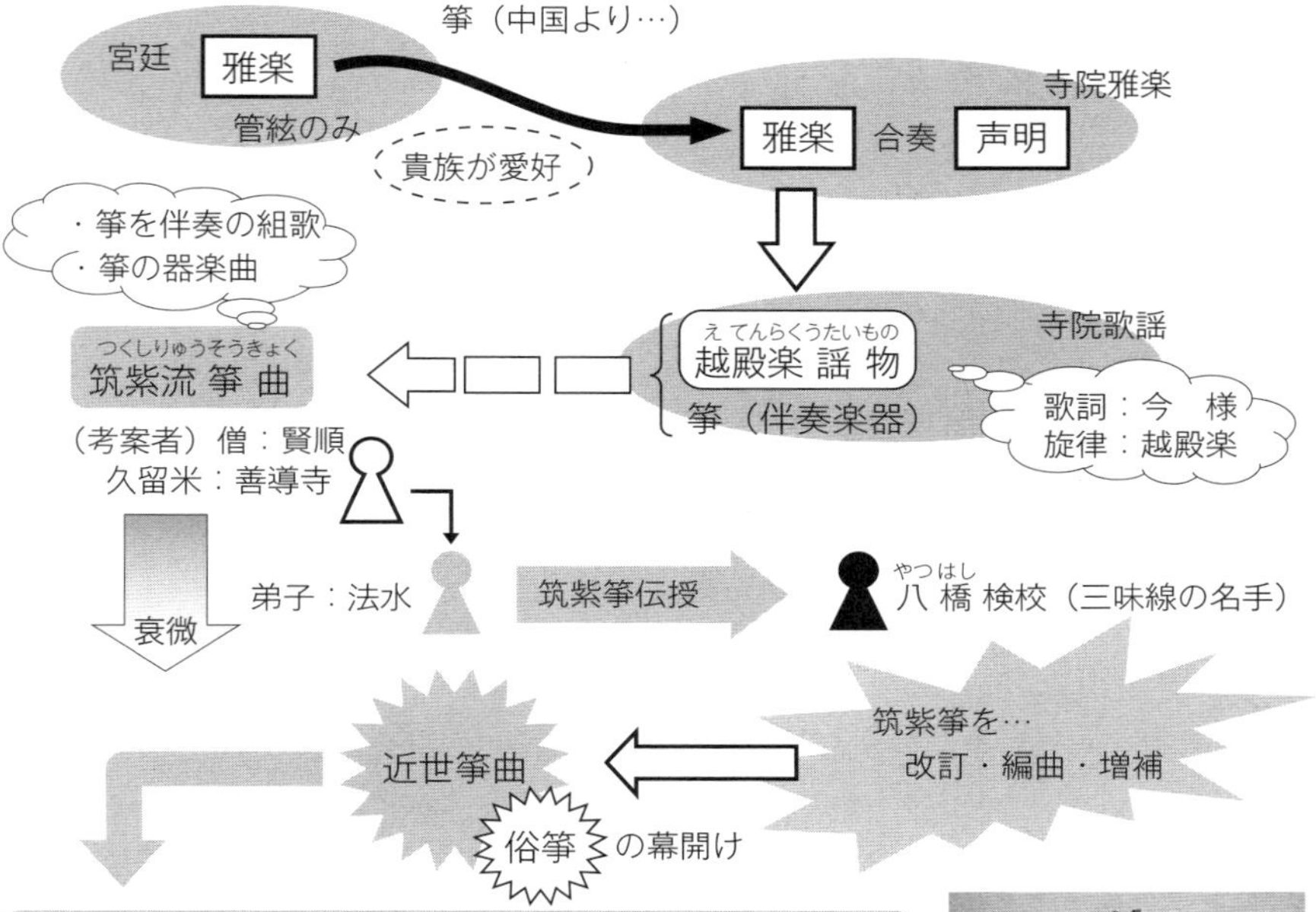

●近世箏曲（八橋）の特徴

箏組歌	箏の弾き歌いでうたう箏曲の基本形。13作品
段　物	器楽曲。組歌に準ずる重要曲で「付物」という
芸術性	儒教的精神性の筑紫箏から芸術音楽への変化
弟　子	直弟子5人とそれに連なる伝承系統の確立
職業化	盲人音楽家の教習・伝承で職業的演奏家出現
新調弦	陰音階による「平調子」と「雲井調子」を考案

八橋検校（1614−85）［菊塚家蔵］
磐城平の生まれ　初名城秀
から山住勾当・上永検校
を経て八橋検校に

●筑紫箏と俗箏の調弦

マルチプレーヤー——箏曲の変貌

八橋検校によって始められた箏曲は、弟子の北島検《きたじまけん》校《ぎょう》によって独自の改良が加えられ生田《いくた》検校に伝授、生田はそれをベースにして三味線音楽の「地歌」と連携を深めていき、八橋時代の箏曲とは異なる「生田流箏《いくたりゅうそう》曲《きょく》」を確立しました。

　八橋時代にもすでに流行歌謡などを箏と三味線、一《ひと》節切《よぎり》などで合奏することはありましたが、三味線の名手であった八橋でも、そういう音楽のあり方は別な種類という認識だったようです。生田検校は、別々の音楽世界と認識されていた箏曲と地歌とを合奏させるために、箏の技巧や調弦などに改良を加えました。縦割りで閉鎖的な日本の芸能社会において、こうしたことが可能になったのは、箏曲と地歌とが同じ当道《とうどう》という盲人音楽家組織で扱われていたからです。この結果、生田流の箏曲家は同時に三味線奏者でもあるようになります。関西を中心に発展した生田流箏曲は、弟子たちによって全国に広がっていき、その地域に根をおろして伝承、発展していきます。

　しかし江戸では関西系の地歌が趣味にあわなかったせいか、なかなか普及はしません。その江戸生田流の系統から、山田検校という箏曲家が、江戸で人気の「一中節《いっちゅうぶし》」や「河東節《かとうぶし》」といった歌浄瑠璃を箏曲に移行して、語り物的な味わいのある箏伴奏歌曲「山田流箏曲」を考案、大人気となりました。このようにして生田・山田の二大流派の系統が確立します。生田系は地歌との連携を強化し、さらに積極的に地歌を取り入れたり、箏組歌の創作禁止までしたため、それらの動きがかつての箏曲の独自性を失わせるようになります。

　幕末には、そんな箏曲の状況から、八橋時代のように「純箏曲」への復興を目指した光崎《みつざき》・吉沢の両検校が「幕末新箏曲」を創作しました。明治になり当道制度が廃止され、箏曲が一般に開放されて家庭音楽として普及していくわけですが、同時に、明治では、洋楽の導入という音楽的動向をうけた「明治新曲《めいじしんきょく》」や「新日本音楽」といった新しい箏曲がつくられていくようになりました。

■箏曲の変容と発展

近世箏曲

●箏曲（俗箏）の創始

★箏曲家の職業化

- ・箏組歌・段物の創始
- ・新調弦の考案

八橋検校（1614−85）
組歌13曲・段物3曲
北島検校（?−1690）
生田検校（1656−1715）

生田流箏曲

●地歌とのコラボレーション
●諸流に分流し地方へ伝播

★地歌の進化
（替手・手事）演奏
（長歌・作物）歌曲

- ・地歌との合奏
- ・箏の替手による合奏
- ・手事物の導入
- ・地歌から移曲の箏曲

市浦検校「箏の替手」
河原崎・浦崎・八重崎
三検校により
「京風手事物」
「地歌の箏へ移曲」

山田流箏曲

●新様式の歌曲創始

★江戸趣味

- ・江戸好み浄瑠璃要素を採用
- ・主奏楽器が箏の浄瑠璃
- ・聴かせどころのうたいわけ
- ・箏２面、三味線１挺の編成

山田検校（1757—1817）
「山田流箏曲」創始

幕末新箏曲

●箏曲ルネサンス運動

★天保〜享保改革
（禁奢侈・倹約令）

- ・三味線音楽の束縛から脱脚
- ・純箏曲への回帰ー組歌・段物
- ・組歌形式の新創作活動
- ・新調弦に雅楽風の陽音階も

光崎検校　「天保組」
吉沢検校　「古今組」
鈴木鼓村「京極流箏曲」

明治新曲

●改良唱歌運動　新形式箏曲

★当道廃止

★洋楽導入

- ・遊里趣味から高尚趣味へ
- ・高低二重奏と改良唱歌
- ・陰音階でなく半音なしの調弦
- ・当道廃止による自活組織

菊高検校　《国の誉》
菊松勾当　《嵯峨の秋》
楯山　登　《時鳥の曲》
菊塚与市《明治松竹梅》

新日本音楽

●邦楽の近代化　家庭音楽化

- ・洋楽理論にもとづく創作活動
- ・楽器の開発と楽曲形式の改良
- ・演奏技術・技巧の飛躍的向上
- ・洋楽器との合奏

宮城道雄　《春の海》

現代邦楽

●日本音楽の新創造

- ・和魂洋才　邦楽の国際化
- ・器楽性・アンサンブルの強化
- ・洋楽作曲家の創作

中能島欣一
《三つの断章》
山川園松《即興幻想曲》
宮下秀冽　《双調の曲》

箏曲ルネサンス――近世箏曲の曲種

八橋検校からはじまり、各種の音楽的変化を経て明治初期まで発展してきた「近世箏曲《きんせいそうきょく》」のジャンル（種目）を分類すると、おおむね左頁の六種になります。

「箏組歌《ことくみうた》」と「段物《だんもの》」は八橋検校の時代に生まれた曲種で、「俗箏《ぞくそう》」と呼ばれた近世箏曲の原型となった音楽です。組歌は歌曲、段物は器楽曲ですが、いずれも箏曲の名にふさわしく箏が主奏しています。「砧物《きぬたもの》」が段物と同類にされるのは、砧物も段物も器楽性の高い音楽であることと、免許の職格を得るための重要な曲「付物《つきもの》」という、共通点があるからです。

「地歌移曲箏曲《じうたいきょくそうきょく》」は、「地歌」との連携で成りたった三味線との合奏歌曲で、「生田流箏曲」とも表現できましょう。生田検校によって始められ、近世箏曲の主流といえるものです。地歌三味線で開発された演奏技巧、たとえば「替手《かえで》」や「手事《てごと》」などが箏でも応用され、箏の音楽性が大幅に向上しました。しかしそれがこうじて、箏組歌の創作の禁止などが発せられ、箏曲が本来もつ位置づけを喪失させてしまうほどに、箏曲が地歌に従属的になってしまいました。

そんな気運に危機感をもった光崎《みつざき》検校や吉沢検校が純箏曲を復興しようと、新しい調弦や雅楽風の陽音階による作曲をおこないました。まるで箏曲のルネサンスです。これらが「幕末新箏曲」とのちに呼ばれるようになります。明治期になると、洋楽の影響を受けて、合奏の編成や奏法にも新機軸が生まれ、また時代を反映して歌詞の改良運動が起き、道徳的かつ教育的な内容の歌詞になります。この運動が「明治新曲」として一分野を画していきます。

生田系の変遷とは無関係に、山田検校が当時の江戸趣味であった一中節《いっちゅうぶし》や河東節《かとうぶし》など、歌浄瑠璃を箏曲にアレンジした「山田流箏曲」を創出し、大ブームを起こしました。三味線との合奏はあるものの、あくまでも箏が主奏の語り物的な箏曲ですから、生田系とは異なる音楽世界を世に提供していきます。

やがて洋楽が日本に受容されますが、それにいちはやく反応したのが箏曲界です。

■近世箏曲の分類

種　類	概　要	代表曲
筑紫流箏曲	寺院雅楽から発展したもので　寺院歌謡として九州・久留米の善導寺の僧・賢順により確立された箏を伴奏とする　独演による組歌形式の歌曲	《りんぜつ》《布貴》《四季》《花の宴》
↓		
近世箏曲	八橋以降の総称で「俗箏」ともいう　楽箏や筑紫箏と区分される	
↓		
箏組歌	「箏独奏歌曲」独立した小編の歌詞を組みあわせて一曲とした箏曲の古典曲種　一人の「弾き歌い」で歌詞は七五調の四句が基本　各歌は原則64拍子で始めや終わりの旋律に定型があるのが特徴である	《菜路》《梅ヶ枝》《天下太平》《桐壺》《薄衣》《雪月花》《須磨》《四季富士》
段物・砧物	「箏独奏器楽曲」段物は「調べ物」ともいう　一曲が数段によって構成され　一段は52拍子（104拍）が原則　砧物は「砧」を主題にした曲の総称であるが段分けの楽章などをもち　段物と共通性がある	《六段の調》《八段の調》《みだれ》《五段砧》
地歌移曲	生田検校に始まる地歌との合奏形式　生田流箏曲の典型で初期の合奏は同旋律のベタづけだったが「替手・手事物」と演奏技巧の発展とともに箏曲のスタンダード化した　地歌と箏曲の判別が不能に	《宇治巡り》《夕顔》《四季の眺》《鳥追》《八重衣》《七小町》《深山木》《茶音頭》
幕末新箏曲	箏曲の復古運動　地歌の補助的存在のあり方を反省し八橋時代の組歌・段物の純箏曲に復帰を意図した箏曲　調弦に雅楽風陽音階を折衷しているのも特徴「天保組」「古今組」の名でも呼ばれる	《秋風の曲》《山桜》《千鳥の曲》《唐衣》《新雪月花》《初瀬川》《春の曲》
明治新曲	陽音階による新調弦・遊里趣味を脱却した高尚な歌詞（改良唱歌運動）を用い　歌の間奏部に高低二部合奏形式の手事などが含まれた　明治期の新形式箏曲　当時流行の「明清楽」の影響も大きい	《相生の曲》《卯の花》《秋の言の葉》《凱歌の曲》《金剛石》《嵯峨の秋》《大内山》
山田流箏曲	不人気の組歌に対して　河東節・一中節など江戸で人気の歌浄瑠璃を軸に新様式の歌曲を創始した箏を主奏とし　2面以上の箏・三絃1挺の構成で聴かせどころはうたい分ける　歌本位の江戸箏曲	《初音の曲》《熊野》《長恨歌の曲》《葵の上》《春日詣で》《寿比べ》《松の栄》
↓		
近・現代箏曲	→「新日本音楽」　「新邦楽」　「現代邦楽」…「三曲」	

名前は違っても生田の流れ

——生田流と山田流

生田流と山田流との違いをあえて答えようとすれば左頁のようになります。もちろん箏曲の流派はこの二流だけではありません。それがなぜ、生田流・山田流とで対比されるのでしょうか。

箏曲の流派については次項で詳しく述べますが、生田流という名を冠した流派だけで八流（江戸生田や津軽郁田《いくた》を含め）あります。それらの違いは組歌の伝承上の相違（秘曲《ひきょく》や奥儀の基準など）によって生じた流派の相違であって、音楽的な基本はあまり変わらないといわれています。

また生田流の発生以前、つまり八橋検校の直弟子で地方に流伝した各流は、その地方で伝承・発展し、独立少数派で各自のスタイルを形成しています。

生田の系統ながら津軽の「郁田流」も、独自の発展をして現在に至ります。同じ八橋直系の「継山《つぐやま》流」（その元は隅山《すみやま》流）や「新八橋流」は、成立は八橋系統でも、同じ大坂の当道に属し、音楽性も地歌との連携が強いという点で、古・新双方の生田流と相互影響の関係にあったと思われます。

しかし「山田流」の場合は、そうした伝承上の違いからくる流派の違いではなく、生田流が「地歌」と不可分な関係になったことに対して、山田流は物語性をもった音楽を扱うという、別種の音楽世界を伝承していることです。そのため、「広義の生田流」と「山田流」という二大流派になるのです。したがって生田流とは「一流派」を指すのではなく、グループ名ととらえたほうがよいでしょう。

生田流の各派が山田流箏曲の曲を演奏することはありませんが、山田流の箏曲家が組歌や段物を演奏することはあります。最近では、現代邦楽などの場で流派を超えて、一緒に演奏をする時代になり、古い流派の拘束要件も緩和されています。すなわち、よりよい箏曲の創造が第一になっているのです。

組歌の伝承をそれほど問題としない現代では、沖縄・津軽・松代の地方流派を除けば、山田流以外はすべて「生田流」といえます。

■生田流と山田流

「箏曲の二大流？」という表現

	生田流	山田流
発祥流行地	上方（京・大坂）	江戸
音楽成分	地歌（三味線音楽）と箏の結合	歌浄瑠璃（三味線音楽）の箏曲化
音楽性	替手・手事など演奏技巧に力点	掛けあい演奏もあるが歌本位
楽器構成	三絃２挺（本手＋替手）＋箏１面	三絃１挺＋箏２面以上
箏の役割	主導は三絃で箏はその伴奏役	主奏は箏。三絃の手も箏でワキ役
歌唱法	うたい分けしない	聴かせどころを唱者が分担して独唱
爪と座法	角爪　楽器に斜め45度に	丸爪　楽器に正対する
箏	楽箏に準拠　装飾性　6尺3寸	改良型　素箏　6尺
三絃	中棹　台平駒　津山撥	細棹　平駒　平撥

上記のように「生田：山田」で常に並列で比較されることが多く
両流は流儀が対立した関係にみられるが実際には対立しているわけではない

●両流の関係

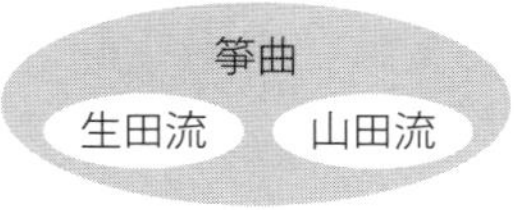

×単なる「流派の違い」

○まったく性格の異なる音楽種目

山田流も源流は「江戸生田流」ゆえに箏組歌をはじめ生田流の箏曲を演奏する
しかし生田流の系統流派が「山田流箏曲」を演奏することは原則としてない

●相互の関係

生田流	組　歌	箏伴奏の歌曲
	段　物	器楽曲
	手事物	三絃曲を箏と合奏
山田流	山田流箏曲	箏と三絃で演奏

●生田流といっても“一流派”ではない　直流・傍流が…

山田流

沖縄箏曲

松代八橋流

津軽郁田流

●生田流グループ

・大阪新生田流・大阪古生田流
・九州系生田流・京都生田流
・中国系生田流・名古屋生田流

伝承の相違をのぞけば…
・大阪八橋流　・継山流も同じ

文化をつなぐ伝承者たち——近世箏曲の系譜

明治以前、つまり近世箏曲の流派を一覧にすると左頁のようになります。図のなかに各流派の代表的伝承者の名を記しました。もちろんすべての伝承者の名をこの紙面上で示すことは不可能です。

八橋検校や北島検校の時代は、箏曲がまだ草創期で流派名は名乗っておらず、「古八橋流」は後世につけられた名称です。隅山《すみやま》流、薩摩八橋《さつまやつはし》流、安村《やすむら》流、藤池《ふじいけ》流などの名跡は、師匠の代かぎりで消滅しますが、弟子たちによってその系統が伝承されています。津軽の「郁田《いくた》流」も幕末までは「生田」を名乗っていました。その創始者の曾呂都《そろいち》は生田でなく八橋の弟子との説もありますが不明です。

流派名はたくさんありますが、大きく三グループに分類できます。まずは八橋の直系グループで津軽、松代《まつしろ》、沖縄など地方流伝のグループです。次いで生田流グループですが、生田検校の弟子やその系統が地方に分流し定着・発展しました。流派名に「新」とか「古」とありますが、その開始の早いほうが「古」と名乗っています。大阪の新八橋流や継山《つぐやま》流は八橋系ですが、同じ大阪の生田各流との連携が強まり、各地の生田流と同系統とみなすことができます。

三つ目は山田流箏曲です。前項で説明したように、生田流とは異なる音楽世界をもったために、発祥は江戸生田流ですが、山田流箏曲は別物として扱われます。

これら近世箏曲の流派は、現代でもそのまま継承されています。しかし実際はこれら流派よりも、そこから派生した分流が家元をしのぐ大規模な組織を形成しています。よって原籍の流派名よりも、「会」や「派」「社」「筋」など、その分流の名称で呼ばれているのが実情です。生田系の宮城《みやぎ》会や正派《せいは》邦楽会など、万単位の会員がいる巨大組織は、本流をしのぐ勢いです。

山田検校の直弟子によって四系統に分流した山田系ですが、現在は生田系同様に、その系統から出た独立家元が誕生して会派を名乗っています。しかもこれら流派間の演奏交流は盛んであり、そうしたなかで分派がますますなされる傾向にあります。

■近世箏曲の系譜

※縦軸は系譜の主たる流れを示す目的であり時代区分と無縁です

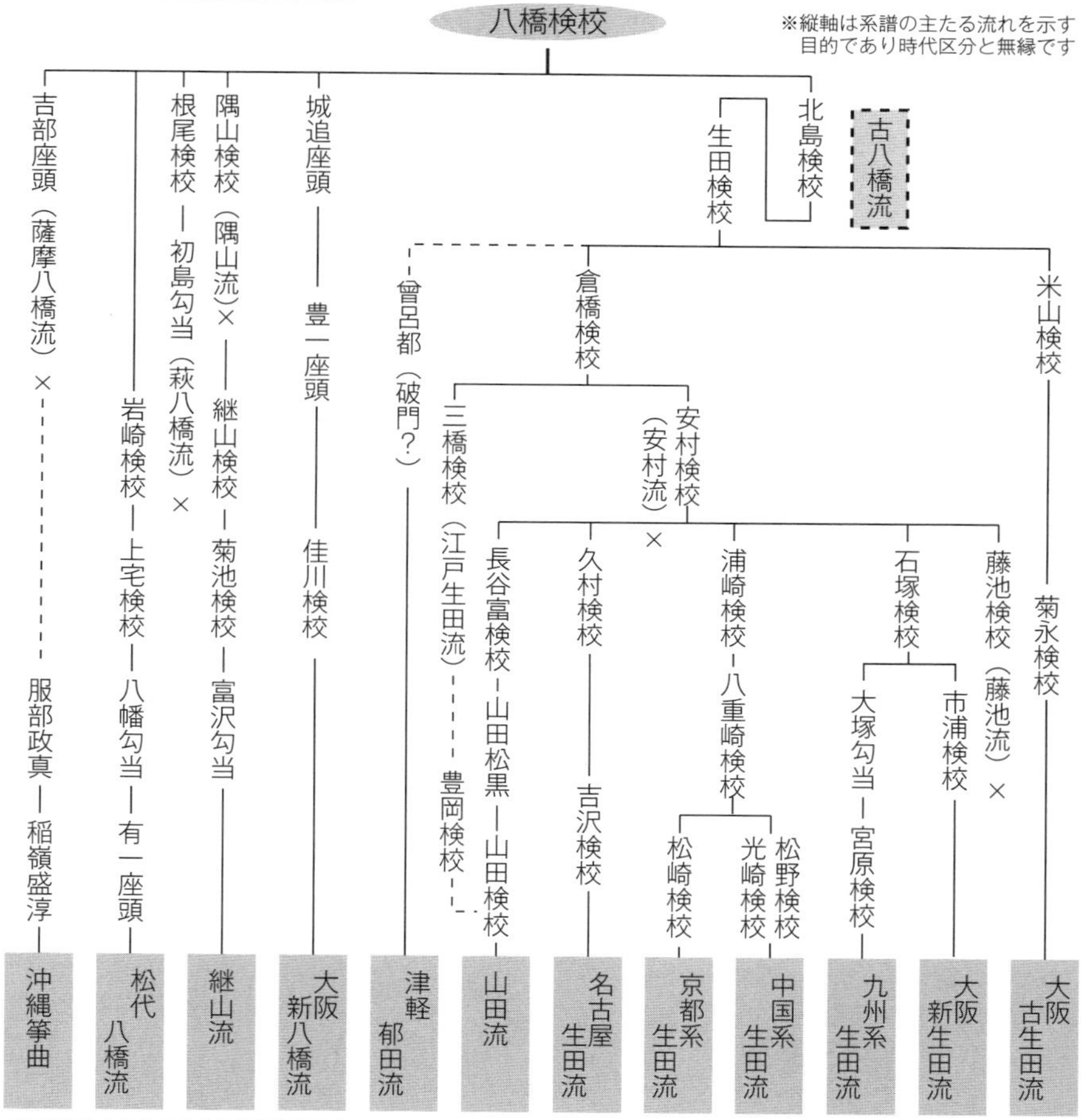

●現代の箏曲系統

・近世流派の家元は現代でも継承されているが…

生田流

（社）当道音楽会	菊原琴次	（古生田流）
（財）正派邦楽会	中島雅楽之都	（新生田流）
宮城宗家（宮城社）	宮城道雄	（古生田流）
研箏会	米川敏子	（九州生田流）

このほかに…
○○派・△△会
××社・□□筋　など多数

山田流　山登検校・山木検校・山勢検校・小名木検校の各弟子から、独立家元が多数
・中能島会（中能島欣一）・玄箏会（久本玄智）
・秀冽社（宮下秀冽）・山川派（山川園松）など

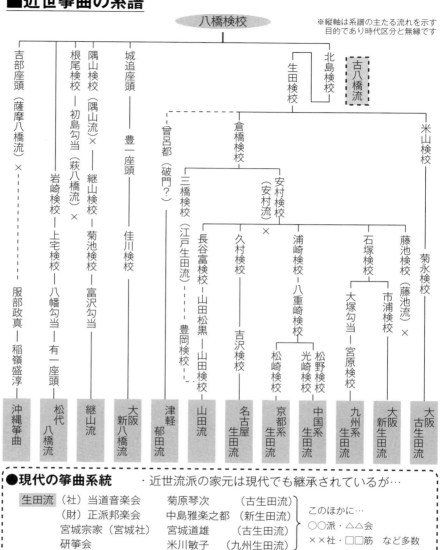

「蛮カラ」より「ハイカラ」へ——近・現代の箏曲

明治政府の制度改革で「当道」と「普化宗」が廃止されました。それまで特権が保障され安泰であった箏曲（地歌）や尺八の世界は大打撃を受けます。歌舞伎や文楽などの舞台芸能は、興行が収入源であったため、それほどの影響は受けませんでしたが、パトロンを失った能楽などは大変な事態におちいります。

そんな箏曲界に、天才宮城道雄《みやぎみちお》がデビューします。十四歳で処女作《水の変態》を発表、二十二歳で斯界《しかい》の最高位を占めることになります。大正八（一九一九）年に、伝統的なスタイルのものから洋楽的手法を駆使したものまで網羅した作品類の発表会を開催します。洋楽系や文壇の人たちは好意的でしたが、邦楽系からは「奇異で鼻もちならない亜流」と酷評されます。

同時期に長唄界では四世杵屋佐吉《きねやさきち》が「三絃主奏楽《さんげんしゅそうがく》」という三味線の器楽曲を発表、演奏会を開催します。

この大正八、九年ころは、ロシア革命や第一次大戦の影響もあって、洋楽の一流外国人演奏家が大挙来日、演奏会を開いていました。この洋楽ブームは、明治維新による打撃から、中流婦人への家庭音楽という位置づけをやっと得ようとしていた箏や三絃を、ふたたび苦しい立場に追い込みました。宮城も佐吉も、こうした危機感から、逆風にあっても新しい日本音楽のあり方を模索していたのです。

その後、洋楽から邦楽に近づこうとした本居長世《もとおりながよ》と、逆の立場からのアプローチを考えた宮城が、合同で発表会を開きました。創作だけでなく、低音域用の新楽器の創造や洋楽器の演奏技法などを取り入れた新しい音楽も発表します。こうした動向は「新日本音楽」と名づけられ、その方向性に同調した邦楽者が大勢あらわれました。そのなかから宮城道雄とは音楽的に対照的な、しかし新しい時代の箏曲を創作しようとする中《なか》能島欣一《のしまきんいち》といった優れた後続者が輩出され、新時代の箏のあり方をリードしていくようになりました。

そうした音楽変化は、洋楽作曲家をも刺激するようになり、蛮カラといわれた邦楽にも、現代邦楽と呼ばれる新しい時代の幕を開くことになります。

ルネ・シュメーと「春の海」の合奏
（昭和7年　宮城道雄記念館蔵）

■近・現代箏曲への道

●宮城道雄「第一回作品発表会」(1919)

・洋楽手法の採用の作曲（楽曲形式・具体的描写性・和声・リズム…）
・洋楽演奏技法の導入（スタッカート・グリッサンド・アルペジオ…など）
・楽器の効果的合奏法（楽器パートの独立性をもたせた作曲）
・オーケストラ合奏（洋楽器オケとの合奏・邦楽器大編成オケとの合奏）
・新楽器の創造（十七弦箏・八十弦箏・短箏…）

賛否両論
○洋楽界
ただ惰眠を貪るのをやめて
×邦楽界
伝統を破壊し
徒に奇をてらう…

●宮城道雄・本居長世「合同作品発表会」(1920)

日本音楽 →（宮城道雄）→ 西洋音楽
日本音楽 ←（本居長世）← 西洋音楽

→ 新日本音楽
命名者：吉田晴風
洋楽・邦楽にこだわらない
新しい日本音楽の創作活動

邦楽界からも賛同者が…
尺八：中尾都山、福田蘭童
箏曲：中島雅楽之都
学者：田辺尚雄、町田嘉章

●長唄界でも…近代化の潮流が…

四代目杵屋佐吉
「三絃主奏楽」
創始

・三絃による器楽曲
・洋楽様式の採用
・大規模合奏・低音域
・新楽器の創造

●これらの風潮・運動の原点　→　日本音楽（邦楽）への危機感
大正期の洋楽ブーム（一流外人演奏家公演・レコード出版）
バンカラ（箏・三味線）　→　ハイカラ（ヴァイオリン・ピアノ）

●危機感を抱く　もう一人の箏曲家

中能島欣一（山田流）　昭和初期「新日本音楽」の一員
（この評価　本人には不満）
・全音音階を基調の旋律や和音
・沖縄音階の調弦　強烈なリズム
・一打棒　琴柱の左側…演奏技法
現代邦楽の先駆

●際立つ二人の音楽性（評価）

☆宮城道雄
西洋音楽的、古典・ロマン派的
旋律的、情緒的、大衆的

★中能島欣一
アジア民族音楽的、現代的
リズム的、知性的、高踏的

新邦楽 → 現代邦楽 → 現代箏曲

●現代曲に挑戦する箏曲（作曲）家
唯是震一　山川園松　久本玄智　宮下秀冽　野坂恵子…

●洋楽系作曲家による邦楽創作
入野義朗　三木稔　石桁真礼生　間宮芳生　武満徹

●超流派の交流　育成　演奏
NHK邦楽技能者育成会　東京芸術大学邦楽科

江戸期で開花したコトの世界 ——箏と箏曲の歴史

コトの歴史は大国主命《おおくにぬしのみこと》の神話にまでさかのぼりますが、「箏曲」の歴史は江戸期から始まります。

箏という楽器の伝来は、雅楽の楽器と同じで奈良時代でした。平安末期になって管弦や催馬楽《さいばら》の伴奏楽器としてポジションは得ましたが、そのことよりも貴族たちの詩歌管弦《しいかかんげん》の道具としてもてはやされた、ということのほうが箏曲の歴史に意味がありそうです。

雅楽が法要《ほうよう》と合体し生まれた《越殿楽謡物《えてんらくうたいもの》》から、賢順《けんじゅん》が「筑紫流《つくしりゅう》箏曲」を創始したのが桃山時代、それまでの期間、箏は空白の時代でした。筑紫箏《つくしごと》と八橋《やつはし》検校という天才との出会いにより、箏の音楽は急展開しました。「組歌・段物」の制定や新調弦の考案など、八橋検校のはたした役割の大きさは疑うべくもありません。これも八橋が所属した「当道《とうどう》」という盲人音楽組織の存在があったからです。全国に拠点をもつ縦構造組織の当道なしに箏曲の発展は語れません。

当道は、「平曲《へいきょく》」という雅楽琵琶で培った音楽理論をベースにして、琵琶から三味線、箏へと楽器を得て、組織をあげてその発展と伝承を担います。この組織から生田検校以降、作曲や演奏技巧に才能を発揮するキラ星の如き名人が数多く輩出します。

三味線音楽と箏曲との接近・融合に反発した純箏曲復興の運動、江戸という地域的な音楽趣向を取り入れて新分野を開発した山田流箏曲の成立なども、当道の音楽人脈があったからです。

明治になって当道制度が廃止され、舞台芸能と無縁だった箏曲とその演奏家たちは存続の危機を迎えます。それを救うように宮城道雄という天才が世に出て、彼は「伝統側」からの非難を受けながらも、新しい時代の音楽に沿った箏曲開発をおこない、現代に活きる箏曲の基礎を築きます。

箏曲中興の祖ともいえる宮城の活動に触発され、箏曲のみならず邦楽全体が活発化し、現代に伝承・創作される音楽になります。いわゆる近世、江戸期の開始と同時スタートの箏と三絃は、「近世文化」の所産であり、「邦楽」の根幹であるといえます。

■箏曲の歴史

先史	・フエ・コト・ツヅミ…古代楽器？　コトを弾く埴輪（弥生）
飛鳥	・新羅より楽人「伽倻琴」伝来？（453）　・百済より楽人「百済琴」伝来？（554） 三韓楽 伝来・宮中にて演奏（683）・治部省に「雅楽寮」設置（701）箏 伝来（8世紀？）
奈良	・吉備真備帰国『楽書要録』と楽器献上　唐制の十三弦箏も？（735） ・東大寺大仏開眼法会（752）　・正倉院に唐制の十三弦箏が収納される（756）
平安	・「大歌所」設置　国風歌舞専門教習所　「倭琴」も（816） ・仁明天皇（在833～850）のころ「楽制改革」始まる　遣唐使 制度廃止（894） 雅楽 確立（894）　・楽箏が唐楽「管弦」「催馬楽」の楽器に ・「御遊」始まる（908）・貴族の詩歌管弦ブームで箏が人気　・寺院雅楽が（10世紀末）
鎌倉	平曲 始まる（13世紀？）　・寺院歌謡《越殿楽謡物》始まる（13世紀）
南北朝	・覚一検校に（1362）当道座 確立　夢幻能 完成（1380）
室町	・平曲隆盛（15世紀）
桃山	三味線 伝来（1560？）　・賢順 筑紫箏 を創始（16世紀末）
江戸	・平曲家・浄瑠璃へ転向（16世紀半）　・徳川幕府が能を式楽に（1610） 箏組歌 八橋検校・13曲作曲（1630）　地歌 本手組～破手組（1650？）　浄瑠璃 歌舞伎 創始（17世紀初頭） ・当道座の主体「箏・三味線」へ（17世紀） ・生田検校 生田流 創始（1695）・箏曲と地歌の連携強化（17世紀） ・浦崎・八重崎検校　箏旋律を替手風に（18世紀） ・安村検校が箏組歌創作禁止し京風手事物など 地歌箏曲 化がさらに進行（1755） ・山田検校《江の島の曲》作曲　山田流 箏曲の萌芽（1777） ・光崎検校《五段砧》で純箏曲復興へ（19世紀初） ・吉沢検校《千鳥の曲》など「古今組」で箏組歌復興へ （以上二項）・「幕末新箏曲」（19世紀中）
明治	明治維新（1868） ・当道制度・普化宗、共に廃止（1871）・「地歌業仲間」結成、→当道音楽会（1875） ・箏曲、尺八は一般に公開　・尺八・箏曲界の接近で 三曲 活発化（20世紀初） ・新時代の箏曲「明治新曲」始まる（1910頃）・鈴木鼓村「京極流箏曲」（1907）
大正	・宮城道雄　「新日本音楽」を立ち上げ（1920）・同年、杵屋佐吉「三絃主奏楽」創始 ・宮城道雄　十七弦箏考案（1921）　・《春の海》発表（1929）
昭和～平成	・中能島欣一《三つの断章》発表（1942）・東京芸大に邦楽科　宮城・中能島が教授に ・洋楽系作曲家が箏曲など作曲　・登呂遺跡より「古代琴」の木片発掘（1945） ・《November Steps》ニューヨーク初演（1967）

シンプル イズ ベスト――その他コト族の楽器

板に一本の弦を張っただけの、簡素な構造の撥弦《はつげん》楽器が一絃琴《いちげん》です。九世紀に在原行平《ありわらのゆきひら》が須磨でつくったので須磨琴《すまごと》の別名があるとの説のほかに、一般には隋の時代に中国の俗楽に用いられ、日本に伝来したのは遅く、十七世紀ごろという説もあります。

一絃琴と同じ基本発想で、弦を二本にしたのが二絃《にげん》琴《きん》です。同じ音に調弦された二本の弦を同時に弾くと、一弦の場合よりも装飾音が加わって微妙な美しさが感じられます。江戸末期に出雲大社の献奏用楽器として考案されたため、「出雲琴《いずもごと》」とも、またその曲名から「八雲琴《やくもごと》」とも呼ばれます。幕末から明治期に盛んになった楽器ですが、やがて衰微してしまいました。

明治初期には、二絃琴を端唄や俗曲などの伴奏用にあうように開発された、「東流二絃琴《あずまりゅうにげんきん》」が流行したこともありましたが、さらにこれを大胆に改良し、大正時代に完成したのが「大正琴《たいしょうごと》」です。絹糸を金属弦に変え、勘所《かんどころ》にはタイプライターのキーを、そして数字《すうじ》譜《ふ》の採用で、楽譜が読めない人でも簡単な教習ですぐ弾ける、そんな奏法のやさしさから大正から昭和にかけて大流行しました。

「日本人のつくりだした唯一のオリジナルな楽器」といわれる大正琴ですが、主に流行歌の伴奏楽器などに使われ、独自の音楽をもたなかったために、その後は衰微してしまいます。なお、一時期、大正琴は諸外国にも輸出されましたが、東南アジアやアフリカなどでは、その地にすっかり定着していて、現地の人から自国の伝統楽器だと自慢されて、日本人が驚いたという話もよく聞きます。

大正琴は最近、高年齢層の女性たちを母体にした数多くの愛好集団ができています。そしてその発表会が開催され、また流派や家元まで形成されるようになり、静かなブームがおきています。

二〇〇二年からの学習指導要領改訂にともなって和楽器を音楽授業にとりいれる小・中・高校がふえていますが、そのひとつとして大正琴も対象になっています。

■「琴」族の楽器

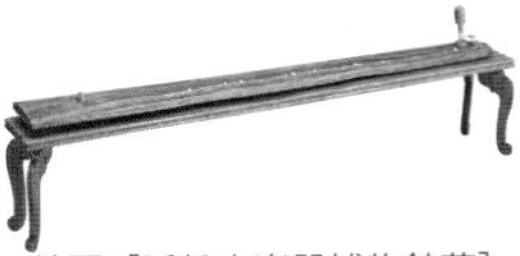
一絃琴「浜松市楽器博物館蔵]

一絃(弦)琴 別名（板琴・須磨琴）
原始的な楽器で世界各地に広く分布

構造：細長の板に弦を1本張った簡素な構造
寸法：長さ111cm×幅（頭部）11cm（尾部）8cm
奏法：転管で音階　竜爪（りゅうそう）で撥弦

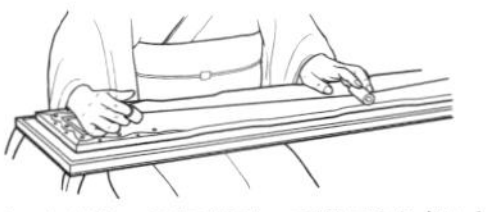
左中指に「転管」で勘所を押す
右人指し指「竜爪」で弦を弾く

二絃(弦)琴 別名（出雲琴・八雲琴）
一絃琴を模してつくられた…中山琴主《なかやまことぬし》が考案（1820年）

構造：細長の板に　同律に調弦した弦2本を張った　複数の一絃琴構造
寸法：一絃琴より若干幅広い　当初の素材は「竹」　後に「杉」または「桐」
奏法：一絃琴同様に　転管で音階を　竜爪で二弦を同時に撥弦

大正琴 二絃琴を改造（音階ボタンを）森田伍郎が考案（1910年）

●改造ポイント

- スチール弦
- 勘所にキー
- 数字譜教本
- 小型・廉価
- 流行歌謡曲

現在の大正琴［写真提供／鈴木楽器製作所]

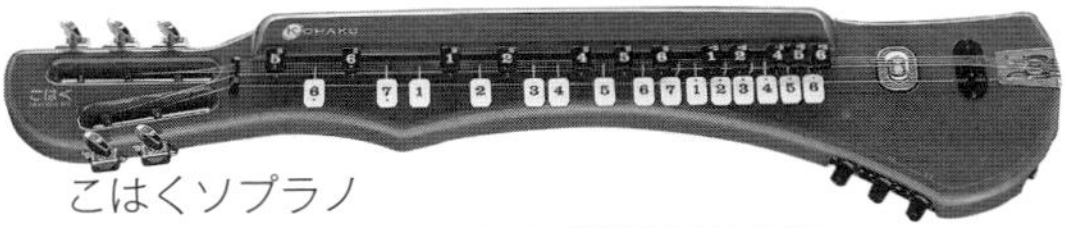
こはくソプラノ

桂

●運営システム

- 教則本・独習
- 教習会・合奏
- 発表会
- 流派・家元制
- 講師・免許制

愛好者の属性
- 92.4%が女性
- 77.4%が50代↑

●進化する大正琴

- 電気大正琴　（アンプ付き）
- 電子大正琴　（電子音源）
- ソプラノ大正琴　（アンサンブル）
- アルト大正琴　（アンサンブル）
- バス大正琴　（アンサンブル）
- 擦弦大正琴　（アンサンブル）

数字譜

1～7でド～シ表示
オクターブ上下は
数字の上下に「・」

押指→　人 人 親　人 人 親 人 親 人 親 人 親人 中
数字譜　5 5 6－5 5 6－5 6 #6 6 5 6 5 #2－
歌詞→　さ く ら ー さ く ら ー や よ い の そ らー は ー

音階ボタンの配列

#5　#6　#1　#2　#4　#5　#6　#1　#2　#4　#5　#6
6　7　1　2　3　4　5　6　7　1　2　3　4　5　6
ラ　シ　ド　レ　ミ　ファ　ソ　ラ　シ　ド　レ　ミ　ファ　ソ　ラ

キーレバー［写真提供／鈴木楽器製作所]

三絃の独奏《荒れねずみ》（平成３年）
三絃：富山清琴
［写真提供：富山清琴］

第八章

三味線楽

その1・発生と地歌

当道 ——「是《これ》、吾が当道」

映画『座頭市《ざとういち》』をご覧になった方はご存じと思いますが、「市」が名前で「座頭」は盲人組織の位をあらわす名称です。この盲人組織を「当道座《とうどうざ》」といい、室町期（十四世紀）には、互助団体のような組織として時の幕府に公認されていました。平家琵琶を語る盲目の琵琶法師《びわほうし》たちが、宗教組織から抜けて座を構成したのですが、組織として整備したのは平曲《へいきょく》の名人、明石《あかし》覚一《かくいち》です。開祖は仁明《にんみょう》天皇の皇子だった人康親王《さねやすしんのう》、あるいは醍醐《だいご》天皇の皇子蟬丸《せみまる》などの説もありますが、いずれも組織の権威づけのための伝説とされています。

「平曲」にはじまって三味線の改造に尽力した当道座の人々は、三味線音楽（地歌《じうた》）や箏曲《そうきょく》、胡弓《こきゅう》などの音楽を成立させ、「当道音楽」として伝承系統を形づくっていきます。この組織は全国的で、無官《むかん》から検校《けんぎょう》まで「四官十六階七十三刻」という段階的な序列をもったものでした。一つの階層を登るたびに上納金《じょうのうきん》が必要だったといいますから、ほとんどは座頭が精一杯だったといいます。しかし座頭でも紫の菊織りの長絹《ちょうけん》に白袴《しろばかま》をはき、民衆の慶弔ごとがあればそのつど冥加金《みょうがきん》をもらえたといいますから、映画の座頭市とはずいぶんイメージが違います。

この組織は、江戸時代、幕府の寺社奉行の管理下にあり、音曲と鍼《はり》・灸《きゅう》・按摩《あんま》の三療治のほかに金貸業まで認可されていました。「座頭金《ざとうがね》」と呼ばれ、かなりの高利で他の債務より取りたてに優先権がありましたから、いわば現在のサラ金業者のようなもので、民衆を苦しめた例もあったようです。

三味線音楽が、地歌以外に平曲の語り口と、琵琶の伴奏をお手本にした「浄瑠璃《じょうるり》」を創出します。これも沢住検校《さわずみけんぎょう》という当道の手によるもので、最初は、当道の人がその指南を専業としていました。やがて浄瑠璃側にも専門の伝承系統が生まれ、当道音楽の領域を離れていきます。なお当道とは別の盲人組織もありましたが、これほどの庇護はうけていません。そのため明治維新で当道制度が廃止になったとき、所属する人々は大変な苦労をしたようです。

■当道座

●「当道」　→　男性盲人の自治的互助組織　（技能集団）

・男性盲人の技芸者（琵琶法師）は宗教組織（主に天台宗）に帰属
・その中の「平曲」を語る芸能者（盲僧）たちが「座」を形成　脱宗教組織
・室町幕府の庇護のもと「明石覚一」が組織を体系化（官位制度・職屋敷）
・明治4年に新政府により当道制度廃止と特権も喪失させられる

●当道音楽の領域

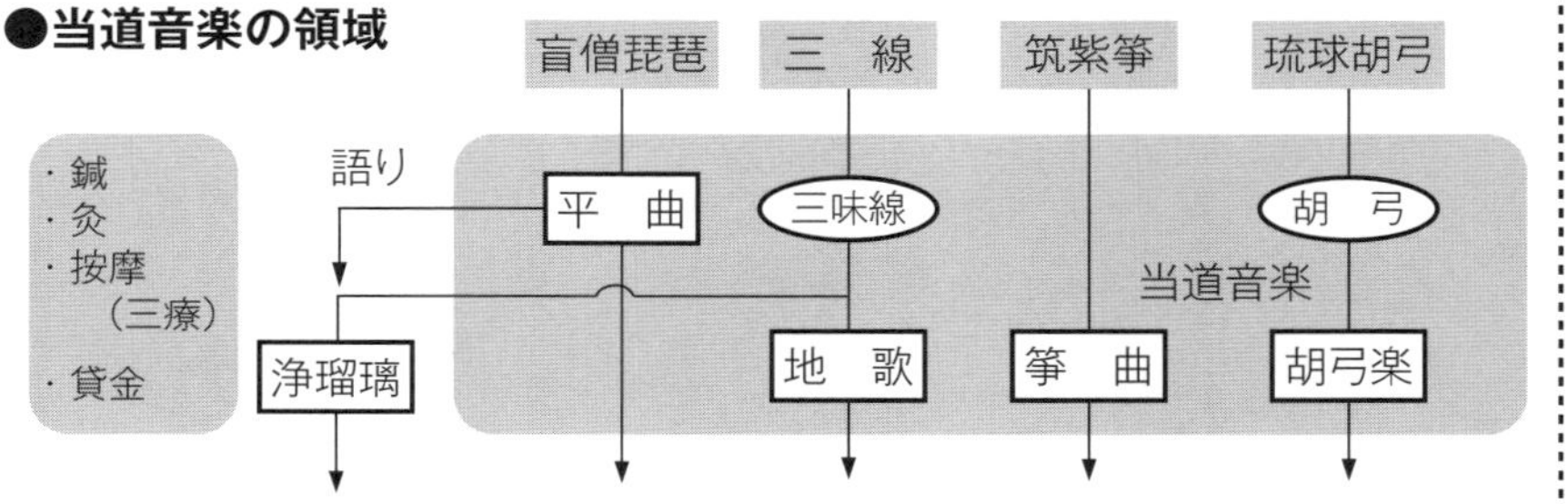

●官位

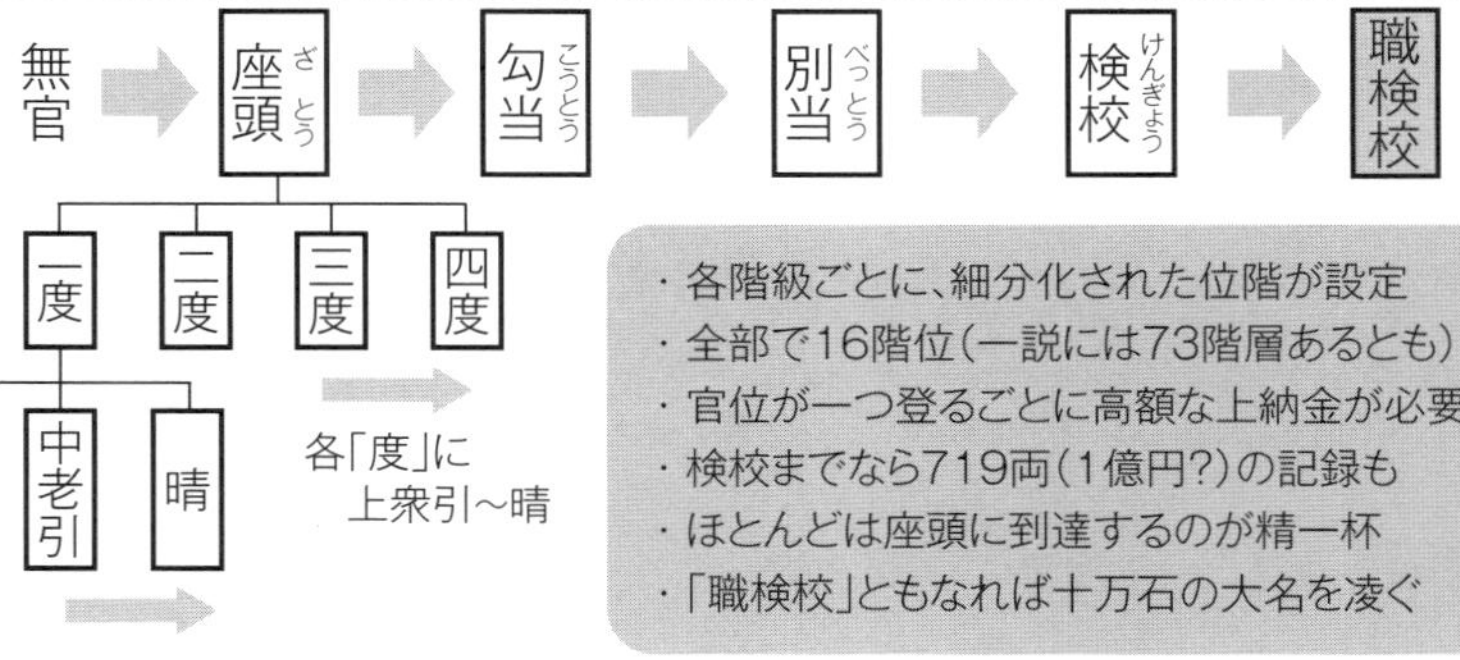

・各階級ごとに、細分化された位階が設定
・全部で16階位（一説には73階層あるとも）
・官位が一つ登るごとに高額な上納金が必要
・検校までなら719両（1億円?）の記録も
・ほとんどは座頭に到達するのが精一杯
・「職検校」ともなれば十万石の大名を凌ぐ

●開祖と「当道」の語源

・人康（さねやす）親王（仁明天皇の第四皇子）で別名「雨夜（あまよ）尊」という説
・醍醐天皇の第四皇子　百人一首で名高い琵琶法師の蝉丸（せみまる）とする説
・いずれも伝聞で確証はない　権威付けのためのこうした例は伝統芸能には多い

●詩歌管弦に長じた目の不自由な人が「是れ　吾が当道」との言よりこれら集団を「当道」と名づける

●その他の盲人組織

盲僧座《もうそうざ》　同じ琵琶法師でも地神経や竈祓いなど宗教性のある儀式を司る盲僧によって構成される座（集団）「平家」を語る集団が当道座を設立して分離したが　こちらは主として天台宗系統で　九州各地区に存在

瞽女座《ごぜざ》　盲人女性だけで構成の芸能者集団　三味線伴奏で歌や物語を聞かせながら　地方を巡業して金品を得た　地域によっては座独自の瞽女屋敷もあった　東北や越後地方に多いが巡業先は広範囲

三味線はいろいろな邦楽の領域で使われていますが、つきつめて「三味線音楽」といえば「地《じ》歌《うた》」「浄瑠《じょうる》璃《り》」「長唄《ながうた》」「江戸小歌曲《しょうかきょく》」の四種類になります。

三味線を使った芸能としてすぐ思い出す、「義太夫節」や「常磐津節」、「小唄」や「端唄」などは、もちろん三味線音楽ですが、それぞれは浄瑠璃や江戸小歌曲というグループのなかの一つの種目名です。民謡でも伴奏に三味線は多用されますが、三味線音楽とはいいません。また最近なにかと話題の多い津軽三味線などは新しい三味線音楽といえるかもしれませんが、まだ認知されるまでにいたっていません。

三味線音楽は多様な音楽的側面をもっているため、音楽性や演奏の目的、場面などにより各種の音楽区分が可能ですので、先に述べた四種類とは別の区分概念もあります。たとえば「歌舞伎音楽」や「座敷唄《ざしきうた》」といった区分、また歌詞部分が叙情的か、物語性があるかで「歌《うた》い物《もの》」「語《かた》り物《もの》」という区分、また演奏される主たる場面がどこなのかで「劇場音楽」「お座敷音楽」という区分などがあります。さらには歌曲なのか器楽曲なのか、弾《ひ》き歌《うた》いなのか、歌・演奏分離型なのかという音楽の構成要素からの区分もあれば、演奏者集団の属性から「当道《とうどう》音楽」という区分があり、混然としています。このような多様な概念区分は、江戸期になって音楽の受容層が市井の町人世界となり、各種芸能と市民生活とが結びつき、そこから多様な芸能が生まれたからです。それらの芸能を支えたのが、汎用性ある三味線という楽器でした。

多くの楽器が大陸から伝来し、マイナーチェンジはしたものの、楽器も音楽も原形を保っています。それに対して三味線が大幅なモデルチェンジをしたのは、先に述べた理由によるものですし、そのモデルチェンジが江戸期の新しい音楽を創造してきました。

江戸時代という鎖国の中で、三味線は地歌箏曲や三曲といったアンサンブル音楽を、歌舞伎や人形浄瑠璃など舞台芸術、さらに音楽と物語とのコラボなど、豊かな音楽文化を創出することになります。

■複雑な三味線音楽

●三味線（楽器）を軸に…

三味線音楽は琵琶楽や尺八楽などと違い
何を軸にするかで分類が変わってくる

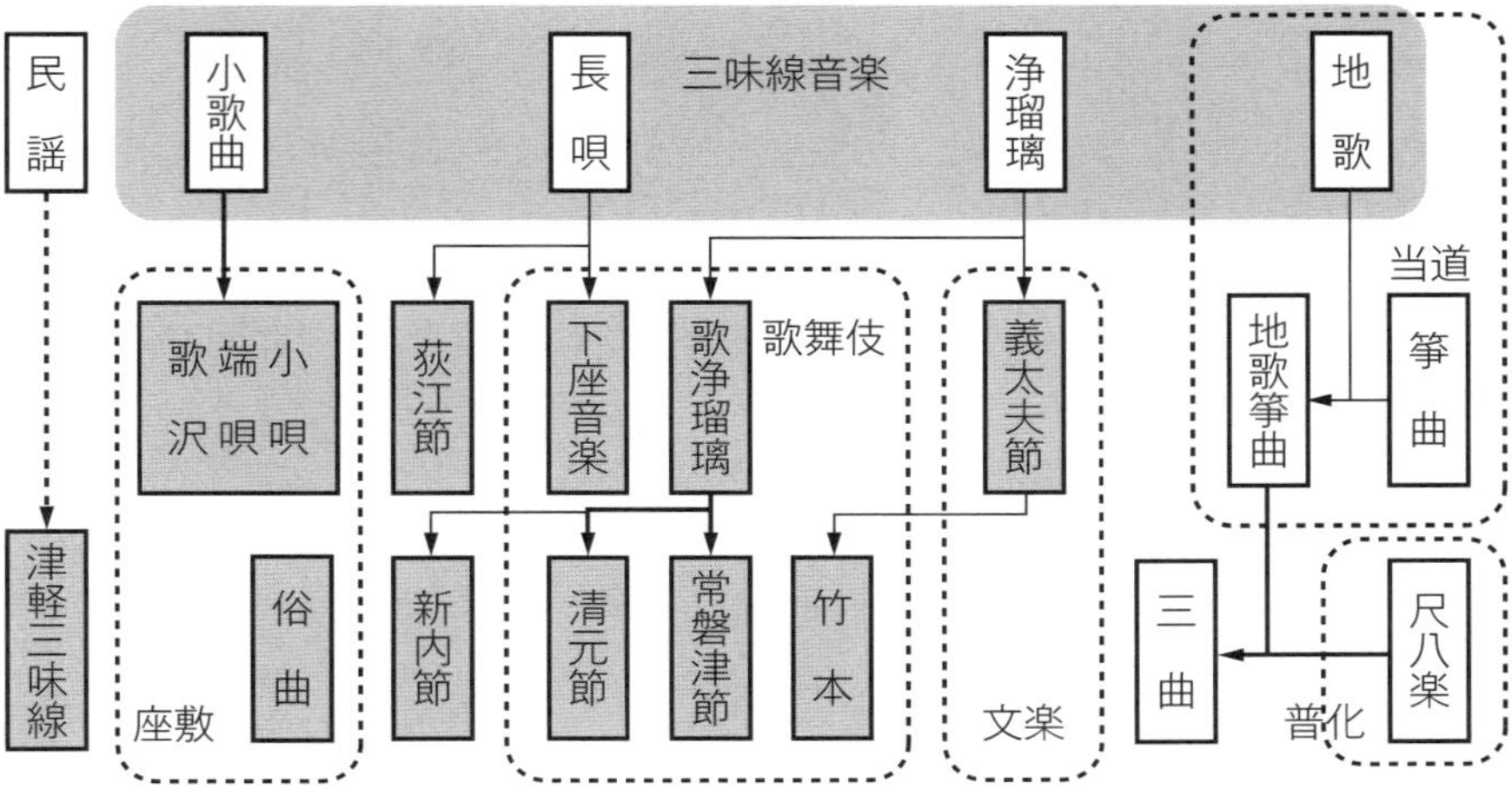

●歌い物と語り物（音楽的性格）を軸に

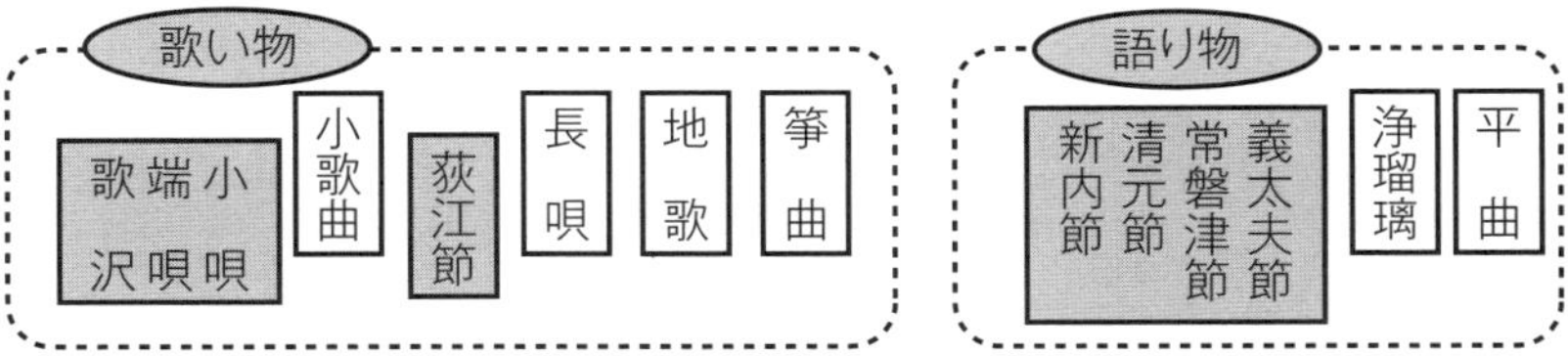

●劇場（興行）音楽と非劇場音楽（場面）

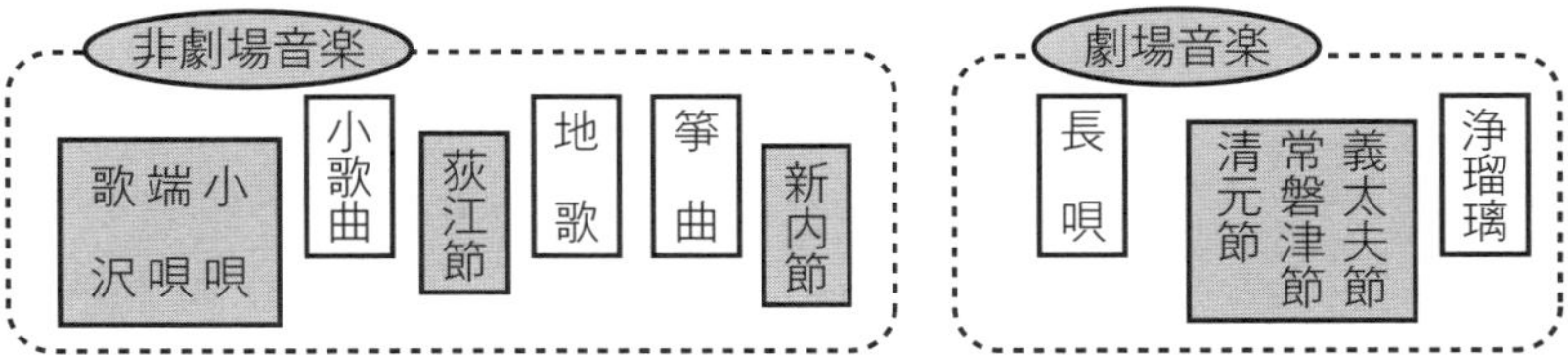

●その他

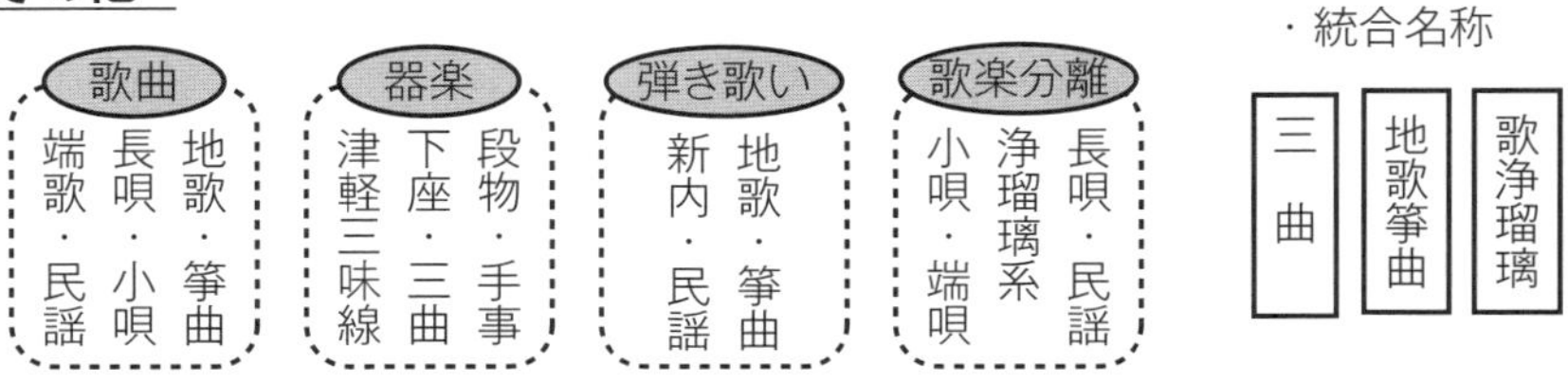

三味線と鉄砲とザビエル
——三味線の伝来

三味線の祖先は中国の「三弦《サンシェン》」だと考えられています。三弦の源は、古代エジプトのネッフェル（三弦リュート）だという説がありますが、いずれにしても東西交流以前の秦代《しんだい》（前二世紀）に三弦の祖型があったとされます。三弦には、中国北部の「大三弦《だいさんげん》」と、南方の「小三弦《しょうさんげん》」の二種類がありました。琉球（沖縄）に伝わって「三線《さんしん》」となったのは南方のもので別名を「曲弦《きょくげん》」といい、時期は元代《げんだい》（十四世紀）ころと考えられています。三弦と三線は全長が若干違うものの胴は丸型で蛇皮が張られ、両者の因果関係が理解できる共通の構造をしています。

琉球の三線が、当時の南蛮貿易の窓口である大坂・堺にやってきたのは十六世紀半ばで、鉄砲伝来から十年ほど後のことでした。三線を最初に手にし改造したのが琵琶法師で、三味線組歌《くみうた》の創始者とされる石村検校であるというのがもっとも信じられている説です。琵琶奏者が改造に携わったため、三線では「義甲《ぎこう》」というピックのようなもので弾いていたのを琵琶と同じように撥を用いました。日本では大蛇の皮が入手しづらいので犬猫の皮で代用せざるを得なかったという説があります。しかし実は撥を胴面に打ちつける琵琶式奏法では蛇皮の耐久性に問題があり、そのため犬猫の皮を用いたという説も納得できる話です。

奏法以外でも三線では直頸《ちょっけい》の糸巻き部分を琵琶のように曲頸《きょくけい》に変え、「サワリ」という用語も琵琶から受け継ぎました。

ところで薩摩（鹿児島）には動物の皮のかわりに杉板をはった「ゴッタン」（別名、板三味線・箱三味線）という楽器があります。この楽器の存在や鹿児島と琉球との交流の歴史から考え、三味線の渡来地は大坂・堺ではなく薩摩だという説など、異説はたくさんあります。二弦楽器からの起源説、中国からの直接伝来説、改造は堺の当道である仲小路《なかしょうじ》説などがそれらです。

ザビエルの来日が、鉄砲と三味線の伝来の中間の時期、その後の日本の戦争や音楽文化を一変させた伝来が、たった十年ほどの間の出来事とは興味深い話です。

■三味線の伝来

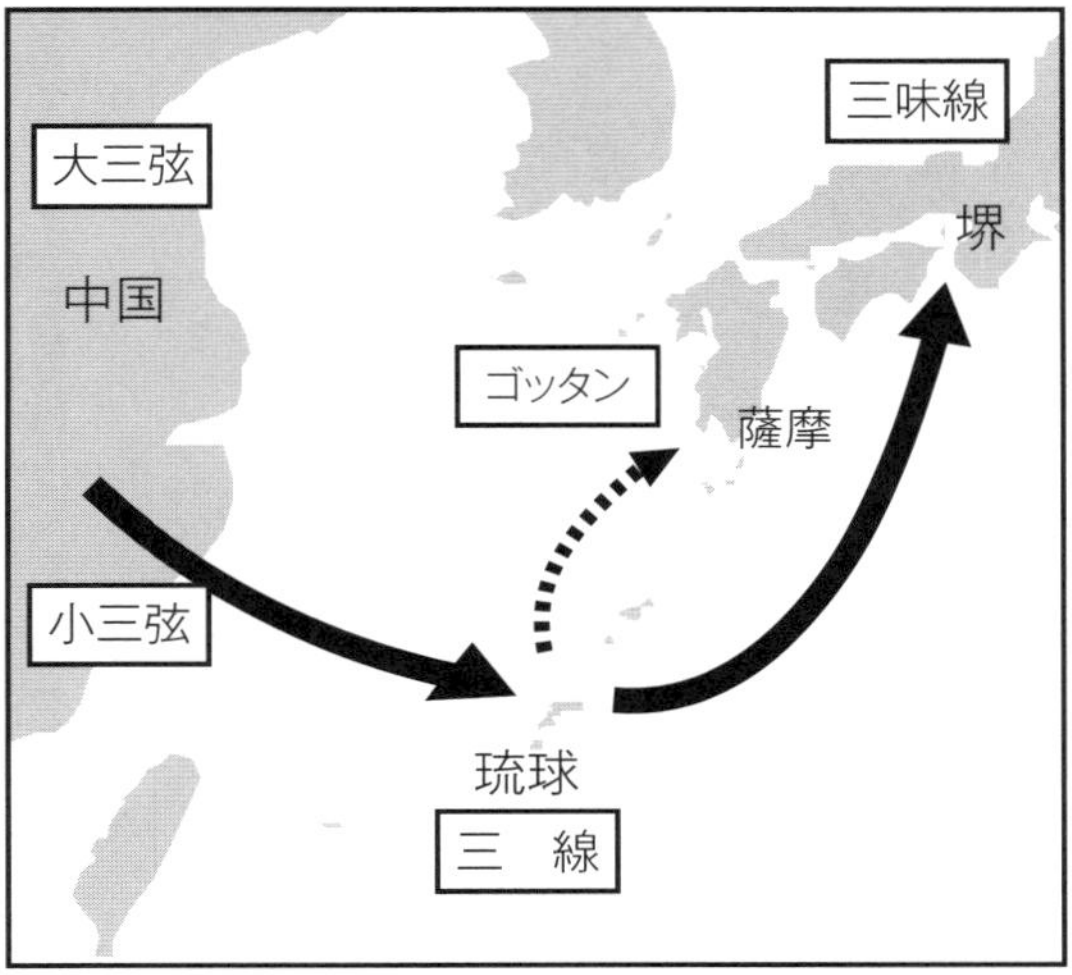

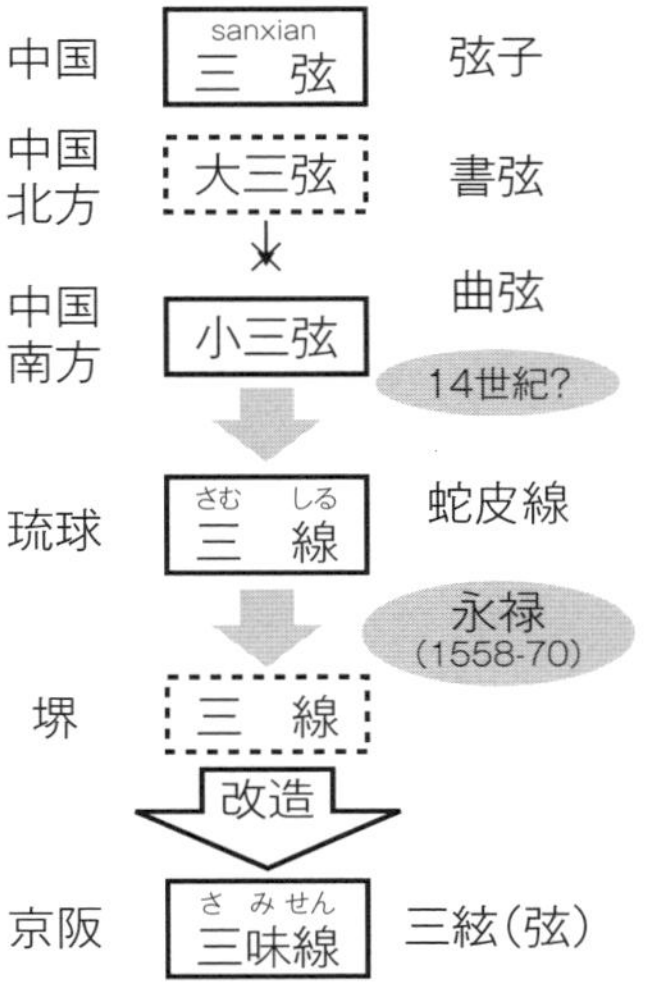

発　生	名　称	別　称	胴　皮	全長(cm)	適用音楽
中国北	大三弦	書　弦	蛇　皮	119.8	大鼓書・単弦
中国南	小三弦	曲　弦	蛇　皮	107.0	崑曲・弾詞・南音
琉　球	三　線	蛇皮線	蛇　皮	75~80	組踊・歌曲・民謡
鹿児島	ゴッタン	板三味線	杉　板	90.8	念仏代わりの歌伴奏
上　方	三味線	三絃(弦)	犬猫皮	99.0	歌・器楽・舞踊・民謡

●三味線へ改造のポイント

・最初手にしたのは琵琶法師
「撥」で弾くために…

① 胴を大きく4枚板張り合せ
② 蛇皮を滑らかな猫犬皮に
③ 海老尾《えびお》を琵琶風に曲頸に
④ 一の糸を外し　サワリを
⑤ 駒の形状や寸法・重み付加
⑥ 胴内に彫り目　澄んだ音色

●改造者・石村検校?
・仲小路?
同一人物?

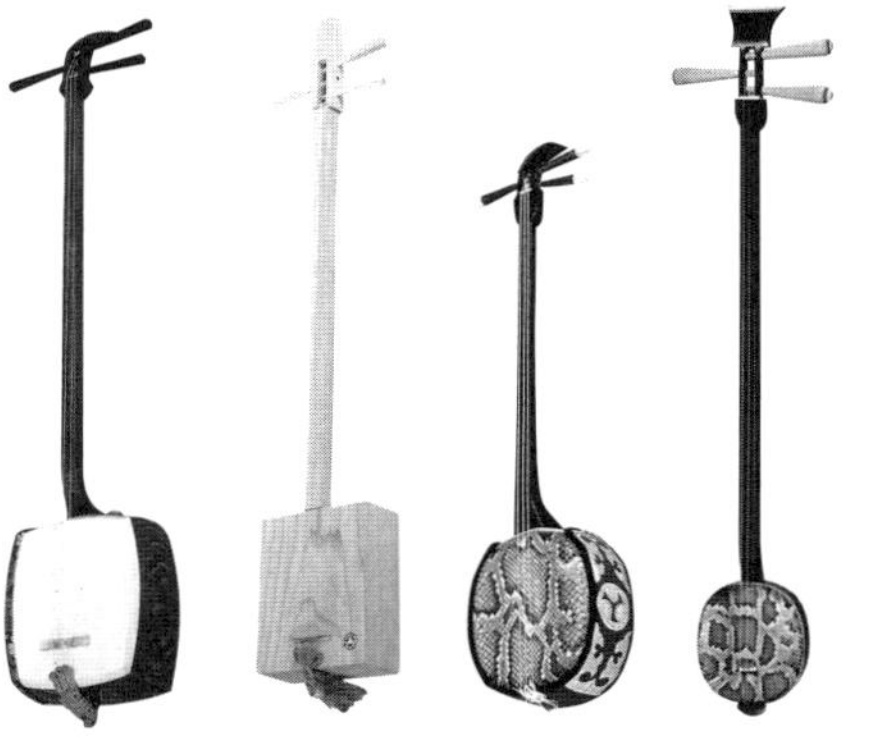

三味線　ゴッタン　三線　三弦
[浜松市楽器博物館蔵　三弦／若林忠宏蔵]

まずは地歌が生まれ……——三味線音楽の分流

三味線がつくられた最初のうちは、開放弦と数か所の勘所《かんどころ》（弦を指で押さえ、音程を変えるポジション）を用いた簡単な奏法を伴奏にして、当時流行の小歌《こうた》をうたっていたといわれます。特に江戸初期に堺の僧、隆達がうたい始めたという「隆達節《りゅうたつぶし》」や、浮かれ坊主の弄斎が始めた「弄斎節《ろうさいぶし》」などが、その題材になりました。やがて、本手《ほんで》（基本旋律）に別な旋律をそえる「替手《かえで》」、より装飾的な「破手《はで》」といった技法があみだされ、歌も、統一性のない歌詞を組みあわせてうたう三味線組歌が生まれました。この組歌は三味線改造者とされる石村検校が創始したといわれ、最古の三味線音楽とされています。続いて全曲を通した歌詞の「長《なが》歌《うた》」や、短めの「端歌《はうた》」などが当道たちによってつくられ、後に「地歌」と呼ばれる、室内楽であり後代の家庭音楽ともなる音楽ジャンルが完成します。なおここでいう「長歌」や「端歌」は、歌舞伎の「江戸長唄」や江戸小歌曲の「端唄」などとは別物で、ほとんどが京・大坂を中心とする上方で発達したもの、だからこそ「上方歌《かみがたうた》」です。この「地歌」という分類用語が定着して使われたのは意外に遅く明治になってからです。左図に示したように、地歌がもつ属性から江戸時代にはさまざまな名称で呼ばれていました。

地歌が生まれたのと同じ時期、琵琶法師のなかに、当道のお家芸である琵琶を三味線に持ちかえる者たちがいました。その最初は沢住《さわすみ》検校ともいわれますが、さすがに『平家物語』を三味線で語るというわけにいかないので、物語草子《ものがたりそうし》に書かれた『浄瑠璃姫物語《じょうるりひめものがたり》』など別の題材を語るようになります。これが大評判となり、やがて三味線による語り物音楽種目の「浄瑠璃」が形成されます。このように三味線が伝来・改造されてわずかのうちに、その音楽系統が大きく分かれていくことになります。この浄瑠璃が操り人形と組んで「人形浄瑠璃」が生まれるころ、出雲阿国《いずものおくに》という女芸能者が「歌舞伎踊り」を始めました。

近世の代表的な音楽や芸能は、三味線の出現で幕が開くことになります。

■三味線音楽の芽生え

近世に　主に上方（京・大坂）で　盲人音楽家を中心におこなわれた三味線音楽
座敷音楽や家庭音楽の類で　箏が加わっても「地歌」と呼ぶ

地　歌　その「土地の歌」の意味（例：地酒＝土地の酒）

どれも地歌の別称

上方歌	産地
法師歌	当道
弦　曲	楽器
歌/歌曲	形式

・その土地とは「上方（京・大坂）」のこと
・上方に江戸から歌曲が流入　それと区別のため命名
・江戸のは「江戸唄」と呼び　長唄や豊後節系浄瑠璃
・「地歌」の正式な使用は明治時代に入ってから
・「地唄」と書くのもあるが　上方は「歌」の字が多い

■三味線音楽の系統分化

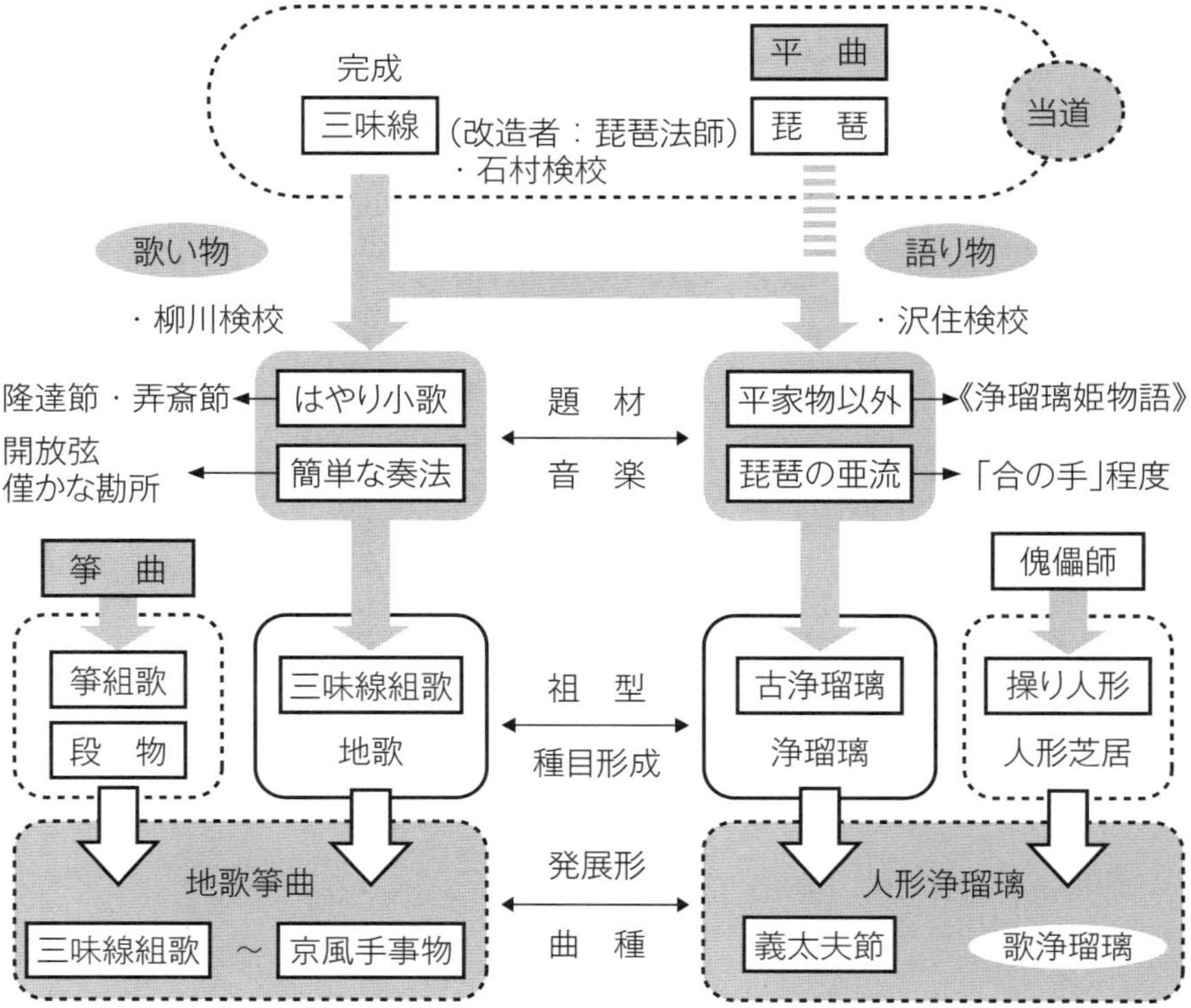

千変万化の世界——地歌のジャンル

地歌《じうた》とは、一つの音楽ジャンルの名称ではなく、左図の九種類の総称です。ここでは九種類に分類しましたが、研究者や流派によってはさらに細分類したものもあります。

まず「三味線組歌」です。これは箏組歌《ことくみうた》にならってつけられた名称で、現在三十二曲が残っていますが、石村検校だけがつくったのではありません。そのうちの「破手組《はでぐみ》」は柳川《やながわ》検校が考案したもので、現代語の「派手」は、この破手から転化したものです。

歌曲は時代とともに、別々な歌詞の組みあわせによる組歌ではなく、全曲通しの歌詞による「長歌《ながうた》」や、歌本位の比較的短い曲の「端歌《はうた》」などがつくられました。端歌は、舞踊の伴奏音楽としても使われます。組歌や長歌の歌詞は、当時の流行歌や民謡、『古今集』の詠む歌集から転用していました。各種の芸能が町人社会の人気を集めるようになって、題材や音楽性を含めて、さまざまな芸能の音楽分野から流用するようになります。能楽や歌舞伎、浄瑠璃などでヒットしたのもその例で、それらは三味線歌曲として新分野を形成していき、「謡物《うたいもの》」「芝居歌物《しばいうたもの》」「浄瑠璃物《じょうるりもの》」などとして、地歌のジャンルを広げていきました。遊里《ゆうり》などで座敷歌の座興として即興でうたわれた「作物《さくもの》」（別名おどけ物）なども地歌の一種を形成します。これらは地歌が町人社会にいかに浸透したかのあかしです。

また、地歌そのものも本手《ほんで》から替手《かえで》・破手といった演奏技能の発達と、箏曲との連携強化によって新しい音楽世界を生み出します。特に歌と歌との間に挟みこまれた器楽部分が、単なる「合の手」から器楽的な発達をとげて「手事物《てごともの》」となり、さらに箏との合奏による「替手式箏曲」がもつポリフォニック効果は「京風《きょうふう》手事物」を創出し、現代にまで通じる芸術音楽に昇華させました。

そうした結果、地歌は当時の家庭音楽として確固たる地位を占め、明治維新で当道が制度の廃止となるまで、その指南役が当道の職業の重要なものになりました。

■地歌のジャンル

ジャンル名	成立	創始・伝承	概　要	代表曲
三味線組歌	1600（慶長）	石村検校 虎沢検校 柳川検校	三味線音楽の最古典で「三味線本手」が正式名称　当時のはやり小歌を組みあわせたもので歌詞に一貫性がない　歌曲だが三味線本位	《琉球組》 《飛騨組》 《七つ子》
長歌物	1661（寛文）	佐山検校 柳川勾当	古今集の「長歌」をモデルに　一曲の歌詞全体が一続きにまとまった歌曲　三味線を抑え目の歌本位　歌舞伎の「江戸長唄」とは別物	《桜尽し》 《雲井弄斎》 《冬草》《木遣》
端歌物	1703（元禄）	継橋検校 歌木検校 峰崎勾当	組歌や長歌に対し芝居歌や遊里のはやり歌など破格な創作曲　しかし芝居歌物など特定ジャンルが生まれ歌本位の短い曲を指す	《鶴の声》《雪》 《青葉》《口切》 《かくれんぼ》
作　物	1751（宝暦）	―	座興として半ば即興的につくられた曲　滑稽な内容をもつ浄瑠璃風の語り物の曲のため別名「おどけ物」　即興ゆえに読み人知らず	《荒れ鼠》《蛙》 《尻尽し》《狸》 《笑顔》《田螺》
芝居歌物	17〜18世紀（元禄〜享保）	岸野次郎三	上方の歌舞伎芝居で使われた音楽が地歌に残ったもの　当初は端歌に組みこまれていた江戸の歌舞伎音楽は「長唄」として独立した	《青葉》《雉子》 《鳥辺山》 《放下僧》
謡　物	1800（享和）	藤尾勾当	謡曲の主題を題材にしたり歌詞をそのまま使って三味線歌曲にしたもの　元来は芝居歌物にその前は端歌に組みこまれていた	《葵上》《石橋》 《邯鄲》《高砂》 《古道成寺》
浄瑠璃物	17〜18世紀（元禄〜享保）	鶴山勾当	上方で流行した江戸の座敷浄瑠璃「半太夫節」や「永閑節」「繁太夫節」などが地歌に遺存したもの　現在は伝承曲少なく演奏者もいない	《意見曽我》 《濡扇》《薄雪》 《勤行寺》
手事物	1790（寛政）	三橋勾当 市浦検校	歌の間奏部分に入る「合の手」の器楽的奏法が好まれ発展した「手事」に重点のある作品　次第に技巧的になり本手・替手の合奏などが	《越後獅子》 《松竹梅》《晒》 《根曳の松》
京風手事物	1830（化政）	浦崎検校 松浦検校 八重崎検校	大坂で発達の「手事」に対し　京では三味線合奏に箏が参加　替手の手付けが発達　双方独立性ある合奏で「京物」とも呼ばれた	《宇治巡り》 《四季の眺》 《磯千鳥》

●「手事物」とは…

前歌 → 手事 → 後歌

間奏部分（手事）：歌と同格　器楽の技巧や音色の聴かせどころ

・手事物の形式

前弾 → 前歌 → 手事 → 後歌 → 後弾

前弾 → 前歌 → 手事 → 中歌 → 手事 → 後歌 → 手事

二人三脚——地歌と箏曲の融合

箏曲《そうきょく》の項でも触れましたが、地歌と箏曲は相互に交流し刺激しあうことで音楽的変化をとげました。

こうした交流の萌芽は、地歌と箏曲の双方が様式を確立する以前から、三味線・箏に、尺八の祖型ともいわれる「一節切《ひとよぎり》」を加えた合奏形式があったことによります。しかし地歌と箏曲がこれほど密接な関係を構築できたのは、楽器が違うものの、同じ「弾《ひ》き歌《うた》い」の歌曲であったことのほかに、楽器の奏者が当道座の音楽家同士であったことが大きな要因だと考えられています。左図でその流れを示していますが、地歌・箏曲ともに演奏技巧や創作で絶えず新機軸を考案し、それを開示して活用する相乗効果によって、さらに新しい音楽世界を創造していきました。それだけ当道座には、しっかりとした音楽的能力をもった、クリエイティブな音楽家がそろっていたのでしょう。

単なる歌曲から、複雑な音楽様式をもった「手事《てごと》物《もの》」への変容にともなって、三味線・箏の音楽性を高め、ついには「地歌箏曲」という名称が生まれるほどになります。それは地歌と箏曲の単純な連携ではなく、二つが融合した状態といえましょう。この融合は、音楽のみならず音楽家たちにとっても同様で、箏と三味線の演奏はもちろん、三味線と同時期に伝来してやはり当道座の楽器となった「胡弓《こきゅう》」をも完全にマスターした、マルチプレーヤーを創出することになりました。そうした背景が、胡弓を加えた「三曲《さんきょく》合奏」という新様式の誕生にも結びつきます。反面、演奏家のなかには、箏の音楽的な独自性の喪失に反発する勢力が生まれ、彼らは地歌を離れ純箏曲を復興しようという動きを起こしました。これは当道音楽の分裂を意味するのではなく、むしろ新創造活動といえるでしょう。

明治維新になり当道制度の廃止と同時に普化宗も廃止になります。法器として使用場面が限定されていた尺八が楽器として活躍の場を得るようになり、胡弓にかわって三曲合奏に参加するようになりました。そこから三曲はさらに新しい音楽世界をつくっていったのです。

■地歌箏曲の流れ

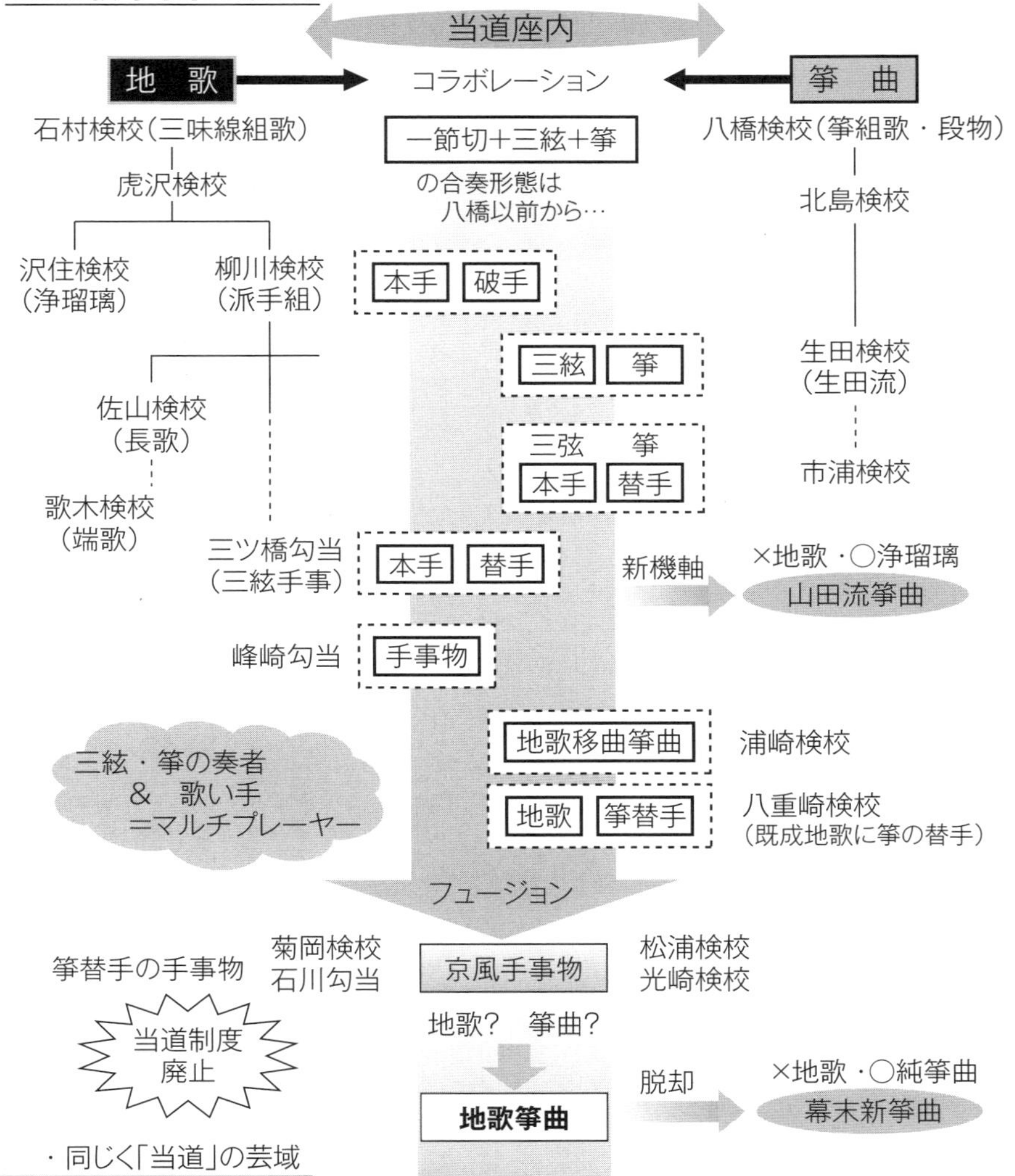

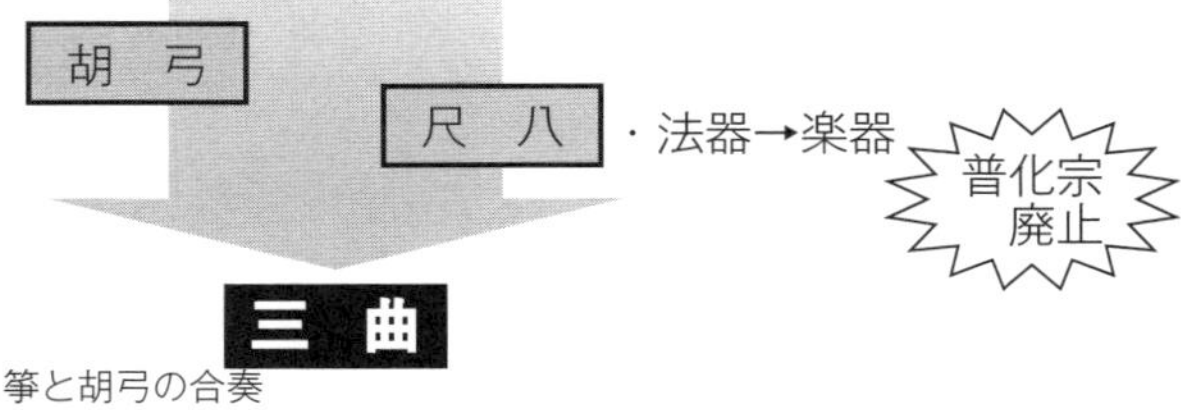

箏と胡弓の合奏
箏：富山清琴　胡弓：富山清翁
（国立劇場）［写真提供／富山清琴］

入り乱れる流派——地歌の伝承系統

箏曲では、その祖とされる八橋《やつはし》検校の活躍した時代から幕末ころまで、近世箏曲の伝承系統、いわゆる流派の流れを描くことができますが、地歌では同じように伝承系統を描くのは至難です。

地歌の祖、石村《いしむら》検校と虎沢《とらさわ》検校によって三味線組歌ができ、その孫弟子で破手組《はでぐみ》を考案した柳川《やながわ》検校によって地歌「柳川流」が創始されました。その柳川検校のさらに孫弟子にあたる早崎《はやさき》検校が「早崎流」と名乗り、柳川流を継承し京都で後世に伝承していきます。柳川のもう一方の孫弟子の野川《のがわ》検校は、三味線組歌を柳川流から野川風に改訂して大坂で「野川流」を創始しました。

柳川流と野川流は、箏曲の生田流と山田流ほどの差異はありません。柳川系が固有の「柳川三味線」を用いること、職格取得の必修曲や秘曲などに少し違いがある程度です。

地歌は、柳川流と野川流を元にして分派していきますが、そこから先は明解に描くことはできません。その理由は地歌という音楽が、箏曲と不可分になるほどに融合してしまい、伝承系統が箏曲の流派と複雑に絡みあって分派したからです。

左図にありますように、各個の地歌分流の創始者は、それぞれ別の箏曲の流派にも属しています。それが幕末ころになると、地歌と箏曲の流派とが入り乱れました。現代も「箏・三絃教室、生徒募集」などという看板に、箏・○○流、三絃・□□流と付記されているのは、こういった事情からです。

現在の伝承曲は、野川流が三十二曲、柳川流が六曲です。柳川は当初は三十六曲あったといわれます。曲名も似たものが多いのは源流が一緒だからでしょうが、聴き比べるとずいぶん違って聴こえます。

組歌から始まった地歌ですが、お座敷に進出するようになりますと、面白味を追及した流行歌《はやりうた》のようなものが喜ばれるようになり、長歌や端歌の内容より、より滑稽な題材である作物《さくもの》や器楽的な手事物などにその重点が移っていくようになります。

■地歌の伝承

三味線 改造　浄瑠璃 創始　※流派の違いは流儀でなく「三味線組歌」伝承曲の違い

石村検校 ― 虎沢検校（組歌表組 創始）

虎沢検校 ― 沢住検校 ‐‐‐‐ 浄瑠璃へ

虎沢検校 ― 山野井検校 ― 柳川検校（柳川流 創始／破手組 創始）

柳川検校 ― 浅利検校 ― 早崎検校（・京都系 早崎流 創始）

柳川検校 ― 朝妻検校 ― 野川検校（・大阪系 野川流 創始）

●地歌と箏曲の流派の関連

★京都系（柳川系）

名称	創始	箏曲流派
・上　派	（古川滝斎）	京生田流
・下　派	（松崎検校）	京生田流
・伏見派	（井原検校）	京生田流

★大阪系（野川系統）

名称	創始	箏曲流派
・菊　筋	（菊永検校）	古生田流
・富　筋	（富沢勾当）	継山流
・中　筋	（中川検校）	新生田流
・楯　筋	（楯井検校）	新生田流

★名古屋系
★九州系
★中国系

●現代の地歌系統

・大阪系　「当道音楽会」　当道制度廃止後の「地歌業組合」から発展　菊原初子
・京都系　「京都当道会」　職屋敷の廃止で結成　萩原正吟
・東京系　九州系（川瀬里子）や大阪系（富山清琴）中国系（米川文子）など上京組で数派

●伝承の規範曲（三味線組歌）　規範曲すべてを習得してプロ演奏家の資格

野川流
表　組 ＝《琉球》《鳥》《腰》《不詳》《飛騨》《忍》《浮世》
破手組 ＝《待つにござれ》《長崎》《比良や小松》《京鹿子》《下総》《くれない》《片撥》
裏　組 ＝《賤》《錦木》《青柳》
中　許 ＝《早舟》《八幡》《乱後夜》《御簾》《揺上》《名吉》《弄斎》
大　許 ＝《七つ子》《浅黄》《茶碗》《松虫》《晴嵐》《堺》《中島》《細り》

柳川流
表　組 ＝《琉球》《飛騨》　崎調＝《待つにござりた》《葛の葉》《下総細り》
中　免 ＝《早舟》

●「組歌」＝脈絡のない 小編の歌謡をいくつか組みあわせた歌曲

	歌詞原典	詞形	性格	楽曲構造	趣向
箏組歌	和歌調・今様体	高尚文語体	貴族的文学	類型的・定型	高雅で単調
三味線組歌	流行歌謡・俗謡	卑俗口語体	大衆的歌謡	自由・自在	変化に富む

本来は　家庭音楽　一般家庭の子女・ご隠居さん　三味線組歌　固定化・古典化

↓（音楽性）　↓（顧客）　↓（趣向）

やがて　座敷音楽　遊里・芸妓　役者・通人　長歌・端歌・謡物・作物　新曲・流行歌

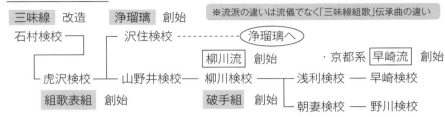

音色も、命運も哀切な楽器——胡弓

胡弓について書くのは唐突と思われるかもしれませんが、地歌との深い関係がありますので、ここで触れておきます。胡弓は邦楽器のなかで唯一の擦弦《さつげん》楽器です。胡弓の起源は左図のように他の楽器を改造したという三説がありますが、事実は不明です。

中国の擦弦楽器「二胡《にこ》」（アルフー）を胡弓と呼ぶ人が多いですが、これは誤りです。中国に胡弓という名称はなく、これらの総称は「胡琴《こきん》」（フーチン）といいます。同じ擦弦楽器ですが、二胡は二本の弦の間に弓を挿入し、弓の裏表で二本の弦を擦ります。胡弓はヴァイオリンのように弦の上から擦りますが、ヴァイオリンと違い、弓のコントロールでなく、楽器本体を回して弦を選択します。

胡弓は、当道座の楽器として地歌や箏曲同様に、独立した音楽「胡弓楽」を成立させました。当道座のなかで胡弓の流派も派生し、尺八のように、胡弓のための曲「本曲《ほんきょく》」やそれ以外の楽器との合奏のための「外曲《がいきょく》」もつくられました。しかし地歌や箏曲で合奏形式が生まれ、さらにそれが熟成される過程において、同じ当道音楽である胡弓楽は、その流れに吸収され、三曲合奏の楽器としての役割が増し、独自の胡弓楽が失われていきます。そして最終的には、三曲合奏において胡弓が担当していたポジションは、同じ持続音をもつ尺八にとってかわられることになりました。現在、三曲合奏で胡弓が演奏に加わるのは「上方舞《かみがたまい》」の伴奏の時だけというさびしさです。

胡弓の歴史の初期には放浪芸能者によって演奏される図が残っていますが、今は各地の民謡の伴奏楽器として使われる程度です。なかでも「風の盆」で有名な《越中《えっちゅう》おわら節》では、胡弓のだす哀切な響きが人気の的になっています。歌舞伎や浄瑠璃などでも《阿古《あこ》屋責《やぜめ》》の三曲シーンで胡弓が演奏されます。それ以外でも下座《げざ》音楽で、愁嘆場《しゅうたんば》をあらわすのに胡弓の哀切な音色は欠かせません。

音色もさることながら、胡弓という楽器の歴史が哀切極まりない命運を私たちにみせています。

■胡弓楽（リュート系擦弦楽器）

胡弓（地歌用）70cm
［浜松市楽器博物館蔵］

胡弓（クーチョー、沖縄）70cm
［浜松市楽器博物館蔵］

二胡（中国）
75~80cm
［若林忠宏蔵］

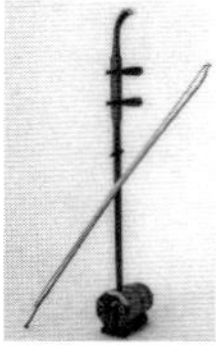

●中国に「胡弓」という楽器はない

・中国では　・名称でも…系統的にも…

胡琴 ＝ 二胡 ≠ 胡弓

●胡弓の起源

三味線
沖縄胡弓
ラベイカ
} 改造説

●胡弓楽の流れ

・江戸初期には…　　・放浪芸能者が胡弓を…　（『和漢三才図会』に）

やがて　地歌　箏曲　胡弓　当道　→　芸術音楽化

↓

独立した音楽に　胡弓楽　─ 本曲　胡弓のための専門の曲
　　　　　　　　　　　　─ 外曲　三曲合奏など本曲以外

↓

音楽的な拡がり　三曲合奏　→　地歌・箏曲・胡弓が一体化
「胡弓楽」とは呼ばれない時代に

↑

尺　八　にとってかわられ…胡弓は衰微の傾向

●現在の胡弓

浄瑠璃	『壇浦兜軍記』の「阿古屋琴責の段」の劇中で
歌舞伎	同上・歌舞伎狂言　並びに下座音楽（哀切な場面）
民　謡	「越中おわら節」（風の盆）ほか　北陸の民俗芸能に
三　曲	上方舞の伴奏場面など
その他	瞽女《ごぜ》の門付《かどづ》け　天理教の儀礼音楽の一楽器

越中八尾
おわら風の盆（2004年
［写真提供／嶋量男］

●胡弓の流派

発生系統	流派名	創始者	概　　要
東　京系	藤植流	藤植検校	弦数を4弦に、山田流歌物の伴奏を主に
大　阪系	政島流	政島検校	芸術音楽としての独奏曲「本手組」を整理
京　都系	腕先流	腕先検校	名手とされるも本曲が伝承されず断絶
名古屋系	吉沢派	吉沢検校	合奏で胡弓に独自の節付け《千鳥の曲》

ジャパニーズ・アンサンブル――三曲とは

現在、「三曲《さんきょく》」は「三曲合奏」と同じ意味で使われています。しかし本来は、「三曲」は独立した三種の音楽のことで、「三曲合奏」が三種の楽器による合奏の意味です。邦楽の世界でも「三曲」と「三曲合奏」は混同して用いられていますが、「三曲」とは、文字どおり楽曲のことで、著名なもの、重要なもの……など、格別に選ばれた「三つの曲」という意味です。洋楽の世界でも「三大交響曲」とか「三大ピアノ協奏曲」といった表現がありますが、それと同じ意味あいです。

すでに述べましたが、地歌や箏曲が様式を確立していない江戸初期に、三絃《さんげん》（三味線）、箏に一節切《ひとよぎり》の三楽器による合奏があったと、『糸竹初心集《しちくしょしんしゅう》』や『糸竹大全』に記録があります。

当時の一節切の音楽は独奏が主でしたが、残された記譜内容によると、当時のはやり歌か、踊り歌の伴奏を合奏形式で演奏したようです。これらを「乱曲《らんぎょく》」と呼んでいます。それらのなかには《六段の調》や《みだれ》の原曲のようなものが、一節切と箏・三絃で演奏されていたといいます。

八橋検校の時代からこうした合奏はありましたが、八橋は積極的ではありませんでした。生田検校の時代になって、箏と三弦との合奏が積極的におこなわれます。そして手事物など、その音楽に器楽的要素が高まってきて、それまでの撥弦《はつげん》楽器だけの楽器構成に同じ当道音楽の胡弓、つまり音が持続する擦弦《さつげん》楽器が組みあわされることで、新たな音楽表現をひろげました。

やがて明治になり、胡弓のかわりに尺八が導入され、また西洋の音楽要素が加味された三曲合奏は邦楽の一種目というより、新時代の日本音楽というステージにのぼりました。「現代の三曲」は、洋楽の作曲家がその創作に参加していますので、和音やリズムの強調といったそれ以前の邦楽にはなかった音楽要素が導入され、いわば邦楽器アンサンブルといった形式になっています。しかもそれはきわめて大編成で、また邦楽器だけでなく洋楽器すらも加わったものとなっています。

■三曲合奏　現代では「三曲」も「三曲合奏」も同じ使い方だが…

三曲	地歌	箏曲	尺八楽	三種の **音楽** の総称
三曲合奏	三絃	箏	尺八	三種の **楽器** の合奏

●三曲生成の経緯

- 17世紀前半　三絃　箏　一節切　の合奏記録が…『糸竹大全』など
- 17世紀後半　地歌　箏曲　生田流箏曲で連携強化、融合化の流れ
- ほぼ同時期　三絃　箏　胡弓　同じ当道の音楽として合奏
- 明治初期　三絃　箏　尺八　胡弓パートを尺八でも演奏

●当道・普化宗　同時廃止で　地歌・箏曲界と尺八界が大接近

新日本音楽　宮城道雄・中尾都山など

箏曲中心の新しい時代の邦楽を模索

・現代では「三曲」というより

「日本伝統楽器による大アンサンブル」

箏・三絃の合奏
箏：中能島欣一　三絃：富山清翁
（昭和51年2月　名古屋御園座）
［写真提供／富山清琴］

●邦楽の…もう一つの「三曲」　伝承上、格式が高くて重要な三つの楽曲

- ［琵琶］…《流泉》《啄木》《楊真操》
- ［平曲］…《剣の巻》《宗論》《鏡の沙汰》
- ［能］……《初瀬六代》《東国下》《西国下》
- ［箏曲］…《四季曲》《扇の曲》《雲井曲》
- ［尺八］…《虚鈴》《虚空》《霧海篪》

洋楽の［三大］ヴァイオリン協奏曲
- ベートーヴェン
- ブラームス
- メンデルスゾーン

現代曲の演奏《詩曲一番》　箏の世界
〈糸の響き――時間を超えて〉
箏：米川敏子（1990年，石川県文教会館）
［写真提供：米川敏子］

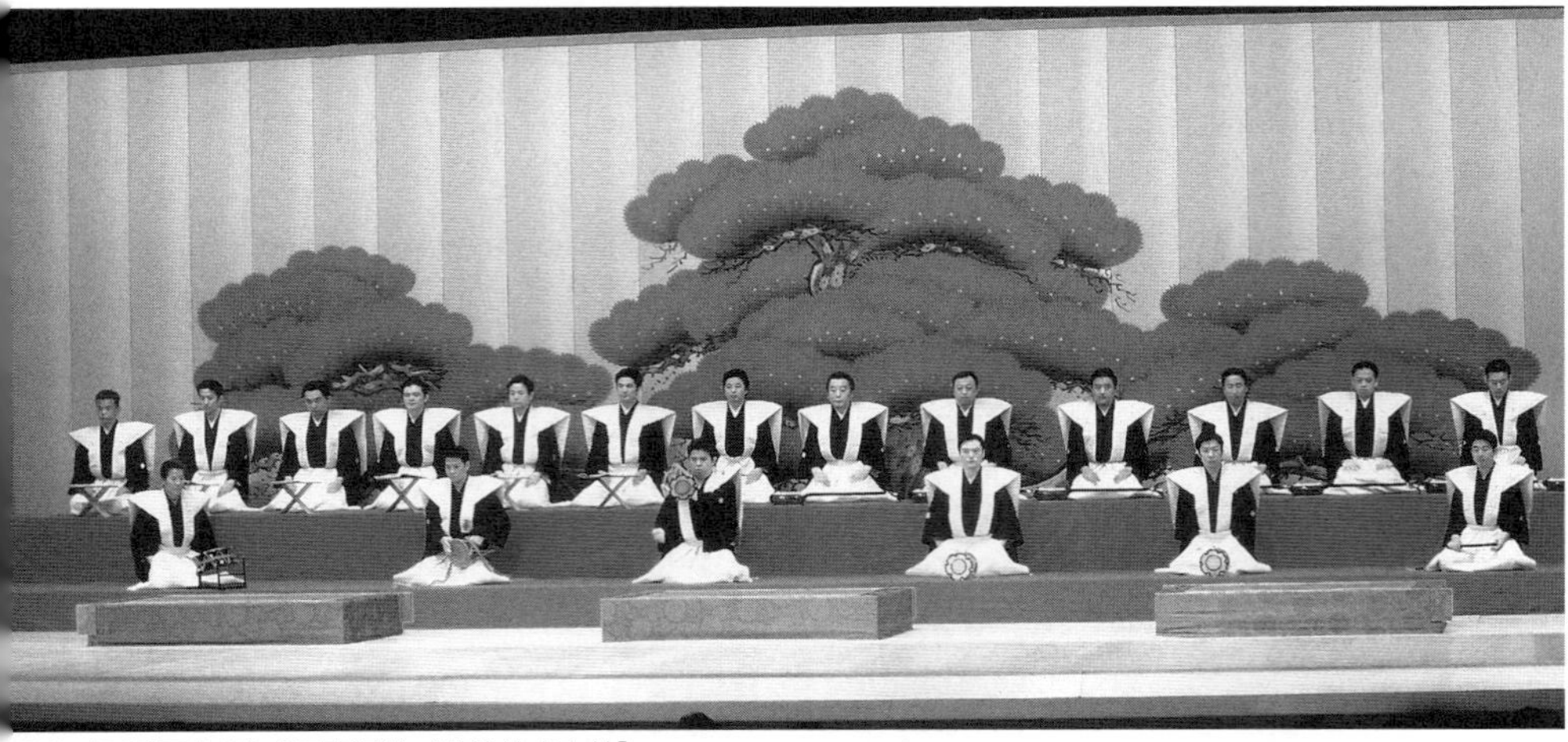

長唄（239頁参照）［写真提供／松竹株式会社］

第九章

三味線楽

その2・浄瑠璃

文楽じゃない？——浄瑠璃の構造

「浄瑠璃《じょうるり》」と聞いてピンとこない人も、「文楽《ぶんらく》」と聞けば「ああ、人形芝居」とイメージできるでしょう。文楽という名称は、明治以降になってから使われたもので、正式には「人形浄瑠璃《にんぎょうじょうるり》」といいます。

浄瑠璃は、三味線を伴奏にして物語を語る「語《かた》り物《もの》音楽」の一種です。最初に語られた題材が『浄瑠璃姫物語』であったために、こうした三味線伴奏の語り物を「浄瑠璃」と呼ぶようになりました。

浄瑠璃は「人形浄瑠璃」と「歌浄瑠璃」の二つに分類できます。人形浄瑠璃は現在の文楽です。歌浄瑠璃は人形と関係なく、歌舞伎舞踊などに使われる、歌に近い語り物音楽のことです。

人形浄瑠璃は、竹本義太夫《たけもとぎだゆう》という名人が、それまでの人形浄瑠璃の舞台演出を大幅に変えたため大人気になります。この義太夫節を「今の時代」のものという意味で「当流《とうりゅう》」と名づけましたので、それ以前のものは「古流」、または「古浄瑠璃《こじょうるり》」と分類・呼称されるようになりました。

歌舞伎に進出した歌浄瑠璃は、やがて舞台ではなく遊里《ゆうり》のお座敷などでも用いられるようになります。こうしたことから歌浄瑠璃も、舞台を主とする「歌舞伎浄瑠璃」と宴席用の「お座敷浄瑠璃」（またの名を「肴《さかな》浄瑠璃」）と、二つに分類されるようになりました。

浄瑠璃という名称は、三味線伴奏の語り物という「音楽種目」の用語であると同時に、「人形」をつけず単に「浄瑠璃」といっても人形浄瑠璃、つまり文楽を意味します。文楽では、物語を語る「太夫《たゆう》」とその伴奏の「三味線奏者」がいますが、太夫のことやその語りも「浄瑠璃」と表現します。現代の大阪では、浄瑠璃といえば「義太夫節」、あるいはそれで演じられる人形芝居のことも意味しています。

江戸末期の大坂で、植村文楽軒《うえむらぶんらくけん》という興行主が「文楽座」という名前の人形浄瑠璃の常設劇場を開設したことから文楽と呼ばれるようになったといわれます。しかし「文楽」となるまでは、さまざまな名前で呼ばれてきましたから、初めての人はますます混乱します。

■浄瑠璃とは

『浄瑠璃姫物語』を起源とする
三味線伴奏による　近世の「語り物」芸能 ならびに その曲節

・近世的·庶民的性格をもつ音楽·文学·演劇の融合芸能で
能・歌舞伎にならぶ日本三大国劇の一つ

●浄瑠璃の分類

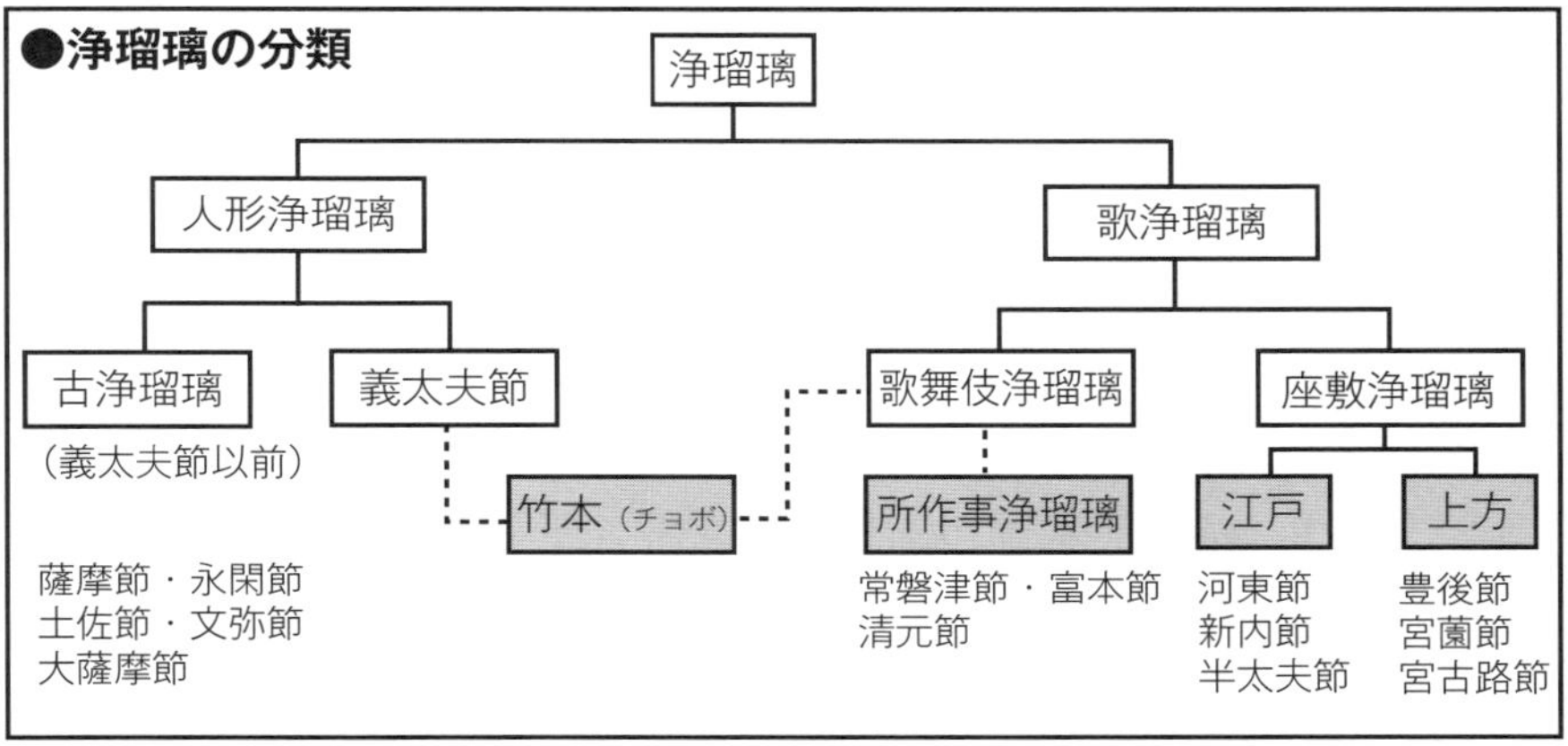

浄瑠璃 という言葉、四通りの意味が…

- 音楽分類　・三味線音楽の「語り物」ジャンル　義太夫節・常磐津節など
- 芸能種目　・操り人形と浄瑠璃による芝居のこと　いわゆる「文楽」
- 役割機能　・太夫ならびにその「語り」　三味線方または伴奏の名称
- 地域通称　・義太夫節の代名詞　特に大阪地区だけの理解ではあるが

●浄瑠璃と文楽…名称の変遷

☆江戸期　（語り－浄瑠璃主導の時代）
「操り」「操り浄瑠璃」「浄瑠璃操り」
☆明治期　（人形の存在、視覚性）
「人形入り浄瑠璃」
「浄瑠璃人形入り芝居」
☆大正・昭和期　（物語性と演劇性）
「人形浄瑠璃」
☆現代　（伝統芸術の認識）
植村文楽軒「文楽座」　→　「文楽」

●『浄瑠璃姫物語』の概要

★室町前期（15世紀）に三河（現愛知）一帯で流布された説話　物語草子となって『十二段草子』『浄瑠璃十二段』の別称も
★本来は三河の巫女が語った女主人公の鳳来寺「峰の薬師」の霊験譚といわれる
★物語　金売吉次と奥州に下る牛若丸が矢《や》作《はぎ》宿（現岡崎）の長者の娘「浄瑠璃姫」と結ばれる恋物語　雅びな恋の口説や姫の献身的な姿が好まれて広く流布

語り物のビジュアル化——人形浄瑠璃誕生

浄瑠璃は、現在の文楽のように、最初から三味線や操《あやつ》り人形と一緒に用いたわけではありません。

浄瑠璃以前にも、琵琶《びわ》で語る「平曲《へいきょく》」、舞いながら物語る「幸若舞《こうわかまい》」、門付《かどづ》けで語る「説経節《せっきょうぶし》」などの語り物はありました。しかし諸行無常の平家物、殺伐な軍記物、悲惨な霊験物《れいげんもの》にくらべ、『浄瑠璃姫物語』は牛若丸と美女のラブ・ロマンス物ですから、見物側だけでなく、平曲の当道《とうどう》までがそのおもしろさから浄瑠璃に移行するようになりました。最初は琵琶や、扇拍《おうぎびょう》子《し》などで語っていましたが、当道によって改造された三味線が伴奏に用いられるようになり、ますます華やかな芸能になります。原作はドラマチックにリメークされ、語りに節をつけて音楽性を高め、物語の筋をビジュアル化するために、操り人形に芝居をさせて語るようになります。人気が出ると、演ずる太夫《たゆう》も増え、独特の語り口やフシを創始して「○○節」と呼ばれる名人の太夫が多くあらわれるようになります。このころになると三味線奏者も当道の地歌系ではなく、浄瑠璃専門の奏者が生まれます。大坂は道頓堀、京は四条河原、江戸は堺町（今の人形町）あたりに常設の小屋ができて興行が打たれます。そうなると、誰もが同じ『浄瑠璃姫物語』を演ずるわけにいかなくなり、客が喜びそうな新しい演目を扱うようになりました。

なかでも「金平《きんぴら》浄瑠璃」と呼ばれる豪傑物が大ヒットします。これは、坂田金時《さかたきんとき》の子「金平」の物語で、四天王などの豪傑が奇想天外な活躍をする武勇物です。これら武勇物は、全国的に語られるようになり、浄瑠璃だけでなく歌舞伎にまで影響を与えました。

しかし、古浄瑠璃の時代ですので、現代の文楽のように担当者が持ち場ごとに分かれる、分業システムはできていません。人形遣いはもちろん一人、場合によっては太夫が人形を遣いながら語る、という一人二役もある素朴な形態であったといわれます。

語りの内容も後代と比べてシンプルで淡々としたものであっても、当時の民衆にとっては、最大の娯楽であったことは間違いありません。

■浄瑠璃の生成

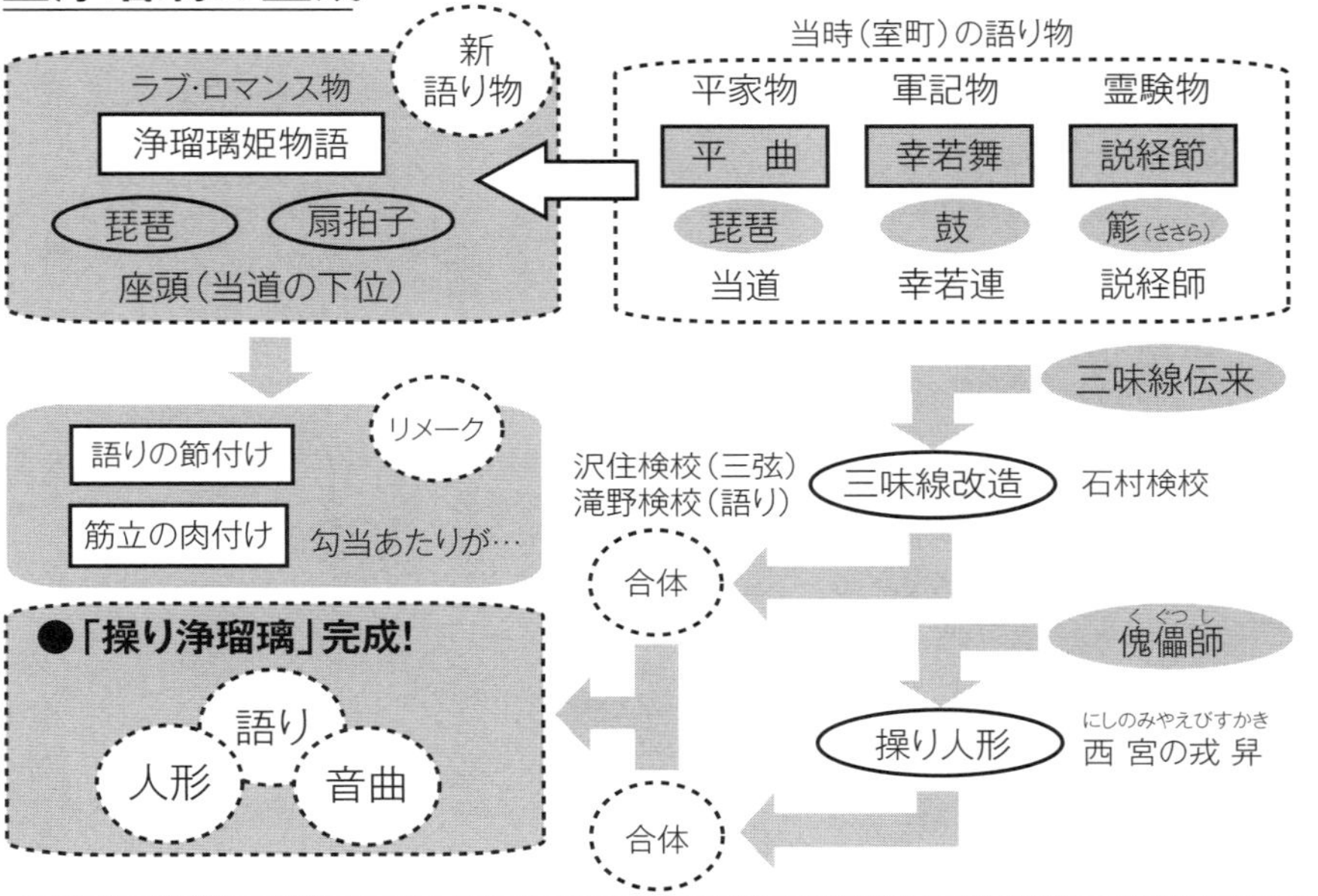

そして三都（京・大坂・江戸）に独特の「節」をもつ太夫が続々と出現

★ここまでを…「古浄瑠璃」（古流）と呼ぶ

●古浄瑠璃の演目　《浄瑠璃姫物語》以外

- 中世的な色彩の強いもの　《阿弥陀胸割（あみだのむねわり）》《牛王姫（ごおうのひめ）》
- 高僧の霊験談　《親鸞記（しんらんき）》
- 義経物や曾我物　《高館（たかだち）》《八島》《小袖曾我》
- 没落豪族の哀話や御家騒動物　《はなや》《むらまつ》《安口（あぐち）の判官》
- 「幸若舞」の曲目　《鎌田（かまだ）》《敦盛（あつもり）》

★明暦～寛文(1655-73)　題材が一変！　近世の演劇的な手法で大人気に

金平浄瑠璃《きんぴらじょうるり》　登場　坂田金時の子の金平（きんぴら）という豪傑が奇想天外な大活躍をする四天王の武勇物

●古浄瑠璃の語り・詞章・人形

- 基本は六段形式　筋の展開の仕方も舞台で演出可能
- 詞章も七五調をまじえた平易な文体
- 三味線方は「地歌」の当道たちが応援出演（当初）
- 操りは一人遣い　太夫が人形を遣いながら語った例も（当初）

発展途上芸能？——古浄瑠璃

左図は、古浄瑠璃のうちの主要な浄瑠璃の伝承経路を示したものです。この図に取り入れていない節（流派）はまだありますし、中間の伝承者も図の煩雑さを避ける意味で代表的な人だけを取りあげ、あとは割愛しました。この系譜から気づくのは、「〇〇節」と一流を成しながら、その弟子がまた別流を興して、それらが一代一流で消滅してしまっていることです。

家元《いえもと》制度といった、流儀の伝統にうるさい邦楽の世界にあって、弟子たちが新流を興しているのは興味深いものがあります。それぞれの新流は、師匠の節（＝曲調）をベースに、独自の工夫を凝らして新流となったものですが、なかには門弟が師匠の節（流派）を呑み込むような例もあります。たとえば「半太夫節《はんだゆうぶし》」などが断絶しても、その節は「河東節《かとうぶし》」に残るといったことです。このような例はあちこちに見られます。

こうした現象は、浄瑠璃界での伝統や師弟関係が無節操だったためでなく、人形や三味線などが途中で加わるなど、浄瑠璃がまだ発展途上の芸能で、太夫側も常に改変を迫られていた時代であったがゆえという見方もできます。また浄瑠璃としては継承されなくても、他の芸能や種目、たとえば地歌《じうた》（繁太夫節《しげたゆうぶし》、半太夫節、永閑節《えいかんぶし》）や長唄（大薩摩節《おおざつまぶし》、外記節《げきぶし》、金平節《きんぴらぶし》）、歌舞伎下座《げざ》音楽（肥前節《ひぜんぶし》、河東節）、そして義太夫節（角太夫《かくだゆう》節《ぶし》、文弥節《ぶんやぶし》）などとして、曲節の一部や丸ごとが移行されているのもあります。これらのことも、古浄瑠璃時代が芸能としては変容の途上にあったことを物語っています。

図の中に京・大坂（この時代は大阪ではない）・江戸の印がありますが、これは主たる活躍の場を意味しています。豊後節のように生まれたのは京でも、江戸が活躍の中心なら江戸としています。この時代、京・大坂・江戸の三都間では、こうした文化交流や人的移動が頻繁であったあかしです。竹本義太夫も正式には筑《ちく》後掾《ごのじょう》といいました。筑後は国名です。「掾《じょう》」が昔の官位の名称で大掾《だいじょう》、掾、少掾《しょうじょう》の三階級があります。藩の大名がパトロンであったことがわかります。

■古浄瑠璃の系譜

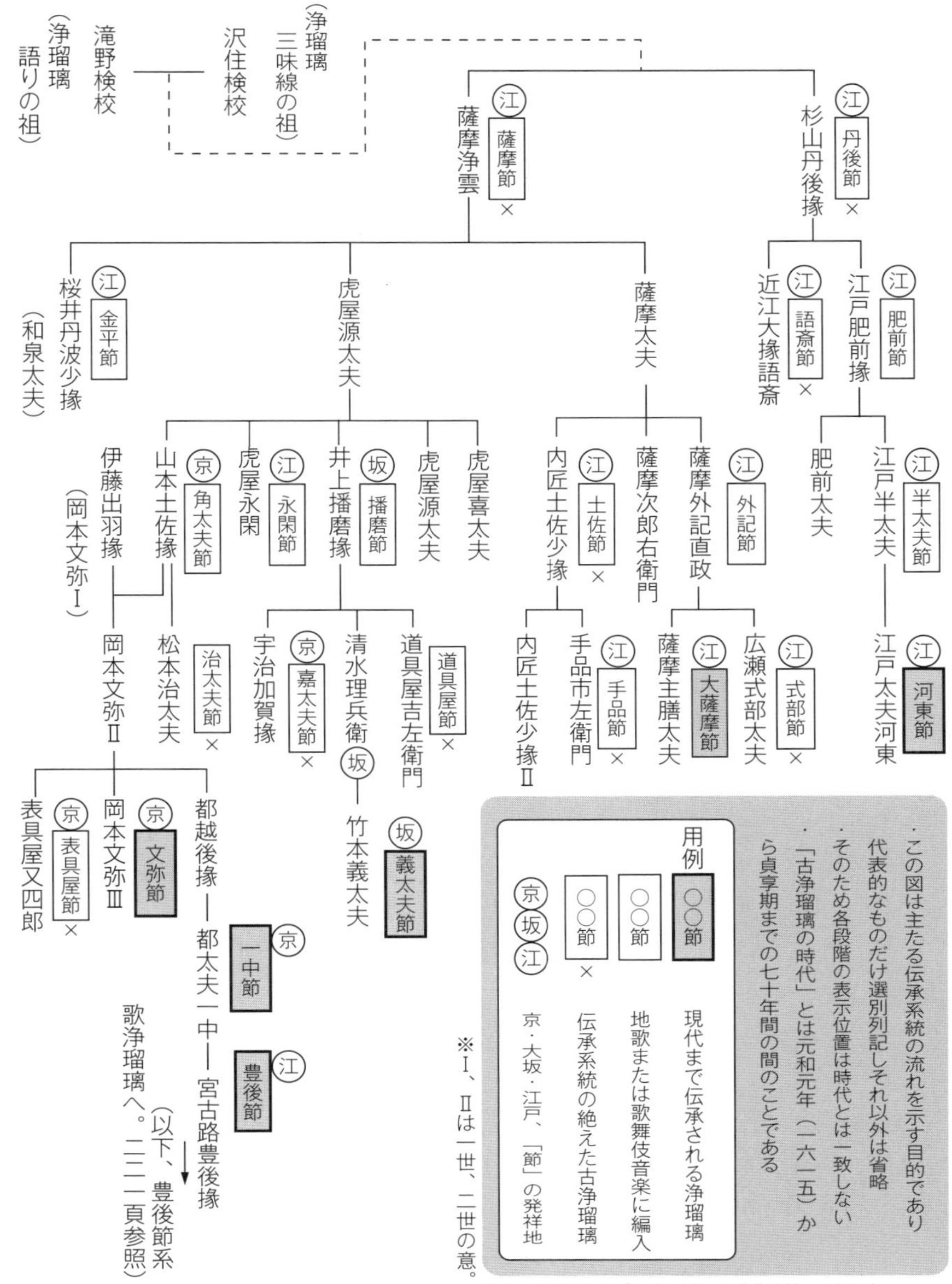

参考：山川直治『邦楽の世界』（講談社、1991）

エポック・メーカー——竹本義太夫

義太夫節がその新規性から「当流《とうりゅう》」（現代風）と名乗りましたので、音楽史ではそれまでの浄瑠璃を「古《こ》流《りゅう》」（古浄瑠璃）と呼ぶようになります。簡単にいえば、「義太夫節」の革新性が、人形浄瑠璃のスタンダードになり、それ以外の「節《ふし》」（流派）は衰退してしまいました。

義太夫のポイントは、まず「語《かた》り口《くち》」の新しさです。詞《ことば》を写実的に語り、地《じ》の文も詞章にあわせて綿密に節《ふし》付《づ》けをし、ドラマ性あふれるものとなりました。そうしたことが可能になったのも、近松門左衛門という義太夫の「竹本座」専属の劇作家がいて、義太夫のために話題性のある新作を数多く書きおろしたためです。なかでも「世話物《せわもの》」という新ジャンルの提案は、人形浄瑠璃の世界を変えてしまうほどのものでした。

また三味線も、義太夫の迫力ある語りにまけない太《ふと》棹《ざお》三味線が用いられ、フシの伴奏だけでなく、合の手や劇的な効果を高める多彩な演奏を展開しました。さらに人形の動きも迫真的になって展開されるため、単なる語りでなく演劇そのものです。

その後、義太夫の門弟でもあった豊竹若太夫《とよたけわかだゆう》が、同じ道頓堀に「豊竹座《とよたけざ》」を開設、両座の競いあいは、人形浄瑠璃の人気をさらに高めることになります。義太夫節の革新はその後も続きました。人間の動きを超えるとまでいわれた人形の「三人遣《さんにんつか》い」、三業《さんぎょう》が舞台上での「出語《でがた》り・出遣《でづか》い」、そして近松亡き後も並木宗《なみきそう》輔《すけ》らによる上演作品の合作体制などがそうです。《義《よし》経千本桜《つねせんぼんざくら》》など三大名作が次々と上演され、他の浄瑠璃は無論のこと、歌舞伎ですら「無きが如し」といわれるまでの芸能になりました。

こうした絶えることのない工夫、それぞれが持ち場に専念する「分業体制」によって、義太夫節という近世の総合舞台芸術が完成します。こうなれば今までの浄瑠璃との違いに民衆の人気が集まるのは当然で、「義太夫は人形浄瑠璃の代名詞」となります。

永い日本音楽史上で、個人の名前が一つの音楽ジャンル名にまでなったのは、竹本義太夫だけです。

■義太夫節（当流）デビュー

貞享元年（1684）　道頓堀 ★「竹本座」旗揚げ！　→ 革新的舞台 → 古浄瑠璃退潮

●革新性のポイント

芸　風	語り物本来の叙事性　＋　演劇的要素　＝　総合舞台芸術
曲　節	写実的語り・綿密な節付け・優美･哀調･豪快に劇的緊張感
作　家	座付き作家・近松門左衛門による新趣向「世話物」の考案
効　果	太棹三味線採用による演出効果（伴奏・合の手・効果音）
三位一体	息のあった三業（太夫・三味線・人形）による迫真の人形芝居

近世
総合舞台芸術

人形遣い	辰松八郎兵衛
太　夫	竹本義太夫
三味線	竹沢権右衛門
脚　本	近松門左衛門
座　元	竹田　出雲

●同じ大坂・道頓堀界隈に…「両座対抗時代」の相乗効果で一層の活気！

競合
- 竹本座　竹本義太夫（二世）－「西風」　質実剛健・男性的
- 独立 → 豊竹座　豊竹若太夫（初世）－「東風」　華やか・女性的

●さらに新機軸を展開

三人遣い	人形の、より写実的な動き
演　出	出語り（太夫）・出遣い（人形）
合　作	集団体制による新・作劇法

●浄瑠璃三大名作

《菅原伝授手習鑑(てならいかがみ)》
《義経千本桜》
《仮名手本忠臣蔵》

「歌舞伎は無きが如し…」

□竹本義太夫（1651－1714）

- 大坂天王寺村の浄瑠璃好きの農夫で名を五郎兵衛
- 趣味が嵩じ井上播磨掾（はりまのじょう）の門弟の清水理兵衛に入門
- 五郎兵衛→清水（きよみず）理太夫→竹本義太夫と改名
- 京の宇治嘉太夫（のち加賀掾）のワキを語ることに
- 播磨節に加賀節の技法･曲節を摂取して独自の芸風を
- 名戯作者近松と共に人間を語る近世的な浄瑠璃を確立

筑後掾（竹本義太夫）肖像
［東京大学駒場図書館蔵］

江戸時代のワイドショー——近松門左衛門の演出

人形浄瑠璃は、太夫と三味線と人形の三者が一体になって物語を進行させます。これを「三業《さんぎょう》」と呼んでいます。それぞれ三者が他の動きにあわせようとすればするほど進行がうまくいかなくなるといいます。

人形遣いは首《かしら》や身体の動きを担当する「主遣《おもづか》い」、左手の「左遣い」、足の「足遣い」の三人の共同作業です。太夫、三味線、人形遣いの計五人の呼吸《いき》がピタッとあってすばらしい世界をつくり出すので、よく「呼吸の勝負」といいます。人形遣いが三人なので観客にとって観る邪魔になると思いますが、まったく気にならず、人形しか見えなくなるので不思議です。

義太夫と近松門左衛門の合作による最大のヒットは「世話物《せわもの》」の創造です。「世話」とはうわさ話、世間話という意味です。実際に当時発生して、人々の興味を引いた心中や姦通事件などを題材にしました。いわば現代のTVのワイドショーと同様ですので、民衆の人気を呼ぶのは当然です。世話物の登場によって、昔の時代の物語は「時代物《じだいもの》」と呼ばれ、一日の興行にその両方がかかるようになります。時代物は五段、世話物は一段構成です。どちらも事件の起承転結が巧みに組み込まれている構成です。これが劇作家である近松のすごいところで、同時代のシェークスピアと対比されて評価されるのも当然です。当時の人形浄瑠璃は、ほぼ一日がかりで上演されます。ドラマチックな緊張感あるものばかりでは観るほうも疲れます。そのために観客の気分を換える意味で「景事《けいごと》」という舞踊劇のような一幕があります。これらは「道行《みちゆき》」ともいわれ、旅中の場面などに歌やお囃子に舞踊が入ってにぎやかに見せるのが通例でした。近松はこれを大転換します。

世話物《曽根崎心中《そねざきしんじゅう》》で見せた道行は、追い詰められた相愛の男女が死に場所を求めてさまよう「死の道行」にします。そこで見せる人形の舞踊的ともいえる動き、それを際立たせる太夫のオーバーなクドキ、三味線の効果は観客を劇の世界に引き込みます。

現代でもなおその演出効果には驚かされるのですから、当時の観客が熱狂するのは当然です。

■人形浄瑠璃の種類と構成

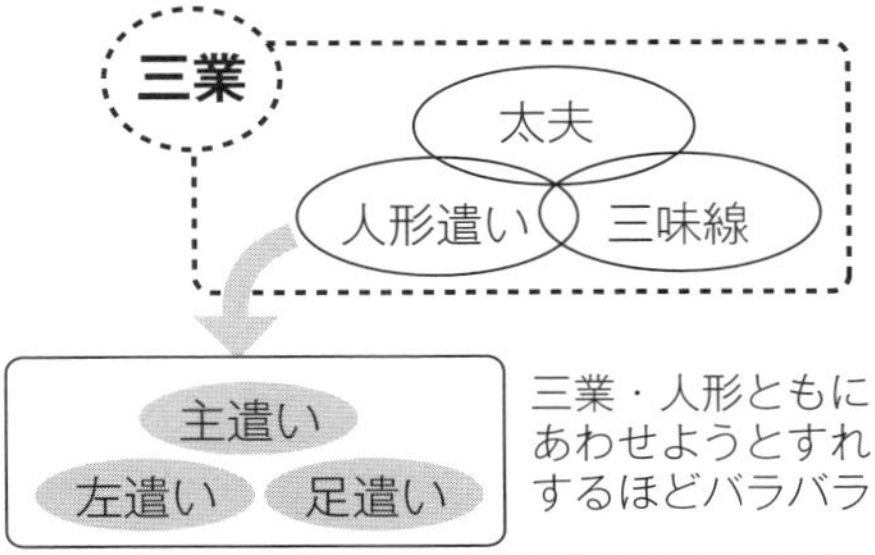

三業・人形ともに
あわせようとすれば
するほどバラバラに

《曽根崎心中》「天神森の段」
手代徳兵衛：吉田玉男、天満屋お初：吉田簑助
（平成 13 年 5 月　国立劇場）

時代物　江戸期以前の時代の物語
世話物が出現以前の浄瑠璃の定型

●題材　公卿や武家がおこす事件
《曽我物》《判官物》《お家騒動物》

●五段構成
一段目…事件の発端
二段目…事件の展開
三段目…悲劇の頂点
四段目…新たな展開　見せ場(道行)
五段目…解決・大団円または破局

世話物　江戸期を当世とする現代劇
《曽根崎心中》を代表の当世の事件物

●題材　町人社会　特に商家や遊里
《心中物》《処罰物》《姦通物》

●三巻構成（一段物で上中下の構成）
上巻…事件の発端
（金銭のいざこざなど）
中巻…事件の展開
（一応の解決と新局面）
下巻…事件の悲劇的終焉
（心中・処罰など）

景事　または「道行（みちゆき）」

・劇的・叙事的な場面に対して叙情的な場面のことで　観客を視覚・聴覚の面から楽しませる趣向　四段目の1場面
・背景は道中が　人形の衣装は華やかで美しく音楽も賑やかな旋律で舞踊風
・世話物で「道行」といえば死出の旅路のことでそれがまた見せ場になった

《曽根崎心中》「天満屋の段」
床一大夫：豊竹嶋大夫、三味線：鶴澤清介
（平成 13 年 5 月　国立劇場）

□近松門左衛門（1653−1724）

・越前は福井藩士の次男　本名を「杉森信盛」という
・武士を捨て　宇治嘉太夫の元で浄瑠璃作家見習に
・処女作は《世継曽我》　義太夫と組み《出世景清》を
・歌舞伎に移り坂田藤十郎の《傾城物》を多数創作す
・竹本座に戻り　世話物《曽根崎心中》で大当たりをとる
・義太夫亡き後も《国性爺合戦（こくせんやかっせん）》など
ヒット作を連発

近松門左衛門肖像（早稲田大学演劇博物館所蔵，00287）

べんべん、義太夫節でござ〜い——その様式と特徴

義太夫がデビューしたころの古浄瑠璃は、その個性の違いを節回《ふしまわ》しに求めたせいか、歌い物的要素が濃厚になっていたといわれます。義太夫節は基本的には古浄瑠璃以来の音楽様式を土台としていますが、近松の作風もあって演劇的要素が増大し、語り物本来の物語性をしっかり守っています。具体的には、義太夫節では登場人物の行動、心理、状況などを述べる部分に「語り」の性格が、また人形にかわってセリフをいう部分は「劇」の性格があらわれます。

義太夫節の曲節《きょくせつ》は、旋律《せんりつ》的な「地」と、写実的な会話風の「詞」、そしてその中間的な「色」の三つによって構成されています。それらは情景や場面によって、さらに細分化された曲節が定められ、それに沿って語られていきます。登場人物のやりとり、その心理描写や状況解説などがあるところでは聴きとりやすいシラビックで、あるところでは旋律にのったメリスマ調でと、語り口にも緩急の変化があります。また語り口は、非常に写実的であるかと思えば、極端に誇張された表現などもあり、それらが巧みに入り混じり不思議に調和しているのが、義太夫節の様式であり特徴です。

こうした名調子で語られる題材は、世話物であれ時代物であれ、当時の社会制度や封建的道徳と人間性との相克をテーマにした悲劇的なものが多く、観客からすれば知らぬ間に物語の筋のなかに引き込まれ、知らずと登場人物に感情移入をしてしまいます。まさに「一世を風靡する」とはこのことでしょう。

太夫の語りがそうなら、義太夫の三味線もまた特別な音世界をつくり出します。よく三味線の擬音をチン・トン・シャンと表現しますが、義太夫三味線は、ベンベンという擬音で表現します。この野太い音色で、ある時は繊細な音色を創出するかと思えば、撥《ばち》を胴皮に叩きつけるようにして激しい音の世界をつくり出し、太夫の語りに調和させます。

浄瑠璃の太夫と三味線は夫婦にも擬せられますが、それほどに呼吸《いき》のあった一体感が必要なのが義太夫節なのです。

■義太夫節の様式

- 古浄瑠璃 → 歌い物的要素⬆
- 義太夫節 → 語り物的要素➡　演劇的要素⬆（地の文＜会話の文）

義太夫節の曲節　セリフ（＝演劇性）は状況説明・心理描写（＝語り物性）

- 地（じ）※1　三味線の伴奏を伴い　旋律をつけて語る曲節
  旋律の美しさを追求のため全体的にメリスマ（一字多音）調
  - 地※2　地の中でも義太夫節が独自に編み出した旋律的曲節
  - 節　他の音楽種目から場面の必要に応じ取りいれた旋律
  - 地色　三味線はアシラウ程度で非旋律的な色がかった地
- 色（いろ）　「地」と「詞」の中間的存在で独特な曲節　「地」から「詞」へ移動する際にスムーズに移りやすく節付けがされた曲節の部分
- 詞（ことば）　三味線伴奏の有無に限らず旋律をつけず写実的に語る曲節
  内容をわかりやすく伝える目的でシラビック（一字一音）調
  - 詞　劇のセリフ（会話）部分　三味線伴奏なしの写実的
  - 序詞　「大序」の冒頭で語る言葉　抑揚をつけず素読風に語る
  - 詞ノリ　三味線を用いてノリ拍子に乗ってリズミカルに語る

●上図に「地」が数か所ある。※1は「地」または「地合（じあい）」と呼び広義の地のこと
※2の地は狭義の地のことで語り口の分類は研究者によってさまざまな説がある

義太夫節の語り口　肚（はら）から声を　理解しやすく「情を深く語る…」

- 語り分け　老若男女・多数の役を太夫が一人で写実的に語り分ける
- 音（おん）遣い　シラビックな語りとメリスマな語りの混在をスムースに移行
- 写実／誇張　詞章はリアルでクリアに　泣き・笑いなど表現はオーバーに
- アクセント　登場人物の出身地の方言にするも「訛らず」大阪弁を基本に
- 声質／声量　美声よりも甲乙の音域の広さと　豊かな声量がポイント

義太夫節の三味線

太棹

弦・皮・駒・撥

- 伴奏　語りの旋律に沿って弾く伴奏
- 合の手　語りの合間に弾かれる小旋律
- BGM　長い詞の雰囲気を盛りあげる
- 効果音　立回りなど人形の動き演出効果

→ 繊細な音色から弦のみならず胴の皮まで叩く多種多彩な奏法

次々と新機軸を打ち出す義太夫節に圧倒された人形浄瑠璃界は、古流の様式ではもう対抗できません。影響を受けて古浄瑠璃は、歌い物的な要素が濃厚な「節」が多くなり始めました。

同じ語り物である「平曲《へいきょく》」の場合、法師《ほうし》の語り句が切れるときに、琵琶は装飾的に掻き鳴らされる程度ですが、義太夫の影響を受けた浄瑠璃の世界では、三味線は語りに併行して華麗な旋律を奏でるようになり、太夫《たゆう》もフシの多い歌曲性を帯びた語りになります。やがてこうした変化のあった浄瑠璃の系統は、人形芝居だけでなく歌舞伎の舞台にもその活躍の場を広げます。

元禄期の歌舞伎は、まだ音楽的に未成熟で長唄《ながうた》も様式が定まっていないものでしたので各種の演出（出端《では》、道行《みちゆき》、荒事《あらごと》など）の背景音楽として、浄瑠璃は格好のものとなりました。元々が「語り」であり、起承転結の筋を持った浄瑠璃です。特に時代物の五段構成、すなわちオキ（置）、道行、クドキ、踊り地、段切《だんぎり》（またはチラシ）というストーリー性のある歌浄瑠璃《うたじょうるり》は、同じ物語性を求める歌舞伎舞踊にとってなくてはならないものになります。

こうして浄瑠璃は、本来の語り物として伝統的な「人形浄瑠璃」と、歌曲的な様式の「歌浄瑠璃」に性格が分かれていきます。義太夫節以外の人形浄瑠璃系はほとんどが衰退の憂き目を見ることになりました。それらの一部は、地方芸能としてわずかに古流の語り物の伝統を伝えることになります。

歌浄瑠璃は、それらのすべてが歌舞伎舞踊に適合するわけではありません。舞踊独特の間《ま》の取り方など、舞踊の要求にあわないものは、舞台で使われないようになります。それらは遊里《ゆうり》などの座敷音楽となって活動場面を求めていきます。その結果、歌浄瑠璃も「歌舞伎浄瑠璃」と「座敷浄瑠璃」（肴《さかな》浄瑠璃とも）に分かれます。

浄瑠璃の創始期に三味線で参加した「地歌《じうた》」は、こうした浄瑠璃と相互交流を続け、なかには地歌の一流派に吸収していくことになりました。

■歌浄瑠璃の誕生

●「義太夫節」が浄瑠璃界を圧倒…

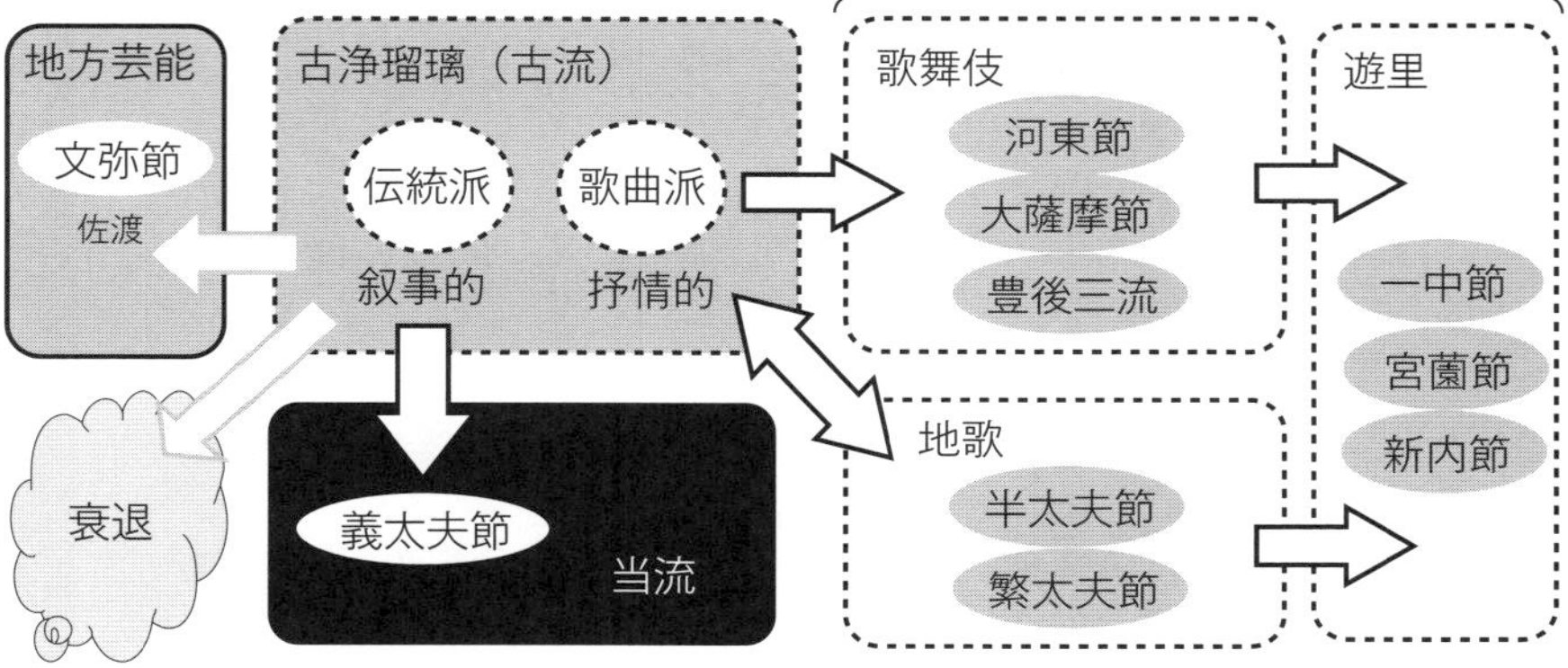

●浄瑠璃の三味線歌曲化　　　　　歌浄瑠璃

平　曲	琵　琶	→	句の切れ目の間奏法
浄瑠璃	三味線	→	語りに併行する伴奏

★古浄瑠璃末期　「語り物性」 ⇨ 「歌曲性」

特に江戸の「河東節」や京の「一中節」はその系統となり「歌浄瑠璃」に転成

大坂の「義太夫節」は演劇的効果重視で歌曲性偏重を抑制した「語り物」

●歌舞伎界　新しい音曲ニーズ　　　　歌舞伎浄瑠璃

★舞踊の地（伴奏）

基本構成の五部分

- オキ（置　前奏あるいは前弾き　全体の雰囲気を表す）
- 道行（主要人物が登場する場面）
- クドキ（その曲の主題　具体的には聞かせどころ）
- 踊地（手踊りなどリズミカルに踊る場面）
- 段切（最後の締めくくり　あるいは主人公の退場など）

★BGM（他《よ》所《そ》事《ごと》浄瑠璃）

●舞台からお座敷へシフト　　　　座敷浄瑠璃（別名）

・歌舞伎のヒット曲が宴席にもちこまれ座敷歌に
・歌舞伎舞踊の要求に不適なためお座敷が主舞台
・宴席舞踊の地や操り人形劇の聞かせどころを

座敷浄瑠璃・慰み浄瑠璃
肴浄瑠璃・略（やつし）浄瑠璃
一口浄瑠璃・見取浄瑠璃

歌浄瑠璃の一大ファミリー——豊後節系

古浄瑠璃時代は、まさに群雄割拠で新旧とりまぜた「〇〇節」の乱立状態でしたが、十八世紀初めには、大坂の義太夫節、京の一中節《いっちゅうぶし》、江戸の河東節《かとうぶし》と三都の代表的な三流に絞られてきます。このうち江戸節《えどぶし》ともいわれた河東節は、その師匠筋の半太夫節《はんだゆうぶし》、肥前節《ひぜんぶし》の曲節を吸収して、歌舞伎舞台にあがりましたが、やがてお座敷のほうが専門になりました。当初は庶民に人気があったのですが、富裕な層に偏向してしまい、旦《だん》那芸《なげい》以外としては衰退していきます。なお河東節は山田流箏曲に影響を与えたことは「箏」の項（一七〇頁参照）でも記述しました。

宮古太夫一中の一中節は、岡本文弥《おかもとぶんや》の「泣き節」の系統も引き、叙事的な語りというより音楽本位の叙景的なものでした。よって初めから座敷浄瑠璃になりました。一中節は単調という評価もありますが、「上品な気分を出す時には一中節の旋律を」といわしめたほどに一時代を形成します。そんななか宮古太夫の門人の宮古国太夫半中《くにだゆうはんちゅう》（後の豊後掾《ぶんごのじょう》）は、独立して半中節（国太夫節、宮古路節とも）を創始し、実際の心中事件をモデルとした《睦月連理護《むつまじきれんりのたまつばき》》で大人気を博します。あまりの人気で豊後掾の髪型（文金風《ぶんきんふう》）と長羽織《ながばおり》が飛ぶように売れました。しかし江戸で心中や家出が頻発したのも「豊後節のせい」ということになり、劇場出演が法度となり失意のうちに江戸を去り、没します。

その悲劇の後も門人たちによって系統は残ります。豊後掾の筆頭門人であった宮古路文字太夫《もじたゆう》（後の常磐津文字太夫）は「常磐津節《ときわずぶし》」を、そのワキの常磐津小文字太夫こと富本豊前太夫《とみもとぶぜん》は「富本節《とみもとぶし》」を、そのまた門人の清元延寿太夫《きよもとえんじゅ》は「清元節」を生み出し、「豊後《ぶんご》三流《さんりゅう》」といわれ歌舞伎舞踊の音楽として新境地を開き現代まで続いています。また「流し」という独特の演奏形態を創始した「新内節《しんないぶし》」も、豊後掾の直門の弟子、富士松薩摩《ふじまつさつま》、鶴賀新内《つるがしんない》と続く座敷浄瑠璃系統です。

京時代の豊後掾の門人、宮古路薗八からの系統「薗《その》八節《はちぶし》」（宮薗節《みやぞのぶし》も同じ）など、歌浄瑠璃分野では豊後節系がほぼ独占しています。

■古浄瑠璃以降の流れ

（211頁参照）

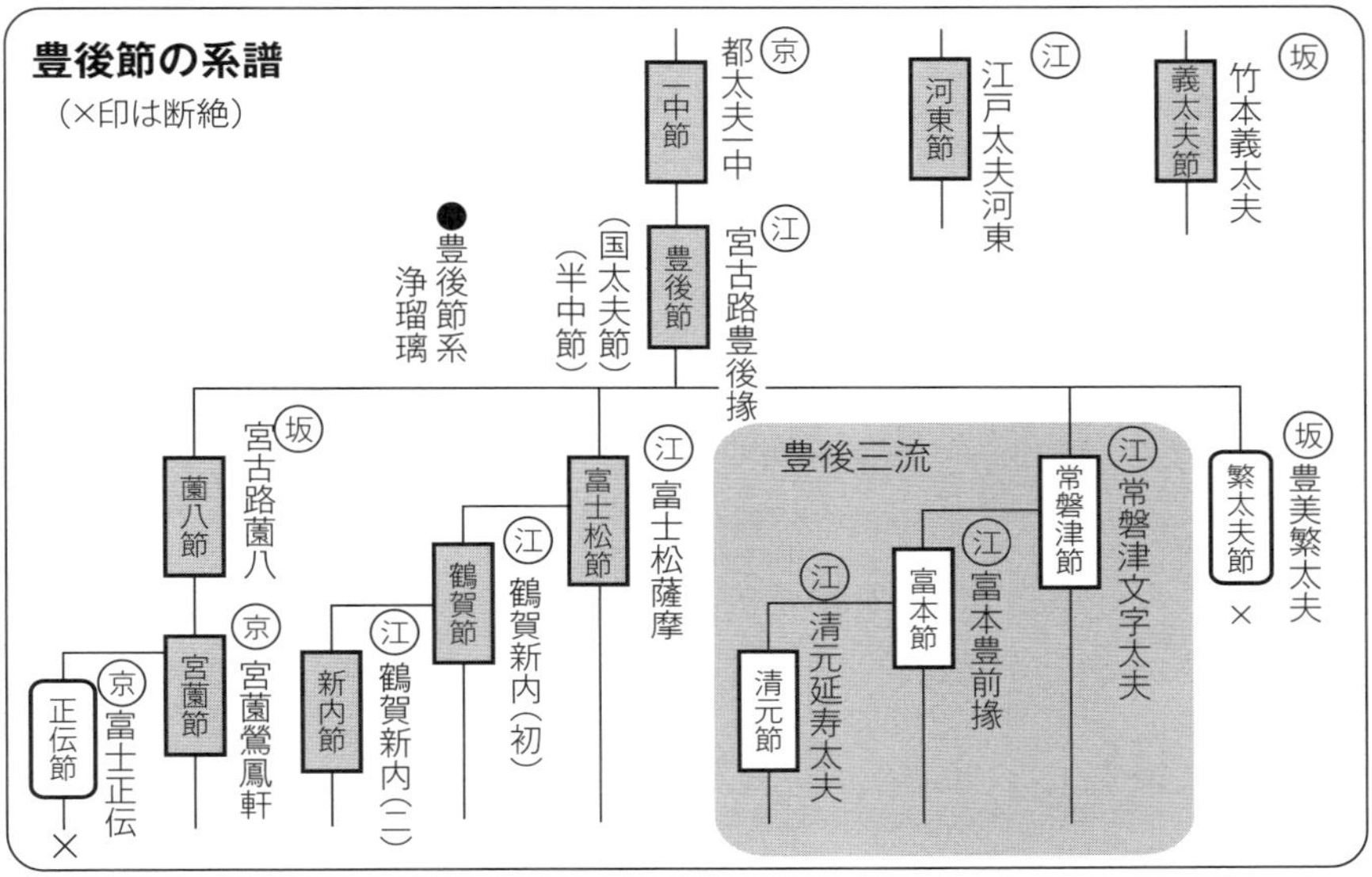

名称	経緯と特徴
河東節《かとう》	師流の「半太夫節」「肥前節」を吸収「江戸節」とも　歌舞伎が主だが豊後節系におされてお座敷へ　上品で短い曲が多い
一中節《いっちゅう》	師匠岡本文弥「泣き節」の系統で　叙事的よりも音楽本位に初期に所作もあったがお座敷専門　京で生まれ江戸に移転
豊後節《ぶんご》	哀切で扇情的語りの心中物が得意　情死事件多発が豊後節の影響と禁止に　豊後節は絶えたが弟子筋が歌舞伎を席巻
常磐津節《ときわず》	豊後三流の長子格　豊後が都落ち後も江戸に残り　歌舞伎舞踊で新境地を開き不動の地位を　豊後節の雰囲気を伝承
富本節《とみもと》	豊後節三流で常磐津のワキから独立創始　豊後節の粋で艶のある節回しを継承　人気を得るも清元節が出てから衰微
清元節《きよもと》	豊後三流で富本節からの分派　主に舞踊で地位を確保した　時流にあう創作や派手で軽妙な曲調　舞踊で長唄との掛合
富士松節《ふじまつ》	豊後の門人の加賀太夫が豊後没後に同門の文字太夫とソリがあわず富士松を名乗り創始　舞台よりお座敷を専門に
新内節《しんない》	富士松系のワキの鶴賀新内（初世）が「鶴賀節」を創始　二世が憂いある哀切なクドキで「新内節」で人気　「流し」の始祖
宮薗節《みやぞの》	豊後門人の宮古路薗八が「薗八節」創始　二世が宮薗鸞鳳《らんぽう》軒《けん》と改名し「宮薗節」に　上方伝承の豊後系で舞台景事に

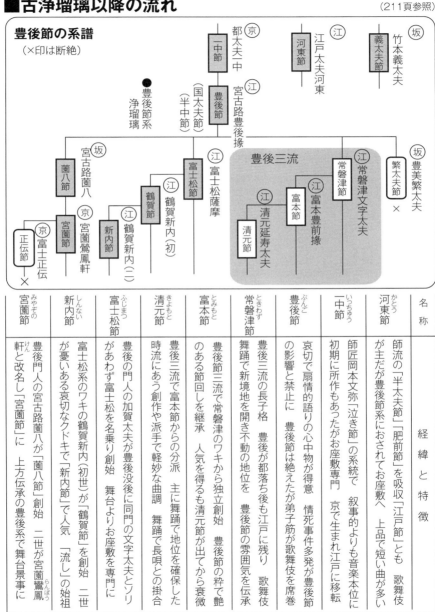

義太夫節よ、おまえもか——その後の浄瑠璃

初世義太夫が没し、二世の時代になっても、人形浄瑠璃は義太夫節の独占状態で推移します。さらに近松が没しても、並木宗輔《なみきそうすけ》を筆頭にした二世竹田出雲《たけだいずも》、三好松洛《みよししょうらく》らとの合作体制による《菅原伝授手習鑑《すがわらでんじゅてならいかがみ》》《義経千本桜《よしつねせんぼんざくら》》《仮名手本忠臣蔵《かなでほんちゅうしんぐら》》の三大名作の相次ぐ上演で、人形浄瑠璃は隆盛を極めます。その反動を受けたのが歌舞伎で、「歌舞伎は無きが如し」といわれるほど、その人気が凋落してしまいました。

ほどなくして歌舞伎が復興することになりますが、なんとその決め手は、人形浄瑠璃のあたり狂言をそっくり歌舞伎化することでした。浄瑠璃で三大名作が上演されると、間髪を容れずにそれを歌舞伎狂言に直してしまいます。

人形が演じていたことを役者が演じ、セリフの部分は太夫ではなく役者が語るのです。それ以外は物語の筋から演出法、三味線・衣装までまるごと模倣します。今でいうパクリですが、著作権という意識などない時代ですから平気なものです。これで歌舞伎は息を吹き返し、逆に浄瑠璃のほうが衰退していきます。

舞踊では歌浄瑠璃系が貢献し、芝居（演劇）部分は浄瑠璃から歌舞伎へそっくり移植したのですから、いわば浄瑠璃は敵に塩を送って負けたということです。

こうした浄瑠璃から歌舞伎に移行したものを「丸本《まるほん》歌舞伎」または「義太夫《ぎだゆう》狂言」と呼び、さらに義太夫節とはいわずに「竹本」または「ちょぼ」といいます。これらは本筋の義太夫節側からの蔑称的表現です。その後も人形浄瑠璃は歌舞伎の後塵を拝し、隆盛を誇った竹本・豊竹両座も閉鎖、しばらく後に淡路《あわじ》の人形興行師の植村文楽軒《うえむらぶんらくけん》が、大坂で「文楽座」を開設し、やがて人形浄瑠璃は、「文楽」が通り名になります。

現在、文楽は無形重要文化財に指定され財団法人化された文楽協会によって運営されています。文楽以外にも各地に人形浄瑠璃が伝承されていますが、それらは古浄瑠璃の時代のものもあります。「トトさんの名は阿波《あわ》の十郎兵衛」というセリフで有名な淡路人形浄瑠璃は、古浄瑠璃より前からあったともいわれます。

■その後の浄瑠璃界

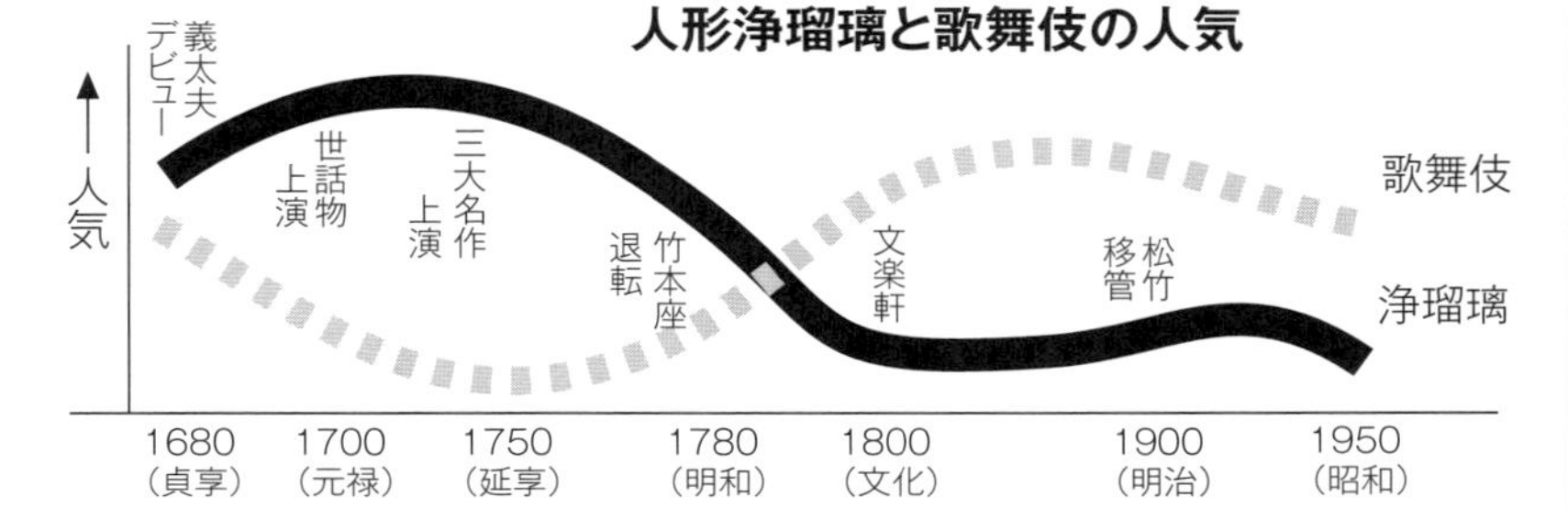

●「無きが如し」の歌舞伎復興のカギ

浄瑠璃
- 義太夫狂言
- 歌浄瑠璃

移植 →

歌舞伎
- 丸本歌舞伎
- 歌舞伎舞踊

人形→役者（演技とセリフ）

浄瑠璃脚本·太夫·三味線

常磐津節·富本節·清元節

●歌舞伎に「母屋を取られ…」

·18世紀（後半）　竹本座·豊竹座　退転
·19世紀（初頭）　植村文楽軒が小屋を　→　文楽の芝居　→ 文楽
·19世紀（後期）　経営を松竹に移譲。彦六座が開設して大坂で人気復興
·20世紀（初頭）　活動写真（映画）や大衆芸能におされて衰微
·20世紀（戦後）　重要無形文化財指定　（財）文楽協会設立　補助金で運営

●淡路人形浄瑠璃

重要無形民俗文化財
構成　「義太夫節·三人遣い」
人形　現文楽人形より大型（首）
演目　淡路独自のものがあったが現在は文楽とほぼ同じものが《傾城阿波鳴門》《東海道中膝栗毛》《日高川入相花王》《壺坂霊験記》《鬼一法眼三略の巻》など
歴史　秀吉全盛期の安土桃山時代（500年前）の創始といわれ古浄瑠璃より古いとの説も
義太夫節や三人遣いが淡路系に取り入れられたのがどの時代からなのかは不明
「植村文楽軒」も淡路の人形浄瑠璃興行師

●阿波人形浄瑠璃

重要無形民俗文化財
淡路と同じ蜂須賀藩で伝承　文化文政期に48座あり全国に巡業しその痕跡が残るとも

★地方に残る人形操り
- 加賀文弥人形（富山）
- 薩摩文弥人形（鹿児島）
- 日向文弥人形（宮崎）
- 佐渡野呂間人形（新潟）
- 白久串人形（埼玉）
- 南部軽石人形（南部）
- 伊那谷今田人形（長野）

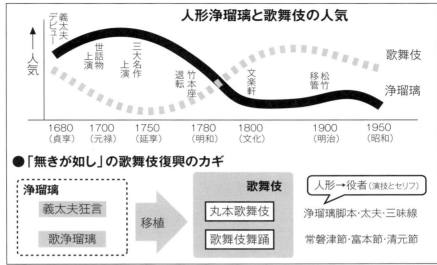

身の毛もよだつ、怖〜い物語——説経節

人形浄瑠璃と同時代に、それに似た芸能で「説経《せっきょう》節《ぶし》」が流行しています。「説経」と「説教」とは辞書でもその語意の差は微妙ですが、仏法の教義を説きながら仏道へ導くという意味では「説経」が一般的です。

鎌倉期に盛んであった説経ですが、堅苦しい内容ばかりでは民衆には理解ができません。よって言語明瞭で声も（容貌も）よく、比喩などを用い民衆にもわかりやすく説経をする、専門の「説経師《せっきょうし》」があらわれるようになります。ただ語るだけでなく、演出効果を高めるために声明《しょうみょう》や平曲《へいきょく》などの旋律を取り入れて説経にフシをつけ、簓《ささら》（先端を細く割った竹筒）を合の手にして語る「説経節」が生まれ、やがてそれは寺院を飛び出して芸能化していきます。最初は簓などを鳴らしながらの門付《かどづ》け芸でしたが、鉦《かね》鼓や胡弓《こきゅう》、三味線までを伴奏楽器にして大道芸になっていきます。そして傀《く》儡《ぐつ》師《し》の人形と結びついて、「説経操《せっきょうあやつ》り」と呼ばれる人形浄瑠璃の先行芸にまで発展しました。

それらの芸は、京・大坂・江戸に常設の小屋を持つ「説経座《せっきょうざ》」までに発展し、一時は人形浄瑠璃をしのぐほどの勢いであったといわれます。

語りの本来の目的が仏法の有り難さを啓蒙することですから、本地物《ほんちもの》など、神仏の霊験譚《れいげんたん》、比喩因縁譚《いんねんばなし》などを巧みに語り、説経の効果を一層盛りあげる内容になっており、当時の民衆にとっては興味のつきない、ドラマチックなものでした。その代表的なものが「五《ご》説経《せっきょう》」で、なかでも森鷗外の小説や『安寿《あんじゅ》と厨子王《ずしおう》』の童話などで有名な『山椒太夫《さんしょうだゆう》』は、説経節になると陰惨このうえない、まさに地獄の世界を内容とするものですから、神仏の霊験を民衆に伝えるものとして絶好なものでした。それだけ人気を呼んだ説経操りも、題材が説経の範囲を抜け出せなかったため、民衆にあきられ人形浄瑠璃の人気に押され、衰退していきます。

同じ説経でも、人形や伴奏楽器を用いないで語りだけでおこなう「節談説教《ふしだんせっきょう》」があります。フシやコトバを巧みに使い分ける話芸で、現代の浪曲や落語・講談の祖型といわれています。

■操りの元祖「説経節」

説経 ＝仏教の教理を説き、信仰に導く ターゲット：民衆（非・文字社会）

・説経技術の練磨の必要性 ➡ 説経を専門の 説経師 が…

・題材・話術・演出など工夫 ➡ 語りに 節 …伴奏に 楽器 まで

芸能化

↓?

説経節　漂泊の賎民たちにより…

門付け（乞食）芸 門説経 歌説経

（楽器）→ 簓《ささら》・鉦鼓

大道芸 簓説経

簓・胡弓・三味線

融合

操り人形

↓

説経操り

●説経座

人形との結合は浄瑠璃より先行　江戸初期に三都で常設小屋を開設

古浄瑠璃の影響 ↓ 説経浄瑠璃

祭文とドッキング ↓ 説経祭文

義太夫・新内講釈の詞章曲節を加味 ↓ 改良説経節

飽きられ、衰退

●「説経節」の題材

各地の説話（社寺縁起・因果応報物語・霊験譚）や本地物（人間が刻苦に打ちかち神仏に転生の物語）

五説経　説経節の代表作（時代で作品が変化）

寛永～　《刈萱《かるかや》》《山椒太夫》《梵天国《ぼんてんこく》》《信徳丸》《小栗判官》

享保～　《刈萱》《三荘太夫》《愛護若《あいごのわか》》《信田妻《しのだづま》》《梅若》

●絶頂期（寛文1661-72）も　やがて衰退…

要因　題材：本旨から固定されていて変化がない

曲節：ゆるやかで華やかさがない

時代：世話物が全盛　他興行には新機軸が

●地方芸能として伝承

・操り系

「車人形」（東京・八王子、川野）（埼玉・飯能、三芳）

「説経人形」（新潟・佐渡）「ふくさ人形」（千葉・袖ヶ浦）

・語り系

イタコ（東北）、瞽女歌（新潟）、巫女《みこ》《百合若《ゆりわか》説経》（壱岐）

●節談（ふしだん）説教

天台宗の澄憲（? - 1203）・聖覚（1167 - 1235）父子が創始の唱導が原型とも　浄土宗・真宗で大正期まで興隆

フシとコトバが混在して「笑い」の要素もあるが「説教」であって「説経節」と違い芸能ではない

説教　教義・経典の内容の解説　いわゆる法話

説経　教義・経典を説き化導することで唱導とも

●後世への影響

節談説教は話芸の祖型

説経節は語り物の古型

浪曲・講談・落語から売り声や呼び込みまで各種話芸系のルーツ

常磐津［写真提供／松竹株式会社］

清元［写真提供／松竹株式会社］

第十章

三味線楽

その3・歌舞伎

大江戸ミュージカル——歌舞伎

明治の文豪、森鷗外が留学先の欧州でオペラを観て、故郷への便りに「西洋歌舞伎を観た」と書いたのは有名な話です。音楽による総合舞台芸術という意味ではどちらにも共通性があります。

歌舞伎の三文字をバラして音楽・舞踊・技芸のミックスされた総合舞台芸術である、というのは現代の解釈です。元々は「並外れた」、「常軌を逸した」という意味の「傾《かぶ》き者《もの》」が語源です。

歌舞伎は世界無形文化遺産にも指定された、世界に誇る日本の三大伝統舞台芸術のひとつといわれますが、実際にその舞台をご覧になっていない人が多い現代では、昔の出来事を題材にした古めかしい芝居とか、三味線音楽をバックにした舞踊であるなど、歌舞伎の一面だけをイメージしているのが一般的です。

歌舞伎の演目は、歌舞伎狂言（科白《せりふ》劇）と歌舞伎舞《ぶ》踊《よう》の二つに大きく分かれます。だからといって歌舞伎狂言に音楽や舞踊がないわけではなく、また歌舞伎舞踊に演劇的要素がないわけではありません。

歌舞伎といえば、誰もがすぐ思い出す演目は、安宅《あたか》の関で富樫《とがし》と弁慶との丁々発止の問答で有名な《勧進《かんじん》帳《ちょう》》でしょう。あれだけセリフのやりとりがあっても、《勧進帳》は狂言（演劇）ではなく舞踊の部類です。

演劇と舞踊、そして邦楽器による音楽が三位一体（一般の人からみればゴチャ混ぜ）となり、様式美でまとめあげられたものが、歌舞伎という舞台芸能です。

歌舞伎とオペラとを較べると相違点が多くあります。音楽主導のオペラでは、セリフや詞の作家よりも作曲家のほうが上位です。しかし歌舞伎の場合は、物語に付随して音楽を書きますので作曲家の名前はそれほど表に出ません。また歌舞伎では踊りは特に重要な役割を担います。そして歌舞伎では役者がうたうことはほとんどありません。その意味では、歌舞伎はオペラよりもミュージカルに近い芸能のように思えます。

色彩と型、花形役者と江戸情緒、様式美と絵画的な舞台、そこに変幻華麗な音楽の世界、歌舞伎はまさに大江戸のミュージカルです。

■歌舞伎とは

歌＝音楽性
舞＝舞踊性
技＝技芸性
を兼ね備えた総合舞台芸術

現代の解釈

「傾《かぶ》く」＝精神・行動や服装などが
並外れている、異風なもの…の意

傾(かぶ)く → かぶき → 歌舞妓 → 歌舞伎

お国念佛踊の図『國女歌舞伎絵詞』
［京都大学附属図書館蔵］

●日本伝統芸能の集大成

歌舞伎とは…
- ・古典題材の演劇　×
- ・邦楽伴奏の舞踊　×

⇒ 演劇・舞踊・邦楽・様式　歌舞伎

●歌舞伎のジャンル（現代）

歌舞伎
- 科白劇　歌舞伎狂言
  - 独自狂言
  - 義太夫狂言
    - 世話物
    - 時代物
- 所作事　歌舞伎舞踊
  - 劇舞踊
    - 松葉目物
    - 変化物
  - 純舞踊

劇中舞踊（→歌舞伎狂言）　独立（→歌舞伎舞踊）

演劇のみ　×　歌舞伎狂言 ⇐ 演劇性 舞踊性 音楽性 ⇒ 舞踊のみ　×　歌舞伎舞踊

※狂言＝科白と劇的行動をともなう

●大江戸ミュージカル

様式

- ・役者が中心　「一目・二調子・三姿」 ＋ メークアップ
- ・誇張と省略　様式美の極　万事に徹底のシェイプアップ
- ・「型」と「間」　舞踊の所作を基本に　音楽的なメリハリ
- ・豪華な衣装　目を奪う色彩　流行を創造するデザイン
- ・絵画的舞台　色彩・花道・装置・ケレン　美しさと機能性
- ・虚実の真理　「世界」と「趣向」による「綯交ぜ」の作劇
- ・芸能重層化　歴史上の多様化した芸能のミキシング

綯《ない》交《ま》ぜ、つまりナンでもあり——歌舞伎のしなやかさ

歌舞伎狂言は、歌舞伎のオリジナルである演劇「純歌舞伎」と、義太夫（人形浄瑠璃）のあたり芸をそっくり歌舞伎化した「義太夫狂言」に二分類されます。

義太夫狂言ではセリフは役者がしゃべりますが、あとは太夫《たゆう》のナレーター的な情景描写の語りで進行します。すなわち人形芝居の演出と同じです。またこれら狂言（演劇）は、江戸時代の現代劇である「世話物《せわもの》」と、それ以前の昔を題材とした「時代物《じだいもの》」の二種類に分けられます。なお歌舞伎舞踊《ぶよう》も、物語性のある「劇舞踊」と、抒情的な「純舞踊」とに二分類されました。しかし時代とともに進化して七変化などという、一つの曲のなかで踊り手が何役にもかかわる「変化物《へんげもの》」が生まれ、これが人気を呼んで舞踊のなかのもう一つのジャンルを形成するようになりました。

歌舞伎という芸能は、常に時代の流行に敏感で、柔軟な発想と先取性をもっています。たとえば明治の近代化の波で起きた「新演劇運動」にあわせ、新しい歌舞伎のありようを研究し、舞台化した「新歌舞伎」もその典型例でした。そういった発想と先取性は現代でも引き継がれ、新しい題材や宙《ちゅう》乗りなどの新時代の「ケレン」を、また邦楽のみならず洋楽オーケストラまで取り入れた「スーパー歌舞伎」などといったものを創出させています。

歌舞伎界のこのような柔軟さの根源は独特の作劇法にあります。誰もが知っている史実や人物という「世界」を基本構造にして、作家の発想を元に自在に筋を挿入する「趣向」を縦横に組みあわせて、一本の劇作にする「綯交《ないま》ぜ」という手法がそれです。

坪内逍遥が歌舞伎をギリシア神話の多頭怪獣カイミーラ（キメラ）にたとえたのは当然で、制約のない、ナンでもありの世界が歌舞伎なのです。興行についてもいえます。物語の筋に関係なく、見せ場だけを切り取って上演する「見取《みとり》狂言」があたり前です。演出法も、見せ場を効果的に盛りあげるためにさまざまな手法を用い、それは映像時代の現代でもかなわない斬新さです。まったく驚きの世界です。

■現代の歌舞伎

●代表的演目
《娘道成寺》
《勧進帳》
《助六》
《暫》

新版江戸三芝居之図
《助六》
喜多川月麿画
国立劇場蔵

●演目の分類

歌舞伎狂言　「歌舞伎踊」に対し劇的な演目（狂言＝セリフと劇的行動を伴う演技）

- 純歌舞伎　歌舞伎用にオリジナルにつくられた演劇
- 義太夫狂言　義太夫の演目をそのまま歌舞伎化した演劇

時代物	武家・公家など時代劇	純歌舞伎、義太夫狂言の双方にあり
世話物	町人・商家など現代劇	

歌舞伎舞踊　音楽にあわせた「振事」　舞踊とは「舞＝平面旋回」と「踊＝上下動作」

- 劇舞踊　物語性のある演劇舞踊　セリフつきで狂言と差のないのも
- 純舞踊　純粋に振りや所作を美しくみせる舞踊・道行・景事など
- 変化舞踊　一人で何役にも踊り分ける舞踊　衣装・音楽種目も変化する

新歌舞伎　明治期の　狂言作者でなく　外部の劇作家の作品（坪内逍遙～三島由紀夫）または翻案物や外国演劇などの歌舞伎化　この進取性も「傾く」行為のうち

Super歌舞伎　市川猿之助による《ヤマトタケル》を嚆矢とする新時代の歌舞伎　新創作の題材を用い　音楽も歌舞伎音楽ではなく洋楽オーケストラなど斬新なもの

●作劇法

世界（動かない）	作品の時代・事件・背景・人物などストーリーの大枠の設定	綯《ないま》交ぜ	時代物と世話物など　本来は別物であるものを一本に繋ぎ　数種の「世界」を縦横に交差させて別な作品とし新味を出す歌舞伎独特の作劇法
趣向（作者の自在）	「世界」という筋に作者の発想で新たに書き加えられる部分		

●演出法

型	演目ごとに定められた演技の基本形　江戸は重視も上方は工夫を尊重
見得	型を美化しながらの「静止」する型　映像のクローズアップと同手法
ツケ	柝《き》で板を叩いて見得や殺陣・物音などを拡大して効果を出す演出法
ケレン	宙乗り・早替わり・屋台崩しなど演技や大道具など観客の意表をつく

●上演法

通し狂言	一つの狂言（芝居）を最初から最後まで通して上演する方法　江戸初期にはごく普通の上演形態
見取狂言	「時代物」「舞踊」「世話物」と違う演目を　一幕一段ずつを寄せ集めて上演する方法　「よりどり見取り」の意味

それは慶長のレビューから始まった——歌舞伎の生成

歌舞伎の歴史を簡単に見ましょう。始まりは有名な出雲《いずも》の阿国《おくに》による「かぶき踊《おど》り」です。これは傾《かぶ》いた男装で寸劇を交えた数名の女性による総踊りでした。この時期の伴奏音楽は笛・鼓類の「四拍子《しびょうし》」だけです。「遊女《ゆうじょ》」「若衆《わかしゅう》」になって三味線が加わりますが、まだ本格的に音楽を用いていたとはいえません。遊女・若衆のいずれも風紀紊乱《びんらん》のかどで廃止になり、狂言（演劇）が中心の「野郎《やろう》歌舞伎」の時代になります。

元禄時代、江戸で団十郎、上方で藤十郎《とうじゅうろう》というスターが出て歌舞伎が人気になりました。この時期、長唄の原型である「江戸長唄」や効果音楽「下座《げざ》音楽」の初期のものが使われ始めます。しかし近松門左衛門と義太夫による人形浄瑠璃の人気に圧倒され、「歌舞伎は無きが如し」といわれるほど凋落しました。歌舞伎は、競合相手の義太夫のあたり芸をそっくり置き換える、今でいうパクリを敢行して人気を回復します。

同じころに「女形《おやま》」による舞踊が誕生しますが、ここでは歌舞伎初期の開放的な「踊り」や能などの「舞い」に加えて、「振り」の要素が入り、それが物語性のあるものになり初期の「かぶき踊り」とは異なる「所作事《しょさごと》」が完成します。音楽も義太夫節、物語性ある舞踊曲として常磐津節《ときわずぶし》などの浄瑠璃が歌舞伎音楽に参画し、歌舞伎は文字どおり「歌・舞・伎」の芸能になりました。舞踊はその後、立役《たちやく》（男役）舞踊《ぶよう》、変化《へんげ》舞踊などに発展し、伴奏音楽として長唄が完成し、さらに長唄と浄瑠璃との華やかな「掛合《かけあい》」という演奏形態が登場します。まるで邦楽ジャム・セッションです。

狂言も新作が続々つくられます。込み入った筋立てであり、リアリズムあふれる演技、観客の度肝を抜くケレン味たっぷりの演出がそれらです。そして人気役者の輩出などで歌舞伎は人気を不動のものにします。そのころには黒御簾《くろみす》と呼ぶ「下座音楽」が完成し、狂言には不可欠の存在になっています。

オペラでは見せ場でアリアがうたわれますが、歌舞伎では必ず舞踊がなされます。それを支えるのが三味線音楽ということになります。

■歌舞伎の生成のプロセス

歌舞伎音楽

創始期　弾圧?との戦い　舞踊本位　出雲阿国

阿国歌舞伎　傾いた装束での「歌舞伎踊り」と「寸劇」

遊女歌舞伎　華美な衣装の遊女が官能的な総踊り

若衆歌舞伎　曲芸的な見世物　眼目は歌舞

伴奏は 四拍子 と 踊歌

役者が舞台で 三味線

三味線+四拍子 歌舞伎囃子

元禄歌舞伎　様式の確立　続き狂言(科白劇)　近松門左衛門

野郎歌舞伎 「物真似狂言尽し」で再興認可　女形

荒事 江戸・市川団十郎　金平歌舞伎

和事 上方・坂田藤十郎　濡れ事・やつし事

長歌 芝居歌 移入(地歌)

古浄瑠璃 が続々歌舞伎へ

江戸長唄 黒御簾 の原型

享保歌舞伎　歌舞伎低迷　義太夫狂言で復興　近松半二

丸本歌舞伎　義太夫のあたり狂言を歌舞伎化

《菅原伝授手習鑑》《義経千本桜》《仮名手本忠臣蔵》大ヒット

女形所作事　瀬川菊之丞・中村富十郎の所作名優

竹本 導入(浄瑠璃)

豊後節

常磐津 導入(浄瑠璃)

天明歌舞伎　歌舞伎爛熟　劇場音楽全盛　並木正三

立役劇舞踊 劇舞踊・立役による所作事・振事

丸本歌舞伎 人形浄瑠璃の歌舞伎化がより一層加速

スペクタクル 回り舞台・スッポン・屋台崩し　ケレン

富本 歌浄瑠璃 導入

長唄 完成

下座音楽 重要性増大

化・政歌舞伎　超写実主義　ショウアップ　鶴屋南北

変化物舞踊 一人七変化など 早替り《娘道成寺》

生世話(きぜわ)狂言 超リアリズムで市井を活写 歌舞伎十八番

清元 新内 導入

掛合 大流行

幕末歌舞伎　セリフ名調子　猿若町時代　河竹黙阿弥

白浪物 三味線の合方にノリ地や七五調の名セリフ

責め場・濡れ場・強請場など小悪党主役の 世話物

下座音楽 確立

明治歌舞伎　新演劇運動　高尚趣味　岡本綺堂

新歌舞伎 歌舞伎作家以外の新作や翻案物　活歴物

松葉目物 能楽より題材移入《勧進帳》《船弁慶》

出囃子 出語り

三位一体の妙——歌舞伎の音楽

歌舞伎は演目として狂言と舞踊に二分されますが、二つは実際のところ不可分な関係にあります。

歌舞伎役者の子弟が最初に稽古するのは舞踊です。理由は舞踊の型、その身振り手振りが狂言における役者の演技の基本になるからです。劇舞踊が大半を占める歌舞伎舞踊でも、踊り手が立ち回りからセリフを語る場面までありますので、演者に演劇技能が要求されます。狂言と舞踊を効果的かつスムーズに進行させるのが、さまざまな歌舞伎音楽です。

いうなれば、演劇と舞踊、音楽は有機的関係にあり、まさにそれらが三位一体とならねば、歌舞伎は成りたちません。よって歌舞伎を和製ミュージカルととらえるのは、適切かもしれません。

歌舞伎の音楽は、歌舞伎のなかで非常に幅広い役割を担っています。舞踊《ぶよう》の地《ぢ》や背景音楽だけでなく、役者のセリフを旋律にのせて語らせたり、BGMから効果音、さらには開演・閉演の合図までが歌舞伎音楽に包含されます。過去には地歌《じうた》から古浄瑠璃、俚謡《りよう》まで使われたようですが、現在の歌舞伎音楽は「長唄《ながうた》」を筆頭にして、狂言系では「竹本《たけもと》」（義太夫節）と「下座《げざ》音楽」、舞踊系では「常磐津節・清元節」の歌浄瑠璃が主として使われます。昔は頻繁に使われていましたが、今は特殊な場面のみ用いられる「河東節《かとうぶし》・大薩摩節《おおざつまぶし》」などもあります。舞踊の場合は歌舞伎音楽を担当する人たちは踊り手と同じ舞台に居並んで演奏します。そのことを、歌い物である長唄は「出囃子《でばやし》」といい、語り物の浄瑠璃種目は「出語《でがた》り」といいます。それ以外は、ほとんど黒御簾《くろみす》などの舞台の陰で演奏します。それを「陰囃子《かげばやし》」とも呼びます。

歌舞伎音楽の種目と、それぞれ対応する演目は、左図のように原則が決まっています。しかし純舞踊に長唄以外が演奏されたり、劇舞踊に長唄が入ったりもしますから、あくまで原則でしかありません。そうした柔軟さが歌舞伎らしいところです。なお下座音楽は、狂言であれ舞踊であれ、どちらにも欠かせない、歌舞伎音楽の顔とでもいうべきものです。

■歌舞伎の音楽

●役割

- ・所作音楽　（舞踊のための音楽）　長唄・常磐津・清元・竹本　（単独・掛合）
- ・狂言音楽　（丸本歌舞伎の語り）　竹本（=義太夫節）のセリフ以外すべて
- ・背景音楽　（情景描写の「手」）　下座（唄方・合方）による情景修飾BGM
- ・効果音楽　（雨や風　殺陣や見得）　下座（鳴物・柝）非音楽系の効果音など
- ・劇場習俗　（芝居に無縁の合図）　着到・一番太鼓・シャギリ

舞踊は当然　科白劇でも　情景の描写
役者の登退場やセリフの背景音楽など
あらゆる場面に音楽がそえられる
よって歌舞伎が「和製ミュージカル」とされる所以である

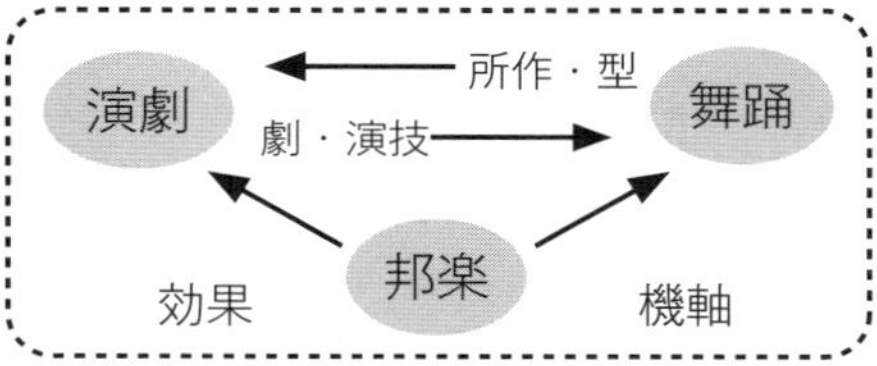

●種目

- 長　唄　歌舞伎用のオリジナル音楽で舞踊以外に芝居にも
- 下座音楽　別名「黒御簾」　担当は長唄連中（唄・三味線・鳴物）
- 竹　本　人形浄瑠璃の義太夫節に同じ
- 歌浄瑠璃
  - 現存は豊後系の浄瑠璃の2種のみ　常磐津節／清元節
  - 特殊場面　部分曲節のみに残存　大薩摩節／河東節

●演奏形式

- ・舞台で演奏　（長唄）出囃子、雛壇
  （竹本）出語り・床、（常磐津・清元）出語り・山台
- ・舞台の陰で　（歌舞伎囃子）（陰囃子）黒御簾
  （竹本・ツレ）御簾内太夫席
- ・特殊な場合　（大薩摩）（送り三重）（付け笛・鼓）　柝（ツケ）

●演目との属性

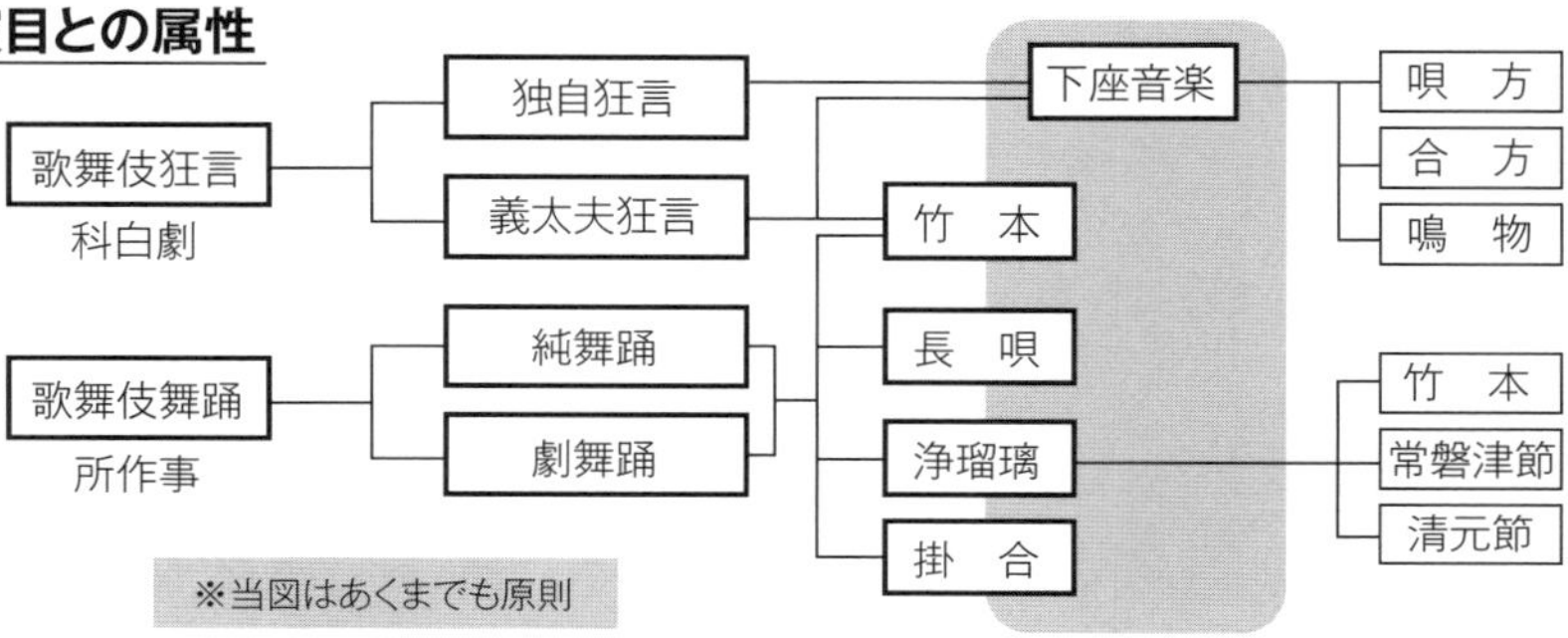

江戸時代のフュージョン——長唄

長唄は、歌舞伎のためにつくられた三味線伴奏による歌曲です。後年になって器楽曲もできたため、独立した音楽ジャンルというイメージがありますが、基本的には歌舞伎音楽の代表と理解すべきでしょう。

歌舞伎が日本の各種芸能の集大成であるのと同様に、長唄もあらゆる日本音楽の曲節や技法、題材が融合しています。よって長唄のなかにはさまざまな形式があり、これらを体系的に整理・分類することは不可能だといわれるほど、音楽的に多様性をもっています。

歌舞伎の草創期、そのための音楽を確立していなかった歌舞伎は、当時のはやりの小歌《こうた》や地歌の一ジャンルである「端歌《はうた》」や「長歌《ながうた》」を舞台で用いました。これらから芝居歌が形づくられ、元禄期には「長うた」「長哥《ながうた》」と呼ばれる歌曲が誕生します。生まれは江戸ですが、上方で音楽的な発達をして江戸に逆輸入されます。演奏者の出身地によって「大坂長唄」「京長唄」などと呼び分けられたこともありましたが、次第に江戸浄瑠璃の要素を吸収した細棹《ほそざお》三味線の「江戸長唄」が主流となっていきます。江戸の長唄連中は、その後も長唄の改造に意欲的でした。浄瑠璃の曲節を取り入れた「唄浄瑠璃《うたじょうるり》」を誕生させたり、豪放な「大薩《おおざつ》摩節《まぶし》」を長唄に編入したり、また舞踊向きの「本調《ほんちょう》子《し》」や「上調子《うわじょうし》」の開発、変化舞踊のための常磐津節や清元節を吸収したり、それら歌浄瑠璃との「掛合《かけあい》」を考案したりと絶え間ない音楽的改良を加え、現代にまで伝承する歌舞伎音楽「長唄」を完成させました。

それまでの三味線歌曲といえば弾き語りばかりでしたが、長唄では唄方《うたかた》と三味線方《しゃみせんかた》とに機能を分離し、そこに四拍子というパーカッションを従えます。それは聴衆をうきうきさせる華やかな三味線音楽の創出でもあります。長唄の音楽的な昇華は、作曲家や演奏家の創作や芸術志向を高揚させ、歌舞伎を離れて純音楽への道を目指すものを出現させました。そうした動向がまた歌舞伎連中を刺激し、長唄に改良を加える動機となります。長唄は多様な音楽特性をもったマルチ・ミュージックなのです。

■長唄とは

長　唄　三味線主奏で鳴物つきの歌曲中心の楽曲　器楽曲も…

●役割
- 三味線音楽の一種
- 歌舞伎芝居の効果音楽
- 歌舞伎舞踊の伴奏音楽

江戸長唄　長唄創始時期の名称
江戸唄　江戸浄瑠璃など総称

●長唄の生成

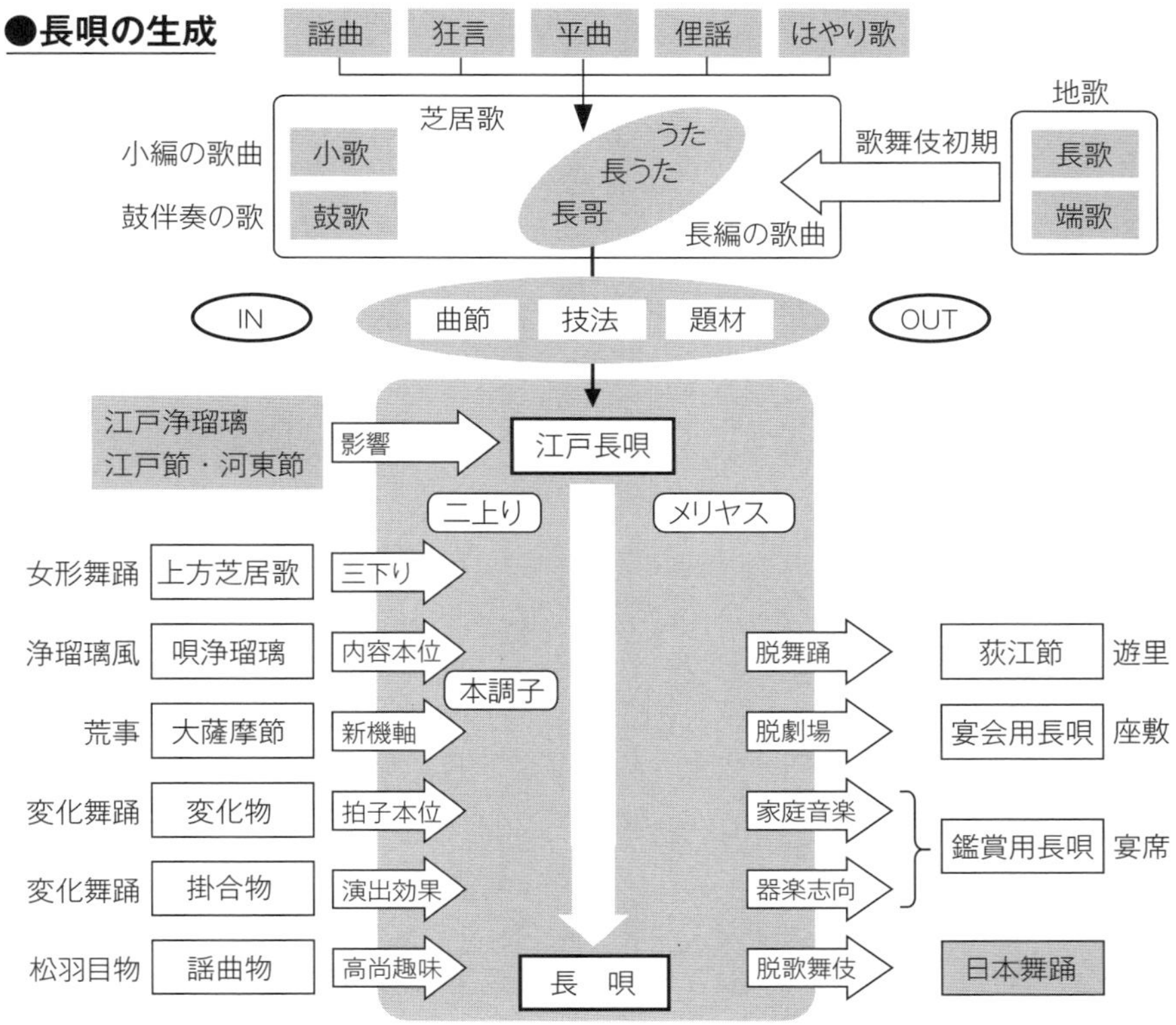

●音楽特性

multi-music Nagauta

- ①広大な領域　…既存の日本音楽すべての要素を吸収・集大成
- ②複雑な旋律　…二上り・三下り・本調子〜六下り・上調子・替手
- ③多様な演出　…三味線に鳴物つきで　独吟から大編成まで
- ④上品が取柄　…卑猥な歌詞以外は　家庭音楽向きの健全で上品
- ⑤多面的用途　…しっとりした情緒的なものからリズミカルで派手な曲

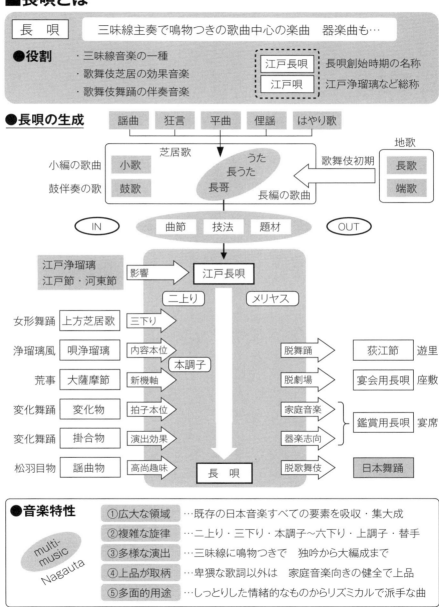

邦楽オーケストラ——歌舞伎舞台の長唄

歌舞伎舞踊で、赤い緋毛氈《ひもうせん》の雛壇に、鳴物社中《なりものしゃちゅう》を引き連れて舞台の幅一杯に長唄連中《ながうたれんじゅう》が居並び、出囃子を演奏する様子をみますと、初めての人でも、その華やかさに感嘆するはずです。

長唄の編成は「二挺一枚《にちょういちまい》」、つまり三味線方《しゃみせんかた》二人に唄方《うたかた》一人の組みあわせが最小単位ですが、横幅の広い大舞台では、演出上のバランスから十挺十枚も珍しくありません。雛壇の前には笛・鼓の「四拍子《しびょうし》」が控えますが、長唄連中が二十人にもなると、鳴物が四人では迫力負けをします。よって鼓や笛などが適宜増員されます。これだけの大編成でもオーケストラの指揮者のような人はいません。唄方と三味線方の接する中央を「立唄《たてうた》」「立三味線《たてしゃみせん》」と呼び、彼らが主奏者の役割を担います。

「長唄」といわれるほど長い曲ですから、一曲はいくつかのパートで構成されています。雅楽や能の構成理論である「序破急《じょはきゅう》」は、浄瑠璃や長唄にも適用されており「置《お》き」から「チラシ」まで各部に音楽変化がつけられ、劇舞踊がもつストーリーの「起承転結」にマッチしたものになっています。

歌舞伎舞踊の変化によって変化《へんげ》舞踊などが生まれましたが、背景や役者が早替りをしても、音楽がそのままでは変わり映えしません。そこで同じ舞台に長唄だけでなく、常磐津や清元の唄と三味線が同時にあがって、変わり目で交互に演奏をする「掛合《かけあい》」がおこなわれます。「三方《さんぽう》掛合」などは、雛壇の長唄連中だけでも華やかなのに、舞台左袖に常磐津連中が、右側に竹本連中（義太夫）が並び、また音楽も本調子や二上がりなどと調子の変化があり、さらにはそれぞれ異なる肩衣《かたぎぬ》（裃《かみしも》）や見台《けんだい》があるため、見た目にも豪華な舞台となります。

長唄連中は舞台上だけでなく、黒御簾《くろみす》という隣接した小部屋で、芝居を盛り立てるための伴奏音楽も担当します。濡れ場や愁嘆場《しゅうたんば》などは、役者の演技にあわせて伸縮自在で音楽をつけるため、奏法を伸縮する布地「莫大小《メリヤス》」の名前から取り、メリヤスと呼びます。

長唄

●構成

歌舞伎囃子

- 長唄連中
  - 唄方
  - 三味線方
- 鳴物社中
  - 囃子方 ― 太鼓 ― 大鼓 ― 小鼓 ― 篠笛　鳴物

※基本構成は、二挺一枚（三味線×2人・唄×1人）
　大劇場では「十挺・十枚」に囃子も複数の編成も
※長唄の三味線は「細棹」を使用

●配置

唄方　立唄　立三味線　三味線方

雛壇の出囃子

太鼓　大鼓　小鼓　小鼓　小鼓　笛

［写真提供／松竹株式会社］

●踊地（舞踊曲）の構成

序	置　唄	起	人物が登場前の前奏曲　情景や場面をイメージ
	出　端		登場人物の役柄の紹介と入場の伴奏曲　道行とも
破	クドキ	承	見せ場の中心部分　男女の恋情や戦記などの語り
	踊り地	転	拍節的で踊りにはまる部分　にぎやかな鳴物入り
急	チラシ	結	終盤の見得や引っこみの演出部分　テンポは早目

●特殊な演奏形式

掛合（かけあい）　本来、音楽では2部以上のパートの応答形式による交互演奏

変化舞踊《へんげぶよう》　「七変化」など　踊り手が一人で多数の役に扮して踊るもので衣装など「早替り」が見せ場　→　「変化物」

舞台の進行に合わせ　音楽的にも変化を…

↓

掛合物《かけあいもの》
・長唄（上調子）　＋　常磐津節　または　清元節（本調子）
・長唄　＋　常磐津節　＋　義太夫節　（三方掛合）

メリヤス　芝居において御簾内で演奏される長唄の独吟

語源：伸縮自在の布地
　　莫大小（メリヤス）

色模様・愁嘆場・髪梳きなど情緒たっぷりなシーンでBGM的にしっとりと演奏され雰囲気を盛りあげる　役者の演技にあわせて時間的に伸縮自在に演奏される

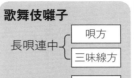

使えるものなら何でも……——歌舞伎のなかの浄瑠璃

歌舞伎の初期には固有の音楽がなかったため地歌などを用いたことは前述しましたが、浄瑠璃も早い時代から歌舞伎に流用されています。古浄瑠璃では外記節《げきぶし》や半太夫節《はんだゆうぶし》、金平節《きんぴらぶし》などです。

歌舞伎が人形浄瑠璃におされて「無きが如し」といわれた時期、義太夫狂言をそのまま歌舞伎にして復興しましたので、義太夫節は歌舞伎でも不可欠の音楽となっています。なお義太夫狂言のことを「丸本物《まるほんもの》」とも呼びます。「丸本」とは「義太夫節の詞章全編を一冊にまとめた本」の意味ですから、丸ごとそっくりということです。

それ以外の浄瑠璃では「一中節《いっちゅうぶし》」を筆頭に、豊後節《ぶんごぶし》系のほとんどが歌舞伎と接点をもちましたが、最終的に残ったのは、舞踊に適性のあった常磐津節と清元節の二つだけでした。豊後節系以外では大薩摩節《おおざつまぶし》や河東《かとう》節《ぶし》などもありましたが、特殊な場面（たとえば《助六》の河東、《矢の根》の大薩摩など）に限定して用いられているのが実情です。

義太夫節を歌舞伎では「竹本《たけもと》」といいます。本家の文楽側に遠慮しての呼び名といわれます。

義太夫狂言の歌舞伎化は、観客側からは、役者が人形の役をし、その他は義太夫をコピーしているようにみえます。しかし歌舞伎役者にいわせるとかなり違う世界のようです。たとえば義太夫では太夫が人形のセリフ、場面の情景、心理描写をすべて語り、人形がそれにあわせて動きます。しかし歌舞伎の場合は、役者のセリフや動きに太夫の語りと三味線があわせるという、人形浄瑠璃とは逆になります。

豊後節系の浄瑠璃が歌舞伎に参入して、演劇的な要素をもった芝居がかりの「劇舞踊」が生まれたといわれます。すなわち抽象的な舞踊から、「振《ふ》り事《ごと》」というストーリーに沿った具体的な所作が取り入れられたため、歌舞伎舞踊が大きく変化したのです。

このように他の芸能の音楽であっても大胆に取り入れ、消化して自分のものにする……、歌舞伎ならではの話です。

■歌舞伎の浄瑠璃

●関係種目

時代	元禄	享保	明和	化政
上方	一中節	★義太夫節	薗八節	新内節
江戸	外記節・半太夫節 ☆大薩摩節☆河東節	豊後節	★常磐津節 富本節	★清元節

（★）歌舞伎に現存　（☆）一部特殊な用法　（無印）歌舞伎界より撤退

●歌舞伎の義太夫

義太夫狂言
またの名
丸本歌舞伎

義太夫節のヒット作の歌舞伎化

・**時代物**《菅原伝授手習鑑》《義経千本桜》《仮名手本忠臣蔵》
・**世話物**《曽根崎心中》《夏祭浪花鑑》《心中天網島》など

・享保期には人形浄瑠璃全盛で凋落気味の歌舞伎界を立て直しのため窮余の策

※「丸本」　義太夫節の詞章を一冊にまとめた本

・筋書き・登場人物・大道具・太夫・三味線・詞章・演出・・・そっくり移行

相違点	（登場人物）	（セリフ）	（主導）	（名称）
浄瑠璃	人形	太夫	太夫（語り）	義太夫節
歌舞伎	役者	役者	役者（動き）	竹　本　遠慮?

●舞踊は豊後三流　・元禄までは「古浄瑠璃」　その後は豊後節系（特に豊後三流）

	常磐津節	清元節
系　統	豊後掾の直弟子、豊後三流の長兄格	豊後三流の末、常磐津の孫筋
創始期	明和～天明期（18世紀中ごろ）	文化・文政期（19世紀初頭）
創始者	常磐津文字太夫　（1709?～81）	清元延寿　（えんじゅ）太夫　（1777～1825）
得　手	歌舞伎舞踊の出語り	舞踊はむろん芝居・素浄瑠璃も
基本編成	太夫3～4人・三味線2～3人	太夫3～4人・三味線2～3人
三味線	（中棹）本調子・二上り・三下り	（中棹）上調子でも控え目に
発声法	自然で変化少ない　豊後節系では中庸	技巧的で高音域では鼻にかかる
曲　調	勇壮・豪快で硬派	軽快・派手だが時代で変化が
代表作	《妹背山婦女庭訓（いもせやまおんなていきん）》《関の扉《と》》《将門》《戻橋》《浮かれ坊主》	《天衣粉名上野初花（くもにまごううえののはつはな）》《保名（やすな）》

常磐津の太夫→

花市座初音の旅
《義経千本桜》
（安成3年〈1856〉7月中村座）
歌川豊国画
国立劇場蔵

清元の太夫→

優平家後段景事
（天保3年〈1832〉11月中村座）
歌川国貞画
国立劇場蔵

音も無く降る雪の音が……——下座音楽

歌舞伎の基本要素は、「舞踊と役者の芸」といわれますが、それらがすばらしいものであっても、下座《げざ》（または外座《げざ》とも）音楽がなければ、ガス欠の高級車のようなもので、歌舞伎にはなりません。

歌舞伎界では「黒御簾《くろみす》（音楽）」または「陰囃子《かげばやし》」などと呼び、下座音楽とは呼びません。舞台下手の黒い御簾がかけられた小部屋で演奏されるので、その名がつきました。その黒御簾ごしに舞台の進行を見ながら、場面に必要な音楽、あるいは効果音をつけて歌舞伎を引き立てます。

黒御簾音楽は長唄連中《ながうたれんじゅう》や鳴物社中《なりものしゃちゅう》の担当で、特に黒御簾の専門奏者がいるわけではありません。出囃子《でばやし》で舞台の雛壇でも演奏するし、黒御簾で演奏することにもなりますので、黒御簾音楽とは長唄の演奏形態の一つ、と考えたほうがよいでしょう。

黒御簾は、狂言や舞踊の見せ場を、効果的に雰囲気を盛りあげる役目ですから、さまざまな奏法があり、場面ごとに用いられる曲が細かく決められています。

左図に挙げたように、三味線の弾き方、唄のつけ方なども、数人で賑やかに演奏するのもあれば、しんみりと日本情緒たっぷりに演奏することもあります。また特定の場面を象徴的にあらわす器楽的な表現（合《あい》方《かた》）があり、それらの表現（曲）に名前がついています。たとえば川沿い（隅田川か向島）の場面は《佃《つくだ》の合方》、遊郭（吉原）のにぎわいなら《すがき》というように、幕が開く前からその音楽が流れてくれば、設定場面のイメージを作り出します。このような曲は八百曲を超え、それらを楽譜なしで弾くといいます。

楽器もたくさん使われます。基本は三味線と四拍子ですが、効果音用の鳴物などは、こんなものまで！と思うほどいろいろなものがあり、それらに具体的な用法を決めています。たとえば笛と太鼓で「ひゅう、どろどろ」と、お化けが出てきたことを意味します。初めての人が驚くのは雪のシーンです。本来音がない雪ですが、効果音が、あたかも雪の降る場面の雰囲気を実にうまく表現します。

■下座音楽

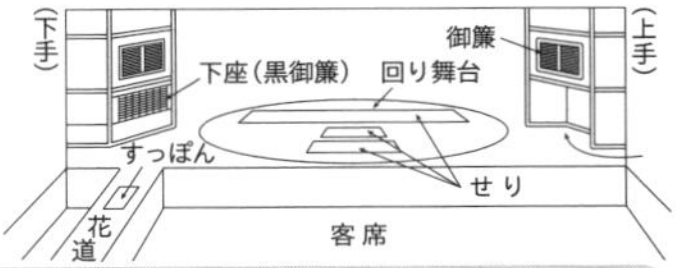

下座音楽《げざおんがく》　黒御簾内で演奏される芝居の背景音楽や効果　舞踊の陰囃子

黒御簾《くろみす》　本来は演奏場所の名前であるが歌舞伎では「下座音楽」の別名　↑ 舞台下手の黒く塗った格子造りに黒い御簾のかけられた小部屋

構成 → 長唄連中（長唄の唄方・三味線方）　鳴物社中（打楽器奏者）

●主な演奏形態

- 三味線だけの演奏……………………………………（セリフの合間にひく合方など）
- 唄だけの演奏……………………………………………（投げ節・舟歌・馬子歌など）
- 独吟（どくぎん）…………………………（濡れ場など三味線2挺に唄一人でうたう）
- 両吟（りょうぎん）……………………（主に花道の出や道行などに三味線2挺・唄二人）
- 謡い……………………………………（囃子方が謡曲の張扇を用う　唄は一人～三人）
- 独り弾き…………………………（忍び三重、対面三重　送り三重は舞台に出て演奏）
- 新内流し…………………………………………………………（本手と替手の2挺弾き）
- 鳴り物だけの演奏…………………………（雨音や水音等の大太鼓　篠笛等の独奏）
- 三味線、唄、鳴物他、総合演奏…………………………（幕開き・出入り・立ち回りなど）

●場面ごとの　唄・合方の曲目

- 芝居の時代や場所・情景や局面ごとに、決められた曲（合方）がある
- 伝承曲は全部で800曲を超えるといわれ　江戸が6割　上方4割

（時代物）　①御殿　②寺社・花見　③武家　④立回り　⑤早目・ノッタの合方　⑥物着　⑦だんまり　⑧セリの合方　⑨三重　⑩その他

（世話物）　①在郷・田園　②街道・浜唄　③寺社　④祭・男伊達　⑤廓・色町　⑥おかしみ　⑦立ち回り　⑧手負い　⑨幽霊　⑩独吟（メリヤス）　⑪音頭　⑫稽古唄　⑬その他

●下座の楽器

（鋲打太鼓）　大太鼓・楽太鼓・平丸太鼓・団扇太鼓
（締太鼓）　猿楽太鼓・桶胴太鼓・二挺締太鼓・鞨鼓
（つづみ）　大鼓・小鼓
（かね）　当り鉦・摺り鉦・伏せ鉦・松虫・銅鑼・鰐口・本釣鐘・振鈴・駅路・銅拍子・チャッパ
（ふえ）　能管・篠笛・尺八・チャルメラ・ピーピー笛・虫笛
（その他）　胡弓・木琴・鉄琴・琴どろ・木魚・盤木・笏拍子・錫杖（しゃくじょう）・砧・拍子木・樽・張扇（はりせん）・こきりこ

歌舞伎座・黒御簾内
［写真提供／松竹株式会社］

歌舞伎を飛び出した長唄——近代の長唄

長唄は、歌舞伎のためにつくられたオリジナル音楽です。先行する多様な日本音楽のエキスを吸収して、江戸期にもっとも人気がある独特の三味線歌曲となりました。その人気は、歌舞伎の劇場内にとどまらず各方面に波及していくようになります。

江戸市村座《いちむらざ》で長唄の立唄《たてうた》までつとめた荻江露友《おぎえろゆう》は、活躍の場を劇場から遊里に移して、長唄を座敷風にしあげ、独自の「荻江節《おぎえぶし》」を成立させました。

また、江戸後期から明治にかけて、長唄の名人が続々と輩出したこともあって、長唄は町方から武士階級に至るまで幅広い支持を受けるようになります。劇場外での武家や豪商、文人など「通」による長唄愛好のブームは、長唄人の芸術心と創作意欲を刺激し、長唄の主体は唄方から作曲を担当する三味線方に移っていき、鑑賞用長唄という世界を創出しました。左図の「作曲三傑」といわれた三味線方三人の名声はいまだに高く、その優れた作品群は名曲と評価され、今も演奏されています。

鑑賞用長唄を契機にして、明治期には歌舞伎から離脱した、純音楽としての長唄が大劇場の演奏会形式で上演されるようになります。特に二世稀音家浄観《きねやじょうかん》と四世吉住小三郎《よしずみこさぶろう》による「長唄研精会《ながうたけんせいかい》」公演は、演奏会の劇場を人の列が何重にも取り巻いたほどの大盛況だったといわれます。その成功は後続グループを形成することになり、歌舞伎界の重鎮、杵屋六左衛門《きねやろくざえもん》派までが乗り出してくるほどでした。

その結果、長唄の音楽的な位置づけが向上し、もはや悪所《あくしょ》（劇場・遊里）の音楽ではなく、良家の子女のお稽古事の種目となり、長唄は箏曲とならんで家庭音楽にもなっていきました。

この動向のなかで、長唄を歌曲分野から器楽曲分野へと進出させたのが、「長唄芙蓉会《ながうたふようかい》」の四世杵屋佐吉《きねやさきち》です。「三絃主奏楽《さんげんしゅそうがく》」と名づけて三味線の新しい音楽世界を切り開きます。このようにして、歌舞伎の従属物であった長唄は、純音楽として、また器楽曲として羽ばたくことになります。

■近代の長唄

●本舞台は歌舞伎

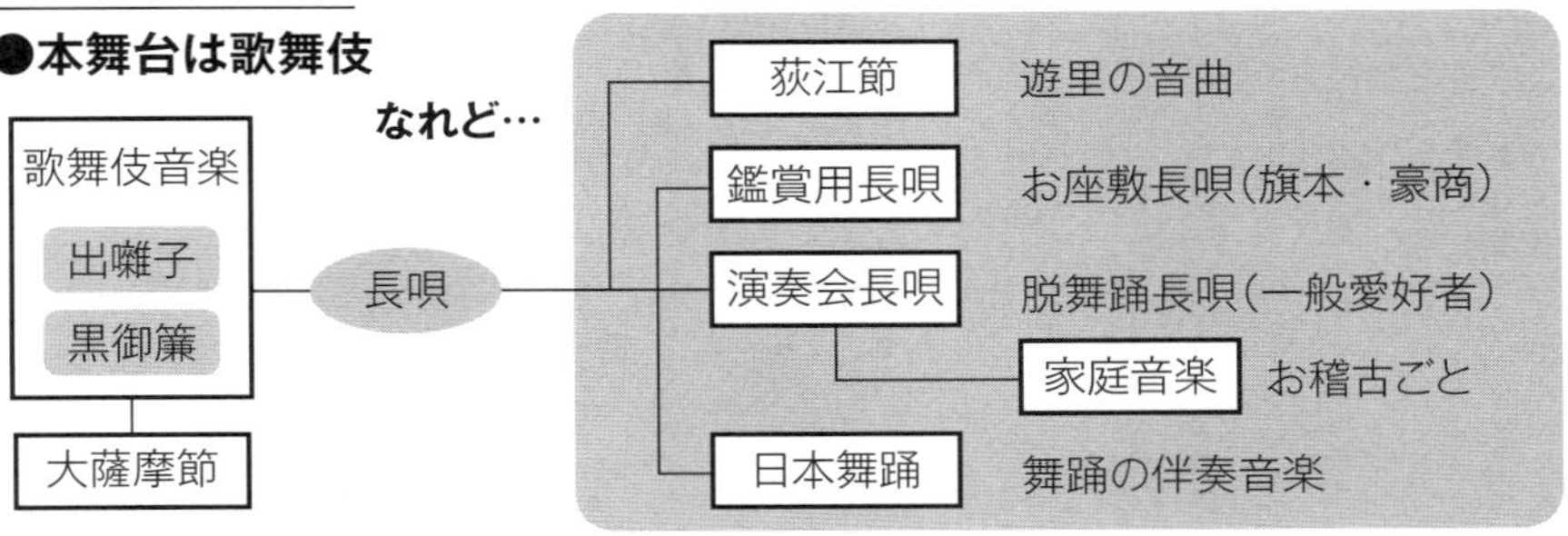

●歌舞伎界を飛び出した長唄

荻江節	宝暦～明和期にかけ初世荻江露友により長唄から分派　劇場から遊里に 三味線は唄の引き立て役に徹した抑制的で　替手・手事など技巧性は排除した
鑑賞用長唄	化政期に始まり　天保～幕末に全盛　長唄や歌舞伎愛好の文人・富豪・大名 などが邸宅や料亭に長唄連を招いて鑑賞会を　芸術的な傑作が多数誕生した
演奏会長唄	明治期に歌舞伎舞踊を離れた純音楽としての長唄　定期演奏会形式を展開 「長唄研精会」の成功で同趣旨の演奏会形式の団体が続出し大盛況になる
家庭音楽	明治～大正期に研精会など演奏会スタイルで　遊里の音楽とされた長唄が家 庭音楽と認知され　箏曲と同様に良家の子女のお稽古事として普及する
日本舞踊	化政期には町方の素人舞踊熱　幕末には21流派が形成され町中の稽古場が 大盛況に　舞踊家による日本舞踊が定着しその伴奏音楽として長唄が盛行

●演奏会長唄の会派

研精会《けんせいかい》	芙蓉会《ふようかい》	鶴命会《かくめいかい》	杵六会《きねろくかい》	岡安会《おかやすかい》
④吉住小三郎 ②稀音家浄観	②杵屋佐吉	③杵屋栄蔵 ⑤富士田音蔵	⑥杵屋六左衛門 吉住小三八	⑥岡安喜三郎

＊人名の②は二世、③は三世、…を示す

●近代長唄の名人たち　唄方→三味線方へ

作曲三傑（明治中期）

・③杵屋勘五郎　《綱館》《橋弁慶》《紀州道成寺》《四季山姥》《望月》

・②杵屋勝三郎　《船弁慶》《都鳥》《五色の糸》《鞍馬山》《時雨西行》

・③杵屋正次郎　《梅栄》《土蜘蛛》《連獅子》《鏡獅子》《元禄花見踊》

長唄八天下（明治後期～大正）

（唄）⑥芳村伊十郎　⑤冨士田音蔵
④吉住小三郎　④松永和風

（三味線）
⑫杵屋六左衛門　⑤杵屋勘五郎
②稀音家浄観　⑬杵屋六左衛門
④杵屋勝太郎　④杵屋栄蔵
④杵屋左吉　⑤杵屋巳太郎

江戸と上方で違う日本舞踊

——日本舞踊

日本舞踊は歌舞伎を源流として、そのなかの舞踊だけが独立したものです。興味深いのは、舞踊は歌舞伎と違って興行で成りたたない芸能であることです。

歌舞伎から日本舞踊が確立していくのは、江戸中期からでした。歌舞伎の振付師《ふりつけし》が、町に稽古所《けいこじょ》をかまえて、芸者衆から一般の子女にまで教えるようになったのが始まりといわれます。現代では習う人が少なく、したがって観る人も少なくなり、興行には不向きといわれています。しかし日本舞踊の流派は二百を超えるといわれますから、いまだ大組織集団です。

舞踊とは、回転の「舞《まい》」要素に、上下動の「踊《おどり》」要素が加味されたものですが、歌舞伎では「振《ふり》」という要素が加わり、独特の舞踊をつくりあげました。広義には、歌舞伎舞踊も日本舞踊のうちですが、狭義には江戸のものを「日本舞踊」、上方のものは「上方舞《かみがたまい》」（または地歌舞《じうたまい》）を指します。「上方の舞、江戸の踊り」といわれるように、上方では歌舞伎の影響は受けつつも、能や曲舞《くせまい》など花街の座敷芸が基本になっています。よって両者の雰囲気はかなり違います。

上方の舞踊は、「地歌舞」という別名があるように、地歌が地（伴奏音楽）です。江戸のほうは歌舞伎と同様に長唄・常磐津・清元が基本で、河東節や荻江節なども使われます。

日本舞踊は、歌舞伎舞踊を源流にしているだけに、歌舞伎と同じ扮装や振事が展開されますが、男性社会の能や歌舞伎と違って、女性役は女形ではなく女性が演じます。また長唄などの伴奏音楽を担当する人にも女性が多くなっています。昔の「御狂言師《おきょうげんし》」や町方の「踊りのお師匠さん」の流れであろうと思われます。

日本舞踊の伝承系統「流派」は、「一人一流儀」といわれるほどに多く、その系統の複雑さには驚かされます。日本舞踊の範疇には、前衛的なものもある「創作舞踊」も包含している一方、くだけた形式の「大衆舞踊」や「民謡民舞」といったものもあります。後者は伴奏に使う音楽に、純邦楽よりも手軽なものを選ぶことが多いようです。

■歌舞伎舞踊と日本舞踊

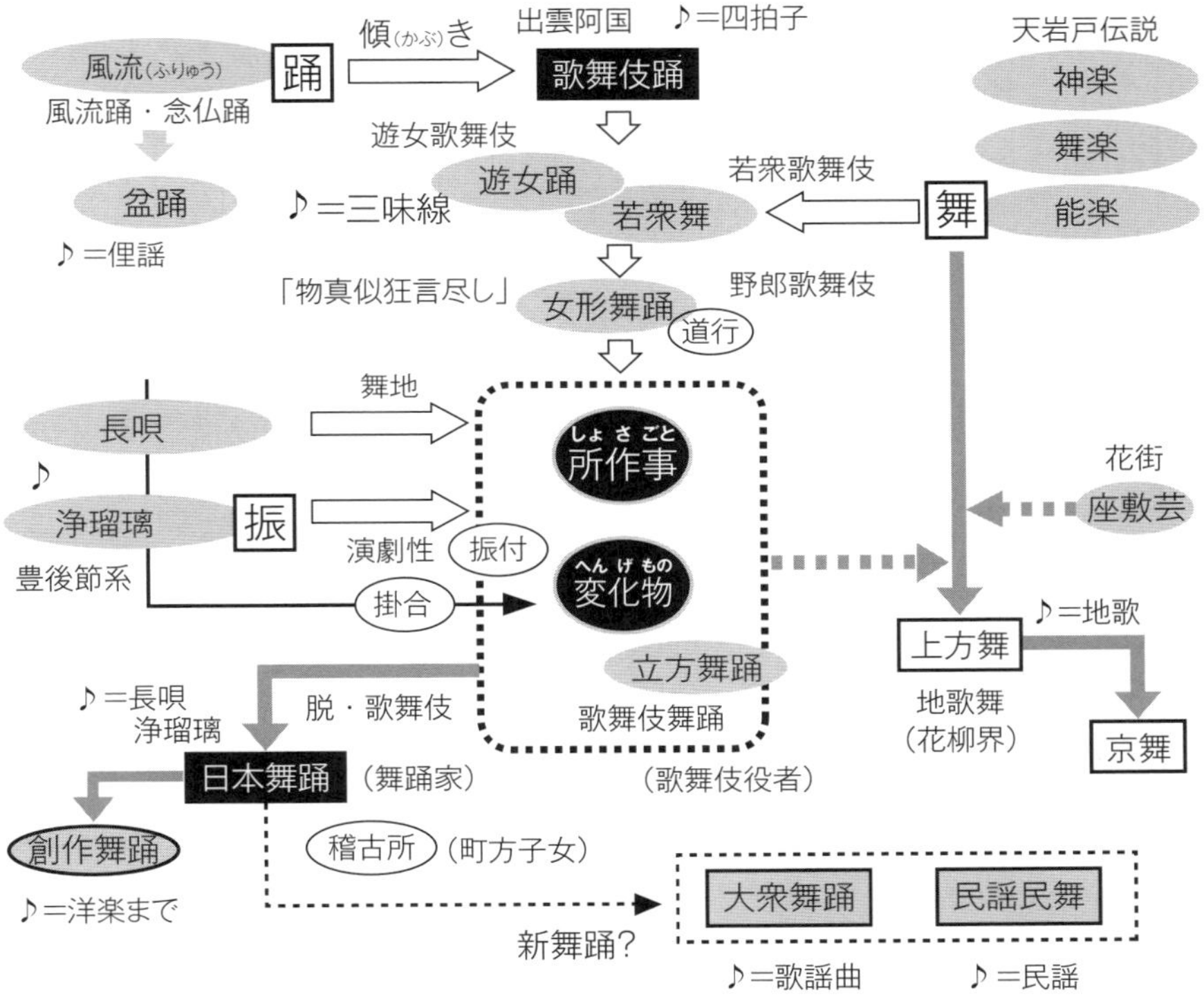

●日本舞踊の流派

☆日本舞踊は「一人一流儀」　・現在の流派数は200を超える…
☆嘉永5(1872)年ころ『御狂言師番付』に　すでに21流派の名前
(坂東・中村・藤間・西川・水木・岩井・松賀・広川・市山・世家真・沢村・松本・吾妻・市川・巴・藤元・花柳・志賀山・勝見・利根川・大西)
☆日本舞踊の「五大流派」　・藤間流・西川流・花柳流・若柳流・坂東流
☆同じ一門でも複数の流派　・藤間流　《勘右衛門派》《勘十郎派》《紋三郎派》《紫派》
☆ルーツからみる流派

振付師系	藤間流	西川流	市山流	花柳流	若柳流	…
歌舞伎役者系	坂東流	中村流	水木流	岩井流	市川流	…
御狂言師系	松本流	松賀流	吾妻流	広川流	沢村流	…
上方舞系	山村流	吉村流	篠塚流	井上流	…	

★「御狂言師(おきょうげんし)」とは　大奥・大名家に招かれ舞踊・歌舞伎を演じた女性

■歌舞伎から派生した日常語（1）

二枚目
江戸時代に芝居小屋の役者名の表看板で　右から二枚目に書かれる役者のこと　その役は美男の立役で美男俳優の代名詞になった　続く三枚目は道化役の名であったため喜劇役者の代名詞に

十八番
七代目団十郎が市川家代々の得意芸『暫《しばらく》』や『助六』など十八演目を選定し「歌舞伎十八番」と名づけた　転じて得意な芸　またはよくする行為や口ぐせも　「おはこ」とは　その大事な台本を入れる箱のこと

見得
役者が演技の途中で一瞬動きを停止　にらむようなポーズのこと　歌舞伎独特の演技のアクセント一般に「見得をきる」といえば　他人に自信のほどを示すこと　字の違う「見栄を張る」は外見を飾ること

花道
舞台から客席に伸びた役者の登場退場の通路　能の橋掛りが変化したもの　贔屓客が役者に「花＝祝儀」を渡すから花道とも　転じて惜しまれて引退する人を「花道を飾る」など　相撲の土俵への通路も同じ花道

濡れ場
元禄の名優・坂田藤十郎が得意とした色恋を扱った「濡れ事」　それを舞台でみせる場面名　現代ならラブシーンだが「濡れ場」のほうがナマな感じ　露骨な表現ができない時代　様式的工夫でより濃厚になる

大向こう
舞台正面の桟敷席後方にある立ち見の客席のこと「一幕見」の席とされ　芝居通のくろうと筋の客でそれら目の肥えた客の賞賛のことを「大向こうを唸らせる」と　単なるホメ言葉でなく本当の賞賛を表す

襲名
江戸期の興行は許可制　それも座元個人に対しての許可　興行継続には座元の名跡を継ぐ必要があり、それが一種のブランド化し何代や何世として名跡を名乗ることに　落語界はすべて歌舞伎慣例のコピー

裏方
舞台を境に楽屋側を裏　そこで働く人を「裏方」という　大道具・小道具・衣装・髪師から地方（演奏）や劇作者までを指し　今なら「スタッフ」　「縁の下の力持ち」という意味でなら「裏方」の呼称がピッタリ

鳴り物
下座音楽には演出効果を高める各種の鳴り物（楽器）がある　舞踊や演劇でも主役の登場場面などはこれら囃子が演奏され効果を引き立てる　転じて大げさな前宣伝であおることを「鳴り物入り」という

黒幕
場面の変わり目や隠したい大道具などに黒い幕をかけて背景のかわりにする木綿の幕　転じて背面で指図やはかりごとをする者のこと　浅黄色の幕を切り落としての場面転換を「幕を切って落とす」という

切り口上
口上とは襲名披露など舞台上からする口頭の挨拶「キリ」は最後という意味で終演の口上　観衆の速やかな退場を促す意味もあり　型通りの味気のない話し方　「話を切り上げる強引ないい方」の意味にも

メリハリ
「減（め）る＝緩める」「張（は）る＝強める」の動詞の合体から生まれた日本の芸能全般にわたる用語　本来は抑揚や強弱などセリフの言い回し　やがて劇の筋や演出全般に転用　現代社会でも通用する作法

第十一章 三味線楽

その4・近代の三味線楽——歌曲

幕末のカラオケ——三味線小歌曲

三味線音楽は各種芸能とタイアップして発展、劇場や遊里などの音楽として定着し、それを業《なりわい》とするプロの音楽家を誕生させます。一方では隆達節《りゅうたつぶし》や弄斎節《ろうさいぶし》など短詞型の歌曲が生まれ、一般の庶民に支えられた「はやり唄」をもたらします。

上方では地歌のなかで、組歌《くみうた》のような形式ばったものでなく当世風の「端歌」が生まれ、やがて江戸でこれらが「江戸《えど》端唄《はうた》」として完成し、大流行します。歌舞伎音楽にも端唄が取り入れられ、「寄席」で「俗《ぞっ》曲《きょく》」としてうたわれると、端唄は民衆との接点が拡大し、「はやり唄」として大衆の圧倒的な支持を得ました。このようにして聴くだけではなくうたって楽しむ唄が誕生します。そして現在のカラオケ教室のように、芸妓《げいこ》あがりの女師匠のもとに、厳然とした士農工商の身分制度をこえて、愛好者となった旗本も職人も火消しも集い、やがて「連《れん》」というグループを形成します。これは江戸末期の独特の社会現象です。

これら「端唄連《はうたれん》」の技量が高じてくると、一中節《いっちゅうぶし》を模範としたさらに上品で重厚な格調高い歌い方を求めるようになり、やがて「うた沢節《ざわぶし》」という一流を形成するようになります。うた沢連が端唄の主導的な立場を占め、もとの端唄は芸妓が独占してお座敷芸になり、民衆のはやり唄としては衰微してしまいます。「うた沢」という名称は、端唄の女師匠「おさわ」の連の名前から生じたといわれますが、これにはさらに「哥《うた》沢《ざわ》」（芝派）と「歌沢《うたざわ》」（寅派）の二派があり、これらを総称した場合「うた沢」と表記します。

明治になって、清元連の十六歳の娘「清元《きよもと》お葉《よう》」が、端唄をもっとコンパクトにした《散るはうき》という唄をつくります。これが最初の「小唄《こうた》」です。四畳半趣味の爪弾《つまび》き伴奏の粋な唄、気楽に誰でもうたえる唄というコンセプトが人気となり、小唄がうた沢の人気を凌駕します。

小唄はジャズなどが入ってきた第二次大戦後にブームを迎えますが、人気があだで家元をめぐる泥沼紛争が起き、自滅してしまいます。

■三味線小歌曲

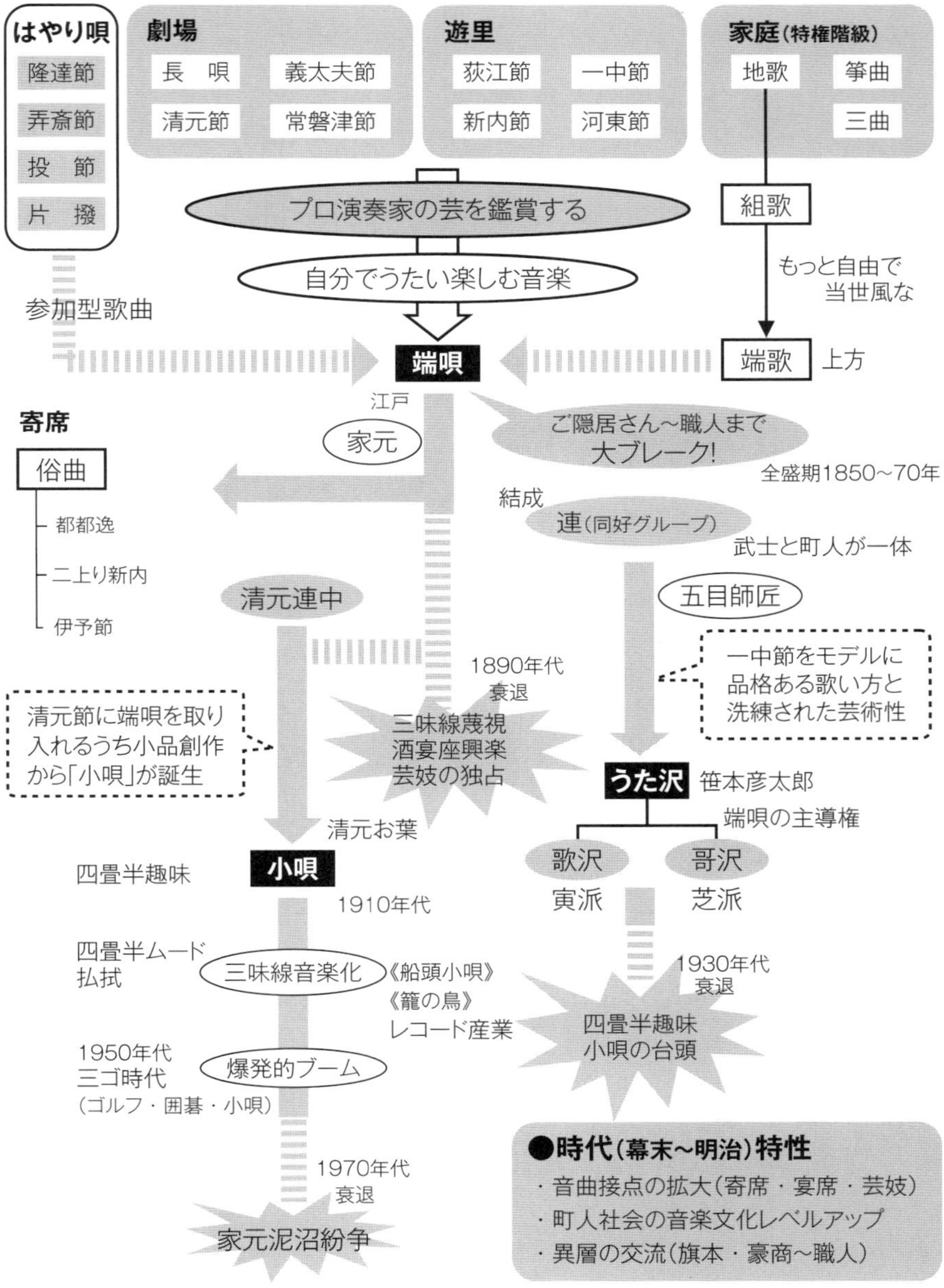
はやり唄
隆達節
弄斎節
投　節
片　撥
劇場
長　唄
義太夫節
清元節
常磐津節
遊里
荻江節
一中節
新内節
河東節
家庭（特権階級）
地歌
箏曲
三曲
組歌
もっと自由で
当世風な
プロ演奏家の芸を鑑賞する
自分でうたい楽しむ音楽
参加型歌曲
端唄
端歌
上方
江戸
家元
ご隠居さん～職人まで
大ブレーク!
全盛期1850～70年
寄席
俗曲
都都逸
二上り新内
伊予節
結成
連（同好グループ）
武士と町人が一体
清元連中
五目師匠
一中節をモデルに
品格ある歌い方と
洗練された芸術性
1890年代
衰退
清元節に端唄を取り
入れるうち小品創作
から「小唄」が誕生
三味線蔑視
酒宴座興楽
芸妓の独占
うた沢
笹本彦太郎
端唄の主導権
清元お葉
歌沢
哥沢
寅派
芝派
四畳半趣味
小唄
1910年代
四畳半ムード
払拭
三味線音楽化
《船頭小唄》
《籠の鳥》
レコード産業
1930年代
衰退
四畳半趣味
小唄の台頭
1950年代
三ゴ時代
（ゴルフ・囲碁・小唄）
爆発的ブーム
1970年代
衰退
家元泥沼紛争
●時代（幕末～明治）特性
・音曲接点の拡大（寄席・宴席・芸妓）
・町人社会の音楽文化レベルアップ
・異層の交流（旗本・豪商～職人）

端唄・うた沢・小唄は、着物を着たお姐さんたちが三味線の伴奏でうたっているのを聴くと、初めての人には、どこがどう違うのかなかなかわかりません。この三つは三味線小歌曲という、音楽的には同系統にあり、その発展段階によって名が異なるだけですので、似ているのはあたり前です。どれがどれだかわからないのも当然の話です。《桜見よとて》のように、同じ名前の曲が端唄・うた沢・小唄のどれにもある、というのが全体の半分以上を占めています。

あえて違いをあげれば、「端唄」は座敷の騒《さわ》ぎ歌ですから、お囃子《はやし》がつき、全体がリズミカルで陽気な雰囲気です。同じ曲でも「うた沢」では、低音域かつ遅いテンポで、浄瑠璃でも聴いているように重々しく、ある種陰気ともいえる雰囲気です。それに比べて「小唄」は、爪弾《つまび》きの抑え目の三味線で、割合高い音程ですが、張りあげる声ではなく、しっとりと囁くような歌い方をします。

端唄は芸者衆のお囃子にあわせて鉢巻き姿で客が座敷で踊っている風景を、うた沢は座敷の金屏風の前に座った太夫と三味線を、小唄は四畳半の炬燵《こたつ》をはさんで姐さんとしっぽりうたっている、そんな違いを連想させます。

これらは、いわゆる江戸情緒のTPOにあわせた音楽様式の違いであり、原点は遊郭の座敷を舞台にして生まれた江戸文化です。これらの唄や文句には、世情に通じた訳知《わけし》りの「通《つう》」や、物事の対処にソツがなく、人情を解してさばけた心情の「粋《いき》」などといった、江戸の洗練された美意識をかいま見ることができます。

その真骨頂は「新内流《しんないなが》し」でしょう。夜のしじまに途切れ途切れに流れる二挺の高低の三味線、鼻から抜けるような切ない声色は、江戸情緒、遊里《ゆうり》文化をよくあらわしています。これら歌曲を、寄席の舞台にのせて軽妙な諧謔でくるんだ俗曲《ぞっきょく》も「粋」の芸域です。

浮世絵に、粋な「お師匠さん」と差し向かいで唄を稽古している風景が描かれていますが、こういった風情は、江戸情緒の典型といえましょう。

■三味線小歌曲

●江戸・町人社会の「はやり唄」

端唄　江戸花柳界などでの座敷の騒ぎ歌　　歌と三味線は均等
リズム・拍子は単純　　囃子（太鼓・鉦・笛）入りで陽気で賑やかに

うた沢　「端唄」をより上品で格調高くした歌　　歌（語りに近い）の比重大
テンポは遅くリズム・拍子は複雑　低音で重々しく

小唄　「端唄」を騒ぎでなくしっとりした歌　　三味線が歌をリード
テンポは速くリズム・拍子は明快　高音域で軽快に　爪弾き

俗曲　寄席などで演じられる音曲　　ほとんどが端唄～小唄の有名曲
《都都逸》《かっぽれ》《二上り新内》《奴さん》…定番の曲に話芸を交え

●違いがわかりにくい　　類縁関係ゆえの混乱

・成立が江戸時代の曲……・ほとんどは「端唄」「うた沢」「小唄」に同名曲が存在する
・「端唄」にしかないのは　上方の「端歌」だったものだけ
・「小唄」にだけないのは　三味線の「手」が不適合のため
・成立が昭和期の曲………・当然のこと「小唄」のみ

●江戸文化（情緒）は遊里文化

・当代の演劇・文学・絵画…三味線音楽　遊郭抜きでは存在し得ない密接な関係
・明治以降と違い　江戸の遊郭・茶屋は売春抜きの社交場としての会合場所でも
・遊里では大名・豪商と下層職人とは同格　遊里文化は身分に無関係で浸透交流
・そこに花咲いた「江戸っ子」の美的生活理念　　**美意識　『粋』　『通』**

●五目師匠（ごもくししょう）

芸妓から転じた音曲の師匠　教えるものは端歌・小唄・長唄から浄瑠璃
場合によっては踊りまでと多様なので「五目」と呼ばれた　お師匠さん
とマンツーマンでの直接指導ゆえに人気も高く　町内には必ず一軒

●粋といえば…種目としては浄瑠璃だが

新内　花街を「流し」ながら　声がかかれば座敷でも　路上でも　三味線
2挺（本調子・上調子）の独特の掛合にして　鼻に抜ける高い声で

脱江戸趣味の音楽運動——三味線音楽のひろがり

三味線という楽器は、伝来してから明治までの三百年間に、舞台芸能から遊里までを活躍の場とし、そこで多くの種類の音楽種目と演奏形態を生み、さらにそれらが相互に影響しあい、音楽的離合集散を繰り返しながら、新たな音楽を創出し、また日本の代表的な楽器としての位置づけを形成しました。

維新の欧化政策で西洋音楽を至上とする文化的潮流は、江戸文化の極致ともいえる三味線音楽を、遊里趣味の「蛮楽《ばんがく》」とまで蔑視し、因習打破の対象とみなすようになってしまいました。急速に普及した洋楽の影響は、まず箏曲界に及び、その手法を取り入れた「明治新曲」などがつくりだされます。

三味線界でも江戸情緒からの脱却が図られます。「演奏会長唄」を皮切りに、常磐津や清元など歌浄瑠璃も歌舞伎舞踊の従属から離れ、純音楽としてアイデンティティを確立しようとする傾向があらわれ始めます。

義太夫からも豊本節《とよもとぶし》のような語りを離れた新しい音楽提案が、また地歌箏曲では宮城道雄などがいち早く「新日本音楽」といった音楽活動を展開しました。

鉄道工業の先駆者である平岡熙《ひらおかひろし》が創始した「東明《とうめい》楽《がく》」や、大倉財閥二代目大倉喜七郎の「大和楽《やまとがく》」のように、伝統音楽に造詣の深い実業界人が、三味線音楽を基軸におきながらも、唱法や合奏法などに新工夫した音楽を提唱する動きなどもありました。

そうした動きのなかで三味線が重要な役目を担う音楽があらわれます。伴奏がつかなかったことがあたり前だった民謡がお座敷にもち込まれて騒ぎ唄となり、その場に元々あった三味線がその伴奏楽器として用いられるようになります。

それら民謡のなかでも、かつてその伴奏楽器であった津軽三味線が、独特の奏法や技巧から器楽曲の主奏楽器として認められるようになります。

さらに音楽というより話芸というべきでしょうが、浪花節《なにわぶし》においても、三味線なくして浪曲がなりたたないほどの重要な楽器となりました。

■その他の三味線音楽

●文明開化と明治期の三味線音楽

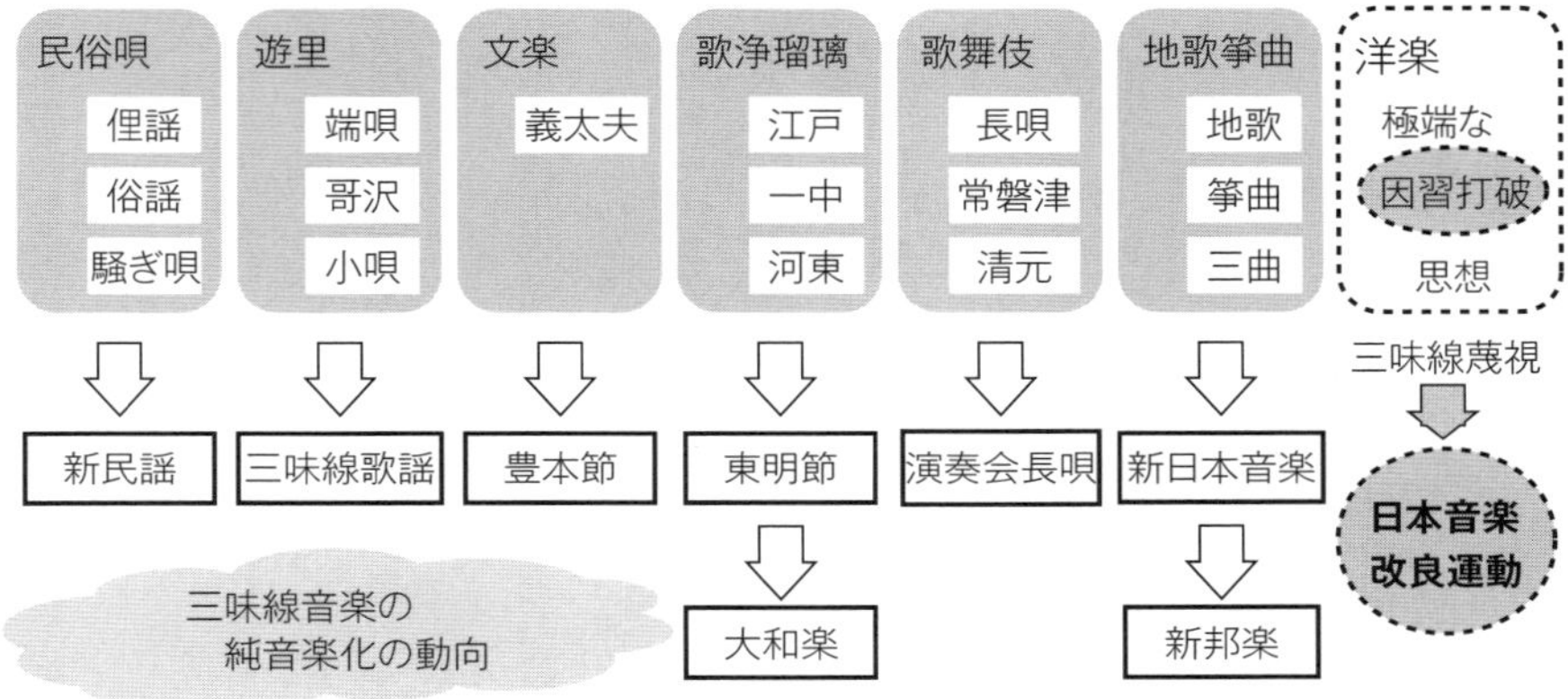

●近代生まれの三味線音楽

東明節	1910年　河東節復興に尽力の平岡煕が　一中節や謡曲要素を加え新流創始　転調が多く変化に富み技巧的な曲が多い　華麗で繊細な曲が多数
大和楽	1933年　大倉喜七郎が三味線音楽に新生面を開発のため創始　邦楽ながら洋楽的発声法　洋楽器をはじめ箏・十七弦・鳴物の合奏まで
豊本節	1954年　文楽の野沢松之輔が義太夫節を母胎に創始　語るのでなく唄うように　柔らかさで舞地にも　声と三味線のパートが一対になるのが原則

●「三味線音楽」の分類に属さないが…

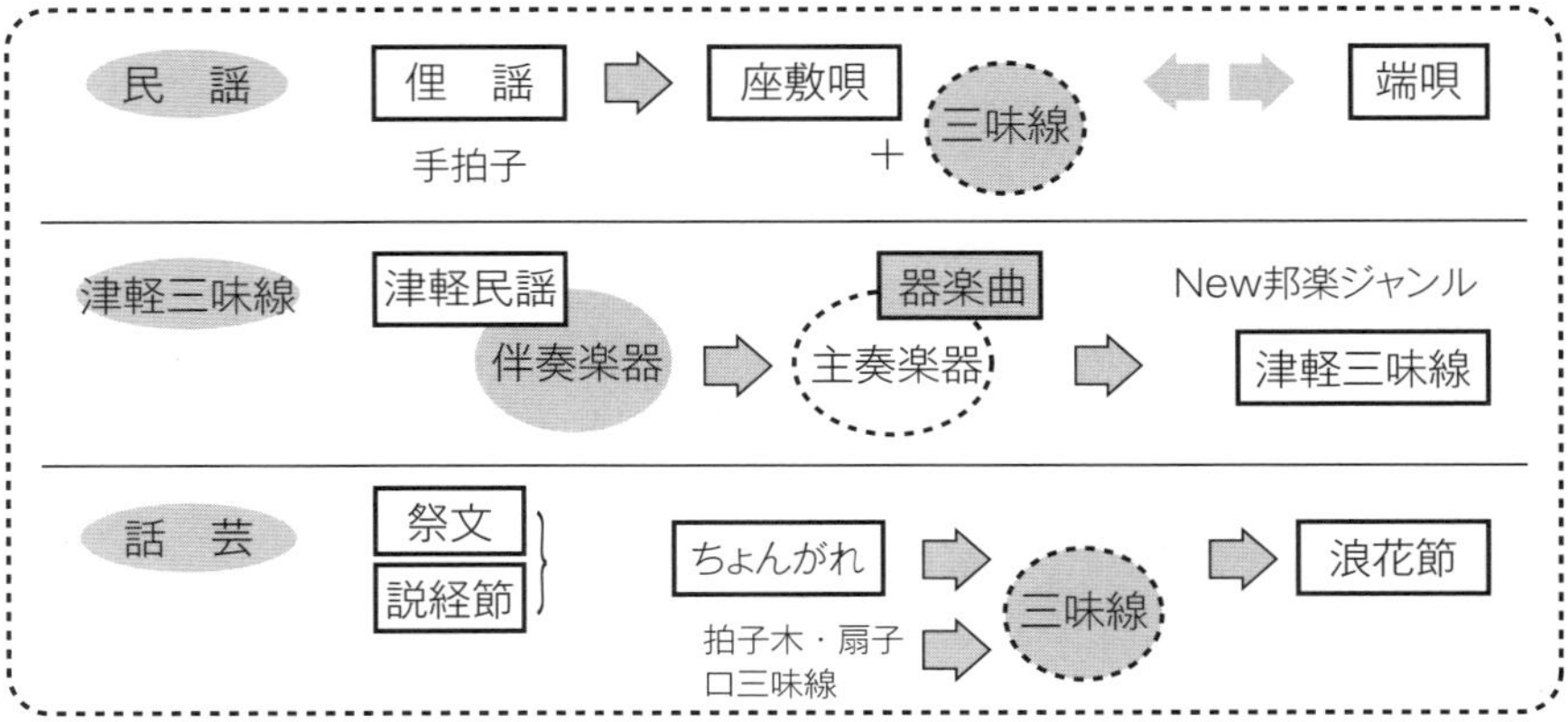

町人文化の象徴——三味線音楽の歴史

三味線の原形である琉球の三線《さんしん》が伝来した時期が、江戸時代の幕開けの少し前ですので、当然のことですが、三味線音楽に関するあらゆる事象がこの江戸期に発生しました。

伝来してほぼ半世紀で、琵琶法師たちによって三線が現在の三味線に改造され、最初の三味線音楽である地歌の三味線組歌《くみうた》が創始されました。また浄瑠璃や歌舞伎の初期の形式である古浄瑠璃《こじょうるり》や歌舞伎踊りに三味線が導入されました。同時期に、箏の世界で八橋《やつはし》検校による箏組歌が始まりました。

これらは家康が江戸に幕府を開設した時期と重なり、その後は左頁に示しましたように、江戸の音楽文化は、まさに百花繚乱ともいうべき多彩な広がりをみせるようになりました。戦乱に明け暮れた中世から、平穏な時代を迎えて安定期に入りますと、封建体制とはいいながら、文化の担い手は武士から町人が中心となる時代になり、武骨なものから優美なものが好まれるようになっていきました。

武士階級がパトロンをつとめる能楽などと違って、江戸期に開花する芸能は決まったパトロンがいないため、興行という上演形式がとられました。町人社会ではめまぐるしい趣向の変化があるため、文化や芸能に対して、常に新機軸と質の向上が要求されます。

職業化した役者や演奏家で、その期待に応えられないものは廃業に追い込まれますので、彼らは常に技量の向上を心がけねばなりません。そうした切磋琢磨が、江戸趣味の新しい三味線音楽やその付随芸能を開発し、名人と呼ばれる作家や演奏家、そして名曲を数多く世に送り出すもとになっていきます。それが明治期になって洋楽が導入されて、三味線音楽も岐路を迎えることになりました。

日本の音楽は常に外国からの影響を受けて定着・発展しましたが、三味線音楽は、江戸期が鎖国時代ということもあって、日本独自の、しかも町人という民衆によってつくられた純粋の日本音楽文化です。これぞ「邦楽」といえるでしょう。

■三味線音楽の歴史

桃山	三味線 伝来(1558-69)　・平曲家・浄瑠璃へ転向(16世紀半)　・賢順 筑紫箏 を(16世紀末) ・三味線 浄瑠璃 伴奏に(1580ころ)　人形浄瑠璃 創始(1595)　関ヶ原の戦い (1600)
江戸	・地歌 三味線組歌 創始(1600ころ)・出雲阿国 歌舞伎踊 興行(1603) ・徳川幕府　能を式楽に(1610) ・杉山丹後掾、江戸で浄瑠璃(1615) ・八橋検校 箏組歌 13曲作曲(1630)　・薩摩浄雲　江戸で浄瑠璃(1626) ・遊女歌舞伎禁止(1652)　・若衆歌舞伎禁止・野郎歌舞伎開始(1653) ・市川団十郎「荒事」(1673)　・坂田藤十郎「和事」(1678) ・当道座主体「箏・三味線」へ(17世紀) ・義太夫 竹本座 創設(1684)　・箏曲と地歌の連携強化(17世紀) ・生田検校　生田流創始(1695) ・近松 世話物《曽根崎心中》大あたり(1703)　赤穂浪士討入り (1702) 江戸長唄 初見(1704)　河東節 創始(1717) ・宮古路豊後掾、江戸へ(1730ころ)・「所作事」完成(1730ころ)　豊後節 弾圧(1739) ・長唄 確立(1730年代)　・人形三人遣い(1734) ・《菅原伝授手習鑑》《義経千本桜》《仮名手本忠臣蔵》上演(1746~8) ・丸本歌舞伎始まる(1746)　常磐津 創始(1747)　富本節 創始(1748) 鶴賀節 創始(1751)　・《京鹿子娘道成寺》初演(1753)変化舞踊が全盛に 荻江節 創始(1768)　・竹本座 閉業(1772)　・山田流箏曲の萌芽(1777) 下座音楽 完成(19世紀初)　文楽座 創始(1811)　清元節 創始(1814) ・端唄 全盛(1800年代)　・「幕末新箏曲」(19世紀中) うた沢 創始(1850年代)　・三味線、民謡の伴奏主要楽器に　明治維新 (1868)
明治	・当道制度・普化宗、共に廃止(1871)　・「地歌業仲間」結成→当道音楽会(1875) ・文部省に音楽取調掛 設置(1879)　・箏曲、尺八は一般に公開 ・尺八・箏曲界の接近で「三曲」活発化(20世紀初) ・「長唄研精会」設立(1902)・同年に杵屋佐吉「三絃主奏楽」創始　・小唄 流行(1900年代)
大正	・宮城道雄、「新日本音楽」を立ち上げ(1920)　・《春の海》発表(1929) ・「新邦楽」の名が(1930ころ)
昭和〜平成	・東京芸大に邦楽科(1950)（宮城・中能島が教授） ・NHK邦楽技能者育成会(1955) ・「津軽三味線」東京進出(1960年代)

■歌舞伎から派生した日常語（2）

べっぴん
美しい女性のことで「別嬪」と書く　江戸の歌舞伎脚本に「別品」の表記が　別品＝特別の品が転じて美女の意味に　本来の「嬪」は高貴な人の妻の意味　現代でいう「セレブ」　明治には別嬪と別品が半々

ひいき
「贔屓（ひき）」と書く　「引き立てる」のヒキに音が似た漢字をあて　その後に訛って「ひいき」に　今ならパトロン　昔は役者が公演前に贔屓衆に挨拶回りを　「贔屓の引き倒し」という危ないのもある

正念場
歌舞伎や浄瑠璃で一番の見せ場　役者が一心に演じきる必要のある場面　役者の性根を問われる場「正念」とは雑念を離れ仏道を念ずる意味　転じてその人の真価が問われる大事な場面・局面のこと

捨て台詞
江戸期の歌舞伎で役者が脚本にない適当にいった台詞（せりふ）を「捨て台詞」と呼んだ　今では別れ際に応答の間も与えない　脅迫や負け惜しみなど悪意の言葉　江戸期の「はい　さようなら」も同じ

板につく
「板」とは板張りの舞台　「つく」は見事に合致することを意味し経験豊富な役者の芸が舞台に調和していること　転じて態度や物腰・服装や仕事ぶりがサマになる状態　「うってつけ」も同類の語

市松模様
二種類の色違いの四角形が碁盤目になった模様　江戸期の歌舞伎役者佐野川市松が舞台で　好んでこの模様の袴を着用して流行　元は白と黒だが色ものも　役者の名前を冠したファッションは多い

一枚看板
上方歌舞伎では劇場前に役者名の看板を揚げるが一枚に一人だけ名を書くような中心的役者のこと　江戸歌舞伎では名題看板　転じて社会やグループの代表的存在　またはその人が誇る唯一の取り柄

ケレン
歌舞伎には「回り舞台・セリ・宙乗り・早替り・屋台崩し」など視覚的な効果を狙った奇抜な演出案　今ならスペクタクルやトリック　「外連」と書く「ケレン味がない」とは「ごまかし・はったりがない」

綯交ぜ
歌舞伎の作劇法の言葉　本来の意味は種々な色の糸をより合わせて紐を綯（な）う意味　同様に時代や登場人物など異なった既存の筋を絡ませて一編の脚本に仕立てる　今ならパクリかパロディ

はら芸
九代目団十郎が創演の「活歴」で考案　肚芸と書く「肚」とは役者の性根（役作りの心情・本心）のことで「心理描写をセリフや動作に頼らず表現」する演技言葉に出さず腹の中で企み度胸で処理する対応

花形
花と実のたとえから役者の場合「花・花形」は華やかな芸風　「実・実形」を写実的な芸風の意味　そこから「華やかな芸風で人気がある役者」のことを花形役者、略して「花形」と呼ぶ　今なら「スター」

連中
長唄連中・常磐津連中など一座の集団を呼ぶ名称　今ならグループ　「連」は仲間・つれの意味　阿波踊り集団を「○○連」など　日常会話でいう「連中」には多少軽蔑気味なニュアンスが含まれる

第十二章

民謡

カントリー・ソング——民謡とは

民謡《みんよう》とは文字どおり「民衆の歌謡」、しかも長い時代をかけて民衆たちによってつくられ、口から口を経て伝えられ、うたわれてきた歌のことです。

「民謡」という用語は明治になってからのもので、それまでは田舎歌《いなかうた》や俚謡《りよう》、俗謡《ぞくよう》などと呼ばれていました。つまり都会から隔たった地方の歌、カントリー・ソングともいうべきもので、そのせいか京・大坂・江戸といった都会に民謡はほとんどありません。

民謡にわらべ歌や子守歌を含める説もありますが、現代ではその目的やうたわれた場面、歌詞の内容などから、学問的には民謡は民俗音楽の一分類項目とし、わらべ歌や子守歌は別なものとして扱われています。

民謡は、左図の自然性から郷土性までの六つの条件を満たした、伝承歌謡のことをいいます。しかし私たちがよく知っている有名な民謡は、この条件からはずれているのが通例です。それらは、かつて無伴奏かせいぜい手拍子でうたわれていたものですが、酒席やお座敷にもち込まれ、三味線などの伴奏がついて酒盛歌《さかもりうた》、座敷歌といった三味線音楽化し、これらが都会に流れて、さらに端唄《はうた》や小唄《こうた》、俗曲《ぞっきょく》など洒落た音楽に変化したものだからです。

そのうちに「この歌は正しくはこのように……」と正調《せいちょう》○○節などという音楽的に固定化されたものまでが出現します。その結果、伝承されるなかで変容するという民謡の特性や郷土性、素朴性が失われ、文字どおりあか抜けた「はやり歌」になってしまいます。私たちが知っている民謡はこれらなのです。

第二次大戦の戦前・戦後に発生した何度かの民謡ブームはプロの民謡歌手を生み、レコード化されて、歌謡曲または流行歌の一ジャンルとしての「民謡」を誕生させます。そうしたブームは、地方に埋もれた民謡を発掘し流行歌として発表したり、プロ音楽家による「新民謡」という民謡風歌謡曲を世に送り出しました。

民謡はトラディショナル・フォーク・ソングの日本版ですが、そういった経緯からバージョン・アップされたトレンディ・フォーク・ソングになっています。

■民謡とは

民謡＝民衆の歌謡　民衆が自らつくり　自らうたう歌

- 民俗音楽（民俗芸能）（郷土芸能）
  - 民俗宗教　神楽・祝詞《のりと》・呪文
  - 民俗芸能　歌垣・田楽・風流
  - 民謡
    - 労作歌
    - 祭歌・祝歌
    - 踊歌・舞歌
    - 放浪芸歌
  - 子守歌
  - わらべ歌

●こんな分類例も…

- 民謡
  - 労作歌
  - 祭歌・祝歌
  - ⋮
  - 子守歌
  - わらべ歌

●「民謡」の呼称は明治以降

風俗歌
俚　歌
巷《こう》　謡《よう》
在郷唄
田舎唄
俗　謡
俚　謡

➡「俚」「俗」「田舎」…の字義
文化の遅れた地方（田舎）の
素朴または野卑な歌…

芸謡　芸能者のうたう歌謡
庶民の生活からうたいあげた
ものではなく　芸術的でもない

●あえて語義…

民謡	楽器をもたず　楽曲にあわさず 高低・緩急・強弱の曲節の地方歌
俚謡《りよう》	同じく楽器・楽曲にあわせない 特定地にのみ通用の総ナマリ歌
俗謡《ぞくよう》	楽器を伴い　楽曲にあわせる歌 いわゆるお師匠様伝授の俗歌

前田林外『日本民謡全集』1907

■民謡の必須条件

自然性	誰となくうたいだされ　人々に自然にうたいつがれ　ひろまった歌
伝承性	文字や楽譜でなく　口から口へ模倣され　徐々に改変されてきた歌
移動性	地域間を移動の人々により伝播され　その地で定着・郷土化した歌
集団性	個人的な生活感情の表現でなく　地方民全体の集団から生まれた歌
素朴性	生活の底流にある不変の真実感を　音楽的装飾性を少なくうたう歌
郷土性	リズムや旋律・方言詞により　土地の人ならではの味わいがある歌

●変容する民謡（本来は…土くさい　潮くさい　汗くさい…自由な歌謡）

民謡（伝承民謡　自然民謡）
- 三味線音楽化 ➡ 座敷歌（騒ぎ歌・酒盛歌）　レコード・ステージ
  - マスメディア化 ➡ 流行歌（郷土性喪失）
- 音楽的固定化 ➡ 正調　コンテスト・プロ歌手　ラジオ・テレビ

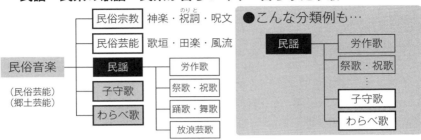

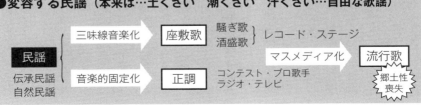

なにをするにもまず歌から——日本のワーク・ソング

民謡の曲数は全部で五万八千曲ほどといわれ、日本の歌曲のなかでは校歌の七万余曲について多いとされています。民謡は伝承過程で変容したり、他の土地に伝播して別な曲に化ける例が多く、そのため、もとは一つの曲なのにいくつもの曲名に名を変えている例がたくさんあります。よって、この総曲数は別に驚くことはありません。

民謡の分類法にはいくつかの説があります。本書では左図の三分類を採用しました。

第一は「労作歌《ろうさくうた》」（仕事歌《しごとうた》）で、これは日本の民謡全体の八〇～九〇パーセントを占めるといわれています。現代でも工場内のBGMなど、作業効率のアップに音楽の有効性が証明されていますが、昔は農業・林業・漁業・鉱業・土木業などで人手を中心とした労働集約型の作業ですから、パワーの集中に民謡、特に掛け声や合の手などはなくてはならないものだったのでしょう。

これらのなかでも農業系（特に米作）は作業工程別に細分化された歌が残されています。これらの曲名をつなげていくと当時の米作のプロセスがマニュアル化できるほどです。こうした作業は全国どこの農漁村でもおこなわれ、そのため同じ作業名の歌が村単位で存在します。よって労作歌の曲が多いのです。近年、機械化や生産方式の改廃によって、その作業と共に消えてなくなった歌もたくさんあります。

第二が「神事歌《しんじうた》」です。豊作祈願の祭りや先祖へ感謝を示す盂蘭盆会《うらぼんえ》などの踊歌《おどりうた》、そして祝言なども神事のうちです。天岩戸《あまのいわと》神話をはじめとして神事に「うた・まひ」は付き物です。民衆の祈念や感謝の気持ちが踊歌となって表現されたのでしょう。

最後は放浪する遊芸人の「芸事歌《げいごとうた》」です。なかでも三味線を背負い各地をまわって、一宿一飯の代償に奏する瞽女《ごぜ》や座頭《ざとう》たちの歌や語りは、民衆にとって最大の娯楽の一つです。

このような芸人たちの村から村への放浪は、地域独自の歌を他の地域に伝播させる運び役にもなりました。

■場面・目的からの分類（文化庁方式＝柳田国男＋町田佳声）

●民謡は58,000曲余　その80～90%は　「労作歌」（仕事歌）

田・畑・山・海・家内…の労働で　作業中・休憩時にうたわれるもの

・集団作業の集中度・リズムのタクト

・作業性・効率性向上の音楽的ツール

生産様式の変化・機械化など労働と直結の目的を失い　歌も自然に衰微

労作歌

- 農林業
  - 山歌：杣（そま）歌・木挽歌・木おろし歌・炭焼歌・萩取歌・樟脳切歌・草刈歌・山行歌・木流し歌・茶山歌
  - 田歌：田打歌・田植歌・田草取歌・稲刈歌・麦刈歌
  - 庭歌：稲こき歌・もみ摺歌・米搗歌・餅搗歌・麦搗歌・稗搗歌・粉挽歌・味噌搗歌・筵打歌・藁叩き歌
- 農産加工：綿ほかし歌・糸紡ぎ歌・機織歌・紙漉き歌・茶摘み歌・臼搗歌・漆掻歌・糸引歌・酒造歌・素麺掛け歌・寒天造歌
- 漁　労：舟唄・舟方節・船頭歌・船卸歌・網起し歌・網曳歌・鯨歌・浜歌・骨抜き歌・塩焚き歌・潮替え歌・海苔取り歌・鰹節ばら抜き歌
- 諸　職：大工歌・綿打歌・杣歌・酒屋歌・たたら踏歌・地搗歌・糸繰り歌・油搾歌・茶師歌・石刀節・石切歌・採炭節・選炭歌
- 交通運搬：馬方節・馬子唄・馬追歌・牛方節・牛追歌・博労歌・船頭歌・木遣節・筏流し歌・駕籠かき歌・長持歌・川船歌
- 建築土木：土搗歌・石曳き歌・杭打歌・新地節・木遣節

●神事・行事・生活…（神事歌）

そのすべてが集落・地域など相互扶助の集団的な運営がベース

そこには　うた（歌）　まひ（舞）　そして　うたげ（酒宴）が…

祭歌・祝歌

- 祭　事：神迎歌・神楽歌・神送歌・宮入歌
- 祝　儀：嫁入歌・家移り歌・酒盛歌・年祝歌・おぼこ祝歌
- 行　事：正月歌・鳥追歌・亥の子歌・虫送り歌・盆綱引歌

踊歌・舞歌：神楽舞歌・盆踊唄・風流歌・田遊歌・雨乞踊歌・豊年踊歌

●聴かせる歌（芸事歌）

門付けや放浪芸人の「芸謡」　地方の山村の住人にとって唯一の楽しみ

芸謡はやがて　民衆の口端を通じて　その地に根づいた俚謡化

放浪芸歌

- 語り物：瞽女歌・座頭歌・口説節
- 祝福芸：万歳・春駒・大黒舞など門付・願人坊主

近世生まれが中心——民謡の音楽性

民謡の音楽性を楽理的に解説するのは至難の技です。曲数だけでなく、様式も多種多様だからです。フシの構造にしてもリズムにしても、西洋音楽にはない民謡独自の形式が多くあります。これらを五線譜化しても外国語の発音をカタカナであらわすようなもので、不完全なものにしかなりません。

こうした民謡群のうち、あえて採譜《さいふ》されたものについて、音楽的な側面を最大公約数的にピックアップすれば、左図のようなことが指摘できます。

まず詞型《しけい》（曲型《きょくけい》）です。民謡の九〇パーセント近くが「近世小唄調《こうたちょう》」といわれる七七七五調です。それ以前の時代にない詞型ですから、現在の民謡のほとんどが近世につくられたか、あるいは変容したということになります。

音階では当然のことながら「民謡音階」が大半で、次いで「都節《みやこぶし》音階」です。それ以外の音階が使われているものには、琉球諸島に圧倒的に多い「沖縄音階」、量的にはさほどではありませんが山間部や島々の「律音階」と、地域的な特性があります。

リズム型は、有拍《ゆうはく》・拍節《はくせつ》リズムの「八木節《やぎぶし》様式」と、無《む》拍《はく》・自由リズムの「追分《おいわけ》様式」という対照になります。

歌い方の基本は独唱です。交互唱《こうごしょう》や音頭《おんど》形式もありますが、囃し詞の部分以外は声をそろえてうたうことは少ないようです。もちろんハーモニーもありません。

民謡の大半を占める労作歌がその作業から離れ、酒席にもち込まれますと、作業効率よりもうたえ栄えが重要になります。そのため三味線など伴奏楽器がつき、それによって調子が変わっていきます。

土臭いものが洗練されて、固い調子の歌は派手でにぎやかに、さらには時代の風潮にあわせて粋で艶っぽいものに変えられていきます。

本調子《ほんちょうし》から二《に》上《あが》りに、そして三下《さんさが》りといった調子の変容だけでなく、仕事歌が座敷歌へと音楽性そのものが変容していきます。このような変化を通して現在に伝わっているのです。

■民謡の音楽的側面

●詞型　80〜90%は「七・七・七・五調」（近世小唄調）

・現行民謡の大半が江戸時代以後に誕生のもの
・うたうだけでなく即興で歌詞をつくるのも楽しみのうち
・七七七五調以外の詞型

五・三、五・五調	《ホーハイ節》	津軽
五・七・五調	《なにやどやら》	南部
五・七・七・五調反復形	《斎太郎節》	宮城
七・七調連続反復形	《八木節》	群馬

「口説調」など

●音階　圧倒的に多いのは「民謡音階」

民謡音階	本土全般だが　九州南部から薩南・沖縄方面で少なくなる
都節音階	近世の都会の流行歌が伝わって　民謡化した歌系統に多い
沖縄音階	上記二種と反対で　沖縄県の各諸島の民謡に圧倒的に多い
律音階	量は少ないが　全国の山間部や島々など　交通不便な場所
都節変種	民謡歌手など都会化する過程で　中間音が下がって発生

●リズム　「八木節様式」と「追分様式」

八木節様式
踊歌・網曳歌・地搗歌・わらべ歌…団体動作連動の系統
有拍・拍節リズム　拍節は強弱に無関係
歌はシラビック　伴奏には太鼓・三味線

追分様式
馬子唄・木挽歌・舟唄・子守歌…　単独作業の系統
無拍・自由リズム　伴奏には尺八など
歌はメリスマ　フレーズの初めに詞が集中

●うたう形式　日本音楽の特性

・「独唱形式」　「音頭同一形式」（音頭取の後をうけて斉唱）が多い
・「交互唱形式」があっても　パートで同時に音を重ね「和声」は皆無
・交互唱・斉唱どちらも音高をそろえる意識はない　伴奏も不即不離

●調子（三味線）　調子の変化は　歌の性格まで変化

本調子	重厚で落ち着いた	労作歌	洗練され
二上り	派手で賑やかに	酒盛歌	固定化され
三下り	艶っぽくて粋に	座敷歌	聴く音楽に

傾向 ↓

お囃子と掛け声が命——民謡の伴奏

民謡がまだ労作歌《ろうさくうた》であった時代は、人がうたうだけであり、囃子詞《はやしことば》が伴奏がわりのようなものでした。やがて作業の休憩時間や作業終了後の酒盛りなどで、歌にあわせて手拍子が入るようになり、歌謡曲の歌詞ではありませんが「小皿叩いてチャンチキおけさ……」といった風情だったと思います。

江戸期後半には労作歌が、各地の花街や遊郭にもち込まれ、芸妓《げいぎ》や飯盛《めしも》り女がそれらに三味線の伴奏をつけて、「うたう・聴く・楽しむ」座敷歌へと変化していきました。

現代ではこれらの伴奏に、弦・管・打の和楽器のほとんどが用いられていますが、なんといっても主力は三味線です。同じ三味線でも、東北方面なら津軽三味線、沖縄なら三線《さんしん》です。しかし朗々たる独唱がポイントの馬子唄《まごうた》、舟唄《ふなうた》系の歌などでは三味線よりも尺八が使われる例が多くなります。

三味線と尺八とをともに使い、締太鼓などさまざまな和のパーカッションを導入した曲もあります。かわった楽器として、《八木節《やぎぶし》》《新潟甚句《にいがたじんく》》の木の樽や、《越前おはら節》の胡弓などがあります。

民謡には、楽器伴奏がなくても囃子詞はかかすことができません。逆の言い方をすれば囃子詞のない民謡は存在しません。どうかすると左図にあげた例のように、本歌《ほんうた》の歌詞そのものよりも囃子詞のほうが長い歌もたくさんあります。津軽や秋田系の民謡では「あ・い・う・え・お・ん」の六文字をそれぞれメリスマ風に引き伸ばしてうたいますが、これらは囃子の「詞」というには意味不明で、まるでスキャットです。しかしそのメロディはその歌の重要な音楽要素といえます。

この特徴ある各種の囃子詞が、その曲のアイデンティティですから、囃子詞の一節が曲名になったのも少なくありません。民謡のよさは、自分で上手に本歌をうたえなくとも、囃子詞を唱和しただけでうたったと同じ感覚が得られることではないでしょうか。

カラオケと違い、音程やテンポなども気にすることなくうたえるのも、民謡をうたう楽しみの一つです。

■民謡の伴奏楽器

●民謡の本来は…無伴奏　あっても手拍子

座敷歌化した現代民謡は　楽器の伴奏付きが多く　その主力は三味線である

弾物	・三味線	民謡全般（地域・系統）にわたり伴奏の主力
	・津軽三味線	青森を中心に北東北、北海道の民謡に
	・琉球三味線	沖縄諸島を中心に薩南まで
	・胡弓	北陸系民謡にのみ
吹物	・尺八	追分系・馬子唄系のほとんど
	・篠笛	盆踊歌系・田植歌系には必ず
打物	・締太鼓　（平置短胴）	田植歌系など古系、座敷歌系に多い
	・鋲打太鼓（平置短胴）	東北系に多い
	・大太鼓　（横置長胴）	盆踊歌系には必ず
	・腰鼓・鞨鼓・桶胴…	踊り手が身につけ踊りながら叩く
特殊	・鉦鼓類	大･小　打･摺など各種ある
	・その他　・樽　・編木（びんざさら）　・銅拍子　・コキリコ　・法螺貝	

●囃子詞《はやしことば》　民謡の絶対条件

民謡 ＝ 歌詞 ＋ 囃子詞 ＋ 伴奏楽器

・共同作業でタイミング合わせ
・牛･馬･船･筏を制御の掛け声
・歌の「引立て」や「活気付け」
・歌詞の字足らずの拍子調整

●囃子詞が曲名に（特徴が囃子詞に）

《ソーラン節》《ヨサレ節》《よさこい節》《ホーハイ節》
《ドンパン節》《アイヤ節》《おこさ節》《カンチョロリン》

●舟唄（船漕ぎ歌）系……囃子詞が長い　その分　歌詞は短い

・鳥取　《貝殻節》　我が国に渡来の海人族の船漕ぎ掛け声
「ヤサホーオエエヤ　ホオエヤ　エーエエ　ヨイヤサノ　サッサー
ヤンサノ　エーエ　ヨイヤサノ　サッサア」

・山形　《最上川舟歌》　酒田港付近の船漕ぎ掛け声を編曲？
「ヨーイ　サノマガショー　エンヤコラマーガセー　エエンヤア　エーエヤア
エーエ　エーエヤア　エード　ヨーイ　サノマガーショー　エンヤコラマーガセー」

●馬子・馬方・牛方・牛追い歌系……比較的に短いのが多い

・馬や牛への掛け声　「ハイハイ」　や　「ハーイハイ」　などの変形の系統

●津軽・秋田系の民謡は　囃子詞がめっぽう長いのが多い

・歌詞をメリスマ調で母音をひくため、囃子詞との境目が不明なものも多い
・《津軽ヨサレ節》《津軽オハラ節》《津軽三下り》《秋田追分》《秋田オハラ節》
・「囃子詞」といっても「ア･イ･ウ･エ･オ･ン」の連続で「詞（ことば）」になっていない

●盆踊唄では　囃子詞というより　掛け声に近い

ヨイヨイ　　ドウシタドウシタ　　ドッコイショ

ディアスポラ現象――民謡の伝播

「離散」を意味するギリシャ語「ディアスポラ」ほどではないにしても、ある地で生まれた文化が各地に離散し、その移住先の文化と融合し変質して新しいアイデンティティを形成する……という例はたくさん見うけられます。日本の民謡の生成や伝播、そして改変の過程はまさにディアスポラ現象の典型といえます。

民謡が子々孫々にわたり時代を経て伝承されるのは当然として、その域内にとどまらず東西各地に広がって、まったく別の地域にまで伝播し定着している民謡はたくさんあります。

左図に北海道・東北地区の民謡曲名の一部をあげましたが、「あいや節」「よされ節」「おはら節」「馬子唄」「木挽《こびき》唄」「三下り」といった、江差や津軽、南部など、曲のアタマについた地名を除けば、同名である曲がたくさんあることに気づかれるでしょう。こうしたことは東北方面のたまたま隣接した地域だからではなく全国レベルで見うけられます。江戸期には人の往来も自由になりませんし、交通手段や情報伝達機能の不備な時代に、なぜここまで伝播することができたのでしょうか。そのわけは「歌の運び屋」がいたからです。

たとえば参勤交代による大名行列の往来は、全国諸藩と江戸とのネットワークでした。その往来にかかる長旅の時間は宿場泊まりの連続です。奥州道中を利用する津軽藩などは九〇もの宿場を経由しなければ江戸に着けません。海路や川越えとなれば天候次第で数日の足止めも珍しくありません。そうした宿場や港の花街や遊郭に、各地の民謡がもち込まれ、それがその地で変容して、また東西を駆け巡るのです。

これ以外にも行商人や旅芸人、一般の参詣人などに加え、これらの旅のアシストをする馬子《まご》や駕籠《かご》かき、そして宿場のホステス役である飯盛り女などが歌の伝播とその改変に一役買っています。

単に伝播だけでなく、時代や地域間の移動により変質して、新しいアイデンティティを取得するのが民謡の特性です。

■ディアスポラ現象

●垂直（時間）伝承と　水平（地域間）伝播…

伝承・伝播の過程で変化

ディアスポラ

その地で

新しいアイデンティティ（その地の民謡）確立

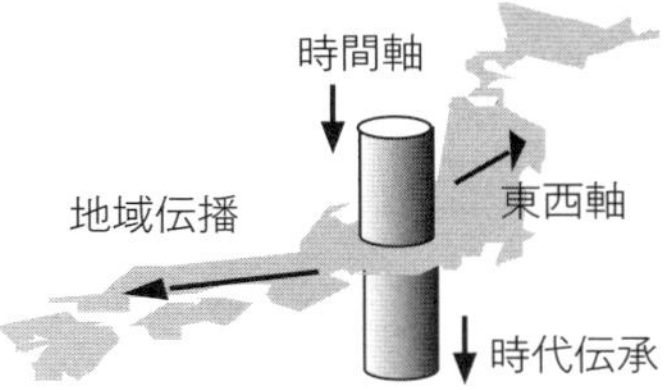

★歌は運ばれ…

その地の風物・習慣・人名が土地言葉で織り込まれ変容して「オリジナル曲」に

江差・津軽・南部・越後・相馬…
全国には地域冠名を除けば
同名の曲が各地に存在する
が　郷土性で個別に差異が…

江差追分
江差おけさ
江差三下がり
江差甚句
江差舟方節
江差馬子唄
江差餅つき囃し
浜小屋おけさ
松前祝い唄
松前追分
松前小原節
松前謙良節
松前三下がり
松前荷方節

津軽あいや節
津軽おはら節
津軽音頭
津軽数え唄
津軽願人節
津軽木挽唄
津軽三下がり
津軽じょんから節
津軽甚句
津軽タント節
津軽の子守唄
津軽囃し
津軽盆唄
津軽山唄
津軽よされ節

南部牛追唄
南部牛方節
南部馬方節
南部駒引唄
南部道中馬方節
南部木挽唄
南部あいや節
南部磯節
南部子守唄
南部酒屋元摺り唄
南部甚句
南部相撲甚句
南部田植え唄
南部大黒舞
南部茶屋節
南部長持唄
南部荷方節
南部盆唄
南部餅つき唄
南部よしゃれ節

●歌の運び屋

- 参勤交代の藩士・徒士
  宿場・花街・遊郭
- 船頭・水夫・馬子・博労
  湊・北前船・樽廻船
- 行商人
  飴売り・薬売り・油売り
- 放浪旅芸人
  瞽女・座頭・門付・願人
- 季節労働者
  杜氏・やん衆・木挽職人
- 神社参詣の旅人
  お伊勢参り・大山詣

●江戸期の交通

- 陸路の宿場
  馬子･駕籠かき･飯盛り女がいて
  旅人が運ぶ「歌」の媒介を…
- 海路の港町
  シケには船頭や舟子が長逗留
  花街や遊郭の芸妓が歌を…
- 歌は…
  陸路は緩慢に口伝で隣村に
  海路は一足飛びに次の湊へ

■五街道

- 東海道　（53次）
- 中仙道　（69宿）
- 日光道中　（21宿）
- 奥州道中　（90宿）
- 甲州道中　（35宿）

■脇街道

伊勢路　北国街道
中国路　三国街道
佐渡路　美濃路
水戸路　長崎路

■三津七湊（さんしんしちそう）

- 伊勢…安濃津　（津市）
- 筑前…博多津　（博多市）
- 和泉…堺津　（堺市）
- 越前…三国湊　（坂井市）
- 加賀…本吉湊　（白山市）
- 能登…輪島湊　（輪島市）
- 越中…岩瀬湊　（富山市）
- 越後…今町湊　（上越市）
- 出羽…土崎湊　（秋田市）
- 津軽…十三湊　（五所川原市）

佐渡おけさも、阿波踊りも——はいや節

多くの民謡が、その発祥の地を離れて各地に伝播していますが、そのなかでも系列の歌がもっとも広域に及び、しかもその数の多いのが「はいや節」です。その拡がり状態を一覧にしたのが左図です。

この歌の特徴は、曲名にもありますように、いずれもが「ハイヤエー」（または「ハンヤエー」）という歌い出しから始まることです。七七七五調の歌詞に、二上り調の三味線が伴奏になっていますから、早いテンポで弾かれる三味線に、やたら騒々しい太鼓類が入って、それらにあわせて踊る「騒《さわ》ぎ歌」です。よってこの系統には踊りがつくものが多いようです。

他の地方へ伝播して、その地域の言語訛《なま》りが反映し、歌い出しも曲名も「ハイヤ」ではなく「ハンヤ」「アイヤ」となったものがありますが、同類です。

この「ハイヤ」は、天草の漁師たちが南風のことをいう言葉「はえ」からきているといわれます。全国に広まった歌ですので、元祖について長崎の田助《たすけ》、熊本の牛深《うしぶか》、そして鹿児島の三か所で本家争いがあったようですが、歌詞の「南風で出航」の意味から《牛深はいや節》が本家と認定されました。その牛深から日本海の港を飛び飛びに北上しながら点在しているのは、北前船など帆船の船乗りたちによって運ばれたからと思われます。それぞれの港には遊郭や花街があり、荷の積み降ろし・風待ち・潮待ちでの逗留期間がこれら歌文化の伝播に絶好の機会となったと想像されます。

《佐渡おけさ》もハイヤ節系です。伝わったハイヤ節に、この地方に昔からある《おけさ》と呼ばれる甚《じん》句《く》系の歌詞が結びついたものといわれています。歌い出しの部分や詞型、踊り歌などからもうなずけるところです。しかし《阿波踊り》となると、騒ぎ踊り歌であること以外、ハイヤ節系とは思えません。江戸後期の阿波踊りはまさにこのハイヤ節調であったのですが、明治末期には廃れてしまい、大正初期に復活運動が起きた時に、昔の踊りと三味線の手だけを残し、曲のほうは《都々逸《どどいつ》》の前身といわれる名古屋熱田の《よしこの節》に変えたことによるといわれています。

■海路伝播の例　「ハイヤ（アイヤ）節」系統

●原曲は　《牛深ハイヤ節》　（熊本県天草の港町・牛深）

- 冒頭に「はいやーえー」　または　「あいやーえー」　の囃子詞が特徴
- ハイヤの語源は　牛深の漁師たちがいう「ハエ」（＝南風）のこと
- 日本の民謡でもっとも広域に伝播し　その系統曲がもっとも多い民謡
- 主に日本海側の　北海道まで湊町を飛び飛びに…は海路伝播の特性

①熊　本　・牛深ハイヤ節・天草ハイヤ節
②鹿児島　・鹿児島ハンヤ節・六調・阿久根ハイヤ節
③長　崎　・田助ハイヤ節・五島ハイヤ節・生月ハイヤ節・樺島ハイヤ節
④佐　賀　・呼子ハイヤ節
⑤山　口　・般若踊り
⑥広　島　・三原やっさ節
⑦島　根　・浜田節
⑧徳　島　・阿波踊り
⑨京　都　・宮津アイヤエ踊り
⑩奈　良　・初瀬おけさ
⑪福　井　・美山ハイヤ節
⑫石　川　・加賀ハイヤ節・白峰ハイヤ節
⑬長　野　・小谷おけさ

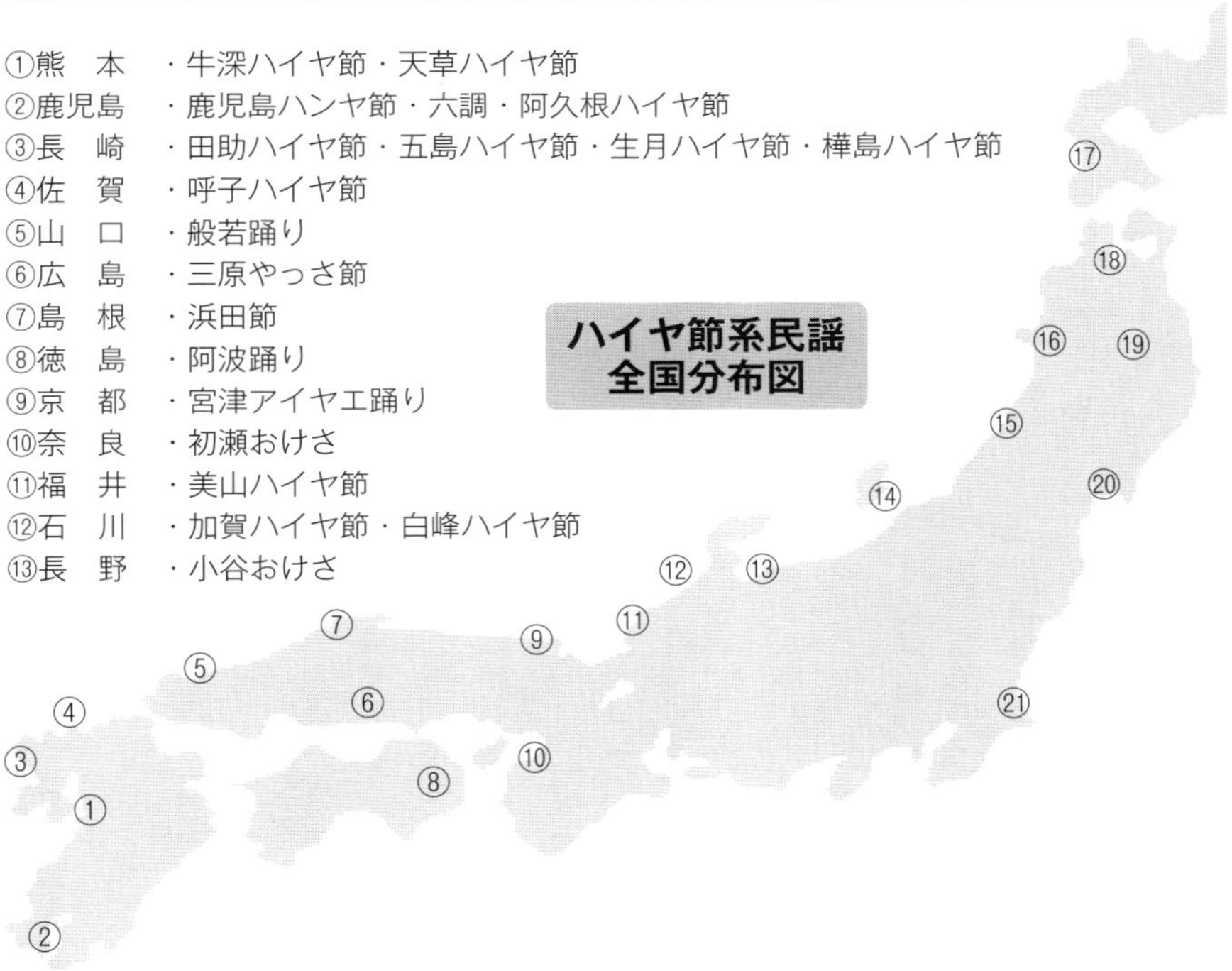

⑭新　潟　・佐渡ハンヤ節（山田のはんや）・佐渡おけさ（相川おけさ・選鉱場おけさ）
　　　　　・小木おけさ・赤泊おけさ・新潟おけさ・寺泊おけさ・出雲崎おけさ・柏崎おけさ
　　　　　・三条おけさ・巻おけさ（やかたおけさ）・三十おけさ・塩沢おけさ・地蔵堂おけさ
⑮山　形　・庄内ハエヤ節
⑯秋　田　・大正寺おけさ
⑰北海道　・江差餅つき囃子
⑱青　森　・津軽アイヤ節・津軽塩釜甚句
⑲岩　手　・南部アイヤ節
⑳宮　城　・塩釜甚句・坂元おけさ
㉑茨　城　・潮来甚句

北前船の古写真
（酒谷家幸貴丸　写真提供／
加賀市北前船の里資料館）

もはや民謡とはいえない——江差追分

ハイヤ節同様に日本各地へ伝わって、その地で変容し独自のアイデンティティをもった民謡に「追分節《おいわけぶし》」があります。なかでも有名なのは《江差追分《えさしおいわけ》》で、磨きあげられた曲節は、芸術性まで感じさせる格調高いものになっており、なんとなく酒席でうたうのがはばかられると感じるのは筆者だけでしょうか。

これらの原曲は、中仙道と北国《ほっこく》街道が分離する信州「追分宿」（長野県）の馬子唄《まごうた》だといわれます。また伊勢伊賀の馬子唄が、木曽路に入って《木曾馬方節《きそうまかたぶし》》、さらに信州小諸で《小室節《こむろぶし》》となって、追分宿で《追分節》になったという説もありますが、検証はされておりません。信州で生まれたこの《信濃追分》が遠く蝦夷《えぞ》まで伝わっていますが、歌の運び屋は、ハイヤ節と違い、陸路を放浪して歩く瞽女《ごぜ》や座頭だったと考えられています。しかも江差への一方通行だけではなく、この歌は松前から逆に南下して《本荘追分《ほんじょうおいわけ》》（秋田）となりますが、この場合は北前船で運ばれたようです。

追分節と名がついてもすべてが江差追分のような馬子唄風ではありません。元歌《もとうた》とされる《信濃追分《しなのおいわけ》》や《隠岐追分《おきおいわけ》》などは三味線つきの座敷歌で、《越後追分《えちごおいわけ》》や《出雲追分《いずもおいわけ》》は江差スタイルの尺八の似合う馬子唄風です。その江差でさえ、明治初期までは馬子唄系と三味線系の二種類が併行してうたわれていました。しかし地元で曲調一本化の話がもちあがり、明治四二（一九〇九）年《正調江差追分《せいちょうえさしおいわけ》》の制定となりました。

現在、全国には二百を超える「〇〇節全国コンクール」という催事がありますが、江差追分はそれらの皮切りです。コンクールは、既定の音楽性に対する評価ですから、音楽的な変容を認めない江差追分は、もう民謡とはいえないといわれます。

ところで《江差追分》の生成には、瞽女がうたった祝い歌系の「松坂くずし」、あるいは松崎謙良《まつざきけんりょう》という座頭《ざとう》がうたった「謙良節」などの要素も入っているといわれ、そうした謎めいた生成や伝播過程の複雑さが、あのなんともいえない微妙な旋律形の要因になっているのかもしれません。

■陸路伝播の例　「追分節」系統

●原曲は　信濃追分宿の　馬子唄

- ・追分宿・小室宿…街道筋の馬子・駕籠かき ｝最後は船で
- ・瞽女・座頭・門付…漂泊の芸人
- ・伝播の過程で2系統が発生し　併行してさらに各地に伝播
- ・伝播の方向性は　必ずしも北行の一方通行ではない

分去《わかさ》れ（左中仙道・右北国街道　撮影／西山正義）

木曽街道・追分宿浅間山眺望（渓斎英泉、19世紀）中山道広重美術館蔵

●追分節には「馬子唄」と「三下り」の2系統あり

馬子唄系 ゆったり・自由伸縮リズム

- ・ルーツ：馬子唄（小諸・碓氷峠）《小室節》？
- ↓
- ・新潟に伝わり《松前節》または《越後追分》
- ↓
- ・馬方・ヤン衆《詰木石節》《浜小屋節》

三味線系 速いテンポ・拍節リズム

- → ・三下りで三味線音楽化《馬方三下り》または《信濃追分》
- ↓
- ・北上して《津軽三下り》《南部三下り》
- ↓
- ・漁師・舟子《江差三下り》《新地節》　尺八　前歌

曲調統一（1909）　二上り調
↓
正調江差追分

旋律のみならずユリ・メリスマも固定した楽譜！　もはや「民謡」の本質は喪失！とも

ローカル色の喪失——盆踊唄

都会地や若い人たちに敬遠され気味の民謡ですが、民謡が機能する盆踊りだけは別物のようです。

　本来の盆踊りは、盂蘭盆会《うらぼんえ》など先祖の霊の供養に付随する行事ですが、時期を一にしての豊年祈願や祭り事などが混在してしまっているのが現代の盆踊りです。

　特に最近では、統一したコスチュームで身を包み、連《れん》を組んで行進しながら乱舞する、観光事業化した大規模なお祭りイベントが若者たちには人気があるようです。さながらサンバ・カーニバルの雰囲気ですが、なかには「風の盆《かぜのぼん》」で有名な《越中おわら節》のように、しっとりとした情緒的なものもあります。

　もちろん昔ながらのお囃子連《はやしれん》が櫓《やぐら》にあがり、その周囲を踊り手が輪になって踊るものも根強い人気があります。お盆シーズンの帰省では、この盆踊りが故郷を実感させるようです。しかし、なぜかここでうたわれる盆踊唄といえば、それぞれの地域に固有の盆踊唄があるにもかかわらず、《北九州炭坑節》や《東京音頭》といったものが中心です。


踊りに誰でも参加できるようによく知られた曲を使う、また地場《じば》の名曲を時間一杯までうたえる歌い手が少ないこともあるでしょうが、せっかくの盆踊唄がレコードというのでは興ざめです。

　盆踊唄には、短詞で構成された、いわゆる小唄《こうた》形式のものと、物語性のある口説《くどき》形式があります。

　小唄形式は関東から東北に多いですが、七七七五の最後の五音の前に必ず「ソレサナー」「アレサー」「エーマタ」「アレサヨー」など、囃子詞が入るので「アレサ式盆唄」ともいわれます。

　聴いていて面白いのは口説形式ですが、長い歌詞の歌を、通しでうたえる歌い手はそうざらにはいません。数は少ないですが、それらがミックスされた交互形式というのもあります。

　左のように、歌い手の唱法によって「音頭《おんど》」や「甚句《じんく》」「口説《くどき》」などに分かれますが、最近の曲では音頭と名がついても、実際は曲名だけの、形式の異なるものも多く見うけられます。

■盆踊唄

●盆踊り

本来は 盂蘭盆会《うらぼんえ》 死者や先祖を迎えての供養
…に伴う民俗行事

時期が合致 → 歌垣の遺風／虫送り行事／豊年祈願 → 現代の 盆踊り 宗教色の減退

●形式

行進式　（念仏踊系）　徳島《阿波踊り》・新潟《佐渡おけさ》・富山《越中おわら節》

輪踊式　（歌舞伎踊系)北海道《北海盆唄》・福岡《北九州炭鉱節》・群馬《八木節》

●盆踊唄の種類

小唄形式　＜五七五調＞や＜七七七五調＞の短いもの
・福島《相馬盆唄》・埼玉《秩父音頭》・岐阜《郡上踊》・青森《十三の砂山》

口説形式　＜七七調＞や＜七五調＞が連続の長いもの
・群馬《八木節》・新潟《相川音頭》・滋賀《江州音頭》・兵庫《網干音頭》

交互形式　小唄形式と口説形式の交互
・香川《小豆島盆踊り》・山口《岩国盆踊り》・千葉《八日市場盆踊り》

●唱法の種類

音頭　・歌い出しを独唱者のリードで　唱和者が囃子詞を斉唱する方式
雅楽の「音取(ねとり)」と同じ　新民謡などには曲名だけ音頭がついているものが多い
・北海道《ソーラン節》・東北《秋田音頭》《真室川音頭》・関東《秩父音頭》
・中部《相川音頭》・近畿《伊勢音頭》《江州音頭》《河内音頭》《福地山音頭》

甚句　・甚九なる人物が歌ったフシ…など諸説あるが不明
ジンクのジンとは順番　つまり代わり番こにうたい継ぐ方式…が納得度が高い
・甚句は盆踊唄の異名とも　その歌い回し方式がお座敷歌に適性
（盆踊系）・福島《三春…》《高田…》・青森《津軽…》・新潟《新潟…》《両津…》
（座敷系）・千葉《木更津…》・山形《酒田…》・宮城《塩釜…》・福島《相馬…》

口説　・同じような旋律の繰り返しによる長編の物語的な叙唱
浄瑠璃の「口説」に同じ　「長々と説明する」の意味で「詢」とも書く
・青森《津軽じょんから節》・新潟《越後口説》・北海道《道南口説》
瞽女が伝える「口説節」

●現代の盆踊り事情

・観光イベント化（祭り＋踊り）
《阿波踊り》《よさこい》《ねぶた》《花笠音頭》
《博多どんたく》《風の盆》《ソーラン祭り》
・盆踊唄のレコード化　→　非地場性
どこでも…《炭坑節》《東京音頭》　＋α

西馬音内盆踊り［写真提供／秋田県羽後町］

消えゆく運命――わらべ歌と子守歌

民謡の定義（範囲）は、わらべ歌を民謡の一種とするか否かで説が分かれます。わらべ歌も自然発生的に生まれた素朴な歌謡で、口伝えによる伝承など、民謡と同様の生成の過程をもっています。

しかし、伝承性はあるものの、子どもの豊かな創造性は、即興で歌詞をつくり変えたり、遊び方そのものも変えたりします。その変化は日常的に起きるために、民謡とはやや趣きが異なります。左図にあげた各種の遊び歌のなかで、お手玉や石蹴り・縄飛びなどは、最近では遊び自体が消滅しつつありますから、歌の伝承も「風前の灯火」です。

「わらべ歌」と「童謡」を同じものと捉えることが多いですが、童謡は大正以降に、大人の作者が子どものためにつくった歌で、わらべ歌の自然性と根っ子の部分で大きく違います。

子守歌は、愛情満ちた母親の歌声で「ねんねんよ……」と寝かしつける歌であるとともに、かつては子守奉公のまだ幼児に近い子女が、子守のためにうたう歌でもありました。そのため「子守歌」は「わらべ歌」の一種という見方もありました。今も世界で放映されているテレビ番組「おしん」のように、まだ自身が遊びたい盛り、親離れしない年頃から、口減らしをかねて親元を離れて奉公に出て、他家の赤ん坊を子守するのは、さぞかし辛いことであったと思われます。

そのため子どもがうたう歌でも、子守歌は、わらべ歌の類ではなく民謡の「労作歌」と同類であるという考えもあります。なお子守が赤ん坊を背負ってうたう歌は、愛情いっぱいの「眠らせ歌」ばかりではありません。《竹田の子守唄》や《五木の子守唄》、《島原の子守唄》のように、子守仕事の辛さや身の不幸を嘆く一種の「口説節《くどきぶし》」もあれば、《博多の子守唄》のように奉公先の主人の悪口などをうたう、シニカルなものもあります。方言のやわらかな歌詞もその意味を知れば、その境遇のあまりのひどさに聴く者をして暗澹たる気持ちにさせます。歌はともかく、そうした子守が消えることはよいことです。

■わらべ歌と子守歌

遊びの中で子どもたちにより選択・作り変えられた歌 **わらべ歌** ≠ 童謡・唱歌 … 大人が子どものために創作した子ども用の歌

- わらべ歌
  - あそび歌
    - ・ことば遊び歌…しりとり歌・早口歌
    - ・絵書き歌…「ミミズが三匹はってきて…」
    - ・おはじき・石けり歌…「いちじく、にんじん…」
    - ・お手玉・羽根つき歌…「一のせて、二のせて…」
    - ・まりつき歌…「あんたがたどこさ…」
    - ・なわとび歌…「おじょうさん、お入り…」
    - ・じゃんけん歌…「じゃんけん、じゃがいも…」
    - ・お手合せ歌…「せっせっせ、よいよいよい…」
    - ・からだ遊び歌…「あがり目さがり目」「だるまさん」
    - ・オニ遊び歌…「かごめかごめ」「とおりゃんせ」
  - 自然の歌
    - ・自然へ歌いかけ…「あした天気になあれ」「大寒小寒」
    - ・動植物へ歌いかけ…「からす勘三郎」「つくし誰の子」
  - 行事歌
    - ・子どもが活躍する各地の年中行事…
      正月のどんどん焼き　春のひな祭り　夏の虫送り
      秋の亥子（いのこ）　冬のかまくら…

●子守歌は仕事歌

・子守奉公など　職業化した段階で　子どもが作り伝播したものであっても
「わらべ歌」ではなく　「仕事歌」の一種類とみるべき性格を有する
・「遊ばせ歌」の一部には　「わらべ歌」と重複するものもある

- 子守歌
  - 眠らせ歌
    - ・同じ音節句の反復間に、即興のコトバを添えて唄う
      「ねんねんころりよ　おころりよ　坊やよい子だ　ねんねしな」
  - 遊ばせ歌
    - ・わらべ歌の遊び歌や民謡の曲なども
      「うさぎうさぎ　なに見てはねる　十五夜お月さま…」
  - くどき歌
    - ・子守奉公の辛さ・薄幸・望郷の念をまぎらす仕事歌
      - ・他人の家に子守奉公で身の不幸を嘆く歌
      - ・実家の父母や亡き親を恋しがる歌
      - ・他人の行動を冷えた目線でみる皮肉な歌

子守唄公園に建つ銅像
[写真提供／熊本県五木村]

「面の憎い子は　まな板にのせて　青果切るよにザクザクと」
「守りが憎いとて　破れ傘くれて　かわい嬢(いと)さん　雨ざらし」
「うちの御寮さんな　がらがら柿よ　見かけよけれど　渋うござる」

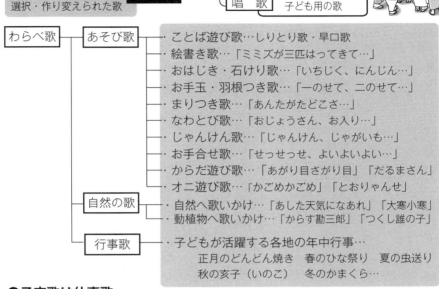

「民謡」ではない民謡――新民謡

民謡とは、自然発生し、民衆によってうたいつがれた歌と定義されますが、それらとは別に大正・昭和生まれの、作詞・作曲者がはっきりしている民謡もあります。山梨の《武田節《たけだぶし》》や静岡の《ちゃっきり節》、長野の《天竜下《てんりゅうくだ》れば》などといった曲がそうで、これらは「新民謡」、別名「創作民謡」とも呼ばれるものです。

こうした民謡風の形式を取り入れた創作活動は、大正から昭和初期までに限定されたもので「新民謡運動」と呼ばれました。これは音楽家たちが、明治維新以来あまりに洋楽へ傾倒した反省から生じたものです。よって民謡風といっても、「民謡の定義」からすれば、それらは概念外になります。伴奏には三味線以外に洋楽器も使われていますが、しかし聴衆側からすれば、民謡そのものと受け取っていますので、「これは民謡ではない」などと目くじらをたてることはないかもしれません。

新民謡は、民謡が少なかった都会地に集中しているように思われがちですが、そうでもありません。都会地には、地方の有名な座敷歌化した民謡が流れてきて、端唄《はうた》や小唄《こうた》などになっていましたから、とりたてて新民謡をつくってはいません。

もちろん民謡の宝庫といわれる東北や九州などに、新民謡は少ないですが、これは必要ないというより、創作にかかる予算が確保できなかった、というのが本当の理由のようです。よって既存の曲の歌詞や旋律を改変し、新民謡としています。

《追分節《おいわけぶし》》の発祥地の長野県では、民謡の名曲が多数あるのに九曲の新民謡、しかもすべてが当時の花形作曲家・中山晋平《なかやましんぺい》の作によるものです。中山晋平の郷土が長野だからでしょう。新民謡運動は昭和初期で終息してしまいます。新民謡の目的がご当地のPRでしたから、戦後になって歌謡曲が全盛の時代になりますと「ご当地ソング」といわれる、地名が歌詞や曲名に織り込まれた「演歌」が誕生し、新民謡の役目を引き継いだことになります。

■新民謡（創作民謡）

大正末期～昭和初期　新民謡運動

詩人：北原白秋
野口雨情
西条八十
作曲：中山晋平
町田嘉声
藤井清水

洋楽中心主義への反省

民謡風の形式で
新しい地方歌を創作

民謡の概念外？！

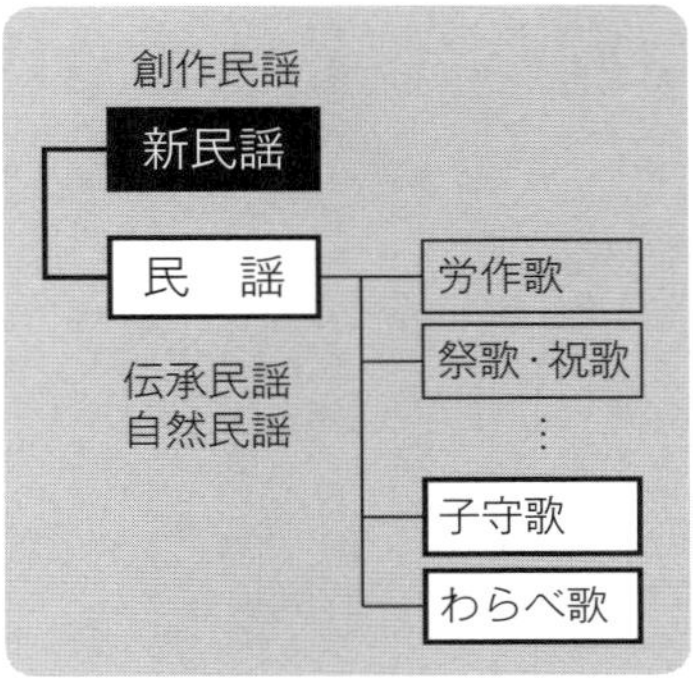

●これも新民謡　（創作者名が明確）

曲　名	地域	創作	作詞	作曲	目　的
《武田節》	山梨	1955	米山愛紫	明本京静	誰でもうたえる故郷の歌
《ちゃっきり節》	静岡	1927	北原白秋	町田嘉章	静岡鉄道観光CMソング
《東京音頭》	東京	1932	西条八十	中山晋平	盆踊歌、前名《丸の内音頭》
《天竜下れば》	長野	1934	長田幹彦	中山晋平	天竜峡の観光CMソング
《白浜音頭》	千葉	…	並岡竜司	並岡竜司	当地に民謡がないため
《浜田節》	島根	1916	…	谷　キチ	護岸工事で募集（築港節）
《信濃よいとこ》	長野	1934	小林邦夫	町田嘉章	信濃毎日新聞が懸賞募集
《チャグチャグ馬コ》	岩手	1957	小野金次郎	小沢直予志	岩手国体イメージソング
《東村山音頭》	東京	1949	土屋忠司	細川潤一	東村山市、市制施行記念

●都会地（東京・名古屋・京都・大阪）に民謡少なし

- 都会地の騒ぎ歌、酒盛り歌→・端唄・小唄・座敷歌（地方民謡の三味線音楽化）
- 民謡宝庫の東北・北信越・中四国・九州など→「新民謡風民謡」リメーク作戦
- 埋もれた名曲の掘り起こし→レコード化

●中山晋平の「新民謡」長野集中！

東京《東京音頭》福島《飯坂小唄》
群馬《上州小唄》新潟《新潟小唄》
長野《須坂小唄》長野《龍峡小唄》
長野《お諏訪節》長野《中野小唄》
長野《三朝小唄》長野《望月小唄》
長野《千曲小唄》長野《浅間節》
長野《野沢温泉小唄》埼玉《大宮踊》
新潟《十日町小唄》

★長野は信濃追分の発祥地で名曲多数

●新民謡ニーズ　→　・民謡過疎地

・宣伝（観光・物産）
・記念事業

新民謡運動
戦後はストップ

しかし…

演歌ブーム
ご当地ソング
に衣替え！

対象 → 観光地
盛り場
都会地
ふるさと

いろいろなスタイル——ちょっとかわった民謡

五万八千曲ともいわれる民謡ですから、なかにはかわったものもたくさんあります。型にはまっていない自由さが民謡の特長ですが、そのなかでもユニークなものをいくつかあげてみます。

たった一つの歌詞で、うたう気なら何時間でもうたえるのが香川の《金毘羅船々《こんぴらふねふね》》です。その歌詞の最後に「も一度回れば……」とやればエンドレスですから、お座敷の「拳遊《けんあそ》び」などに最適です。

《秋田音頭》は、「地口《じぐち》」という語呂合わせの歌詞で、秋田の名物をうたいこんでいます。太鼓にあわせてリズミカルに語っていくさまは、現在の「ラップ」そのものです。秋田訛《なま》りの地口にあわせて踊る風景は、初めての人でもびっくりして大笑いできます。

新潟の《新保広大寺《しんぼこうだいじ》》は、関東の《八木節《やぎぶし》》や津軽の《じょんから節》の源流にもなった「口説《くどき》」で、長文の語り風の歌詞で構成されています。この曲の歌詞の内容は、広大寺の和尚をターゲットにしたネガティブ・キャンペーン・ソングになっています。それで和尚を自殺にまで追い込んだといいますから、文字に書けないかなりエゲツない内容もあったようです。その広大寺の影響を受けた《八木節》は、長文の口説節を披露する前に、謙虚に「御免蒙《ごめんこうむ》りまして……」と、聴衆に仁義を切り、関東らしい一面を出しています。酒樽や醤油樽などが太鼓がわりというのも特徴です。

「三島女郎衆《みしまじょろうしゅう》はノーエ」という歌詞で有名な《農兵《のうへい》節《ぶし》》は、《金毘羅船々》と同じくお座敷の拳遊びなどに好適な「シリトリ歌」になっています。「風が吹けば桶屋《おけや》が……」の話のように、しりとり的なストーリーです。

お座敷遊びで、即興で歌をつくる「唄比《うたくら》べ」があります。昔の「歌垣《うたがき》」の風習と同じですが、それがお座敷にもち込まれて歌が賭けの道具となりました。賭けに負けて、客が着物や帯を歌のプロともいうべき芸妓に取りあげられてしまうのが通例です。曲名にも囃子《はやし》詞《ことば》や掛け声からでも名づけたのか意味不明のものが多くあります。

■変わりダネ民謡

●エンドレス　香川《金毘羅船々》

歌詞は一つだけ　最後に「も一度回れば…」の囃子詞でUターン　どこまでも終わらない歌(八八五　八八　八五調)の詞型はこれのみ

金毘羅船々　追手に帆かけて
シュラシュッシュシュ
回れば四国は　讃州那珂ノ郡
象頭山　金毘羅大権現

●日本のラップ　秋田《秋田音頭》

日本の民謡の中でも「地口」(じぐち)と呼ばれる珍しい形　生成経緯は不明だが太鼓打ちの合の手や囃子詞が肥大化した…の説

秋田名物　八森ハタハタ
男鹿で男鹿ブリコ　アーソレソレ
能代春慶　檜山納豆
大館曲ワッパ　キッタァサッサドン

●ネガティブソング　新潟《新保広大寺》

土地争いの一方に加担した広大寺の和尚を歌で誹謗中傷するネガティブ・キャンペーン　瞽女や座頭により　口説節の祖形となった

新保広大寺　めくりこいて負けた
袈裟も衣も　質に置く
新保広大寺　お市のチャンコなめた
なめたその口で　お経読む

●謙虚な音頭取り　群馬・栃木《八木節》

本歌の前に　音頭取りが「お粗末ながら…」と謙虚なことわりから始まる　長編の口説節系では定番の挨拶詞入り　浪曲も倣った？

ハァーまたも出ました三角野郎が
四角四面の櫓の上で
音頭取るとはお恐れながら
しばし御免を蒙りまして…

●しりとり唄　静岡《農兵節》

元歌は横浜野毛の「ノーエ節」　お座敷遊びの「藤八拳」の伴奏曲とも　広まったのは大正期に三島特産の大根と人参のCMソングで使用

富士の白雪　ノーエ　（反復）
富士のサイサイ白雪朝日でとける
とけて流れて　ノーエ　（反復）
とけてサイサイ流れて三島にそそぐ

●歌で賭けごと　福島《羽黒節》

羽黒山神社の月一度の祭礼で　男女が歌比べ　文句につまったら負け　男が負けて着物か帯　女の負けで体を相手に　お座敷遊びに飛び火

月にお羽黒さま　二度あるならば
こんな苦労は　しまいもの

（七七七五調の歌詞を即興で作る）

●意味不明の曲名　熊本《ポンポコニャ》

奇妙な囃子詞が曲名に　熊本にはカタカナで意味不明の曲名のついたものが多い　《ヨヘホ》《キンキラキン》《ノンシコラ》《キンニョムニョ》

花の熊本　涼みがてらに眺むれば
清水わきだす　水前寺
少し下がれば　江津湖の舟遊び
オオサ　ポンポコポンポコニャ

●全国にもある不思議な曲名

青森《ナニヤトヤラ》・秋田《オヤマコサンリン》・福島《カンチョロリン》・大分《コツコツ節》
北海道《ホーホラホイ節》・岐阜《ホッチョセ》・青森《ワイハ節》・北海道《ナット節》

ニュー器楽――これからの邦楽

民謡は「うた」が主役です。江戸中期までは手拍子がつくのでさえ珍しかったほどです。しかし民謡に従属的に用いられていた楽器が独立して一つのジャンルを形成するものがあります。津軽三味線と和太鼓です。

津軽三味線は、ホイト（物乞《ものご》い）の門付《かどづけ》や大道芸として津軽で生まれました。太棹《ふとざお》の三味線に極太の一の糸を繋いで力強い低音と、駒を改良して高音とが出るようにし、撥《ばち》を丸型で薄くしたことでテンポが速い「叩《たた》き奏法」が可能になり、馬市の騒音にまけない大きな音の出せる三味線ができました。それに太鼓を加えた伴奏は、津軽民謡をリズミカルで独特な、ほかに例のない民謡にしあげます。

津軽民謡は歌に入る前に、三味線の前奏「前弾《まえび》き」という、奏者の独特のフレーズやテクニックを駆使する聴かせどころがあります。パンチの効いた前弾きが若い人にウケて、やがてその部分だけを独立させた「津軽三味線音楽」という器楽ジャンルをつくりました。若いスター・プレーヤーの演奏、ライブやテレビなどで見られるのはこのジャンルです。むしろ「歌付《うたづ》け」は少なくなりました。

もう一つは和太鼓です。民俗芸能の楽器で、古い伝統をもった和太鼓芸能は各地に残っています。最近これらが民俗芸能から離れて、純粋の和太鼓アンサンブルとして演奏されるようになります。それを「組太鼓《くみたいこ》」または「創作太鼓」などと呼びます。揃いの衣装で、なかには直径が一メートルもありそうな大きな宮太鼓を置き、複数の太鼓の奏者たちが、舞踊とでもいえそうな身振りで曲打《きょくう》ちや、奏者全員の一糸乱れぬバチさばきによる演奏をみせます。豪快な音響効果もあって、目と耳を楽しませる新しい音楽として外国でも人気になっています。若い女性だけの編成や、かわいい子供たちのチームなど、新しい太鼓連が急増中です。コンテストも盛んで、「和太鼓フェスティバル」は全国各地で開催され、多くのファンを集めています。これらはまだ「伝統音楽」と認定されていませんが、若人に対する日本文化の啓蒙には最適でしょう。

津軽三味線奏者
高橋竹山
[読売新聞社提供]

■民謡から独立した器楽

■津軽三味線

ボサマ（男性の盲人の芸能者）の門付芸

神原の「仁太坊」（創始者） → 叩き奏法

- 薄手の丸撥
- 音量と迫力
- スリで「うなり」
- 速いテンポ
- 弾く→打つ→叩く

伝承系統
- 喜之坊 ― 木田林松栄（叩き三味線）
- 長作坊 ― 高橋　竹山（弾き三味線）
- 白井軍八郎（カスマ手）

⇒ 芸の系図での箔は×　諸流派乱立気味

・変容する津軽三味線

★津軽民謡の伴奏楽器
- 前弾き　前奏部分（奏者独特のテクニック）
- 歌付け　伴奏部分（リズムを刻み装飾音を）

部分的発展 → ☆津軽三味線音楽　曲弾き

器楽化 → 現在　TVメディアの津軽三味線はこれ

津軽三ツ物（津軽三大民謡）
《津軽じょんから節》《津軽よされ節》《津軽おはら節》
＋《津軽あいや節》《津軽三下がり》＝（五大民謡）

■和太鼓

★伝統的な和太鼓

上演場面
- 神社仏閣の儀式
- 戦場の陣太鼓
- 祭礼・盆踊り伴奏
- 民俗芸能の楽器

伴奏 → 主奏

☆現代の和太鼓

組太鼓　または　創作太鼓
- 和太鼓アンサンブル
- 豪快で多彩な音響
- 見事なシンクロナイズ
- 目で魅せる曲打ち
- ショウアップ舞台芸

著名な太鼓	その起源と概容
御諏訪太鼓《おすわだいこ》	川中島合戦で士気を鼓舞のため武田信玄が始めたの故事　現在は諏訪大社の太々神楽・鼓舞楽など神楽太鼓として
御陣乗太鼓《ごじんじょだいこ》	上杉謙信が輪島の地に攻め込んだ時、村人が鬼面をつけ陣太鼓を鳴らし追い払った故事　一つの太鼓を交代で
小倉祇園太鼓《こくらぎおんだいこ》	関ヶ原の軍功で、４０万石の細川忠興が小倉築城に伴い始まった祇園祭り　両面打ちで打法各種　無法松で有名
江戸助六太鼓《えどすけろくだいこ》	戦後、湯島天神に遺された太鼓で復興させた盆踊り太鼓　現在の和太鼓ブームの構成「組太鼓」の源流といわれる

●和太鼓ブーム

- 御諏訪太鼓系でも全国に600～800チーム
- 各地の「伝統系和太鼓」は健在で発展中
- 「組太鼓」系グループが計測不能なほど増殖
- 全国で「太鼓フェスティバル」ヒートアップ
- 数多く　拡大する依頼で活発な演奏活動

御諏訪太鼓
（写真提供／御諏訪太鼓宗家 小口大八）

輪島市の御陣乗太鼓
（写真提供／輪島市産業部観光課）

ウタは神代の昔から――民謡の歴史

いつの時代から民謡は始まったのか、明確な答は出ません。民俗芸能という面で考えれば、ウタ・マヒの最初とされる天岩戸《あまのいわと》神話、つまり神話の時代からあったといえるでしょう。大昔の歌垣《うたがき》に詠まれた歌など、旋律は残ってはいませんが、『古事記』や風土記などに民衆の歌（和歌）も数多く残され、民衆の生活にウタが浸透していたことが想像できます。やがて神事《しんじ》や祭祀《さいし》の神楽歌《かぐらうた》、雅楽の歌謡である催馬楽《さいばら》や東遊《あずまあそび》などが生まれますが、これらのなかには、貴族や武士階級だけでなく、民衆がうたった歌なども多く採取されています。

平安期にはすでに、稲作など労作歌の祖型とみなされるものや、「今様《いまよう》」「風俗歌《ふぞくうた》」など民衆のなかに、はやり歌のような小歌、歌謡が定着していました。これら労作歌や、農作業に関連する芸能が、田楽《でんがく》・猿楽《さるがく》などの元になりました。

江戸期に三味線が生まれ、浄瑠璃や歌舞伎など舞台芸術を通じて歌や舞が盛んになり、音楽としての質が向上するとともに多彩な種類の歌謡を生み出しました。しかしそれらを享受できるのは都会地に限られ、地方ではそれらの模倣のうえに民俗芸能が発展します。民謡もそのなかの一つで、労作歌として発生しながらも地方都市や宿場・港などの花街で三味線などに出会って騒ぎ歌となり、盛んになった国内交易のルートにのって、全国各地に伝播し、近世の流行歌謡と影響しあいながら、音楽的な変化をとげてゆきます。

明治維新で、西欧化の波によって多くの伝統音楽が不遇な時代を迎えますが、民謡はそうした文化潮流の変化には無縁で、酒席や寄合《よりあい》などに不可欠な存在となっていきます。大正期に民謡がレコード化されて発生した「民謡ブーム」は、新民謡の創作や埋もれた民謡の掘り起こしなどを促し、その人気に拍車をかけていきます。

同じころ発生の、いわゆる流行歌も民謡と競合するのでなく、むしろ融合しながら民謡調というジャンルまで形成して大衆音楽に磐石な地位を築きあげました。

■民謡の歴史

上代	天岩戸神話　・原始歌謡がすでに…（？？）・踊る埴輪（盆踊りの祖型？）(3世紀ころ？)
奈良	歌垣 の存在が『古事記』に　・古代歌謡（記紀・万葉・風土記）　(8世紀？) 東歌
平安	神楽歌 催馬楽 風俗歌 が誕生 (平安初期)　雅楽 確立(9世紀末) ・物語、日記類に「民謡」記録（船歌・田植歌・稲刈歌など労作系）が散見（『源氏物語』『枕草子』『土佐日記』など）(10世紀) 今様 田楽 初見 (11世紀)　・今様歌謡群が貴族・武家から民衆まで (11～13世紀) ・今様類を集めた『梁塵秘抄』完成 (1179)
鎌倉	・『新古今集』(1205)　・今様・雑芸・田楽などに稲作関連の労作歌
南北朝	猿楽能 田楽能 が流行 (14世紀)　・中世 小歌 が貴族層で流行 (14～15世紀？)
室町	・『閑吟集』(1518)　・民衆間に民謡系「小歌」が出現 三味線 伝来 (1558-69)　・民謡集の祖型『田植草紙』、古語・古調の労作歌の歌詞
桃山	・三味線 浄瑠璃 伴奏に (1580ころ)　人形浄瑠璃 創始 (1595)　・念仏踊・風流踊が盛行
江戸	・地歌 三味線組歌 創始 (1600ころ)　・出雲阿国 歌舞伎踊 興行 (1603) ・歌舞伎をはじめ　三味線が「歌謡」の伴奏楽器に多用 (17世紀～) ・近世小歌の祖型《隆達節》盛行 (16～17世紀)　・北前船 運行開始 (江戸中期) ・三味線「流行歌謡」（隆達・弄斎・片撥・投節…）が遊里から町人社会へ ・地方歌謡（各種踊歌・諸国民謡・伝承童謡）が各地で顕在化 ・長唄 確立 (1730年代) 常磐津 創始 (1747) ・端唄 全盛 (1800年代) ・三味線、民謡の伴奏主要楽器に 民謡の地域間の移動・伝播 座敷（酒盛）歌化 明治維新 (1868)
明治	・当道・普化宗　共に廃止 (1871)　・尺八が法器から楽器に ・文部省に音楽取調掛　洋楽教育本格化 (1879)　うた沢 創始 (1895) ・小唄 流行 (1900年代)　・《正調江差追分》制定 (1909)
大正	・民謡の初レコード化《八木節》(1915)　各地の「民謡掘り起し」始まる ・民謡ブーム（民謡の流行歌化）　新民謡 創作開始《ちゃっきり節》(1927)
昭和～平成	・現代の有名民謡　レコード化完了で全国区に（民謡の郷土性喪失）(1937) ・小唄がブームに (1950年代)　・NHKラジオ「のど自慢コンクール」放送開始 ・民謡ブーム再来（民謡教室・民謡酒場・民謡大会・民謡歌手…） ・「津軽三味線」東京進出 (1960年代)

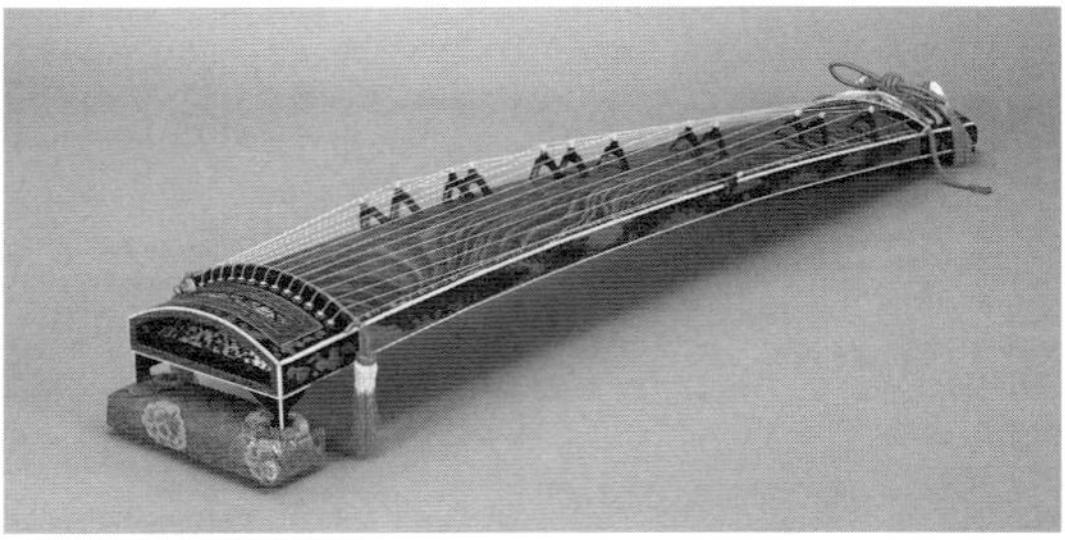

箏
（生田流、十三弦）
［浜松市楽器博物館蔵］

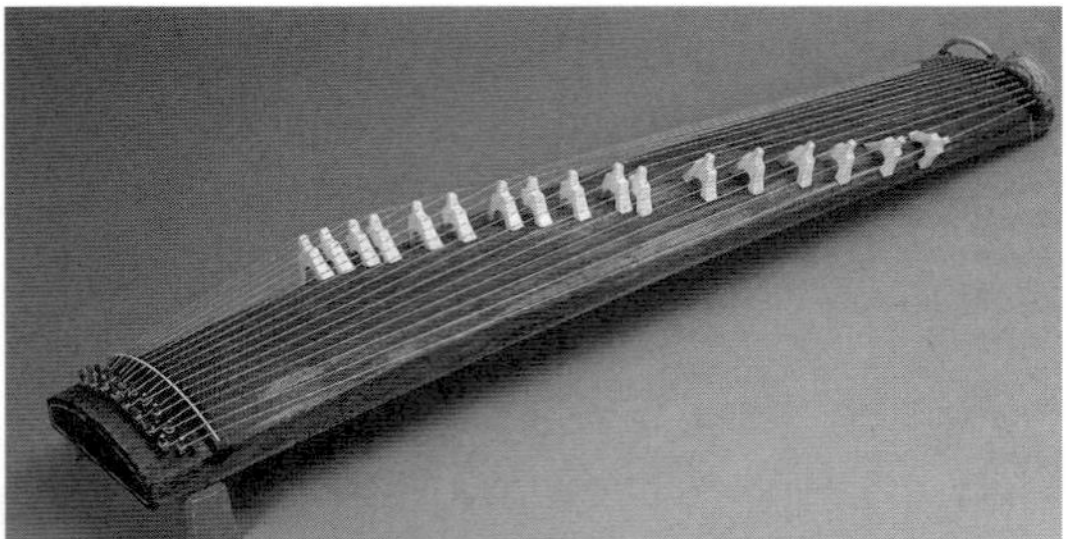

十七絃
［浜松市楽器博物館蔵］

第十三章

楽器

その構造と用法

風土で生まれかわる——和楽器

日本にはコト・フエ・ツヅミといった楽器が大音の時代から存在したことは、『古事記』や『日本書紀』の記述からも明らかです。しかし現在の日本の伝統音楽で用いられる和楽器（邦楽器とも）のほとんどは、そのルーツが大陸であり、それら渡来楽器を祖型として日本的に改良されたものが大部分です。

日本の楽器を代表する三味線も同様です。こうした楽器の改良は、時代時代の音楽や日本人の音感に適応させた結果ということもありますが、高湿度といった日本の気候・風土や、国内で楽器の素材を調達するために改良せざるをえなかったという理由もあります。

最近、日本の伝統音楽が海外で演奏されることが多くなりました。日本と違う気候・風土、特に乾燥している地での演奏では、奏者は三味線の皮、琵琶《びわ》の胴、尺八の筒などのメンテナンスに大変注意を払います。

江戸時代には、「うた」に対して楽器全体を「鳴《な》り物《もの》」という表現も使いました。楽器の分類用語も、「弾《ひ》き物《もの》」（弦楽器）、「吹《ふ》き物《もの》」（管楽器）、「打《う》ち物《もの》」（打楽器）といった使い分けをしています。

厳密にいえば、弾き物には弦を「弾く」のでなく胡弓のように「擦《す》る」ものもありますし、打ち物にも「振る」とか「擦る」といった奏法もあります。

現在、学問的には、楽器の分類は「弦鳴《げんめい》楽器・気鳴《きめい》楽器・体鳴《たいめい》楽器・膜鳴《まくめい》楽器・電鳴《でんめい》楽器」という、音の振動を起こすものが何かという点から分類された名称が使われます。このような分類名称より、「弾き物」とか「吹き物」という表現のほうが、実に情緒的で日本音楽にふさわしいように思われます。

各楽器と、それが使用される音楽種目をマトリックスであらわしたのが左図です。琵琶を除いて、全体的に、和楽器は多種類の音楽種目で自由に使われていることがわかります。

特に最近では、音楽そのものの国境や種目の壁が取り払われ篳篥《ひちりき》や琵琶、尺八などが洋楽の領域まで用いられることが多くなりました。将来、和楽器といったくくりがなくなるかもしれません。

■和楽器と種目

分類名	楽器名	神楽歌	東遊	唐楽	高麗楽	催馬楽	仏教音楽	盲僧琵琶	平曲	能楽	地歌	箏曲	浄瑠璃	歌舞伎	長唄	三味線歌	近代箏曲	近代琵琶	近代尺八	現代邦楽	民謡	民俗芸能
弾き物																						
コト	和琴	●	●			●																
	楽箏			●		●	●															
	十三弦箏											●					●			●		
	十七弦箏																●			●		
	多弦箏																			●		
琵琶	楽琵琶			●		●																
	盲僧琵琶							●														
	平家琵琶								●													
	薩摩琵琶																	●		●		
	筑前琵琶																	●		●		
三味線	太棹												●	●							●	
	中棹											●		●		●	●			●	●	●
	細棹													●		●					●	
胡弓	胡弓										●						●				●	
吹き物																						
ヨコ笛	神楽笛	●																				
	龍笛			●																		
	高麗笛		●		●									●								
	能管									●				●								
	篠笛													●	●						●	●
タテ笛	篳篥	●		●	●	●																
	笙			●		●																
尺八	尺八						●												●	●	●	
	多孔尺八																			●		
打ち物																						
つづみ	鞨鼓			●																		
	三ノ鼓			●																		
	楽太鼓			●																		
	大太鼓			●	●																	
	太鼓									●				●	●						●	●
	大鼓									●				●	●							
	小鼓									●				●	●						●	●
鉦・鈴	鉦鼓			●	●		●														●	●
	鐃・双盤・錫杖・銅鑼						●							●								
拍子木	笏拍子	●	●				●															
	拍子木・びんざさら													●								●

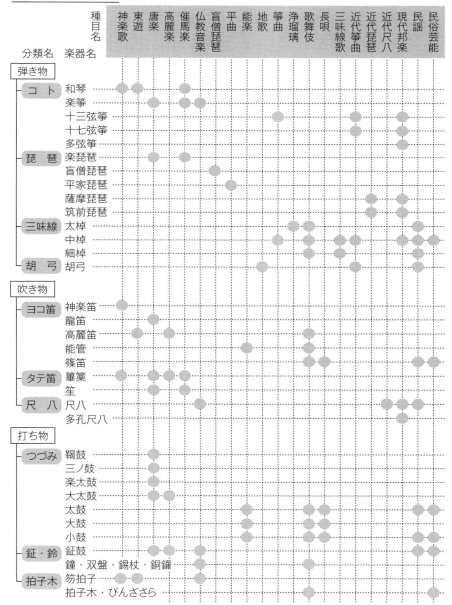

ちょっとした違いが大きな違い——三味線のさまざま

三味線は「太棹《ふとざお》」「中棹《ちゅうざお》」「細棹《ほそざお》」と三分類されるといいます。しかしこれら三つは構造・型・全長がほぼ同じで、その見分けは、一般の人では難しいでしょう。三種の違いは棹の太さと、あえていえば胴の大きさや厚みなどの若干の違いです。

この三種類は、義太夫は太棹、地歌《じうた》は中棹、長唄は細棹と、使う三味線と音楽種目とが一致しています。ただし地歌系や山田流箏曲などでは、演奏者の嗜好によりますのでこのかぎりではありません。

三味線音楽の発展や種目の拡大などにより、求められる音色・音域・音量も多様になりました。それに対応して、三味線は今や三種どころか十数種類ともいえます。それらの違いは、胴の構造、皮の張り方、糸や駒、そして撥など三味線のパーツの組みあわせによる音色の変化としてあらわれています。例えば同じ太棹でも義太夫三味線と津軽三味線とは、別の楽器かと思うほど音色が違います。

三味線は、調弦《ちょうげん》（チューニング）が可能で、これを「調子《ちょうし》」と呼び、六種類あります。しかし大半は左図にあげた「本調子《ほんちょうし》・二《に》上《あが》り・三下《さんさが》り」の三種類を用います。

調子は曲で決まっていますが、なかには曲のなかで調子を変えるものもあります。演奏の途中で三味線奏者が糸巻きを調整しているのをよく見かけますが、それは弦のゆるみを直す場合もあれば、調子を変えている場合もあります。三味線は演奏を中断することなく調弦の変更ができる楽器なのです。これら調弦は、絶対音高ではなく、各弦との相対的なものです。というのも、「うた」が主体の三味線音楽ですので、歌い手の声の高さにあわせて調弦するからです。

三味線はまた、琵琶の影響を受けて設けられた「さわり」という構造的な工夫がされていて、それによって高次倍音を含む独特の音色をつくり出します。それ以外にも、フレットがなく大きな撥で弾くなど、西洋の弦楽器とは大きな違いがあります。

日本独特の弦楽器、それが三味線です。

■三味線

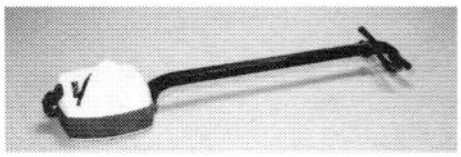
義太夫三味線

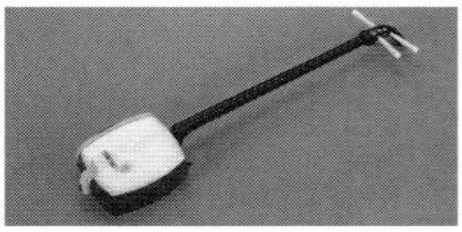
地歌三味線

長唄三味線
［浜松市楽器博物館蔵］

●どれも同じにみえる…実際は千差万別

構造
形状
棹長
↓
外形は
ほとんど同じ

種目で
全部違う
⇒
組みあわせで
音色が変化

胴	大きさ・肉厚
皮	材質・張り方
糸	材質・太さ
駒	形・高さ・重さ
撥	大きさ・重さ・厚み
棹	太さ

●三味線の分類　→　一般論ではあてはまらない

・一般論でいう三味線と音楽種目

太棹	義太夫・津軽三味線
中棹	常磐津・清元・新内 小唄・端唄…地歌?
細棹	長唄・河東・荻江 （小唄・端唄・山田流）

特に地歌は奏者によって微妙に異なる

⇒・各三味線の棹の太さの関係

長唄三味線 < 地歌三味線 < 豊後系三絃

柳川三味線 < 長唄三味線

山田流三絃　これも地歌同様　奏者により

●三弦の調弦法（各調子　左より一の糸・二の糸・三の糸）

もっとも基本的な調弦　二の糸が一音上がる　三の糸が一音下がる

●左記以外
・一下り
・三上り
・六下り
…も

●三味線の用語

★独特の音色「さわり」

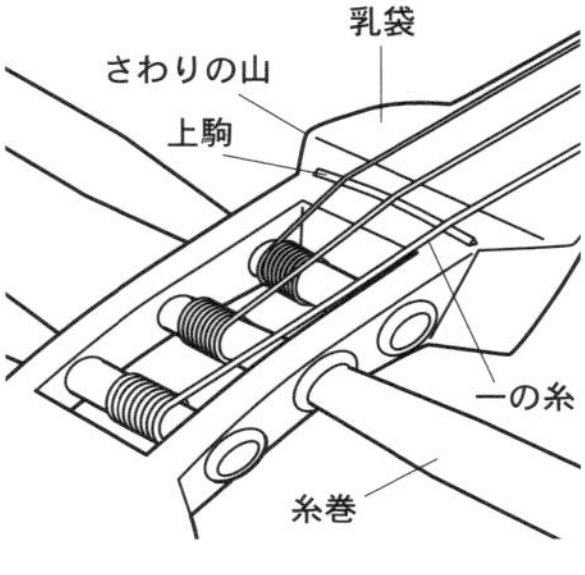

★勘所（ツボ）

音階の音を出すために弦を押さえるポジション　人差し指・中指・薬指三本を用い　三の糸は爪を立て　一二の糸は指の腹で押さえる

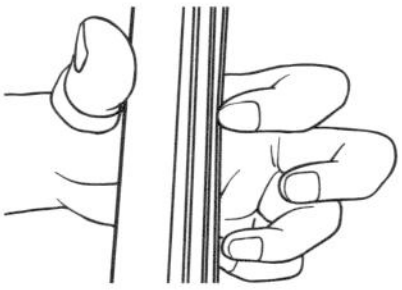

★スクイ・ハジキ（奏法）

通常は撥を下ろし糸を弾くのと　逆に撥を糸の下からすくい上げるスクイ　左手の指で弦糸をはじくように鳴らすハジキなど各種の技

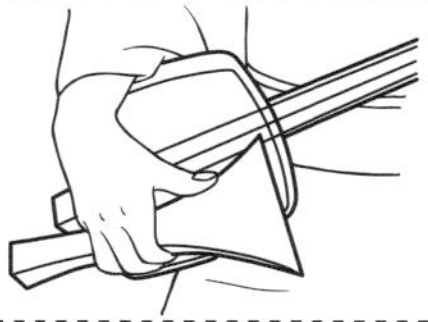

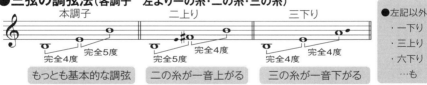

変わらぬ構造、大きく変わる音楽 ——箏のさまざま

箏《こと》の領域に属する楽器はたくさんあります。そのなかでよく使われるものを左頁にあげてみました。このなかには「琴」の字が入っている和琴《わごん》もありますが、これも柱《じ》がついているため箏の仲間です。

和琴と楽箏《がくそう》は雅楽の専用楽器で、しかも種目（和琴＝国風歌舞《こくふうかぶ》、楽箏＝管弦《かんげん》）がかぎられた楽器ですから、一般の人はあまり目にすることはないでしょう。最もなじみ深いのが十三弦箏《じゅうさんげんそう》です。

箏を大分類すると、雅楽の箏を「楽箏」、筑紫流箏《つくしりゅうそう》曲《きょく》に使われる箏は「筑紫箏《つくしごと》」、八橋検校以降の近世箏曲の箏が「俗箏《ぞくそう》」になります。近代には箏曲が音楽的に大きな変化をするようになって、より幅広い音域が求められるようになります。箏は一弦一音という構造ですので、その要求に応じるためには、弦の数や全長を変えるしかありません。このような弦数の違うものを「多弦箏《たげんそう》」と呼びます。ここに左頁にあげた以外にも、十五弦箏（中能島欣一《なかのしまきんいち》）、二十一弦箏（山勢松韻《やませしょういん》）、二十五弦箏（野坂恵子）、実用的ではありませんでしたが八十弦箏（宮城道雄）というものもあります。

箏にたくさん種類があっても、またその伝来から千数百年も経過しても、その基本構造はあまり変化していません。琴柱《ことじ》や爪、弦の結束方法や表面の仕上げなどに若干の変化はありますが、雅楽で用いられる箏でも、現代音楽の演奏会で用いられるものでも、その構造はかつてのものと同じです。

しかし音楽的内容は大きく変化しました。雅楽では箏はメロディ楽器というよりもリズム楽器に近い演奏を担当しました。それが近代・現代になりますと、メロディラインはもちろん、ヴィヴラート、ポルタメント、左右両手による重音《じゅうおん》、グリッサンド、トレモロなど洋楽的な奏法を開発しています。

こうしたことが可能なのは、楽器の基本構造がシンプルだからです。だからこそ、調弦法を含め新しい奏法に対応できるのでしょう。独奏でも合奏でも器楽でも歌曲でも、古典でも現代曲でもなんでもオーケー、それが箏という楽器です。

■「コト」は「箏（そう）」のこと

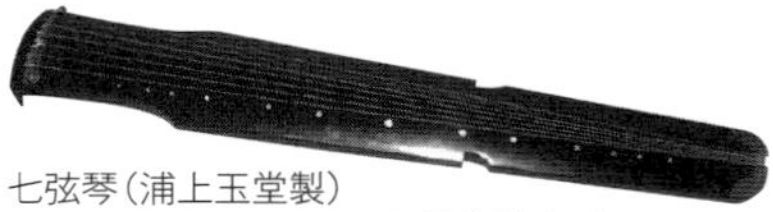

七弦琴（浦上玉堂製）
権祝矢島家資料　諏訪市博物館寄託

●現在使われている種類

種類	長×幅 単位cm	発生・考案	適用分野	特筆事項
和琴（わごん）	191.0 ×23.0	6弦で柱あり　古代琴または新羅琴が原型?	雅楽の中でも国風歌舞のみ	和琴特有の尾部形状より古墳出土の木片を古代琴と認定
楽箏（がくそう）	190.0 ×24.0	奈良時代に唐代の中国より伝来　箏の祖形	雅楽の中でも「管絃」のみ	楽器だが、象嵌・漆塗・裂地・箔押・寄木など装飾工芸の極致
十三弦箏	181.8 ×25.5	江戸初期に楽箏を基に展開された箏の基本形	八橋以降、生田山田箏曲全般	最近は両流とも山田流素箏に統一傾向　「飾り箏」は退潮気味
十七弦箏	205.0 ×32.0	大正10年に宮城道雄が考案　低音域の助奏用	当初は低音用今は主奏楽器	頭上部の金属ピンで　今の弦楽器と同じ弦張力調整が可能
二十弦箏	181.5 ×37.5	昭和44年に野坂恵子が考案　音域を拡大用に	現代邦楽など13弦の音域外	音量調節やダンパーなど工夫実際は低音1弦加わり21弦に
三十弦箏	235.5 ×56.0	昭和30年に宮下秀冽が考案　打楽器的役割も	宮下作品助奏に　今は主奏も	4オクターブ半という広音域ゆえに弦の材質製法・柱に新機軸

●楽器（箏）の変化

基本構造不変 ↓ 弦数全長

楽　箏（雅楽用）
筑紫箏（筑紫流箏曲用）
俗　箏（八橋以降）
・生田流箏（本仕立）
・山田流箏（素箏仕立）
多弦箏（宮城以降）

箏爪

生田流

山田流

和琴　［写真／武蔵野楽器］

箏の演奏
箏：米川敏子
［写真提供：米川敏子］

●十三弦箏と十七弦箏の弦名（算用数字は1=11と読む）

	①	②	③	④	⑤	⑥	⑦	⑨	⑩	⑪	⑫	⑬	⑭	⑮	⑯	⑰	⑱
十三弦箏	一	二	三	四	五	六	七	八	九	十	斗	為	巾				
十七弦箏	一	二	三	四	五	六	七	八	九	十	1	2	3	4	5	6	7

●十三弦箏の調弦（生田流の例）

平調子

半雲井調子

雲井調子

中空調子

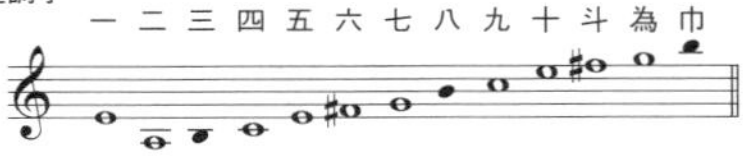

種目で変わる楽器——琵琶のいろいろ

現在の琵琶楽に用いられている楽器は、楽琵琶《がくびわ》から錦琵琶《にしきびわ》までの六系統があります。

楽琵琶は雅楽の楽器で、琵琶のなかでは一番の大型です。楽器を横にして水平に構え、胡坐《あぐら》の膝にのせかけるようにして、弦を押すように弾きます。

平曲に使われる平家琵琶《へいけびわ》は、形状・構造、そして構え方までが楽琵琶とほとんど同じです。平曲の創始者である藤原行長《ふじわらのゆきなが》が雅楽の人であった影響でしょう。ただし寸法は小型になっています。これは平曲語りの琵《び》琶法師《わほうし》が旅して回るのに携行しやすい大きさ、軽さを求めた結果であろうと考えられています。

盲僧琵琶《もうそうびわ》はさらに小形で、見た目ではビオラ程度でしょうか。かつては盲僧自身が手づくりしたといわれますから、檀家まわりなどを考えて小さくなっていったのかもしれません。あげる経文も琵琶の伴奏も非常にリズミックでテンポの速いものに聞こえます。

薩摩琵琶《さつまびわ》は、勇壮な物語にふさわしいダイナミックな演奏が持ち味です。大ぶりな琵琶を立てて構え、扇状の大きなバチを腹板に叩きつけるようにして演奏しますので、固くて丈夫な素材である桑や欅《けやき》材でつくられています。琵琶の演奏を聴かせるのも狙いですから、バチさばきがさえています。ここまでは四弦です。

筑前琵琶《ちくぜんびわ》と錦琵琶は五弦の琵琶です。筑前には四弦もありますが、最近は五弦がほとんどです。筑前琵琶は柔らかな音色と響きが出るように腹板は桐材になっています。

薩摩琵琶から派生した錦琵琶、さらにそこから鶴田《つるた》琵琶《びわ》（鶴派《つるは》）が生まれますが、旋律性を高める奏法にあうように柱《じ》の構造に改良が加えられ、また擦弦《さつげん》奏法などもおこなわれます。筑前琵琶や錦琵琶では他に比べて楽器を演奏することが多いので、平曲《へいきょく》と聴き比べると、同じ琵琶の音楽とは思えないほど器楽性が感じられます。特に鶴派は洋楽とのアンサンブルなどをとおして器楽的性格を強めています。

現在、中国琵琶（ピーパー）の旋律性あふれる奏法も人気があり、琵琶楽《びわがく》はまだまだ変容を重ねそうです。

■現行の琵琶(日本の琵琶)

種類/ 調弦	弦数/柱	座/構え	材質	寸法・形状・奏法など
楽琵琶(壱越調)  I II III IV	4弦4柱 曲頸	胡座 水平	紫檀・花梨 桑・固い木	雅楽用で3尺5寸(106cm)と大型　弦を柱の上でのみ押す　「掻き撥」(アルペジオ)撥はツゲ材で小形
平家琵琶(現行) 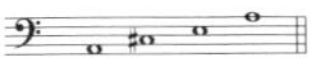 I II III IV	4弦5柱 曲頸	胡座 水平	楽琵琶に 同じ	2尺7寸(83cm)と小型　第一柱は「サワリ柱」で演奏には使用せず　柱と柱の間で弦を押す奏法
盲僧琵琶(筑前の場合)  I II III IV	4弦5柱 直頸	正座 45度	携行向き 軽い素材	当初は盲僧の手作り　「笹琵琶」という胴のふくらみの小さいものも　弦は柱と柱の間を
薩摩琵琶(四弦) 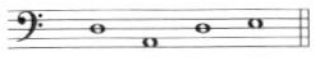 I II III IV	4弦4柱 曲頸	正座 垂直	桑・欅	全長3尺(94cm)上部が細く鹿頸が長い　撥は薄めで扇状に広く大きい　叩く奏法が特徴
筑前琵琶(五弦) 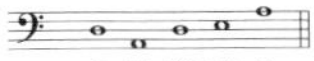 I II III IV V	4弦5柱 5弦5柱 曲頸	正座 垂直	桐(表材)	四弦と五弦の二種類あるが　現在は五弦が主流　三味線程度の撥　桐材の表面で音色が柔らか
錦琵琶 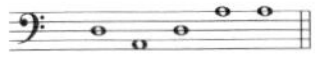 I II III IV V	5弦5柱 曲頸	正座 垂直	桑・欅	薩摩琵琶に準じた寸法・形状だが、柱の構造などに差　叩きつける以外に弦を擦る奏法も

●各流の琵琶

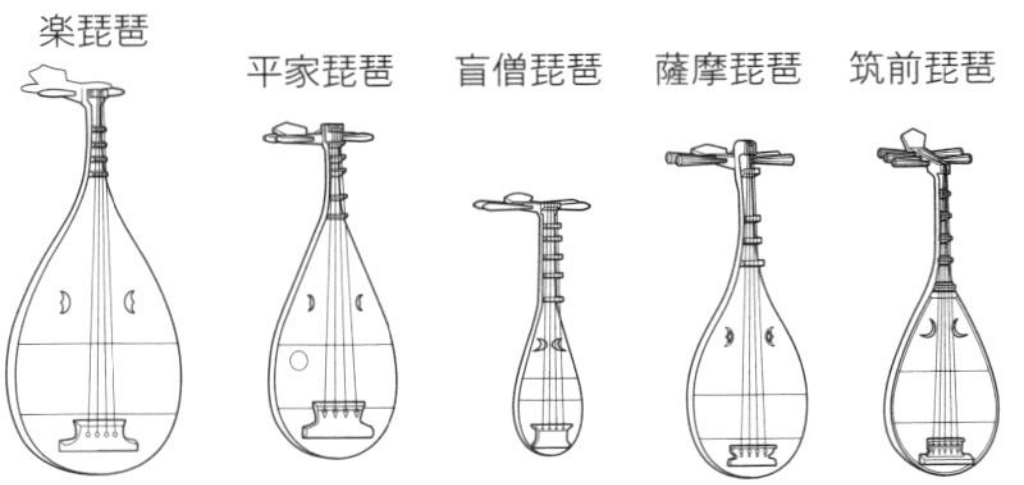

・撥の種類

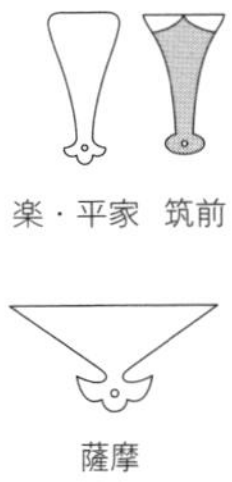

・音高決定

①開放弦

②柱の上

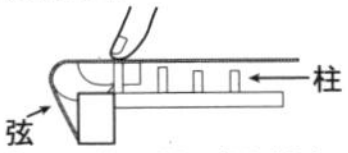

③柱と柱の間に押し込む

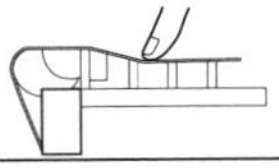

●琵琶の弾奏用語(薩摩系の場合)

呼び名	弾奏法	呼び名	弾奏法
払いバチ	手前から向こうへ払うように弾く	ハタキ	単にバチを腹板に打ちつける
打ちバチ	弦を強く打ち腹板を叩き音を出す	シゲ手	トレモロ風に弾く
掛けバチ	バチ先で手前にすくうように弾く	押し込み	左手で弦を柱と柱の間に強くおす
掻きバチ	アルペジオ風に弦をかき鳴らす	ハジキ	左手の指で弦をはじく
切りバチ	弦を切るように擦りながら打つ	タタキ	弦の余韻の内に次に柱を指で打つ
返しバチ	第4弦から手前にアルペジオ風に	ユリ	弾いた音の余韻をゆらせる
消しバチ	弾いたあとバチ先で余韻をとめる	消し	指のはらで弦をおさえ余韻を止める

一尺八寸とは限らない――尺八のさまざま

現行の尺八も普化尺八《ふけしゃくはち》の系統ですが、楽器によって個体差があります。尺八の演奏家は、自分の楽器は自分でつくるのが普通ですので、そのため画一化した楽器になることはなく、千差万別となるのです。

普化尺八と現行の尺八の大きな違いは、管の内部処理の方法にあります。普化尺八は七つある竹の節《ふし》を抜いただけの「地《じ》無《な》し管《かん》」と呼ばれるものですが、現行の尺八は節を抜くだけでなく、その凹凸などを砥粉《とのこ》などで埋めたり盛ったりして最後に漆《うるし》を塗ります。そのためか普化尺八はナチュラルな音色が出るかわりに雑音が発生したり、音量が少なかったりします（ただしより遠くに音が届くともいいます）。また演奏も難しいといわれます。現在でも明暗系では地無し管を使っています。

尺八の素材は真竹《まだけ》の根の部分、それも生えてから四～五年ものが最適といわれますが、加工性や仕上がり品質の均質性、そしてコストの問題から、最近では初心者用として楓《かえで》材を使った木管《もっかん》のものが、さらには学校教育用としてプラスチック製もあります。

琴古《きんこ》流と都山《とざん》流では歌口《うたくち》のカットの仕方や形状が異なります。もちろん尺八にはリードはありませんが、それではなかなか音が出ないので、学校教育用ではリードをつけるアダプターがあり、それによって発音がしやすくしているものもあります。

尺八は「一尺八寸」の長さから由来した楽器名ですが、左図でわかるようにそれ以外の音域をつくり出すために寸法は各種のものがあります。これらは現代邦楽などで、尺八アンサンブルを組む場合などに使われ、音域はアルトからバスまでそろっています。また半音部分の指孔を足した「多孔《たこう》尺八」もあり、これらは民謡などで用いられます。

かつて指孔押さえの不安定さや発音の難しさを改良するために、「オークラウロ」という「縦型金管歌口付きフルート」を大倉喜七郎《おおくらきしちろう》男爵が考案しました。しかし構造が尺八から乖離しすぎたためか、はやりませんでした。

■尺八

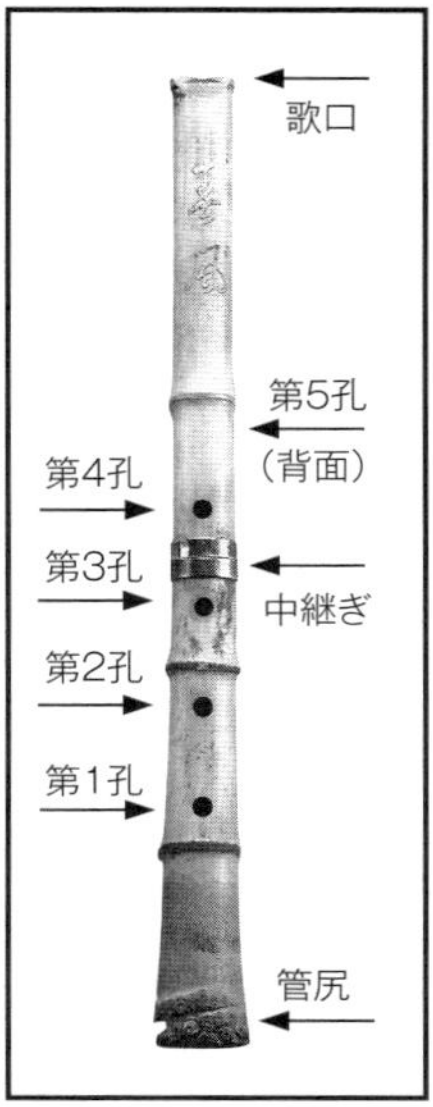

尺八「虎哲」
（琴古流　一尺八寸管
浜松市楽器博物館蔵）

●基本構造は「普化尺八」…さらに改良と工夫が

	スタンダード	イレギュラー	対象
素　材	真竹の根元部	木管（楓材） 合成樹脂管	初心者用 教育機材用
管　長	1尺8寸(54.5cm)	1尺1寸(33..3cm) ≀ 2尺4寸(72.7cm)	合奏用 （アルト管 ～バス管）
指　孔	5孔 （表4一裏1）	7孔～9孔 多孔尺八	民謡・吟詠 合奏用
中継ぎ	中間二本継ぎ	一本　延べ管	好事家用
管　内	漆・砥粉の塗布 でピッチ調整	節の削りのみ 地無し管	古典本曲用 （明暗流）

●各種管長の尺八

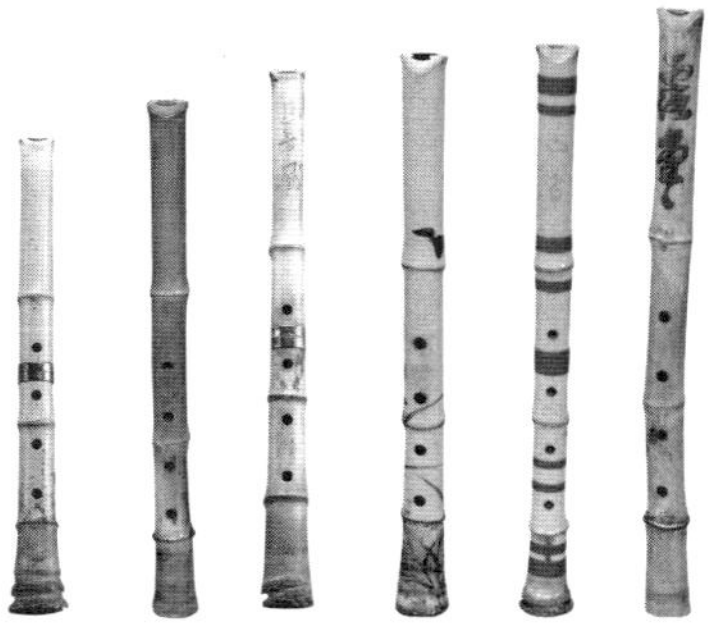
都山流 一尺六寸管 (48.5cm)　明暗諸派 一尺七寸管 (51.9cm)　琴古流 一尺八寸管 (55cm)　明暗諸派 一尺九寸管 (56.7cm)　明暗諸派 一尺九寸管 (57.5cm)　明暗諸派 二尺一寸管 (60.7cm)

［浜松市楽器博物館蔵］

●流派で異なる歌口構造

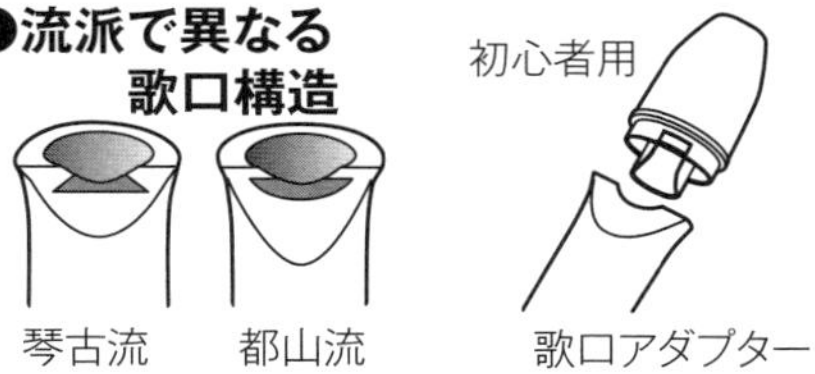

●中継ぎ部分

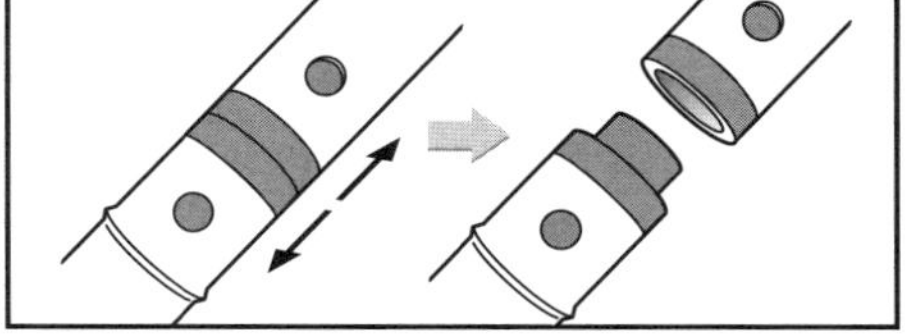

●オークラウロ（キー・システム付き金属管尺八）

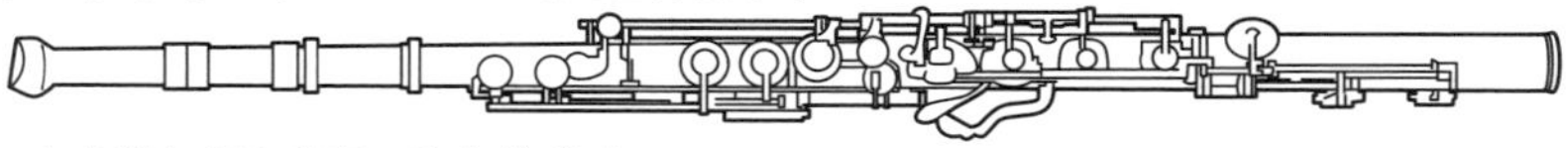

大倉喜七郎の考案・改良ポイント

尺八の…　短所の排除　音域の狭さ・指孔数・半音のムラ
　　　　　長所の継承　歌口の広さで呼気変化・音の表情

似て非なる横笛、まったく違う縦笛——笛のさまざま

フエは、はるか昔から日本にありました。それらはほとんど横笛《よこぶえ》です。おもしろいことに中国の古い時代では、フエといえば縦笛《たてぶえ》のことで、横笛は漢の時代になってから考案されたといわれます。

日本の横笛の種類は、雅楽に用いられる「神楽笛《かぐらぶえ》・龍笛《りゅうてき》・高麗笛《こまぶえ》」と能楽の「能管《のうかん》」、そして伝統的なものから祭礼、民俗芸能までと幅広く使われている「篠《しの》笛《ぶえ》」があります。

雅楽では種目によって三種類が使い分けられます。並べてみると長さなど違いはあるものの、形状は似ています。龍笛だけが七孔で、あとは六孔です。龍笛を雅楽の世界では「横笛」と書いて「おうてき」という呼び方をしています。ちょっと紛らわしいところです。

能の「能管」は、見た目や寸法などは、龍笛と見分けづらいですが、その構造はきわめて特殊です。吹口と指孔の間の管内に「喉《のど》」と称する短い管が内蔵され、この構造の作用によって、吹きつける息の音が目立つ効果があり、能管独特の「ヒシギ」という、甲高い叫びのような音を出すことができます。能管は能楽の世界では単に「ふえ」と呼ばれます。

篠笛は竹の素材そのままです。装飾面もシンプルです。構造的には他の横笛と変わりません。ただし、歌や三味線に音高をあわすために、十二の律を基音とする十三種もの長さの違うものが準備されています。一本ごとに半音ずつ高くなっており、最長と最短では音高が一オクターブ違います。

縦笛の類では「篳篥《ひちりき》」と「笙《しょう》」があります。篳篥は雅楽のほとんどに用いられ、主旋律を受けもちます。形状は小型ですが大きな音が出て、ポルタメント奏法が特徴です。雅楽になくてはならないのが、ユニークな構造をした「笙」です。長短十七本のフリーリードのついた竹管で和音を出すことができます。この発音原理からリードオルガンやアコーディオンが考案されたといわれます。

篳篥と笙の合奏の音は、神前結婚でおなじみですが、これを聞くとなぜか日本人は厳かな気分になります。

■吹きもの（笛）

横笛	神楽笛	龍笛	高麗笛	能管	篠笛
別称	日本笛（やまとぶえ） 大和笛（やまとぶえ） 太笛（ふとぶえ）	横笛（おうてき） 羌笛（きょうてき） 龍鳴（りゅうめい）	狛笛（こまぶえ） 細笛（ほそぶえ） 伎横笛（くれのよこぶえ）	能では単に 「笛（ふえ）」	関西で竹笛 一般に「しの」 または「笛」
全長×頭端径	45.8×2.25cm	40.0×2.6cm	36.5×1.9cm	39.4×3.0cm	30～50 cm13種
指孔数	6指孔	7指孔	6指孔	7指孔	7指孔
素材	女竹（めだけ）	女竹（めだけ）	女竹（めだけ）	煤竹（すすだけ）	女竹（めだけ）
塗・特徴	漆塗・樺巻き	漆塗・樺巻き	漆塗・樺巻き	漆塗・樺巻き	素材のまま
音色特性	幽寂閑雅で 荘重な響き	硬く引締まった 強い音色	やや鋭い よく通る音色	息の音 甲高いヒシギ	柔らかで 細かい旋律
適用種目	・雅楽の内 宮中の御神楽 各神社の倭舞	・雅楽全般 唐楽・催馬楽 朗詠・倭歌…	・雅楽の内 高麗楽 東遊	・能楽 ・歌舞伎舞踊 ・下座音楽	・長唄・下座 ・歌舞伎囃子 ・民俗芸能全般
用法	神楽で独奏や 篳篥と二重奏	唐楽で多用され 篳篥と主旋律を	高麗楽の合奏は 高麗笛が音頭を	旋律の演奏より 言葉を語る風に	どの種目でも 旋律が主目的

神楽笛
高麗笛
龍笛
能管

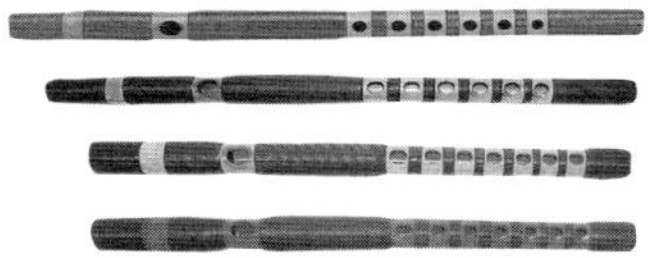

篠笛（一本調子～十二調子）

縦笛	篳篥	笙
リード	ダブルリード	フリーリード
構造	全長6cmの芦製 リード（舌）	吹口ある木製器 に12本の竹管
全長×頭端径	18.1×1.85cm	50cm前後 ×最大で8.5cm
塗・特徴	漆塗・樺巻き	漆塗（カシラ部）
指孔数	前面6×背面2	1管1音高
音色特性	狭音域・音量大 指押えで音高の スライド可能	音高の違う12管 構造により和音 演奏が可能
適用種目	雅楽のほぼ 全種目	唐楽・催馬楽 朗詠

能管の構造

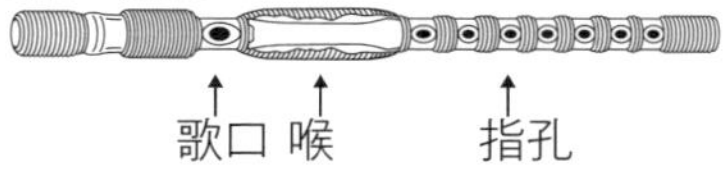

篳篥と笙

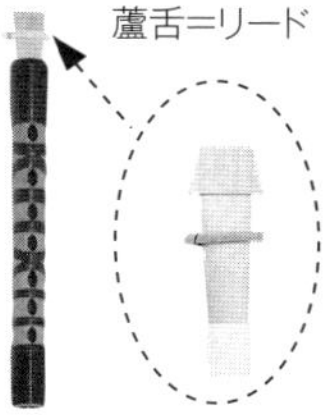

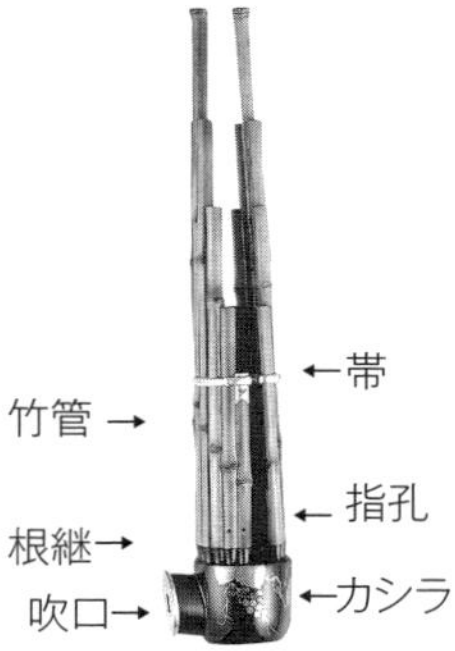

［楽器写真／武蔵野楽器］

「打ち物とは打楽器」と説明しましたが、最近の楽器研究では、「擦《す》り物《もの》」(＝すり鉦《がね》)や「振《ふ》り物《もの》」(＝すず類)は打楽器から分けて分類すべき、また下位分類すべきといった説もあります。

現代の音楽世界では、音が出るならなんでもパーカッションとして用いられていますが、鐘《かね》や木魚《もくぎょ》などは、楽器というより仏具《ぶつぐ》といったイメージのほうが強いのではないでしょうか。

ここでは文字どおりの打ち物、「たいこ」「つづみ」の類に絞って述べます。日本では太鼓とつづみを分けて考える習慣があります。つづみは胴が細く、手指で鼓面を打つもの、太鼓は桴《ばち》で打つものといいますが、実際のところ、その区分要素は明確ではありません。

日本の太鼓類は二枚皮のものが多く、両鼓面はほぼ同じです。太鼓類の区分は胴と皮の留め方で「締太鼓《しめだいこ》」と「鋲留《びょうどめ》太鼓」とに分かれます。

締太鼓には、皮を鉄枠に固定してから締める「枠付き締太鼓」と「枠なし締太鼓」の二種類があります。

左図にあげた太鼓類は、雅楽や能、歌舞伎囃子など、音楽種目と関連したものだけしか挙げていません。祭礼や仏事、民俗芸能や黒御簾《くろみす》などでも太鼓類は主役ですから、それらをあわせれば数十種類にもなります。雅楽系の太鼓類は、鼓面や胴、台などに極彩色の模様が施されていますが、それ以外はわりとあっさりしたものが多いです。

能楽で用いられるつづみ類は、演奏のたびに胴と鼓面を緒《お》(紐)で組みたてます。大鼓は組みたてる前に一時間半ほど鼓面を炭火で「焙《ほう》じて」、乾燥させてきつく締め上げます。小鼓は逆に、鼓面に適度の湿気を与えるために、水分を含んだ小さな和紙を鼓面に張ったり、奏者が息を吹きかけたりし、またゆるく締めます。楽器は、同じ構造なら、大きなサイズは低音、小さいサイズは高音が出ますが、「鼓《つづみ》」だけはそのような前工程によって、音の高さが逆になっています。

鼓という字があるので「鉦鼓《しょうこ》」も左図にのせましたが、これは太鼓・つづみ類でなくゴングです。

■打ち物

名称	寸法	適用種目	分類・構造	素材	奏法	装飾
鞨鼓《かっこ》	30×12 ×25cm	雅楽（左方・管弦）	枠付き締太鼓 樽型	桜材刳抜き胴 牛革鉄枠	両手桴 両面打ち	牡丹唐草文様 極彩色（胴）
三ノ鼓《さんのつづみ》	44×22 ×32cm	雅楽 （右方）	枠付き締太鼓 砂時計型	欅材鼓型胴 牛革鉄枠	右手桴 右面打ち	金泥塗り 三条帯（胴）
大太鼓《おおたいこ》	140×150 ×210cm	雅楽 （左・右方）	枠付き締太鼓 火焔飾り	欅材胴 牛革鉄枠	両手桴 背面立奏	火焔宝珠（枠） 巴（面）牡丹唐草（胴）
楽太鼓《がくたいこ》	21×53 ×15cm	雅楽 （管弦）	鋲留両面太鼓 短胴火焔飾り	欅材刳抜短胴 牛革鉄枠	両桴手 片面打ち	七宝文唐獅子（面） 牡丹唐草文様（胴）
能太鼓《のうたいこ》	15×26 ×35cm	能楽 歌舞伎囃子	枠付き締太鼓 短胴	欅材刳抜短胴 牛革鉄枠	両手桴 片面打ち	黒塗地蒔絵螺鈿（胴） 鼓面周囲黒漆塗
大鼓《おおつづみ》	29×11 ×23cm	能楽 歌舞伎囃子	枠付き締太鼓 砂時計型	桜材刳抜鼓型 胴・馬革鉄枠	左脇構え 右指打ち	黒塗地蒔絵（胴）
小鼓《こつづみ》	26×10 ×20cm	能楽 歌舞伎囃子	枠付き締太鼓 砂時計型	桜材刳抜鼓型 胴・馬革鉄枠	右肩構え 右指打ち	黒塗地蒔絵（胴） 鼓面外周漆塗り
鉦鼓《しょうこ》	径15cm	雅楽（管弦 左・右方）	単式ゴング 小型輪台吊	青銅製鋳造	両手桴 片面打ち	黒漆塗り金縁（吊台）

・楽太鼓

・鉦鼓

・宮太鼓

［楽太鼓・鉦鼓・宮太鼓写真提供／武蔵野楽器］

・大太鼓

明治神宮・春の大祭（2006）

●その他打ち物

団扇太鼓

半鐘

鰐口

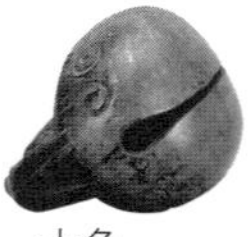

木魚

笏拍子

平釣太鼓

銅鑼

磬

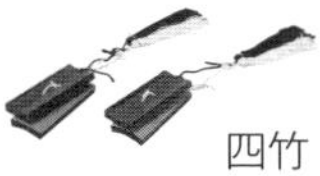

四竹

駅路

松虫

［浜松市楽器博物館蔵］

エイサー

地謡

（撮影／大城洋平）

第十四章

沖縄音楽

歴史が織りなす南国情緒
——沖縄音楽と琉球芸能

日本音楽の中で、わずか数秒の出だしを耳にしただけで、それがどの地方の音楽であるかを誰もがイメージできるのは、沖縄の音楽だけではないでしょうか？

沖縄は十五世紀に中国・明《みん》から冊封《さくほう》をうけ、琉球王国となって朝貢貿易《ちょうこうぼうえき》が始まり、薩摩藩に支配されるまでの時代、日本や呂宋《るそん》からマラッカなど東南アジア諸国との中継貿易《ちゅうけいぼうえき》で大いに繁栄しました。

沖縄県庁の所在地の那覇市は、東京から約一五〇〇キロも離れた日本の「辺境」ともいえますが、那覇を中心にしてみれば、同じ一五〇〇キロ圏内には香港・上海・台北・ソウル・マニラなど海外の主要都市が含まれる、東南アジアの「中心」でもあります。

古代の琉球人は本土からの渡来人ともいわれ、民族や言語の面に、古体の日本民俗文化の痕跡が認められますが、王国時代を通じて諸外国との貿易や外交を進める中で、それら異国文化要素を融合した独特の琉球文化が形成されました。その意味で「沖縄音楽」とは、「沖縄県の音楽」というより、交流のあった諸外国の音楽文化と融合した「琉球文化圏の音楽」となります。

王国時代の琉球は、現・沖縄県の各諸島は無論、今は鹿児島県となった奄美諸島までが領域で、琉球音楽の理解に奄美の音楽を含めて考える必要があります。

琉球音楽といえば「琉歌《りゅうか》」と呼ばれる独特の詩形と、特徴ある音色をもつ弦楽器の三線《さんしん》が、相互に支え合いながら、弦と声が一体となる「歌三線《うたさんしん》」が特徴です。

さらに、この歌三線には、琉球ならではの独特の雰囲気をもった舞踊「琉舞《りゅうぶ》」が連動して演じられ、単なる「音楽」ではなく「歌謡・楽器・舞踊」が三位一体となった個性溢れる「芸能」の態を成しています。その意味から「沖縄音楽」や「琉球音楽」というより「琉球芸能」と捉えるのが妥当でしょう。

「琉球芸能の分類」には学界でも諸説ありますが、筆者があえて一覧にすれば左図のようになります。「古典芸能」「近代芸能」そして「民俗芸能」と区分できると思いますが、そのいずれにも、舞踊の伴わない音楽種目はほとんどありません。

■沖縄音楽と琉球芸能

●独特の沖縄音楽文化の生成

- 地理的条件
  - 日本列島の辺境
  - 東アジアの中心
- 歴史的側面
  - 琉球王国時代
  - 琉球処分以降
- 文化的背景
  - 古代日本の民俗基盤
  - 周辺各国の文化要素
- 自然環境
  - 亜熱帯気候
  - 海洋・島嶼

日本の地域文化
というより…
汎東洋的な文化
⇩
exoticism

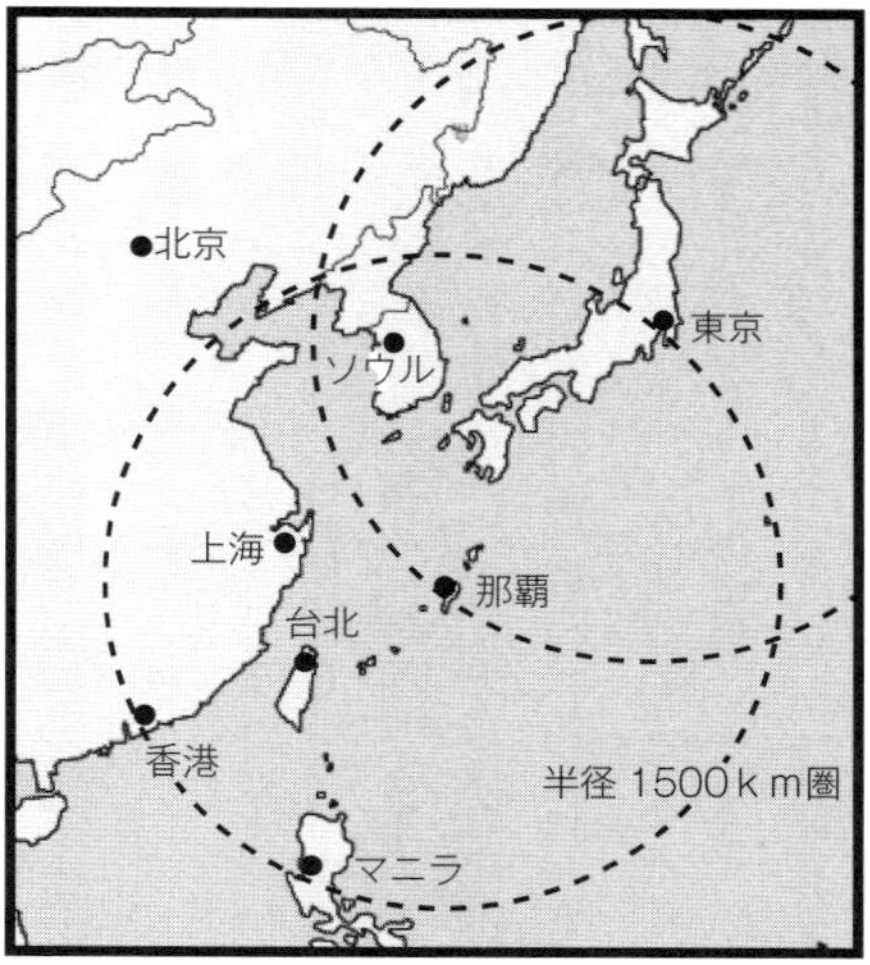

●沖縄音楽といっても…

沖縄音楽 ≠ 沖縄県の音楽 ⇨ 琉球音楽文化圏 の音楽

沖縄諸島　（沖縄本島・久米島…）
宮古列島　（宮古島・伊良部島…）　沖縄県
八重山列島（石垣島・西表島…）
＋
奄美群島（奄美大島・徳之島…）　鹿児島県

むしろ **琉球音楽** の名称が一般的

●琉球芸能の概要

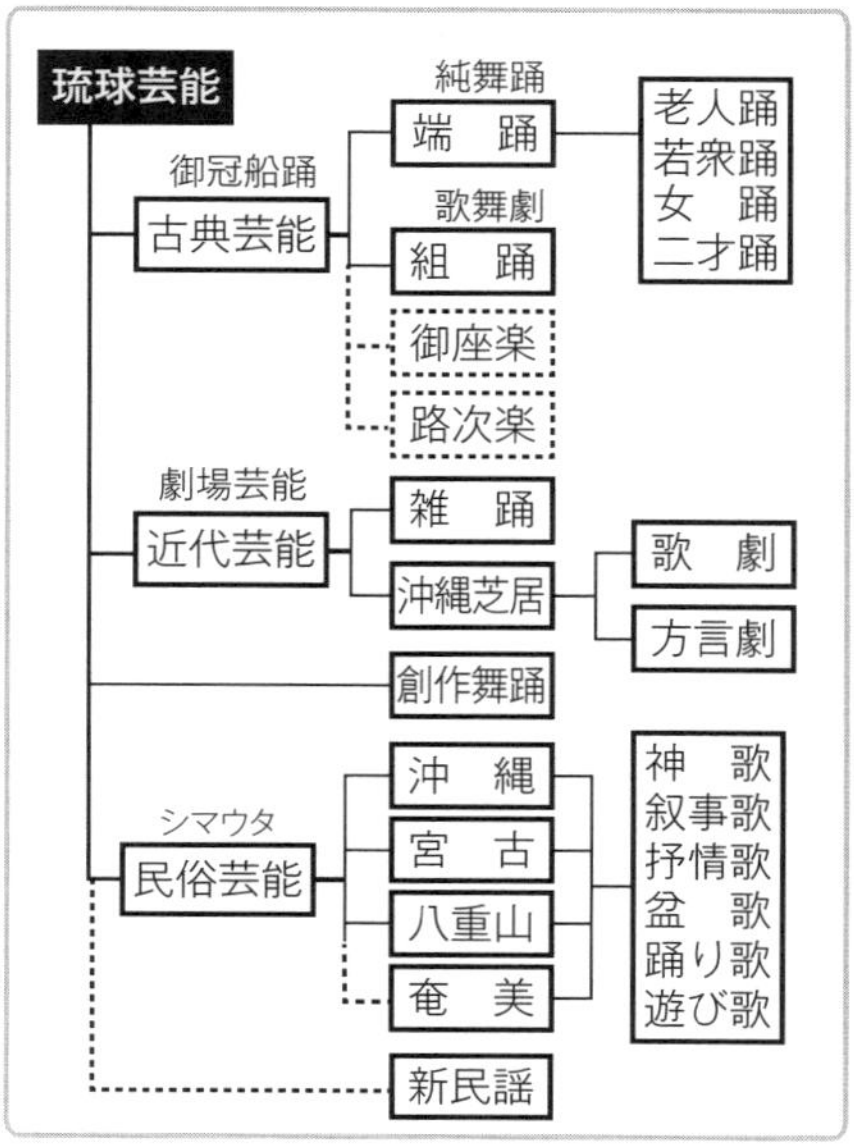

●しかし、なぜ **琉球芸能** と言い
琉球音楽 と言わないか?

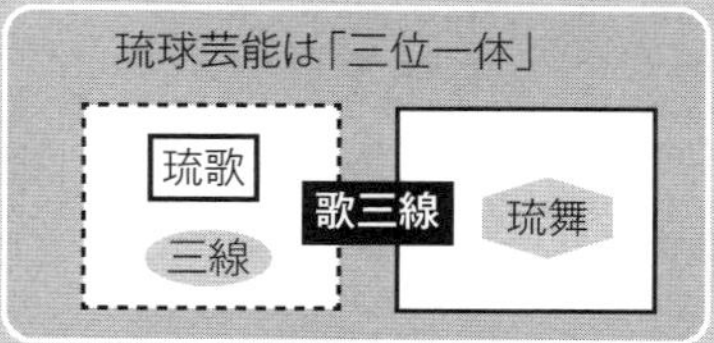

そのほとんどが、一体で構成される
「音楽」はパーツである

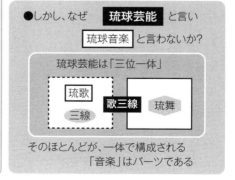

ウチナー・ミュージック——独特の音楽構造

琉球芸能が、鑑賞側に独特の情緒性を感じさせるのは、琉球ならではの六要素で構成されているためです。

その第一は「三線《さんしん》」の音色です。最近では沖縄の楽器としてお馴染みで、「三味線」の源流となったことはよく知られていますが、王国時代は非常に高価なもので、上級の士族にしか許されていませんでした。その後、蛇皮や素材木の代替品が開発され、庶民も楽しめる楽器となり、現代の沖縄では「家庭に一挺」といわれまでに普及して、琉球芸能に限らず、沖縄の人たちの生活になくてはならないものとなっています。

王国時代の初期、宮廷の饗宴では「オモロ」という古謡《こよう》が歌われていましたが、中国から伝来の三線の演奏に、八・八・八・六調の「琉歌《りゅうか》」が歌われるようになり、オモロは廃れ「歌三線《うたさんしん》」とよばれる歌曲が主流となります。日本の民謡や歌謡の多くは、七・七・七・五調の「小歌」形式が基本で、それに慣れた耳には、ゆったりとした琉歌は別物に聴こえてしまいます。

日本語は大きく「本土方言」と「琉球方言」に二分され、それがさらに地域で細分化されていきます。

日本の方言には津軽弁や薩摩弁など、ほかの地域の人には難解な方言はたくさんありますが、琉球方言はその極致で、方言というより「琉球語」とする学説もあるほどです。シャンソンやカンツォーネのように歌詞の意味を理解できなくても、旋律や歌唱の美しさで楽しむことができるのも琉球の歌謡です。

「琉球音階」もまた、琉球音楽のアイデンティティの発露といえ、その音階を鍵盤で、上下に一往復するだけで、もう南国風の異国情緒あふれる楽曲が完成します。

この琉球音階で構成される音楽は本土の歌謡では稀ですが、東南アジアやポリネシアなどの音楽によくみられる音階で、やはり琉球王国時代の貿易や外交など、永い時代の異文化交流の賜物でしょう。

リズムも同様で、ジャズなど外国の音楽では当り前の「裏打ち」ともいわれる偶数拍にアクセントがくる「オフビート」が琉球では基本で、本土の民謡や演歌の場合の「オンビート」と大きく異なります。

独特の音楽構造

●琉球芸能独特の構成

本土の人たちが出会いの段階で感じる 琉球芸能の exoticism の原因は 琉球王国時代から現代までに培われた 独自の６つの芸能要素の構成にある

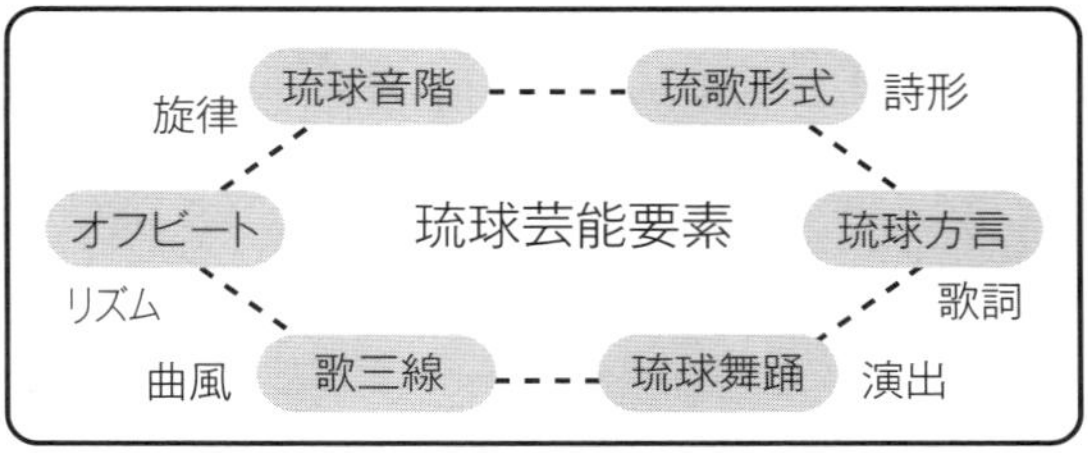

●琉球芸能の象徴 三線

中国の三弦が 15 世紀末に伝来 独自に発展し三線になった 高価な蛇皮の三線の保有は富裕の象徴であり上級士族に限られていた 庶民は蛇皮代りに芭蕉の渋で強化した「渋紙」の三線を「毛遊び」などで用いた同じ三線でも奄美系は構造や付属品・調弦に若干の差

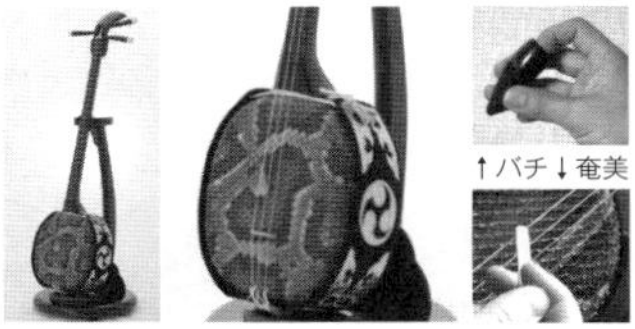

●琉球独自の詩形 琉歌

沖縄本島の古謡のオモロ・ウムイが母胎の叙情歌 各句１音多いだけでゆったりした異なる韻律に聞こえる 恋歌が多く四季や信仰・習俗など多彩 現在 3000 以上の歌が確認 口説《くどうち》はテンポよい道中の歌仲風《なかふう》は琉・和の中間との説も未確定

琉 歌	琉歌の基本形式 8·8·8·6 の 4 句体 30 音 本土の小歌より各 1 音多い
口 説	7·5 又は 7·7 で 1 句の歌詞を延々と連ねる叙事的 本土の口説と同質
仲 風	上句 7·5（和風）下句 8·6（琉風）の和風と琉風を折衷した新しい形式

●難解な琉球方言の歌詞

日本語を本土方言と二分する琉球方言だがその特異性は格別 その方言も各諸島間や同じ諸島内でも各島ごとに異なり 全体で 40 弱の方言に細分化される 奄美諸島は鹿児島県だが琉球方言に属し 沖縄県でも南大東島は八丈島方言圏に属している

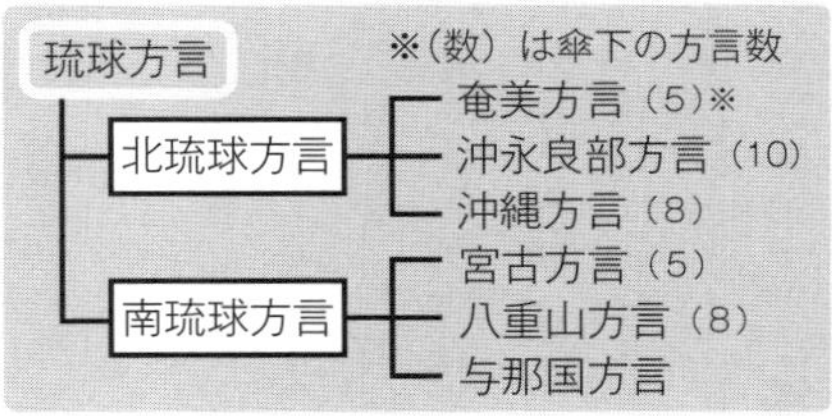

●独特の旋律系 琉球音階

琉球音階は「ドミファソシド」で構成され沖縄以外 中国南部や東南アジアまで広く分布 但し奄美諸島の沖永良部島や世論島は琉球音階だが それより北部では本土の民謡と同様の「ヨナ抜き音階」が一般的

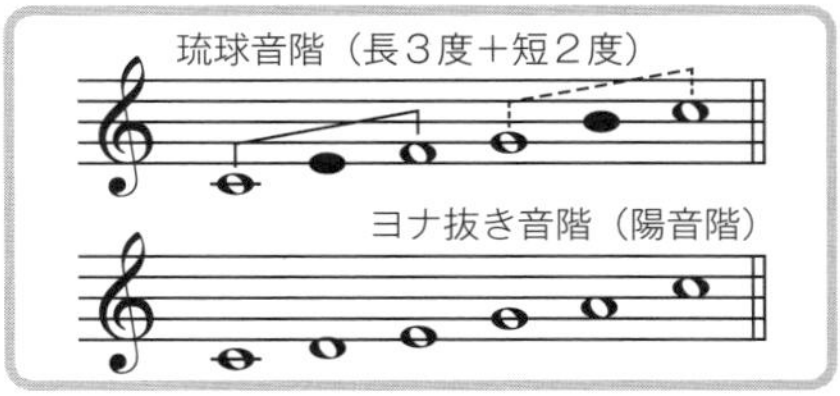

●リズムはオフビート

日本の民謡や演歌などは奇数拍（強拍）にアクセントの「オンビート」 琉球音楽は反対に偶数拍（弱拍）の「オフビート」 オンビートに慣れた人にこのリズムは難しい

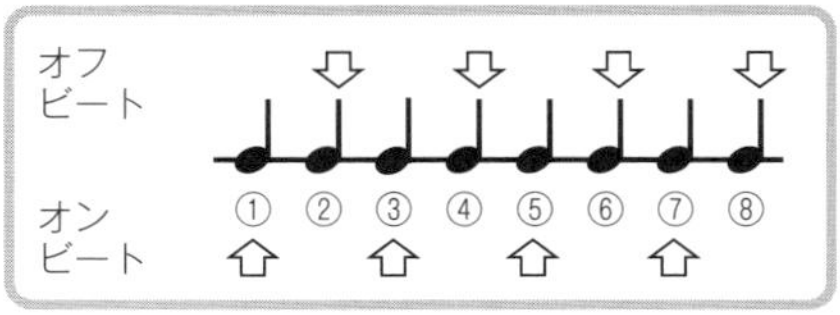

琉球のこころ「歌三線」——古典芸能

琉球の「古典芸能」とは王国時代に宮廷で成立した芸能で、中国からの「冊封使《さっぽうし》」饗応に用いられました。「冊封《さくほう》」とは、その国の王たることを中国皇帝が認証することで、琉球の場合は王国成立前の十四世紀に、中国の明からの要請で「朝貢《ちょうこう》」が始まります。やがて十五世紀には琉球王国が建国、中国と東南アジア諸国との「中継貿易《ちゅうけいぼうえき》」で王国は莫大な経済的利益を得るようになります。新国王の即位の度に、冊封の要請により、その宣告をする中国皇帝の使者「冊封使」が、皇帝の詔勅や下賜される王冠をもって派遣されたため、その使者の乗船を「御冠船《おかんせん》」と呼びました。冊封使の一行は正使・副使をはじめ各役人など総勢五〇〇名ともいわれ、これらを接待する饗宴が開かれます。そこでは歌三線と共に各種の端踊《はおどり》や組踊《くみおどり》の宮廷芸能が演じられ、これら芸能を「御冠船踊《うくあんしんうどぅい》」と呼びました。

冊封使への接待は、国の威信をかけての重大な外交儀礼でしたから、踊り手や楽師などはすべて音楽的才能のある高級官僚によっておこなわれました。

十七世紀初めに突如、薩摩藩が琉球王国に侵攻し、植民地化しましたが、薩摩藩は対中貿易の権益欲しさに、あたかも琉球王国は存続とみせかけ、中国との進《しん》貢貿易《こうぼうえき》を続けさせる「日中両属」を迫りました。

そのため琉球王国は中国・明への「御冠船踊」とともに、「薩摩上《さつまのぼ》り」または「江戸上《えどのぼ》り」と呼ばれる、薩摩藩主や将軍の代替わりに「慶賀使」、琉球国王の世継ぎ承認の「謝恩使」を派遣し、その先々で古典芸能と「御座楽《うざがく》」や「路次楽《るじがく》」などを上演しました。これら冊封使や幕府への饗応楽が、琉球の古典芸能です。

古典芸能の中心には、琉歌と三線による声楽曲「歌三線」があり、この題材に適合した舞踊「琉舞」が添えられます。数百年前の古い時代の芸能が現代にまで伝承された背景には、屋嘉比朝寄《やかびちょうき》によって考案された三線用の記譜「工工四《くんくんしー》」の存在が欠かせません。しかし、琉球王国の雅楽ともいうべき「御座楽」などは、王国消滅とともに伝承が途絶え、復元の動向はあっても全容復元までは無理のようです。

■古典芸能

琉球王国　1429年

明へ朝貢（1372年）⇨ 冊封《さくほう》 琉球国王とする中国皇帝の認証 ⇨ 経済利益 安全保障 ⇨ 琉球黄金時代 進貢・中継貿易 南西諸島を征圧

⇩

冊封使来琉　15〜19世紀 24次来流

受入

御冠船

冊封使節団への儀礼・饗宴 ― 重大な外交場面 王国威信の発露 ⇨ 御冠船踊《うくぁんしんどぅい》

両属関係　薩摩管理下で中国朝貢継続

饗宴用歌舞

薩摩支配　1609年

対中貿易 権益目的

江戸へも朝貢　慶賀使　謝恩使　派遣

薩摩上り　江戸上り ― 薩摩の権威標榜 使節謁見の幕府 ⇨ 御座楽《うざがく》

正使：王子／歌楽師（若手官僚）／楽童子（士族子弟）

●「歌三線」の成立

湛水親方《たんすいうえかた》（中興の祖）

古謡 オモロ ⇩　中国 三弦 ⇩

歌三線 ＝ 琉歌 ＋ 三線

琉球独特の詩形をもつ「琉歌」と「三線」が結びついて御冠船踊（宮廷音楽）用の声楽曲として尚真王の時代ごろに完成　魅力は歌にあって三線は常に伴奏　歌い手・奏者の区分なく一人が弾き歌い　純器楽奏は稀　「地謡」には三線のほか箏・胡弓・笛・太鼓の伴奏

●宮廷古典芸能の成立

明・清の冊封使への饗応時としての「御冠船踊」　薩摩・徳川幕府へ伺候時のお披露目の「御座楽」　二元外交の接応用に　以上二種の饗宴楽により古典芸能が成立

宮廷古典芸能

冊封使 饗宴用歌舞 ⇨ 御冠船踊 うくぁんしんうどぅい ごかんせんおどり

歌三線 ＋ 端踊（純舞踊） ＋ 組踊（歌舞劇）

江戸上り 饗宴用歌舞 ⇨ 御座楽　中国伝来の「明清楽」が原型で大陸風旋律

●断絶危機の芸能種目も

「御冠船踊」は　芸術音楽として現代まで継承され「国立劇場おきなわ」で日常的に鑑賞可能であるが江戸上りの「御座楽」とその道中行進用「路次楽」は残念ながら継承されなかった　現在その復元の動きはあるものの　一部旋律のみで完全型ではない

路次楽　江戸上りの途上には各地で路次楽を演奏しながら行進　哨吶（チャルメラ）の特徴的な音色に人気が

哨吶
木管楽器

地謡［撮影：大城洋平］

路次楽（沖縄県公文書館所蔵）

御座楽（広島県立歴史博物館所蔵）

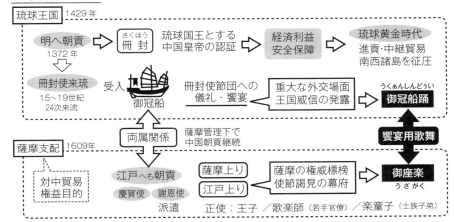

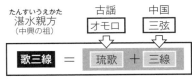

外交のキーポイント――御冠船踊

冊封使《さっぽうし》への古典芸能、つまり「御冠船踊《うくぁんしんうどぅい》」は、純舞踊の「端踊《はうどぅい》」と歌舞劇の「組踊《くみうどぅい》」に大別されます。

琉球舞踊（琉舞）の起源は、琉球独特のノロと呼ばれる神女による祭祀舞踊といわれます。舞台への出端《では》から入端《いりは》にいたるまで、ゆったりした歌三線の旋律にあわせ、優雅な所作の連続で、宮廷楽にふさわしい芸能です。各種の舞踊で踊り手が纏《まと》う衣装は、「女踊《おんなおどり》」の紅型《びんがた》と赤地の胴衣《どうじん》に紫帯や「若衆踊《わかしゅうどぅい》」の真紅の振袖に引羽織など、目を奪われる鮮やかさです。冊封使の接待は、単なる饗宴ではなく、国の威信をかけた事実上の外交儀礼ですから、「女踊」の若い娘役を含め、すべて王宮官僚や士族の子弟である男性によって演じられていました。現代では「若衆踊」や「二才踊《にしぇうどぅい》」など男性の役柄でも、女性が踊るのはごく普通になっています。「組踊」は文字通り、音楽・舞踊・セリフによる歌舞劇で、「忠」や「孝」などが主題の組踊は、特に冊封使に好評を博し、以後、冊封使歓待の踊番組は組踊を中心にして構成されるようになります。

端踊や組踊を考案した玉城朝薫《たまぐすくちょうくん》は、王宮の「踊奉行」でしたから七度の江戸上《えどのぼ》りで、能や歌舞伎など大和芸能を鑑賞し、また中国からの渡来人から中国の戯曲などの知見を得て、日中の芸能に造詣を深めました。その意味で、「朝薫五番《ちょうくんごばん》」といわれる組踊の代表作は、琉球の故事が土台にはなっていますが、題材や演出面などで、能や歌舞伎の影響が色濃く残っています。

歌三線の曲風は一通りでなく左図の四種があります。もっとも重要なのは「御前風《ぐじんふー》」で、文字通り「国王の御前」の意味ですから、国王臨席の場面で歌われ、内容も讃歌的なものです。「昔節《んかしぶし》」も同様の内容ですが、節回しが数倍長く、しかも琉球方言で歌われますから、歌詞の意味を理解するのは大変です。これら曲風と端踊の種類は左図のようにリンクして用いられます。

組踊では、三線の二弦目を一音高く調弦した「二《に》揚《あぎ》」で、物語性のある題材の演出効果を高め、端踊のうちでも「二才踊」は、薩摩支配後に考案されたため歌詞は本土方言の「口説《くどぅち》」で軽快な踊りになっています。

■御冠船踊

●玉城朝薫（たまぐすくちょうくん 1684～1734）
「組踊」の創始者　数度の中国や本土訪問で大和芸能や中国戯曲に触発された

御冠船踊 つまり 古典芸能

純舞踊
端　踊

- 老人踊　老人姿の踊り手が子孫繁栄や長寿　国の繁栄を祝賀が主題　宴の冒頭に踊られる祝儀的な舞踊で　本土の「翁」に相当
- 若衆踊　元服前の少年（若衆）が　屈強に成長する前途を祝賀して　若衆姿の踊り手が初々しく踊る　笛と太鼓と掛け声に特徴
- 女　踊　琉球古典舞踊の中の代表的な舞踊で「真踊」とも呼ばれる　若い娘たちの愛や恋の感情表現が主題　伝統衣装が美しい
- 二才踊　元服した青年（二才）の弥栄や　五穀豊穣の寿祝を本土風の七五調の口説歌につれて軽快に踊る　「江戸上り」用

歌舞劇
組　踊

組踊構成
台詞　歌舞劇　舞踊　音楽

琉球古来の芸能や故事を基礎に 歌舞劇に必要な要素をすべてを備えた琉球オペラ
「能の所作　歌舞伎の見得　狂言の名乗」さらに題材など　日中芸能のエッセンスを巧みに採りいれた構成

組踊代表作
〈朝薫の五番〉
《執心鐘入《しゅうしんかにいり》》　《二童敵討《にどーてぃちうち》》　《銘苅子《みかるしー》》　《女物狂《をぉんなむぬぐるい》》　《孝行の巻《こーこーぬまち》》

●御冠船踊と歌三線

歌三線は三線奏者の弾き歌いが原則　その曲風には右図の四種のスタイルがあり各々の端踊に連動して演奏される
組踊の場合でも　伴奏を担当する「地謡」を伴った歌三線が　その演目の場面に見合う曲想の節が選ばれ　登場人物の心情や　場面の情景を表現した琉歌をその節で演奏

歌三線 ＝ 琉歌 ＋ 三線

節	曲風	●対応舞踊
御前風《ぐじんふー》	王様の御前で謡う歌　軽快なテンポのめでたい座開きの曲	老人踊／若衆踊
昔　節《んかしぶし》	独奏の大曲　御前風の数倍のテンポ　メリスマで歌詞不明	女　踊
二　揚《に　あぎ》	二上り調子の高音域で情感の溢れる恋慕・哀切…な歌詞	組　踊　悲嘆の場面
口　説《くどぅち》	七五調をシラビックの大和口叙事的なメッセージ性の歌曲	二才踊

●宮廷舞踊の各種

老人踊

若衆踊

女踊

二才踊

組踊

［すべて撮影：大城洋平］

カマジー小屋の改革運動——近代芸能

明治初期に、近代日本国家への統合策として、いったん琉球王国を琉球藩とし、そのあと廃藩置県で沖縄県にして琉球王国が消滅してしまいます。その結果、王国に仕えていた士族はすべて、禄《ろく》を失うことになりましたが、そのうち芸能に堪能《たんのう》だった者が集まり、那覇市の盛り場であった仲毛《なかもう》地区に叺囲《かますかこ》いの芝居小屋を建て、民衆相手の踊興行を始めました。当初は端踊や組踊を演じましたが、一般大衆が観ることのできない宮廷芸能であったため、大人気となります。しかしそのうち飽きられてくると、木戸銭をとって見せる「興行」の必然で、大衆の嗜好にあった舞台づくりに迫られ、新種目を考案し演じるようになります。

そのひとつ雑踊《ぞううどぅい》では、歌三線《うたさんしん》を大衆好みの民謡や流行歌に替え、衣装も紅型《びんがた》などの宮廷衣装から芭蕉布《ばしょうふ》や絣着《かすりぎ》など身近な衣装を着た百姓娘や町女、果ては廓《くるわ》の遊女などまでを題材にして喝采を得るようになります。

沖縄芝居《うちなーしばい》は、明治中期に創られた芸能で、台詞《せりふ》を歌にして舞踊や所作で構成される「歌劇」と、歌でなく通常の会話で演じる「台詞劇」の二系統からなり、その台詞はいずれもウチナーグチ（琉球方言）です。

当初こそ、文字通り叺筵《かますむしろ》で覆っただけの「カマジー小屋」から、やがて瓦葺《かわらぶき》の屋根がついた立派な芝居小屋「仲毛演芸場」ができて観客を集めるようになりますと、数年後には、周辺に軒を並べるように芝居小屋が林立します。同業者間の競合から、演目や演出、役者など相互に切磋琢磨し、より完成度の高い芸能を目指すようになりました。こうして沖縄の「近代劇場芸能」が完成します。戦災でこれらも灰燼《かいじん》に帰してしまいましたが、やがて戦後の復興とともに、いち早く沖縄芝居の劇場が復活しました。舞踊も時代の要請にあわせて、新様式の琉球舞踊「創作舞踊」が登場します。

しかしそれも映画やテレビなど新しい形式の娯楽に押されて衰退し、現在は、仲毛地区にこれら芝居小屋などは全くありませんが、古典・近代の琉球芸能のすべては、現代にしっかりと伝承され「国立劇場おきなわ」で、いつでも鑑賞することが可能になっています。

■近代芸能

1879年
琉球処分　王国崩壊＝官僚·士族の失職
↓
御冠船の芸能経験者 ⇨ 1882年 カマジー小屋 小屋掛け芝居 興行 ⇦ 木戸銭を取る芸 芸術性より観客の嗜好

カマジー(わらむしろ)で客席を囲った

琉球王国 ⇩ 沖縄県 ⇩

●琉球王家の芸能
御座楽　路次楽
民衆と繋がりがなく王家解体と共に消滅

現状を憂い
瓦葺の芝居小屋

当初出し物
組踊·端踊 ⇨ 雑踊 沖縄芝居

仲毛芝居

1891年頃開場
仲毛演芸場
19世紀末閉鎖
⇩
その後数軒の芝居小屋が新設も映画に押され衰退 ⇨ 2004年開場 国立劇場おきなわ

近代劇場芸能 完成

近代芸能　宮廷芸能 ⇨ 大衆芸能　大衆の嗜好に応える芸能の開発

雑　踊《ぞううどぅい》　格調の高い古典舞踊と異なり　庶民の間に人気の民謡や流行歌を三線にのせ町娘や遊女など庶民の生活・風俗を題材で喝采を得た

	伴奏曲	登場人物	衣装	舞踊	振表現
雑　踊	民謡 流行歌	遊女 廓風姿	琉球絣 芭蕉布	ステップ テンポ	日常的 具体的
女　踊	歌三線	上級士族	紅型衣装	優雅	抽象的

沖縄芝居《うちなーしばい》

- 琉球歌劇　史劇·狂言　台詞全部が歌　庶民の風俗と人情を描いた題材が多く　悲恋物が人気　三大悲歌劇とは《泊阿嘉》《奥山の牡丹》《伊江島ハンドー小》の三作
- 方言台詞劇　琉球方言の話し言葉台詞劇　廃藩置県後に沖縄の役者たちが沖縄古来の演劇に本土の演劇を翻案加味して創られた演劇　作品の多くは史劇や時代劇

創作舞踊　戦後に創られた新しい様式の舞踊で　古典舞踊の要素をベースに新作の雑踊　個人の芸を世に問い伝統を継承するための創作活動

雑踊

歌劇

方言台詞劇

創作舞踊［すべて撮影：大城洋平］

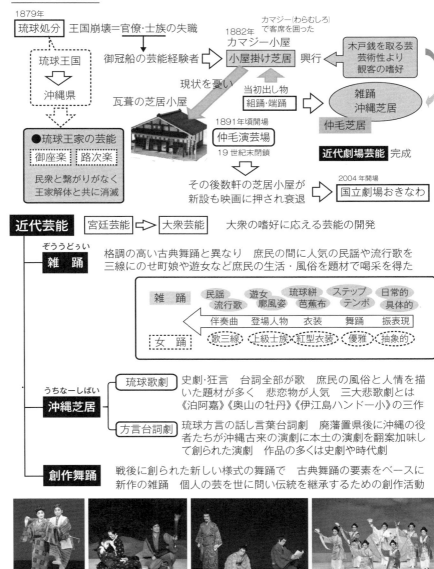

島唄とシマウタ——琉球民謡

琉球王国で信仰される、豊穣《ほうじょう》や生命の源であるニライカナイは、死者の魂が渡り親族の守護神ともなる異（神）界を指し、そこから祖霊が来訪神《らいほうしん》となって現世に豊穣をもたらす、とされています。それらの一連の祭祀には、ノロとよばれる神女（祝女）が、古風の神歌《かみうた》を歌い、呪禱的《じゅとうてき》な舞踊によって執り行われます。

これら神歌の一部が宮廷で琉球の万葉集ともいわれる「おもろさうし」に収められ、宮廷歌謡のオモロやその後の琉歌へと発展していきます。一方、その原典のウムイやクエーナは島々の信仰や習俗と結びついて、その島独自の民俗芸能や民謡（島唄《しまうた》）に発展しました。

「島唄」と聞けば沖縄民謡と、誰しも思うほど一般的になりましたが、本来は奄美《あまみ》諸島の集落（シマ）の歌の意味です。奄美大島は全島が山地に囲まれ、人々が居住するのは狭い海岸平野部に限られるため、他のシマとの交通は困難でした。人々の生活はシマで完結し、それ以外のシマは別世界と認識されるほどでした。

こうしたシマ社会で独自の芸能や習俗と共にシマウタが成立しますが、戦後の歌社会の動向から「島唄＝沖縄民謡」の誤解が社会の常識になってしまいました。

奄美のシマの例を引くまでもなく、沖縄諸島から八重山《やえやま》諸島まで、南北四〇〇キロにも及ぶ沖縄県は、大海に隔てられ、島嶼《とうしょ》間の交流も薄かった永い時代があり、島ごとに文化や習俗、祭祀や言葉（方言）などが独自に分化・発展してきたのは当然のことです。

その意味で、沖縄県の場合は、民謡や芸能の特色を行政単位で、一まとめにするのは無理があります。同じような目的の祭祀や芸能でも、諸島間はもちろん同じ諸島に属していても、島が変われば名称や音楽的表現が異なる例が多く、沖縄の民俗芸能を一体のものとして捉えるのは非常に困難です。沖縄諸島と先島《さきしま》諸島である宮古や八重山とが異なるのは当然ですが、今や鹿児島県に属する沖永良部《おきのえらぶ》島と与論《よろんとう》島の芸能や祭祀は、沖縄本島のそれに近く、むしろ奄美群島とは異なっています。やはり琉球文化圏であって、習俗や文化は行政区分で論じ分けるのは無理のようです。

■琉球民謡　島唄

●琉球の宗教構造

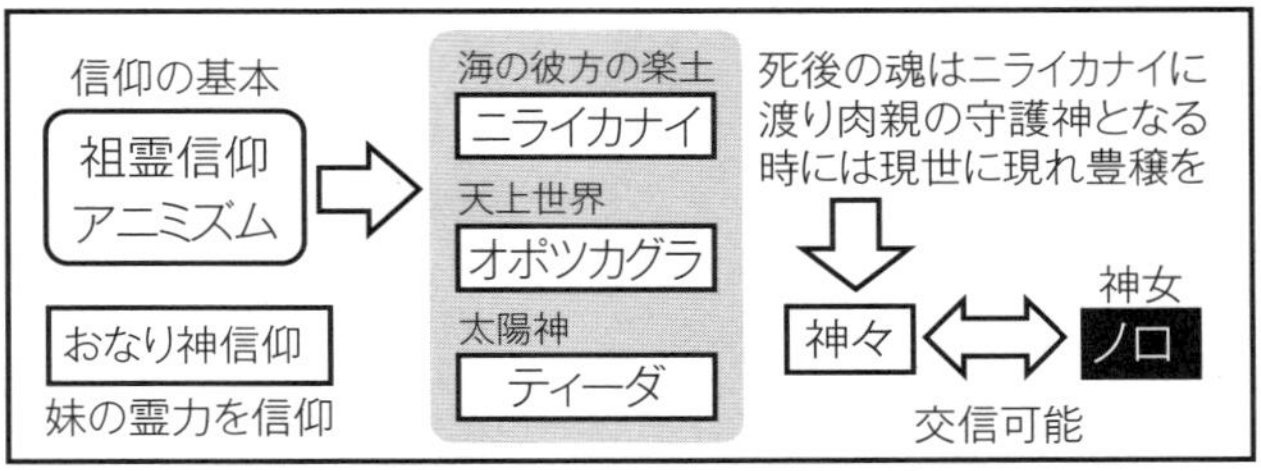

シマのあらゆる祭祀は
ノロの神歌と呪禱的な
舞踊で豊穣祈願・災厄
祓い・祖霊の送迎など
が祈禱　ノロは神霊や
先祖霊との仲介媒体に

●民謡の原点　神歌

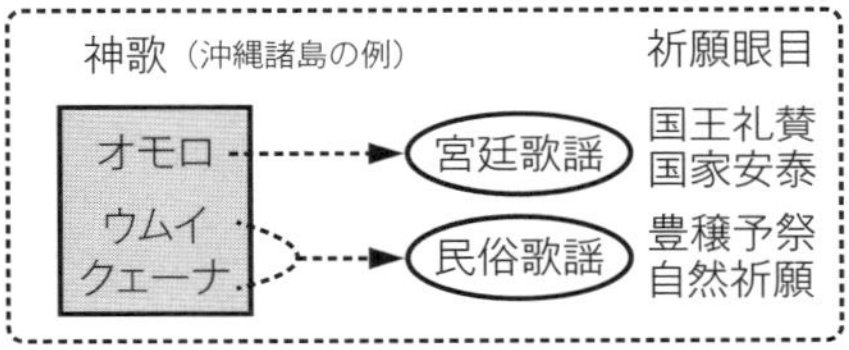

神歌のウムイやクエーナを母胎にしてオモロ
とよぶ宮廷歌謡となり　更に琉歌に発展した
同じ神歌でも庶民の集落ではその習俗を元に
独自の祭祀や民謡（島唄）として成立　現代
の多種多彩な沖縄芸能や民謡の基となった

●島唄とシマウタ

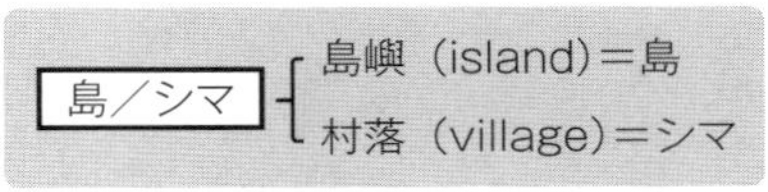

最近では「島唄」といえば沖縄民謡の別称と
認識されている　王国時代から琉球語でいう
「島」には島嶼と村落の二つの意味があり同じ島内であっても　シマ（村落）に帰属
意識をもち独自の慣行や習俗が微妙に異なった「シマ社会」を形成　本来「シマウタ」
は奄美大島の各集落の民謡の総称だったが　それに触発された沖縄のラジオの民謡番組
のディレクターが「島唄」を使用　THE BOOM のヒット曲でさらに島唄の呼称が浸透

●島が変われば唄も名称も変わる

沖縄諸島から八重山諸島まで洋上 400Km　160 の島からなる
沖縄県は　近代になるまでは島嶼間の移動・交流は少なかった
そのため　方言・文化・習俗など　島ごとに異なる例は多い
当然　ウタや舞踊など　同じ目的の祭祀や遊びであっても
島ごとに独自色のある芸能として　島で伝承されてきた
ゆえに有人の島の数だけ　独自の芸能があるといえる

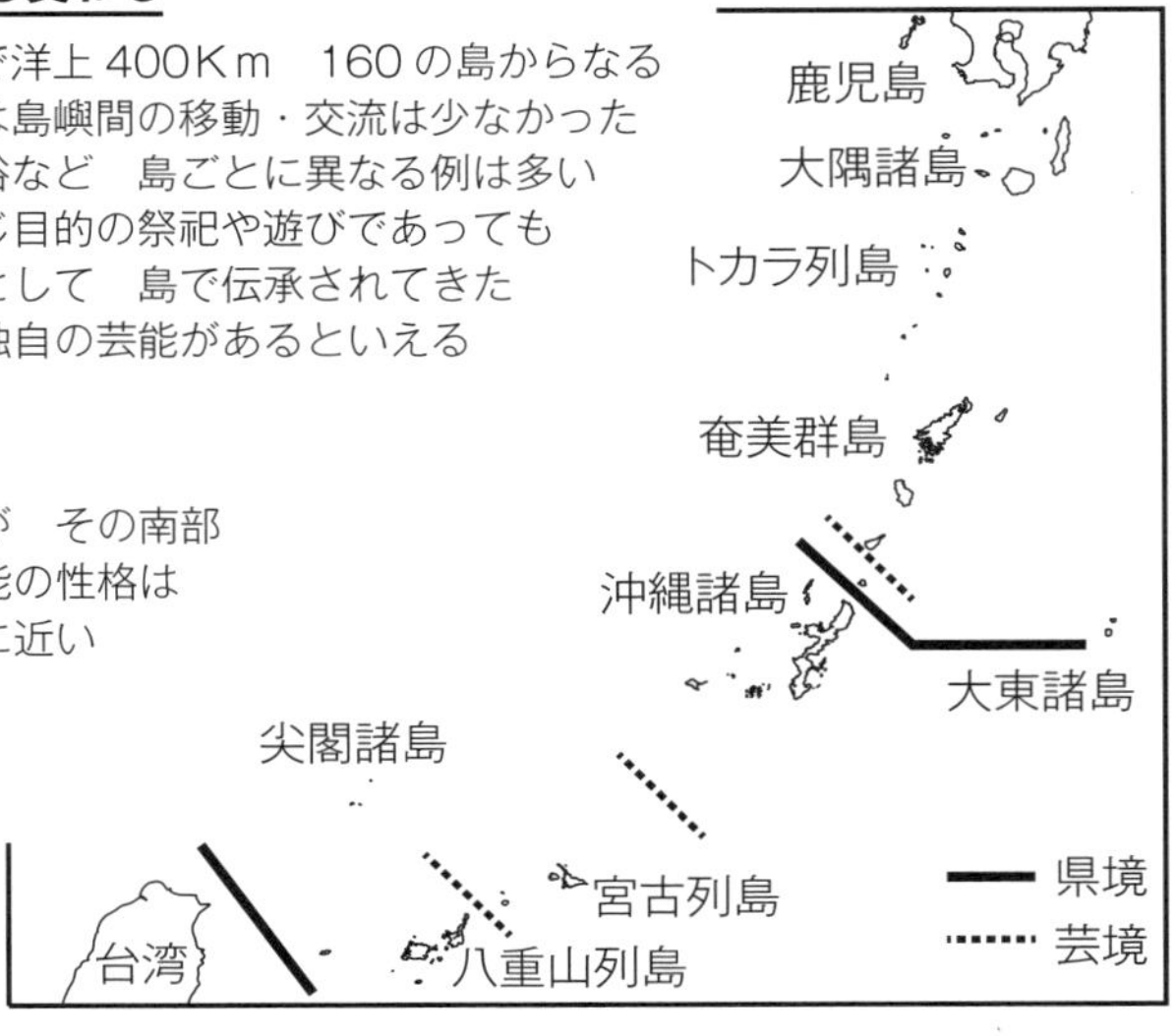

●行政区分より文化圏

奄美諸島は鹿児島県であるが　その南部
の沖永良部島と与論島の芸能の性格は
奄美より　沖縄本島の芸能に近い
元は同じ琉球王国とはいえ
奄美本島の芸能は　沖縄
本島のそれと大きく
違うから　その差は
各島嶼間の地理的な
距離が原因といえる

捉えにくい古謡の姿——民俗芸能

古代の祭祀の歌舞から、島々で独自の民俗芸能が育まれてきましたが、集計すると莫大な量になります。

祭祀の音楽「神歌《かみうた》」だけをみても、祭祀の目的、内容により個別に準備されています。豊穣祈願や雨乞い、航海安全祈願など同種の祭祀に用いられる神歌でも、数十の島々によって、呼び方から内容、次第までがすべて異なり、さらに歌の名称は、曲名のものも、ジャンル名のものもあるため、結果として莫大な数になってしまいます。左図の「島々の古謡」は、それらのほんの一部でしかありません。これらを一括で論じるのは無理なので、あえて筆者の判断でその用例や歌詞内容・音楽性などから分類してみます。それが左頁の図に示した六つのジャンルです。「神歌」は、呪禱的な祭祀そのものですが現代では衰微傾向にあり、また「野遊歌《のあそびうた》」なども「毛遊び《もーあしびー》」といった風習そのものが衰退したため、最近では離島以外では見聞する機会が激減しています。琉球の「労作歌《ろうさくうた》」は、本来の仕事歌とは異なり叙事的歌謡で、労作時に歌われる機会が多いものの、作業効率を上げる目的のものではありません。「興《きょう》じ歌《うた》」は三線を伴奏に歌われる、もっとも琉球民謡らしさに富んだ「歌遊び」の歌です。

祖先の霊を祀り崇拝する「祖霊信仰」は、日本の一般家庭でもよくみられますが、沖縄では際立っていて、そのため「盆祭歌《ぼんまつりうた》」や、芸能化した「踊り歌」などは数も多く、内容も沖縄らしい多彩さに満ちています。

「獅子舞」は邪悪を祓い、招福するためですし、「棒踊り」は棒を打合せて悪霊をしずめようとする呪術の芸能化です。沖縄の民俗芸能の代表といえば、今や全国的な観光イベントにもなっている、盆の送り日の夜に演じられる念仏踊りの「エイサー」です。沖縄や奄美など各地で行われていますが、地域によってはヤイサー、エンサー、七月舞《しちぐゎちもーい》、念仏廻り《にんぶちまーい》とも呼ばれます。同様に民俗芸能ではありませんが、沖縄のシンボル「カチャーシー」は八重山地方では「モーヤー」とよばれ、奄美では「六調《ろくちょう》」です。カチャーシーは「掻き回す」が語源の踊りの総称ですが、六調は曲名です。

■民俗芸能

八月踊（奄美）⇒
（『奄美史談・徳之島事情』）

●似て非なる島々の芸能

琉球の民俗芸能は　島ごとの独特の信仰や祭祀の行事が祖形となって発展　種々の古謡は元は神歌といえど現代では　その用例からいくつかのジャンルに区分が可能

●琉球古謡のジャンル

神　歌　古い宗教儀式歌　神女（ノロ）集団が豊作・豊漁・航海安全を祈る祭祀の際に手拍子で歌う　人と神との間をむすぶ呪詞　島により形式は各種　呪術的な性格が強い

労作歌　沖縄の古代歌謡　古代琉球の民俗・信仰・労働などを歌った幅の広い内容の叙事詩　歴史的な変遷の中で呼称に応じた区別をしにくくなったものが多い

興じ歌　三線の弾き歌い歌謡　民衆の心の告白・叫びなどが歌詞の中ににじむ抒情歌　琉球各島に存在し　島歌・琉歌・節歌など総括的呼称でよばれる

盆祭歌　儀礼集団芸能　現世還りの祖霊に　男女の集団が村内をめぐって念仏歌や民謡にのせて　踊りを披露するもの　島々で呼称は異なるが　内容はほぼ同質

踊り歌　集会集団舞踊　三線の早弾きに乗り両手を頭上で手首を回しながら踊る　集会や宴席のクライマックスに踊られる　これも呼称は島ごとに各様だが質は同じ

野遊歌　古代習俗芸能　村の男女が月夜に集い　歌い踊ったという「毛遊び」の風習は絶えたが即興の歌掛けは絶妙で　本土の「歌垣」中国の「踏歌」と同習俗

■島々の古謡

	沖　縄	宮　古	八重山	奄　美
神歌 神祭の呪詞	オカタベ ミセセル	タービ ニーリ	カンフチ ニガイフチ	クチ タハブエ
労作歌 叙事的歌謡	クェーナ ウムイ(想い) オモロ	長アーグ クイチャーアーグ ユングトゥ	アヨー ジラバ ユンタ	流れ歌 ハチガトゥ
興じ歌 抒情的歌謡	ウタ(琉歌) ナークニー	トーガニアーグ	フシウタ(節歌) トゥバラーマ	シマウタ(島唄)
盆祭り	エイサー	アンガマ	盆アンガマ	八月踊り
踊り歌	カチャーシー ウシデーク	クイーチャー	モーヤー	ロクチョウ (六調)
野遊び歌	モーアシビ	ナークニー	モーアシビ	歌掛け

エイサー

棒踊り

獅子舞　［すべて撮影：大城洋平］

死んだら神様よ〜——沖縄新民謡と島唄

最近は沖縄ＰＯＰＳが大人気のため、一時ほどではないにしても、沖縄民謡ときくと、即座に《安里屋《あさどや》ユンタ》の曲名を挙げる人が大勢います。創られたのが昭和一桁《ひとけた》なのに古さを感じさせないのは、現代の沖縄ＰＯＰＳと、音楽的同質性をもっているからでしょう。

民謡の定義は「読み人知らずで、民衆の中で自然発生的に歌い継がれたウタ」で、さらに沖縄民謡の場合は歌詞が沖縄の方言であることが条件になります。

《安里屋ユンタ》の歌詞は現代の標準語で、作者も明らかですから、正確には「民謡」ではなく「新民謡」ということになります。これがつくられた昭和初期といえば、静岡県の《ちゃっきり節》など地域のＰＲ用に創られる「新民謡」が盛んなころでした。

レコード会社が「新民謡」シリーズの沖縄編の制作を、作者の星克《ほしかつ》や宮良長包《みやらちょうほう》に依頼し、二人は八重山民謡の《安里屋ユンタ》の原曲を、歌詞の変更と、琉球音階ではないものの、沖縄らしい音階構成に編曲をして《新・安里屋ユンタ》を創り発表しました。

新民謡は四番までの短いものですが、原曲の《安里屋ユンタ》は、実話の顛末を二三番までとする長い叙事歌です。労働をしながら、井戸端的な噂話を歌にして、楽器なしで男女が交互に歌う形式には、美女クマヤの話題など、格好の題材だったでしょう。

《猫ユンタ》や《鷲ユンタ》などの曲があるように、ユンタは曲名でなくジャンル名です。原曲と新民謡以外に《安里屋節《あさとやふし》》があります。これは士族の間だけで歌われたもので、歌詞の大意は原曲とほぼ同じですが、三線《さんしん》の伴奏がついた「節歌《ふしうた》」調になっています。

作者の二人は、当時ともに石垣島の教員で、特に作曲家の宮良長包は「沖縄のフォスター」とよばれ、作曲数は六三曲、《安里屋…》のような地場の古謡の編曲が十四曲もあり、沖縄の音楽教育に多くの功績を残した人物です。この曲の発表時期は、大陸へ軍隊が大挙派遣されていた時期で、歌詞の「チンダラカヌシャマヨ〜」を、明日をもしれない戦場で、兵士たちが「死んだら神様よ」と歌ったという話は笑えません。

■沖縄新民謡と島唄

●安里屋ユンタ

竹富島（八重山諸島）の観光水牛車

［写真提供／平田観光］

♪八重山民謡《安里屋ユンタ》

サァ　安里屋（あさどや）ぬ　くやまによ
　サァユイユイ
あん美（ちゅ）らさ　うん生（ま）りばしよ
　マタ　ハーリヌ
チンダラ　カヌシャマヨ

⇩

♪新民謡《安里屋ユンタ》

サァ　君は野中の　茨の花か
　サァユイユイ
暮れて帰れば　ヤレホンニ　引き止める
　マタ　ハーリヌ
チンダラ　カヌシャマヨ

「マタハリヌ チンダラ カヌシャマヨ」
八重山方言の古語で
「また逢いましょう、美しき人よ」の意

原曲の「安里屋ユンタ」は琉球王国時代の竹富島に実在した絶世の美女クヤマと王府より八重山に派遣されて　クヤマに一目惚れした下級役人の目差主（みざししゅ）とのやり取りを面白おかしく

	八重山民謡	新民謡
作者	読み人知らず	星克・宮良長包
歌詞	八重山方言	標準語
内容	叙事的	抒情的
詩型	75連句（口説）	7775（都都逸）
唱法	男女　交互唱	独唱＋はやし手
伴奏	無	三線（弾き歌い）

『ユンタ』とは　八重山諸島で農作業など日常生活の場で無伴奏で歌う「結い歌」恋愛や作業などが題材の長編の叙事詩で男女の集団が一句づつ交互に歌われる歌

作曲家・宮良長包（1883～1939）

石垣市出身・教員　八重山民謡の改作を通して　沖縄音楽を全国に周知させ　後進への道を拓いた

●歌と踊りの島　沖縄

沖縄の地に一歩足を踏みいれば　そこはもう「歌と踊りの島」　年の祭事・盆祭・豊作祈願から婚礼・新築祝など生活風景までそれ専用の歌や踊りが…それが民俗芸能の宝庫「沖縄」伝統芸能なのに　現代の中に日常性をもっている謎は　街中を一寸歩いてみればすぐ判明古典そのまま鑑賞可能な国立劇場　軒を連ねる三線教室　気楽にライブの民謡酒場　人が集まればすぐカチャーシー This is Okinawa!

どこでもカチャーシー

街中にある三線教室

古典芸能なら国立劇場おきなわ

ライブの民謡酒場

翻弄の歴史、沖縄

——琉球芸能の歴史

沖縄史は、考古学的には旧石器時代まで遡《さかのぼ》れますが、歴史としてはグスク時代からです。明国《みんこく》の要請で朝貢が始まり、中山《ちゅうざん》の按司《あじ》・武寧《ぶねい》が中山王に封じられます。その後三山《さんざん》（沖縄本島）統一を成し遂げた尚巴志《しょうはし》が建国した琉球第一次尚氏王朝《しょうしおうちょう》も、尚円王《しょうえんおう》の簒奪《さんだつ》で、第二次尚氏王朝に代られます。これら王位継承は明皇帝の認証が必要で、その儀式に冊封使《さっぽうし》が派遣されます。尚真王の時代には中国と東南アジア諸国との中継貿易《ちゅうけいぼうえき》で琉球王国が黄金期を迎えます。これらは大国《たいこく》・明の後ろ盾があるからで、来訪する冊封使の供応儀礼は、琉球の安全保障と経済利益を決する重大な外交の場であり、国家の威信を示す場面でもあります。

その饗宴には、趣向を凝らした華麗な宮廷芸能「御《お》冠船踊《かんせんおどり》」が上演されます。繁栄を謳歌《おうか》した南方貿易も、ポルトガル船団の進出で撤退を余儀なくされます。

秀吉の朝鮮出兵で悪化した明との関係修復の仲介依頼を、琉球が無視したため薩摩藩が侵攻、征服されます。しかし薩摩は貿易権益を守るため、王国の存続を偽装して明との貿易を続行する二国支配となります。その結果、冊封使の御冠船踊と、薩摩や徳川幕府へ宮廷芸能を披露の「江戸上《えどのぼ》り」を併行実施させられます。

明治政府の琉球処分で、沖縄県となり琉球王国が消滅、碌《ろく》を失った官僚のうち芸能経験者が、城下に叺筵《かますむしろ》で覆っただけの芝居小屋で宮廷芸能の興行を始めます。

当初こそ人気を得たものの、やがて飽きられ客足が遠のきます。木戸銭を取るに足る興行のため、大衆の嗜好に合った舞踊や沖縄芝居へと方向転換し、興行が安定して、瓦葺《かわらぶき》の立派な劇場ができるほど繁盛します。

同業の劇場が続々と出現し、競合するほどの人気ぶりでしたが、やがて全土が第二次大戦の戦場となり、すべてが灰燼《かいじん》に帰してしまいます。米軍の占領で危機状態になった沖縄芝居も、本土復帰のころには復興し、戦前同様の盛況も、映画やテレビなど娯楽の多角化で芝居小屋はすべて廃業に追いやられてしまいました。しかし伝統の琉球芸能は各種文化遺産となり「国立劇場おきなわ」で現代も立派に継承されています。

■琉球芸能の歴史

首里城へ入場する冊封使

[撮影：城美奈子]

奈良・平安｜先史時代
- ・鑑真　阿児奈波に漂着（753）
- ・源為朝伝説

鎌倉｜グスク時代 三山時代
- （1372?）明へ進貢
- （祭祀歌謡）（民俗歌謡）
- （1404）冊封使 初来琉（武寧を中山王に）

室町｜第一尚氏王朝
- （1429）琉球王国成立（尚巴志）三山統一
- ・奄美諸島（1466）琉球王国支配下に
- 古式舞踊 コネリ
- 神歌 ウムイ・クエーナ
- 三弦 明より伝来（14世紀末?）

安土桃山｜第二期尚氏王朝（前半）
- （1470）・第二王朝（尚円王）
- ・八重山諸島（1522）琉球王国支配下に
- 琉球黄金時代　尚真王時代
- 貿易不振　ポルトガル跋扈
- ・南方貿易撤退（1570）
- 老人踊　若衆踊　女踊　打組踊 → 端踊
- オモロ → 琉歌
- 三線
- 琉歌 ⇔ 三線 → 歌三線
- 琉球宮廷芸能完成
- 御冠船踊　饗宴用歌舞
- （1531）『おもろさうし』第一巻
- 宮廷楽に登場
- 琉球 三線（1560頃）→ 三味線 本土

江戸｜第二期尚氏王朝（後半）
- （1609）薩摩侵攻 ⇨ 両属関係（明国・清国／薩摩・江戸）
- （1634）江戸上り 開始
- 慶賀使・謝恩使 ｛江戸歌舞　情報収集
- （1642）明滅亡／清建国
- （1631）江戸上り 始まる
- 二才踊　口説　御座楽　路次楽
- ・袋中上人渡琉（1603）→ 念仏踊り（エイサーの祖形）
- ・玉城朝薫　踊奉行
- 組踊 創始（1718）
- ・屋嘉比朝寄
- 工工四 考案（18世紀）
- ・ペリー沖縄来航（1853）
- ・冊封使終了（1866）・明治維新（1868）
- ・廃藩置県　（琉球藩）鹿児島に編入（1872）

明治｜沖縄県
- 琉球処分（1879）
- 王国消滅→ 宮廷芸能者失職→
- 日清戦争（1894）
- 小屋掛け芝居 興行
- （1882）↓ 仲毛芝居　カマジー芝居
- ⇨ ｛雑踊　歌劇　沖縄芝居｝創始
- 近代劇場芸能 完成
- 新民謡「安里屋ユンタ」（1934）

大正 昭和 平成｜米国統治
- アメリカ世（1945）・古典芸能　存亡危機

沖縄県
- 本土復帰（1972）・「組踊」重要無形文化財に指定（1972）
- ・「国立劇場おきなわ」開場（2004）
- ・「組踊」ユネスコ無形文化遺産に登録（2010）

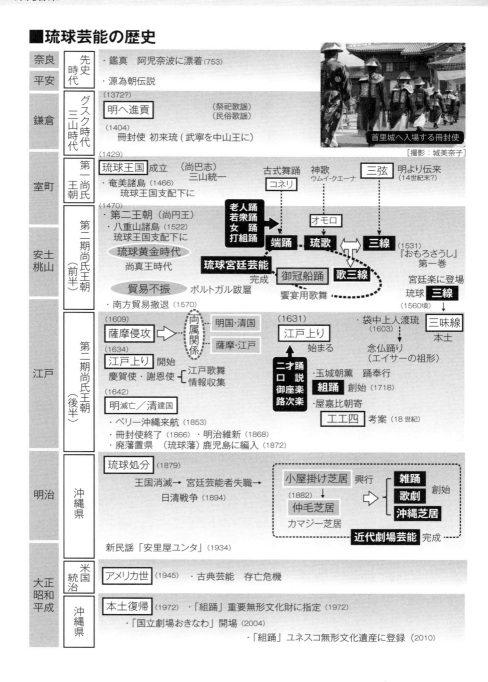

「音楽之枝折」下　大村芳樹著述1887年6月　尋常師範学校唱歌用書（澤崎眞彦蔵）

第十五章

近代の音楽

欧風化の嵐——伝統芸能の苦闘

近代国家建設の欧化政策が、音楽文化にまで及ぶとなれば、永く鎖国が続いた江戸時代に確立した伝統芸能は当然、因習打破の標的にされてしまいます。特に徳川幕府から篤《あつ》い支援をうけていた芸能は、幕府瓦解で、一朝にして放浪無産の憂き目にあってしまいます。

その代表的な芸能は幕府の式楽《しきがく》「能楽《のうがく》」、幕府公認の盲人音楽家の団体「当道座《とうどうざ》」、同じく虚無僧《こむそう》集団の「普化宗《ふけしゅう》」です。能楽は、幕府や諸大名という特定の階層に支えられた芸能で、これらパトロンを失っては、芸能そのものの断絶危機で、能楽師たちの生計も立ちません。当道座は廃止、普化宗は解体・廃宗。それと同時に、当道の検校《けんぎょう》や勾当《こうとう》、普化の虚無僧などに許された各種特権はすべて剝奪され、これまた困窮者が続出しました。こうした幕府に関連した芸能への弾圧も、やがて時代の変化や、芸能側の努力で復活の道が開けるようになります。能楽は諸外国の歌劇事情に接して、その重要性を認識した岩倉使節団によって再興の道が開かれ、岩倉邸での天覧《てんらん》演能《えんのう》を契機に、上流社会層の愛好者が戻り、最終的には宮内省の援護を受けるまでに回復します。当道座や普化宗は過去の体制復元までは無理でも、創作や音楽性の改良努力により、箏《そう》・尺八ともに新たな道が開けます。三味線音楽は歌詞が遊里趣味で低俗、そのため歌詞改良とか高尚化などといわれても、民衆の嗜好は相変らずで、寄席を舞台にした流行歌《はやりうた》の「俗曲《ぞっきょく》」はさらに多種多様に発展しました。

維新後の人気芸能は、若者に大人気の「娘義太夫」で、明治の文豪までも巻き込む熱狂的なファンの発生で一世を風靡《ふうび》、また壮士たちの悲憤慷慨《ひふんこうがい》を「演説」ならぬ「演歌」として歌う「壮士節」などです。時代を反映して人気なのは、富国強兵の戦意高揚策に合致する「薩摩琵琶」や「浪花節」で、若干趣《おもむき》が異なりますが近世からの「明清楽」が家庭音楽として定着しました。

新政府の「芸道を良風美俗《りょうふうびぞく》維持」の掛け声も結局は無駄骨で、結果は旧体質のままでした。しかし時代を経て、箏・尺八・長唄界には改革志向をもった人材が続出して、新時代の邦楽創造が活発になってきます。

■伝統芸能の栄枯盛衰

王政復古
・中央集権体制の「御一新」…　版籍奉還・廃藩置県
・近代国家建設の「具現策」…　富国強兵・殖産興業

御誓文《ごせいもん》
（第四条）旧来の陋習《ろうしゅう》を破り…　因習打破＝伝統破壊　（短絡的思考）廃仏稀釈《はいぶつきしゃく》
（第五条）智識を世界に求め…　文明開化＝洋風化　（皮相的模倣）鹿鳴館

欧化政策の推進（文化・制度・教育・外交・軍事・宗教・思想・風俗・習慣…）
⇒ **西洋音楽**の積極的摂取→必然　⇒　**伝統音楽**の命運は？

●幕府庇護芸能の落魄《らくはく》と復活

能　楽　幕府の式楽→×
生計を失った能役者は廃業や転職など地方へ四散　能面や装束の売食い　耐乏生活
復権　→◎
岩倉卿の欧米視察で　外国の歌劇に匹敵する高尚な歌舞劇を日本にもと能楽振興　結果宮内省援護や上流社会の支援

当道楽　職屋敷・位階→×
検校など大家が権勢を喪失　箏三絃の指南役特権の剥奪　寄席出演や按摩はマシな方
改良　→○
調弦や詞章を新たに高低の二面合奏《明治新曲》発表　中上流の家庭子女が箏曲の稽古に　地歌は改良進まず

尺八楽　普化宗・法器→×
普化宗廃止で寺院など没収　通行自由等虚無僧特権剥奪　一般の尺八吹奏制限を解放
改良　→○
地歌・箏曲研究で「三曲」に活路　付点式楽譜で学習が容易　知的勤労者が大勢入門で　男子の家庭音楽に

●維新後に人気の新傾向芸能

壮士節《そうしぶし》　明治の風刺ラップ「演歌」
政治・社会批判の演説内容を　自由民権論の壮士達が三味線伴奏で旋律抜きの歌にしたので「演歌」《オッペケペー節》が有名だが《ダイナマイト節》など多数の種類が

創始者川上音二郎→
演説歌ゆえ「演歌」
「書生芝居」を創始
新派の源流となる

（広島県立歴史博物館所蔵）

薩摩琵琶《さつまびわ》　剛健な歌と琵琶の音色
素朴率直な曲節　詠歎的な歌詞で合戦物を歌にしての士風昂揚は富国強兵策にも合致　薩摩藩士の官界大勢力で　一般知識人の間に琵琶歌が流行　旋律性高い筑前琵琶も

流行歌《はやりうた》　卑俗で簡明な流行歌「俗曲」
《都都逸・カッポレ》など淫靡な詞章で低俗との烙印にも　音楽文化の改革に無関心な民衆は愛好　長大な江戸邦楽より短詩形で粋で洒落た歌詞の《端唄》《小唄》が人気

娘義太夫《むすめぎだゆう》　明治のアイドル　娘太夫
女性が語る義太夫　人形抜きの素浄瑠璃で15、6歳の少女スター出現で異常な熱狂　佳境に入ると「どうするどうする」と掛声の「堂摺連」に若い書生や明治の文豪まで

「女義太夫」とも→
美貌と美声の若い
娘の太夫と三味線
江戸・上方で人気

（『風俗画報』185号）

浪花節《なにわぶし》　義理人情を美文調の語り物
江戸期大阪で始まった語り物　文句は史実講談・物語　節は祭文・説教節調を三味線の伴奏で語り　落語・講談に次ぐ寄席芸に　日露戦争後は忠君愛国テーマで黄金時代を

明清楽《みんしんがく》　旋律嗜好の家庭音楽
近世伝来の明清両朝楽の総称　異国情緒もあり上流社会で受容　月琴や明笛など明治の家庭音楽に《九連環》など定番曲多数　俗曲に替え歌も　日清戦争後は急速に衰微

未知との遭遇——軍楽隊ことはじめ

通商を求める外国船の相次ぐ出没にも正面からの交渉を避け、専ら鎖国堅持の朝廷や幕府も、ペリー来航で、開国はおろか不平等条約まで余儀なくされます。

黒船や近代兵器など強大な軍事力に驚嘆しつつも、揃いの制服に身を包んだ兵士たちが、見慣れぬ金属楽器を大音量で演奏しながら、一糸乱れぬ軍楽隊の行進を初めて見る一般の民衆には、異邦人というより異星人でも見る心地《ここち》だったでしょう。この軍楽隊が演奏する吹奏楽が、日本人が初めて聴いた西洋音楽です。

それ以前にも、布教で来日したザビエルの「歌ミサ」など南蛮音楽《なんばんおんがく》や、長崎出島のオランダ人による西洋音楽の演奏などがありましたが、いずれも特定の集団や地域に限定のものでしたから、普及はしませんでした。

諸外国の圧倒的な軍事力に脅威を感じた幕府軍や有力藩は、軍制改革や軍備の近代化を、外国の指導者を招聘《しょうへい》して駆け込み的に進めます。それまでの日本での「戦《いくさ》」といえば、武術が身上の武士が、法螺貝《ほらがい》や陣太《じんだい》鼓《こ》を合図に、弓矢や槍で戦うのが常識でしたが、近代戦争では農民や町人から徴用された「兵隊」が、近代的な武器と組織的な戦術によって戦うので、それら兵隊の軍事調練には、欧州の近代戦争で実績のある鼓笛《こてき》楽《がく》や信号ラッパなど「軍楽《ぐんがく》」が不可欠でした。

フランス陸軍伍長・ギュティッグが幕府軍へおこなった信号ラッパ指導は、長崎海軍伝習所の場合と異なり、軍事用の奏法訓練だけでなく、日本で最初の五線譜教育でした。その教育を受けた士卒《しそつ》の中から、後年の日本の洋楽界で活躍する専門家が生まれたという意味で、日本の近代洋楽導入の起点といわれています。

戊辰戦争《ぼしんせんそう》のための東征《とうせい》では、明治新政府の官軍が錦《にしき》の御旗《みはた》を先頭に、鼓笛隊の伴奏で《とことんやれ節》を歌いながら行進したといわれます。

旋律は和風そのものですが、規則正しいリズムによる歩兵の行進は、洋楽の「行進曲」の要素が明確でそれまでの武士集団とは明らかに違う近代軍隊でした。

こうした鼓笛やラッパの軍楽が、軍事用から式典の儀礼などの吹奏楽として大成していきます。

■西洋音楽との出会い

●虎視眈々の外国列強

露・ラックスマン来航（1792）
英・フェートン号事件（1808）
米・モリソン号事件（1835）
アヘン戦争・南京条約（1842）

⇒ 公・武とも [鎖国体制] 固執 ⇒ 海防論・攘夷論 ⇒ 暫定策…

[異国船打払令] 文政8（1825） → 砲撃・逮捕（フェートン号・モリソン号）（1842）廃止
[「海防掛」設置] 弘化2（1845） → 台場砲台 全国各地

黒船来航 浦賀来航（1853） 通商要求
⇩
開国（1854）[日米和親条約]
⇩
列強軍事力の脅威 軍備の刷新 [洋式軍隊]（1855）創設
⇩
[日米修好通商条約]（1858） 不平等条約！ ⇒ 尊王攘夷
⇩
戊辰戦争 ⇐ 王政復古（1867）
⇩
明治維新（明治元 1868） 富国強兵
⇩
西南戦争（1877）武士消滅

●ペリー艦隊軍楽隊　2隊

強大な軍事力（巨大戦艦重厚装備）そして軍楽隊のテンポ良い演奏に上陸した陸戦隊の演習や操練・行進に一糸乱れぬ訓練された兵士の行動

日本人が初めて聴いた西洋音楽
⇩
「ヘイル・コロンビア」
「ヤンキードゥードゥル」
「星条旗」「草競馬」…

☆西洋式軍事教練に各国の「軍楽」の採用が続出

幕府	長崎海軍伝習所	→ 蘭式／信号太鼓（鼓笛楽）
	陸軍所（講武所）	→ 仏式／信号ラッパ
諸藩	長州：軍制改革	→ 仏式／信号ラッパ
	薩摩：兵制改革	→ 英式／信号太鼓・ラッパ

☆近代洋楽導入の起点　幕府陸軍の仏軍事顧問団招聘
仏軍伍長・ギュティッグ　ラッパ指導（1866）

●最初に輸入された洋楽

× 芸術音楽
× 娯楽音楽
○ 軍隊音楽（軍楽）

鼓笛隊のスネアドラム

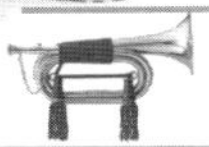
信号ラッパのビューグル

●軍備の近代化（洋式化）

武士集団 ⇒ 近代軍隊
弓・槍・火縄銃 ⇒ 元込銃・大砲
法螺貝・陣太鼓 ⇒ 鼓笛楽・信号ラッパ

↓洋式の鼓笛隊

「駒場野之図」（澤崎眞彦蔵）

↓最初の軍歌《とことんやれ節》（1868）

とことんやれ節

〽宮さん宮さん　お馬の前で
ひらひらするのは　何じゃいな
トコトンヤレトンヤレナ
〽あれは朝敵　征伐せよとの
錦の御旗じゃ　知らないか
トコトンヤレトンヤレナ

●ペリー以前にも洋楽が…

ザビエル　鹿児島上陸（1549）
Francisco de Xavier
楽曲：歌ミサ　グレゴリオ聖歌
楽器：パイプオルガン・クラヴォ

シーボルト　長崎商館医（1823）
Philipp F.von Siebold
楽曲：オペレッタ　ピアノ曲
楽器：英国製　スクエア・ピアノ

育ての親――お雇い外国人たち

薩摩藩《さつまはん》では英国式の近代軍隊化を推進し、その練兵のため軍楽隊の設置を計画します。その指導を横浜に駐屯の英国陸軍の軍楽隊長フェントンに依頼します。薩摩では軍楽隊用の楽器など未整備で、和製洋楽器による調練や譜面の読み方を学ぶことから始まりました。

一年後にようやく楽器を手にしてからは連日連夜の猛特訓でした。琵琶歌《びわうた》しか知らない薩摩の若者が「羽織の前をボタンで留め、股引《ももひき》を膝までまくり、刀を差し、素足に草履《ぞうり》を履き…」という珍妙な風体での洋楽伝習でした。たった三か月間で英国軍楽隊と共演したといいますから驚くべき話です。これが「薩摩バンド」とよばれる薩摩の吹奏楽団で、日本最初の軍楽隊です。

明治維新で新政府軍が発足、この薩摩軍楽隊を母胎《ぼたい》にして兵部省《ひょうぶしょう》に軍楽隊が誕生しますが、一八七一年には中村祐庸《なかむらすけつね》が軍楽隊長、フェントンがそのまま教官となって海軍軍楽隊が分離独立します。一年遅れで陸軍軍楽隊も独立、海軍軍楽長の中村祐庸と同じく薩摩バンドのOBの西謙蔵《にしけんぞう》が軍楽長に就任します。指導教官にはフランスの軍事顧問団の一員で来日したダグロンが就任、そのため陸軍はそれまでのイギリス式調練を転換して、フランス軍楽による陸軍軍楽隊が生まれます。

その後、陸海両軍の軍楽隊は音楽的には著しい向上を果たしますが、フェントンやダグロンが任期を終えて退任し、その後任教官に、海軍にはドイツからエッケルト、陸軍にはフランスからルルーが赴任します。

この二人の教官は共に、基礎的な音楽理論から、峻厳《しゅんげん》とさえ評されるほど厳しい訓練を隊員に課したため、両軍楽隊の演奏力は格段に高まり、軍楽の域を超えた芸術的な楽曲の演奏にも耐える吹奏楽団となります。

その結果、多くの優良な音楽家を送り出し、軍楽隊が日本における芸術的器楽合奏の代表たる地位を獲得するまでになります。そうした優秀な軍隊員の中からは後年、陸軍の軍楽隊長になり、《元寇《げんこう》》《雪の進軍》を作曲した永井建子《ながいけんし》や、海軍軍楽隊長で《軍艦行進曲》《愛国行進曲》の作曲者瀬戸口藤吉《せとぐちとうきち》など、現代にまで残る名曲を創った作曲者が生まれます。

■洋楽は軍楽隊から

軍楽隊 ＝ 軍隊所属の　軍楽を演奏する楽隊 → 編成 〔金管楽器　木管楽器＋打楽器〕
軍　楽 ＝ 〔士気鼓舞　行進訓練　儀礼式典〕 の楽曲
〔鼓笛隊〕 ＝ 軍楽隊の初期の形態（歩兵行進　戦闘合図）→ 編成　横笛＋小太鼓＋大太鼓

●吹奏楽による日本初の軍楽隊

英国陸軍歩兵第十番大隊　軍楽隊長フェントン → 吹奏楽の伝習（1869）→ 薩摩バンド　30名編成　楽長：鎌田新平

薩摩藩軍楽伝習隊　通称：薩摩バンド
・伝習場所　横浜：本牧山妙香寺
軍楽の楽器（右記）到着までは　譜面読みや和製の西洋楽器によるラッパや笛と鼓隊の練習　楽器入手の後は毎日・昼夜４回の楽器奏法と吹奏楽の猛特訓　僅か３か月の訓練で英国軍楽隊と共演

ピッコロ　クラリネット　バスクラリネット　コルネット　フリューゲルホルン　アルトホルン　フレンチホルン　トロンボーン　ユーフォニウム　バス　小太鼓　大太鼓…　薩摩バンド　計２９名
最初の演奏曲目《God save the Queen》

●日本軍軍楽隊の創設

薩摩藩軍楽伝習隊 を母体に… ⇨ 〔兵部省軍楽隊〕 創設（1870）？

分離独立

英国軍式		英国軍式 → 仏国軍式
当初名称：（1871）水兵本部楽隊 ← **海軍軍楽隊**		**陸軍軍楽隊** → 当初名称：（1872）兵学寮教導団楽隊
（薩摩バンド出身）　中村《なかむら》　祐庸《すけつね》	初代軍楽長	西《にし》　謙蔵《けんぞう》　（薩摩バンド出身）
 フェントン　英国軍楽隊長　John William Fenton　在籍期間　1869～77　最初の《君が代》を作曲	設立時　指導教官	 ダグロン　仏軍ラッパ教官　Gustave Charles Dagron　在籍期間　1872～84　音楽家でなくラッパ専門
吹奏楽　鼓隊（鼓笛とラッパ）	軍楽隊編成	吹奏楽　信号ラッパ　鼓笛隊なし
横須賀海兵団軍楽隊　他７隊	隊数（明治末）	陸軍戸山学校軍楽隊　他６隊
 エッケルト　独国軍楽家　Franz Eckert　在籍期間　1879～99　現《君が代》に洋式和声	日本軍楽隊の LEGEND	 ルルー　仏国軍楽隊長　Charles E. G. Leroux　在籍期間　1884～89　《扶桑歌》《抜刀隊》作曲

⇩

〔基礎教育〕の徹底　音楽理論・楽器奏法　ソルフェージュ
〔峻厳な訓練〕の実施　個々の演奏能力　芸術的合奏器楽
〔芸術音楽領域〕の網羅　オペラの序曲・抜粋曲　歌曲・舞踊曲
⇨ 演奏家技量の格段のLevel up

●日本人初の器楽作曲

永井　建子（ながい　けんし）
第六代陸軍軍楽隊長・大尉
配属期間　1878～1915
エッケルトに師事
作品《元寇》《雪の進軍》《歩兵の本領》《拓殖大学校歌》《早稲田実業校歌》

退役後
←帝国劇場の洋楽部長
海軍軍楽隊→へ弦楽導入

瀬戸口藤吉（せとぐちとうきち）
海軍軍楽隊長 - 特務少尉
配属期間　1882～1916
ルルーに師事
作品《軍艦行進曲》《敷島艦行進曲》《愛国行進曲》《法政大学旧校歌》

平安以来の大改革——伶人の洋楽修業

　多くの伝統音楽が継承に難渋する中で「雅楽」は元々宮中祭祀《きゅうちゅうさいし》の音楽のため、新政府から勧奨されましたが、近代化への改革の波は雅楽にも及びました。

　太政官内《だじょうかんない》に雅楽局が設置され、三方楽所と江戸城の紅葉山楽所を統合し「伶人《れいじん》」という名の官員としての配属、それまで堂上《どうじょう》公家《くげ》や楽家《がっけ》にだけ許されていた専有制度が廃止されて伶人に移管され、「神楽《かぐら》」などは一般にも解放という教習の自由化が図られます。

　また楽所毎に異なる伝承の整理統合や、継承すべき曲目を収めた『明治選定譜《めいじせんていふ》』の曲目選定、さらには一般人にも雅楽の鑑賞できる公開演奏会の実施など、千数百年続いた雅楽の慣行にも大幅な改革が加えられます。

　天皇の行幸《ぎょうこう》や海外賓客の来訪など、諸行事も西洋式に変化し、その式典に洋楽の演奏場面が増加します。当時それが可能なのは海軍軍楽隊のみで、そのたびに委託しましたが海軍の側にも本来業務があり、双方の頻度が高まるにつれ借用では限界がきてしまいます。それで専用楽団の宮内省内への設置が要請され、伶人たちが雅楽とともに洋楽を兼修することになります。

　そうはいっても楽器も教師も何もないため、洋楽の先《せん》達《だつ》である海軍軍楽隊に指導を依頼します。海軍からは中村軍楽隊長が講師となり、楽器が届くまでは五線譜の学習、楽器が届いてからは同じ海軍軍楽隊のお雇い教官のフェントンを共雇《ともやと》いして演奏教習が始まります。

　楽器を手にして僅か半年後には指揮者も伶人で、天《てん》長節《ちょうせつ》の宴会に吹奏楽の演奏をしたといいますから驚異的な進歩です。これもやはり千年を超える雅楽で鍛えられた伶人たちの「耳」の良さがあったからでしょう。

　その後、宮中での新年会は舞楽《ぶがく》、紀元節《きげんせつ》は久米舞《くめまい》、天長節は洋楽と定められ、洋楽演奏が恒常化していきます。しかし室内での饗宴には吹奏楽よりピアノ曲や管弦楽こそ最適と「洋楽協会」を設立し、独自で管弦楽などの研究や伝習をしますが、来日したメーソンにも個人指導を乞い、音楽理論や管弦楽の技能向上に努めます。これら伶人たちの真摯な努力と成果は、日本の洋楽導入と普及に重大な影響をもたらしました。

■宮廷楽の復興と改革

雅楽 永い武家政権下で　平安時代の隆盛も今は昔…

・明治新政府 神道国教化 政策で雅楽が表舞台に →

御神楽
久米舞
大和舞

《国風歌舞》 → 宮中祭祀
《左右舞楽》 → 賓客饗応

●太政官内 雅楽局 設置（1870）

数次の名称変更
・式部寮雅楽課
・宮内省雅楽課
・宮内庁式部職楽部

統合
- 三方楽所《さんぼうがくそ》（京都方／南都方／天王寺方）約半数の楽人東上
- 紅葉山楽所《もみじやまがくそ》（江戸城）

⇒「楽人《がくにん》」→「伶人《れいじん》」
（新政府の官員に）
☆公開演奏会の実施
楽舞大演習
春秋・年二回（1878）

●雅楽伝承システムの改変

☆家伝・秘曲の専有伝承慣習の廃止
催馬楽／朗詠／琵琶／筝／和琴　神楽
堂上公家・楽家 ⇒ 伶人 ⇒ 一般人

☆三方・楽家毎の伝承を整理・統合
継承すべき曲目・奏法の選定
明治選定譜（1876）

●伶人の西洋音楽の兼修

☆近代化に伴う諸行事
- ・行幸　（地方行幸）
- ・外交行事（国賓接遇等）
- ・宮中行事（西欧式饗宴）

西洋音楽 奏楽

・新式典の増加（開業式・開校式・卒業式・表彰式…）
・奏楽の定例化（外国要人・使節団大幅増加

当初は
海軍軍楽隊（借用）→ 本来業務で委託不可も ⇒ 「借用」限界　「専任」必要 ⇒（通達）伶人 洋楽伝習

☆西洋音楽伝習通達（1874年12月）
・中村祐庸（海軍軍楽隊長）を迎え「吹奏楽」の伝習開始
　当初は「楽器」「教師」何もなし → 楽器抜き「譜楽伝習・読譜訓練」から
・教師（J.Wフェントン）就任（1876年3月）海軍と共雇い
・楽器が欧州より到着（1876年4月）
・洋楽初演奏（1876年10月）　天長節宴会（赤坂仮皇居）
　指揮：東儀季熙　式部寮伶人36名　演奏曲目 →

『天長節宴会奏楽目録』
・君が代（国歌）
・グランドマルチ
・グランドネーショナルマルチ
・ビウチーフルフロワル
・クイキマルチ　他

☆伝習通達から２年　楽器が届いて僅か６ヶ月間で…
異文化でも　千数百年を練磨の雅楽人の「耳」の成せる技

●洋楽の普及と向上を目指す伶人たち

●宮中三大節宴会
・新年会（舞楽）
・紀元節（久米舞）
・天長節（欧州楽）

・技量向上も「吹奏楽」領域
- ・洋楽演奏の恒常化（天長節・宮中晩餐会）
- ・宮中宴会には吹奏楽ではなく管弦楽

・ピアノ伝習開始　欧州潮流（1879）教師：松野クララ夫人
・洋楽協会 設立（1879）欧州管弦楽の独自研究
・「保育唱歌」委嘱され編作（1879）　初の唱歌教育実施
・メーソンより管弦楽の個人指導（総合学習）（1880）
・「音楽取調掛」にて　伶人がメーソンの業務補佐（同上）
・宮中の御陪食の席にて欧州管弦楽を初演奏（1881）

★洋楽輸入の初期に
宮内省の雅楽家たちが
日本音楽界に果した
開拓者的な役割が
どんなに大きかったか…

当分これを欠く――音楽取調掛発足

近代国家建設には「人材育成」が要《かなめ》と、新政府は国民皆学《かいがく》の「学制《がくせい》」を発布、その教科として「小学校に唱歌、中学校に奏楽」と掲げますが、ないものづくしでは「当分これを欠く」とするのは当然です。

その基盤整備のため伊澤修二《いさわしゅうじ》の提案で「音楽取調《おんがくとりしらべ》掛《かかり》」が創設され、教材制作、教員養成、唱歌教育の実践を事業目的とし、その推進役に伊澤が留学中に音楽指導をうけた米国の音楽教育者メーソンを招聘します。

伊澤は、洋楽を取り入れたのち、日本の在来の音楽と融合させ、新生明治日本にふさわしい「国楽《こくがく》」の創造を前提に、和洋いずれの音楽にも偏らず、折衷した音楽の振興を基本方針とします。メーソンは日本の伝統音楽の組成を調査し、五線譜への採譜などを通じて西洋音楽との比較から日本人の音楽嗜好を確認します。

そうした結果に基づき「唱歌教材」の選曲をおこない、最初の唱歌教科書である『小学唱歌集』を刊行、それを教材にして実際に師範学校の付属小や幼稚園で授業を試行し、日本での唱歌教育方法を確立します。

またメーソンは、師範学校の本科生への唱歌教育を行う一方、上真行・奥好義・辻則承など雅楽の伶人《れいじん》たちの要請を入れて管弦楽の個人指導もおこなっています。

教員養成には、伝習所《でんしゅうじょ》を開設して伝習生の募集をしますが、その募集条件に「邦楽習得者」とあるのは、伝習生の邦楽の素養に、メーソンが教える洋楽を融合させる「国楽」創造の狙いがありました。また「年齢性別不問《とわず》」とあるように、初年度の伝習生には十三歳の少女から五十余歳の邦楽師匠までという大混成で、伝習にもかなり苦心がいったようです。後には伝習生規則が改正されて、そうした条件はなくなりましたが、教科内容は大幅に拡大されます。

これら伝習所の教師役にはメーソンから個人指導をうけた伶人たちが協力、伝習以外にも伝統音楽の調査や、教材の編纂、唱歌教育の試行などメーソンの補佐に尽力したといわれます。

二年間滞在したメーソンは、退任後のバトンを海軍軍楽隊の教師エッケルトに引継いで離日しました。

■教育音楽の礎

●「音楽取調掛」発足（1879）

学制発布（1872）

全国各地ニ大学校
中学校小学校ヲ設置
身分性別ニ区別無ク
国民皆学ヲ目指ス
小学校ニ「唱歌」
中学校ニ「奏楽」
但シ
「当分コレヲ欠ク」

高い志はあれど…

☆ないものづくし
・教科書（楽譜集）
・西洋楽器の配備
・教えるべき指導者
⇩
開店休業状態

伊澤修二　教育者・官僚
米国留学で音楽を学習
「音楽取調掛」提言・運営
学校音楽教育の基盤整備

⇩
提案　音楽教育の研究機関の創設
⇩
音楽取調掛
御用掛：伊澤修二

日本の学校音楽教育
どうあるべきか
⇩ 基本方針
伝統音楽の踏襲→×
西洋音楽一辺倒→×
和洋折衷の音楽→○

⇩
行うべき事業
東西二洋の音楽を折衷し新曲を作る　教材制作
将来国楽を興すべき人物を養成する　教員養成
諸学校に音楽を実施し適否を確める　教育実践

↓招聘協力者

メーソン　米国音楽教育者
Luther Whiting Mason
在籍期間　1880～82
音楽教員育成／指導法開発

任務
・和楽調査（雅楽～俗楽／楽曲・音階）
・唱歌指導（東京師範学校付属小・幼）
・実技指導（音楽取調掛伝習生・伶人）
・教材制作（唱歌集・掛図・諸音楽書）

●音楽取調掛の活動内容

教材制作『小学唱歌集』（初編）完成（1881）
日本人好みの外国曲など　メーソンが選曲

・雅楽や俗楽から採用の曲（四季の月・風車…）
・欧米名曲に日本語歌詞（みわたせば・蛍の光…）
・新たに創作された曲（大和撫子・五常の歌…）

授業検証

・師範学校の付属小・幼稚園など上記教材を使用し唱歌授業実施　唱歌集の編纂に成果
・「唱歌教授細目」決定（1882）音楽教育確立
実施校は師範本科・付属小・高女など一部

日本音名　「ハニホヘトイロハ」
和風階名　「ヒフミヨイムナヒ」提唱：伊澤修二

●音楽取調掛事業へ協力する伶人たち

メーソンに師事　管弦楽や音楽理論などの薫陶をうけた伶人たちが各事業で補佐役を

伝習所教員　上真行《うえさねみち》・奥好義《おくよしゆき》・辻則承《つじのりうけ》

調査・研究
選曲・作曲　芝葛鎮《しばふじつね》・東儀彰質《とうぎたけかた》・多久随《おおのひさつね》

教員養成　伝習所開設（1880）
・人員：募集30名　採用22名（初年度）
・条件：邦楽習得者・年齢性別不問
・教科：楽典・和声・唱歌・ピアノ
※「伝習生規則（教科内容等）」改正（1882）

和楽調査
・音階や曲節・楽曲の調査・研究・比較
・俗曲改良　五線譜採譜・歌詞曲折改良

箏曲楽譜（1888）
箏・長唄などの歌詞の改良と旋律の一部変更に和声をつけ　五線譜化した最初の刊行本（左表紙・右裏）

後列左から　東儀彰質・上真行・奥好義
前列　芝葛鎮・メーソン・中村専・辻則承

（東京藝術大学附属図書館蔵）

和洋折衷——はじまった唱歌教育

唱歌教育には歌集など「教材」、それを教える「教員」、そして伴奏の「楽器」という三要素が不可欠です。

日本初の唱歌の教科書といえば、音楽取調掛が編纂の『小学唱歌集』です。掲載された曲は、日本の民謡や小唄《こうた》などに共通の、「ヨナ抜き音階」で構成されたアイルランドやスコットランドなど西欧の民謡の旋律に、七五調という日本の俗楽《ぞくがく》特有の日本語歌詞をあてはめた「替え歌」形式の曲が大半でした。

教材はできても、それを教える教員は、伝習所や師範学校で唱歌を学んだ卒業生で毎年十数名と微々たるもので、とても足りません。そうした状況を補うために、実力ある講師たちが運営する、唱歌とオルガンの速成伝習を目的とした私設の「唱歌伝習所」が全国に誕生します。その後、各府県に師範学校が設置されて、そこを卒業した教員が赴任するまでの期間の穴埋めの人材や、一般の洋楽愛好者も入所しました。

初めて西洋音階にふれる生徒への唱歌教育では音程のガイドになる鍵盤楽器が必要ですが、入手できないため、西洋音階に調律した箏や胡弓を代用したこともありました。やがて和楽器職人などが、輸入オルガンの修理などで構造を学び、試作を重ね、ついに廉価で体裁の良い純国産の「足踏み式リード・オルガン」が完成し、全国の小学校に設置されるようになります。

明治二十年代には教科書の検定制度が始まり、民間の教科書会社に唱歌集の出版が許可されると、各社から大量に出版されるだけでなく、編集上での大改革がおきます。文語調《ぶんごちょう》の歌詞が言文一致《げんぶんいっち》になり、花鳥風月《かちょうふうげつ》や忠君愛国が主だった題材が昔話の主人公に、西欧の借り物だった楽曲が日本人の作曲になり、曲調も子供らしい躍動的なピョンコ節にと、唱歌のイメージが一新されました。《桃太郎》や《金太郎》など子供に人気の曲もありましたが、特に《鉄道唱歌》は歌詞のなかに沿線の地理や歴史、民話から名産品まで紹介されて、学校教材を超えて大人たちにも大流行しました。

こうした日本人による作詞・作曲が可能になったのも、各音楽団体の厳しい洋楽伝習の賜物といえます。

■唱歌教育はじまる

唱歌教育 ──→ 必要な三要素

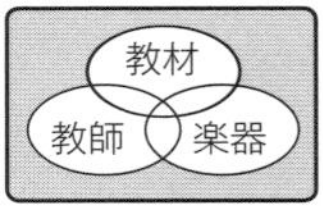

●初の教科書『小学唱歌集』(1881～84)

(澤崎眞彦蔵)

★替え歌
西欧曲＋日本語歌詞 ⇨ ★歌詞 和漢混交 典雅な文語体

★音感適性
俗楽音階（ヨナ抜き）⇨ ★類型 スコットランド／アイルランド ｝民謡

替え歌
《蝶々》《蛍の光》
《庭の千草》
《見わたせば》
《仰げば尊し》

●唱歌教育と教員需給 (1882)

音楽教員不足は深刻（～ 1887 頃）
音楽教員の供給実態　毎年十数名
音楽取調掛伝習所・官立師範学校の卒業生
☆各府県に師範学校設置「音楽教育」(1886 頃)
☆師範卒教員→全国小学校に赴任開始 (1890 前後)

当面対応策 ⇨

私設 唱歌伝習所 開設 (1885～92)
対象：小学校教員・一般音楽愛好家
科目：唱歌・オルガン　速成伝習
講師：東音・師範学校の教授・講師
規模：東京で十数ヶ所　全国各地に

●国産洋楽器の製造開始 (1888)

唱歌伴奏楽器 ──→ 足踏み式リード・オルガンが最適（当初は箏や胡弓で代用）
・山葉寅楠（浜松）純国産オルガン試作が高評価　量産製造開始 (1887)
全国小学校に設置を開始 (1888)　英国へ 78 台輸出 (1893)
・西川虎吉（横浜）輸入材ピアノ組立・鈴木政吉（名古屋）ヴァイオリン製造

●民間会社も「唱歌集」発刊

教科書検定制度 発足 (1886)

変化
・歌詞：文語体 ──→ 言文一致
・主題：花鳥風月 ──→ お伽噺
・楽曲：借り物 ──→ 邦人作曲
・曲調：雅楽調 ──→ ピョンコ

唱歌集

1888	『明治唱歌』	中央堂	《故郷の空》
1889	『中等唱歌集』	東京音楽学校	《埴生の宿》
1892	『小学唱歌』	大日本図書	《宮さん》
1900	『鉄道唱歌』	昇文館	《第一集：東海道編》
1900	『幼年唱歌』	十字屋	《金太郎》《花咲爺》
1901	『幼稚園唱歌』	共益商社	《お正月》《桃太郎》
1903	『少年唱歌』	十字屋	《桃太郎》《一寸法師》

七五調歌詞
ヨナ抜き音階
ピョンコ節

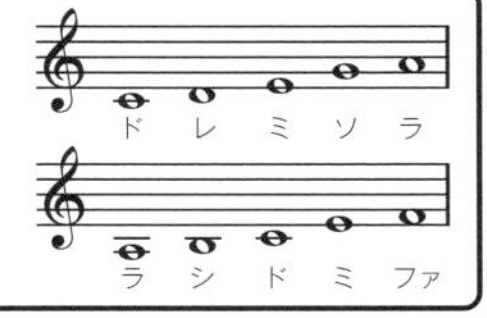

●明治に活躍の作曲家たち

納所弁次郎《桃太郎》《兎と亀》
小山作之助《夏は来ぬ》《敵は幾万》
田村　虎蔵《金太郎》《花咲爺》
多　　梅稚《鉄道唱歌》《さんぽ》
滝　廉太郎《荒城の月》《箱根八里》

《鉄道唱歌》(1900)

汽笛一声
新橋を
早我が汽車は
離れたり
愛宕の山に
入り残る
月を旅路の
友として

作詞 大和田建樹《おおわだたけき》
作曲 多 梅稚《おおのうめわか》／上 真行《うえさねみち》
七五調　ピョンコ節
長大な歌詞（全 5 集 334 番）

ドレミが定着——唱歌からの展開

何もない状況から始まった唱歌教育でしたが、段階的に教材・教員・楽器が整備されて、不完全ながらも初歩的な西洋音楽の教育をうけた子女が世に出ることで、若者たちの中には、基礎的な洋楽の浸透が図られていきました。

唱歌教育が単なる歌唱指導に止まらず、人心形成に大きな成果をもたらすことを確信した明治政府は、神道《しんとう》を基軸に設定された祝日大祭日《しゅくじつたいさいじつ》に、「尊王愛国《そんのうあいこく》ノ気風」の強化を目的として、学校における式典の制度化と、そのための儀式唱歌八曲を制定します。唱歌教育は「祭教《さいきょう》一致《いっち》（祭祀と教育）」の方針により一層強化されました。

明治三十年代には、これら唱歌教育をうけて育った大学や高等学校の学生たちが、児童教育的な唱歌や、流行《はやり》歌《うた》や俗謡《ぞくよう》に飽き足らず、新しい「学生歌《がくせいか》」を創出します。その嚆矢《こうし》となったのは第一高等学校の「寮歌《りょうか》」で、やがて全国の大学・高校に「校歌」や「応援歌」が創られました。

学生による歌詞は新体詩の影響を受けた叙情的なもので、歌詞優先の歌のため、当初の旋律は唱歌など既成の楽曲の転用で、やがて学生が作曲もするようになりました。

同時代には日清《にっしん》・日露《にちろ》の戦争により「軍歌」が盛んになり、戦意高揚目的でたくさん創られました。日露戦争前後には、軍歌にも「ヨナ抜き音階」で「ピョンコ節」系の曲が多くなり、学校でも歌われるほどで、それはその前に唱歌があり、唱歌教育があったればこその軍歌の流行でした。

唱歌の教科書には、民間の教科書会社が出版する「検定教科書《けんていきょうかしょ》」が評判もよく全国で使われていましたが、教科書会社間の過当競争から大規模な贈収賄事件が起きて、検定制度が廃止となり、「国定教科書《こくていきょうかしょ》」の時代となります。一九一〇年には文部省から『尋常小《じんじょうしょう》学読本《がくどくほん》唱歌』、いわゆる「文部省唱歌」が発刊されます。

歌詞に言文一致が増え、従来のような外国曲の借り物は一切なくすべて日本人による新作のオリジナル曲です。曲の主題も花鳥風月《かちょうふうげつ》ではなく、国語や修身《しゅうしん》、歴史などとリンクした「教科統合」となっているのも、時代を反映しています。旋律の方は西洋音階に徹していて日本旋法《せんぽう》は使用されていません。これらの曲には、現代でも歌い継がれている名曲が多くあります。

■唱歌の定着

●『祝日大祭日唱歌』の公布

☆年中祭日・休日制定（1873）
　『教育勅語』渙発《かんぱつ》（1890）
☆「祝日大祭日唱歌」制定公布（1893）

⇨ 祝日大祭日の儀式にこの唱歌を歌わせるために　唱歌教育がさらに推進された

祝日大祭日唱歌（8曲）

《君が代》	《紀元節》
《勅語奉答》	《神嘗祭》
《一月一日》	《天長節》
《元始祭》	《新嘗祭》

●学生歌（寮歌・校歌・応援歌）の流行

背景：唱歌教育を受けた学生生徒には
　　書生節・詩吟・俗謡…食傷気味
　　唱歌の歌詞は少年教育的で幼稚

→ **一高寮歌**　♪嗚呼玉杯に花うけて…（1902）
　先鞭　その後　全国の高等学校に寮歌が

歌詞：漢文的な韻律の「叙情詩」
　　「新体詩」（晩翠・藤村・泣菫）の強い影響

旋律：唱歌の転用や学生自身が作曲
　　著名作家の作曲は後年になって

代表曲例→

三高寮歌	♪紅もゆる丘の上…
同上	♪妻を娶らば才長けて…
北大寮歌	♪都ぞ弥生の雲紫に…
早稲田校歌	♪都の西北早稲田の森に
慶応応援歌	♪若き血に燃ゆる者…

●戦争と軍歌

軍歌 ＝戦時　慷慨激越《こうがいげきえつ》な歌を謡い士気を鼓舞

戊辰戦争	（1868～69）	《とことんやれ節》
西南戦争	（1877）	《抜刀隊》《扶桑歌》《軍旗の歌》
日清戦争	（1894～95）	《勇敢なる水兵》《雪の進軍》
日露戦争	（1904～5）	《軍艦》《戦友》《広瀬中佐》

軍歌は戦争発生時の時代背景を反映
・長大古風な歌詞に洋楽調の旋律（初期）
・戦況報道を兼ねた叙事的なもの（日清）
・叙事的で将兵への訓戒も七五調（日露）

●『文部省唱歌』の誕生

教科書**国定**制度　発足（1903）

検定 ──▶ 国定　の原因

出版社　売込競争 → 大規模贈収賄事件

『尋常小学読本唱歌』（1910）
⇩
『尋常小学唱歌』学年別（1911）

↑これがいわゆる **文部省唱歌**

★「文部省唱歌」編纂上の特徴

・全曲　新たな創作
　既存曲や外国曲の非掲載
・作曲・作詞者名は非公開
　著作権は文部省（一部判明）
・「教科統合」前提の題材
　修身・国語・国史と共通
・徹底した洋化主義
　○西洋音階　×日本旋法

↓代表曲

一学年	《日の丸の歌》	♪白地に赤く　日の丸染めて
	《人形》	♪わたしの人形は　良い人形
	《かたつむり》	♪でんでん虫々　かたつむり
二学年	《富士山》	♪あたまを雲の　上に出し
	《案山子》	♪山田の中の　一本足の案山子
	《浦島太郎》	♪むかしむかし　浦島は
三学年	《虫のこえ》	♪あれ松虫が　鳴いている
	《汽車》	♪今は山中　今は浜
	《茶摘み》	♪夏も近づく　八十八夜
四学年	《春の小川》	♪春の小川は　さらさらいくよ
	《村の鍛冶屋》	♪しばしも休まず　槌打つ響き
	《牧場の朝》	♪ただ一面に　たちこめた
五学年	《海》	♪松原遠く　消ゆるところ
	《冬景色》	♪さ霧消ゆる　みなと江の
	《鯉のぼり》	♪いらかの波と　雲の波
六学年	《我は海の子》	♪我は海の子　白波の
	《故郷》	♪うさぎ追いし　かの山
	《朧月夜》	♪菜の花畠に　入日薄れ

プロ・ミュージシャン――市中音楽隊

軍楽隊は、本来の軍事儀礼以外に、民間行事の出張演奏までおこない、一般民衆への洋楽普及に大きな役割を果たしました。しかし軍関係の業務や、増加一方の出張演奏に応じきれなくなり、それを肩代わりする形で、民間の職業楽団「市中音楽隊《しちゅうおんがくたい》」が誕生します。

この隊員の供給元になったのは、急増した退役《たいえき》軍楽隊員で、その後の生活問題の解決策にもなりました。

当初は外人客の多いホテルで、ダンス音楽やサロン音楽が主でしたが結成してみると要望先が意外に多く、良い稼ぎのため各地に市中音楽隊が続々と発生します。こうした状態に目をつけたのが「広目屋《ひろめや》」など宣伝屋で、当時は売出しの口上触《こうじょうふ》れやビラ撒《ま》きしかない宣伝手法からすれば、揃いの制服に大きな音量の吹奏楽は、絶大な宣伝効果を発揮し、全国の宣伝業者が音楽隊の請負業《うけおいぎょう》を始めます。しかし大衆にウケたといっても、洋楽が理解されたわけでなく、「強烈な響きさえあれば…」というのが業者の認識で、そうなれば業者は質より低コストを求め、本来は高度な音楽団体であったはずの市中音楽隊の中には、ロクな演奏もできない少人数の怪しげな音楽隊が横行しはじめます。大方はジンタと呼ばれる見世物小屋の客寄せや、宣伝で町回りする少人数の楽隊屋になってしまいます。

やがて「活動写真《かつどうしゃしん》」の出現で、また楽士《がくし》の大量就職先が誕生しますが、それもトーキー映画が出現するまでのことで、その後は楽士の失業者が大発生します。

民衆を惹きつける吹奏楽の宣伝効果に着目したのは、当時急成長の百貨店業界も同様でした。東京三越では既存の音楽隊を利用するのでなく、少年だけで構成する音楽隊を独自に立上げ、軍楽隊員を指導者に迎えて猛特訓の結果、高度の演奏技能をもつ少年音楽隊が完成します。これが大評判となり、各地の百貨店や遊園地、果ては鰻屋《うなぎや》にまでも、少年や少女の音楽隊が結成され、それらが後年の、日本の洋楽界を背負う人材の養成所になっていきます。中でも「いとう屋呉服店(現松坂屋)」の少年音楽隊は、東京に進出し現在の「東京フィルハーモニー交響楽団」にまで発展しました。

■民間の職業楽団の発生

●軍楽隊側の実情

軍事儀礼 行進曲／典礼曲／調練
(1871～)
（陸軍） 海外各駐屯地
（海軍） 各艦隊の旗艦

出張演奏 民間の奏楽要請の対応
(1876～)
園遊会・祝賀会・運動会
劇場開場式…

軍楽隊員＝
○文官 ×武官
「楽隊」＝
職業的認識

軍楽隊の出張演奏が急増
退役軍楽隊員の生活問題

民間吹奏楽団
市中音楽隊
続々 誕生

行事を賑々しくする吹奏楽
出張演奏が底辺層まで拡大

・明治期 軍楽隊入隊者数
海軍 2500 人・陸軍 1600 人
・毎年 5～60 人の新人が入隊
ほぼ同数の楽隊員が退役

東京市中音楽会 (1887)
東洋市中音楽会 (1889)
神戸市中音楽会 (1892)

契約

★外人客の多い横浜・神戸のホテル
ダンス・サロン音楽

その後

★出張依頼が続々
園遊会・祝賀会・開業式

★ビジネス成立
収益力ＵＰ！

広告宣伝業
広目屋 着眼

出張演奏の請負業に

大衆に大受け

× 洋楽を理解
○ 強烈な響き

音楽は不要
音量のみ必要

業者 低級でも廉価に

活動写真 登場 (1897)
無声映画→伴奏音楽需要

★広目屋が 楽士を
活動写真館 に大量派遣

退役軍楽隊員の
最適職場の創出

(1927)
トーキー映画出現
楽士が大量失業！

本来の市中音楽隊 まともな音楽団体
小編成 怪しげな市中音楽隊
ジンタ
売出し 町回り 楽隊屋

●少年音楽隊の誕生

広告宣伝における吹奏楽の魅力 → 当時急成長の百貨店業界
広告宣伝に吹奏楽の利用

洋楽

それまでの百貨店の宣伝手法
売出しの口上触れ
引札撒（ビラまき）

三越少年音楽隊 東京三越 (1909)

団員 11-15 歳の少年 12 人
指揮 久松鉱太郎（元海軍軍楽隊）
訓練 軍楽隊並みの激しい鍛錬
演奏 店内演奏以外に出張演奏も
服務義務年限 5 年

●全国の百貨店に音楽隊

- いとうや呉服店ー現名古屋・松坂屋 (1911)
- 白木屋少女音楽隊ー東京・現東急百貨店 (同上)
- 大阪高島屋少年音楽隊 (1912)
- 大坂三越少年音楽隊 (同上)
- 京都大丸少年音楽隊 (同上)

※百貨店以外にも音楽隊が…
「いづもや少年音楽隊」＝鰻屋
「豊島園少年音楽隊」＝遊園地

これら少年音楽隊の出身者は後年の日本のオーケストラやジャズバンドの主要メンバーとなって活躍してゆく

↑ユニフォーム姿の三越少年音楽隊

指導者と教え子——東京音楽学校

唱歌教育が一段落となり、識者の間で「芸術としての音楽」を考慮すべきとの声から、音楽取調掛を改組し官立の「東京音楽学校」が開校されます。芸術音楽とその担い手となる音楽家を養成することを目的とし、上野に校舎も新築され、従来の「師範科」に加え「専修科」や「研究科」が設置されます。音楽専門家養成を目指し、本格派の指導者として招聘をしたのがオーストリアの音楽家ディットリヒです。ヴァイオリンなど器楽の指導は無論、和声、対位法、作曲などの本格的な芸術音楽家で、高度な演奏技術の熱血指導で、生徒たちのレヴェルを飛躍的に向上させたといわれます。しかしこの時代、卒業しても音楽家への道は少なく、学校教員になるのがほとんどでした。折しも帝国議会では、財政悪化から国費削減が叫ばれ、東京音楽学校の存廃論議が起こり、結果的に高等師範学校の「附属音楽学校」に格下げされ、ディットリヒも退職してしまいます。再度の独立は六年後で、その直前にドイツの哲学者で音楽家のケーベル博士が、東京帝大の西洋哲学の授業の傍《かたわ》ら、嘱託でしたが東京音楽学校のピアノ指導者としても活躍しました。音楽学校が再独立したことで、建学の本旨《ほんし》の「音楽家養成」へ重点を戻し、その教師役にドイツ人音楽家ユンケルを採用します。管弦楽・声楽・和声学・合唱など広範囲な指導により、東京音楽学校の管弦楽を目覚ましい発展をさせます。

日本のオーケストラや合唱もユンケルなしでは音楽進歩が望めなかったといわれるほどです。その後も外人教師は、管弦楽団を研き上げたウェルクマイステル、ベートーヴェンの全交響曲を指揮したクローン、マーラーの交響曲を紹介したプリングスハイム、声楽のペッツオルド夫人など、実力をもった経験豊富な多数の外国人教師の採用で、高いレヴェルの日本人音楽家が誕生します。邦人で高度の洋楽を身につけた最初の人物である幸田延《こうだのぶ》をはじめ、滝廉太郎《たきれんたろう》、信時潔《のぶときよし》や三浦環《みうらたまき》といった名だたる音楽家たちは、これら優れた外人教師によって育てられ、その後に音楽学校の教壇に立ち後進の音楽家育成の役割をも果たします。

■東京音楽学校（現・東京藝術大学音楽学部）

●官立音楽学校設立案

音楽学校設立ノ儀ニ付建議

文部大臣森有礼に進言（1886）

⇨ 建議
優等ノ
芸術家ヲ養成
最良ノ
音楽ヲ普及…

教員養成 （音楽取調掛） 唱歌
⇩ 改組 ⇩
芸術家養成 （音楽学校） 芸術音楽

●東京音楽学校開校（1887）

（1887）文部省直属 東京音楽学校（専門家養成） → 国費削減 降格! 存廃論議 → （1893）高等師範傘下 附属音楽学校（教員養成） → （1899）再独立 東京音楽学校（専門家養成）

予科・本科・師範科 3科 ------→ 5科 ＋ 研究科・選科

↑東京音楽学校（1893）

●キーマンの外人教師

・優れた音楽家の養成
・芸術音楽の拡散普及
⇨ Classic 分野の**本格派音楽家**の招聘

★音楽取調掛時代の教師
メーソン（音楽教育者）⇨エッケルト（軍楽家）⇨ソーブレー（プロ演奏家）

東京音楽学校の設立にともない招聘
音楽学校初期の指導者として最も優れた人材で
人格者 学識豊かで教育熱心な教員との評価の
反面「峻厳」との厳しい指導で生徒には悪評も

ディットリヒ 墺国音楽家
Rudolf Dittrich
在籍期間 1888～94
洋楽の正統な演奏技術指導

東京帝大の西洋哲学講師として招聘 東音に兼務
帝大兼務の嘱託講師のため音楽学校運営には限度
モスクワ音楽院でチャイコフスキーに師事
音楽家としてはディットリヒに比肩しうる存在

ケーベル 独国哲学者
Raphael von Koeber
在籍期間 1898～1909
ピアノの技量は随一

東京音楽学校の再独立で就任
ベルリン・フィルでコンマス経験もある実力者
厳しい本格的な指導により技術面の指導で成果
フル・オーケストラによる「全曲演奏」を実現

ユンケル 独国音楽家
August Junker
在籍期間 1899～1912
管弦楽の技術向上に貢献

●さらに…

ペリー Noël Péri（明治中期）
オルガン・和声・作曲指導
在職中に日本人による最初の歌劇《オルフォイス》を音楽学校生で

クローン Gustav Kron（大正期）
創作に演奏に 旺盛な活動で管弦楽団を練磨
LvB 交響曲「運命・田園・第九」初演

ウェルクマイステル Heinrich. Werkmeister（明治末期）
同僚クローンと共に大正時代の東京音楽学校管弦楽団を練磨 チェロ奏者

プリングスハイム Klaus Pringsheim（昭和期）
東京音楽学校が最も輝いた時代
マーラー／ワーグナーなど難曲を指導

●当校出身の指導者

優秀な成績卒業者
⇩
音楽家として大成
⇩
そして当校の…
教授・講師に

幸田 延
1870～1946
取調掛一期生
幸田露伴の妹
Pf.Vl 演奏家
★東音教授

島崎赤太郎
1874～1933
音楽教育家
作曲法
オルガニスト
★東音教授

滝廉太郎
1879～1903
作曲家
《荒城の月》
《箱根八里》
★嘱託講師

三浦 環
1884～1946
旧姓（柴田）
オペラ歌手
プリマドンナ
★東音助教

信時 潔
1887～1965
作曲家
《海行かば》
《海道東征》
★東音教授

音楽会と聴衆 ——軍楽隊は強かった

日本の洋楽演奏会は、欧化政策が強力に推進された明治十年代後半の「日本音楽会」が最初でした。外国のマスコミで「さる真似」と嘲笑された鹿鳴館《ろくめいかん》が舞台で、「国民の音楽趣味を高尚ならしめる…」との趣旨もまだ洋楽の聴衆層などいない時代です。会場が会場だけに上流階級に限られた場面で、洋楽普及には程遠い状態でした。演奏曲目をみれば、演奏会というより舞踏会のようで、演奏も混成楽団で構成されていました。

三十年代には、洋楽同好団体の「明治音楽会」がスタート、会場も身近な場所で、演奏曲目も洋楽だけでは一般人は飽きるのではと、一部邦楽をも加えたプログラムでした。しかし有料の聴衆は少ないため、財政的基盤が音楽会の存続を左右します。同じころに東京音楽学校の定期演奏会が始まります。当時としては高レヴェルの演奏会でも、観客が入らず音楽学校の用務員が呼び込みを、またお菓子を土産にしたというウソのような話もあります。一般大衆には馴染みのない洋楽、高い入場料、制約だらけのマナーなどの洋楽演奏会は興味の外でした。ただ学生の中には、日常から西洋の学術に親しむ関係から、伝統音楽より洋楽と、音楽学校の定期演奏会の常連《じょうれん》が生まれます。

こうした「笛吹けど踊らず」状態の洋楽普及を劇的に変えたのは、軍楽隊による日比谷公園奏楽でした。日比谷公園奏楽堂《そうがくどう》や野外音楽堂での演奏会は、一般人が聴ける本格的洋楽鑑賞の機会で、入場料は無料、うるさいマナーもないため、立ち見客が押し掛ける盛況ぶりでした。演奏プログラムには吹奏楽だけでなく管弦楽も入り、陸・海軍楽隊が隔週交互《かくしゅうこうご》の公演ですから演奏者も晴れの舞台と、懸命に技術を競う音楽会でした。その後、大阪など、軍楽隊が駐屯《ちゅうとん》する地方都市にまで拡大されます。この盛況が百貨店の少年音楽隊の結成に結びつきます。軍楽隊の活躍にひけをとらないのは慈善《じぜん》音楽会で、その開催地域の広がりは地方にまで及び、洋楽普及の大きな役割を果たしました。

また聴衆だった学生が、演奏を志すようになり、全国の大学などに学生オーケストラが結成されます。

■明治期の音楽普及活動

●音楽会は鹿鳴館から…

最良ノ音楽ヲ
拡張普及シ
本邦公衆ノ
音楽ノ趣味を
高尚ナラシメ…

鹿鳴館↓

★**日本音楽会**（1886）　洋楽振興機関

会長：鍋島侯爵　副会長：伊澤修二
会員：各界上流貴紳淑女＋外国人（200余名）
会場：鹿鳴館（1・2回）華族会館（3・4回）
曲目：舞曲中心（ポルカ・カドリーユ・ワルツ）
奏者：陸海軍楽隊＋伶人＋外国人

●洋楽同好団体の音楽会

・洋楽第一も民衆向けに会場・曲目に工夫
・演奏家としての技量向上の研修意味も
・財政的背景が弱体で組織運営力に難点

★**明治音楽会**（1898）　洋楽同好団体

目的：洋楽普及・演奏技量向上の音楽会
団員：音楽学校卒業生＋雅楽課伶人＋学生
楽種：洋楽・邦楽（長唄・三曲・箏曲…）混沌型

●本格的な洋楽音楽会

・定期演奏会開始当初は聴衆集めに苦労
・管弦楽の育成　オーケストラの整備
・同声会（卒業生）学友会（在校生）演奏会

★**東京音楽学校**　定期演奏会　（1898～）

目的：卒業演奏会・温習会から定期演奏会
楽種：交響曲・協奏曲・歌劇・独唱・合唱

●普及のエポック

1900年代後半～
野外音楽会

・誰でも気楽に聴衆に
・本格的な洋楽演奏会
・マナー・入退は自由
・料金無料・予約不要
・邦楽アレンジ曲目も

●笛吹けど踊らず

1890年代～
各種音楽会

・聴衆は上流階級のみ
・都会地・会場が限定
・会場内の観客マナー
・高額な音楽会入場料
・一般に難解な楽曲

☆**軍楽隊の野外音楽会**　日本初の公園奏楽

会場：日比谷公園奏楽堂（1905）
　　　日比谷公園野外音楽堂（1906～）　客席増設
演奏：陸軍戸山学校軍楽隊・横須賀海軍軍楽隊
公演：3回／月　陸・海軍楽隊が交互に公演
大阪・天王寺公園奏楽堂（1912）／中之島公園でも
　　陸軍第四師団音楽隊が定期演奏会実施（毎月3回）

↑日比谷公園奏楽堂　定期演奏会風景

●拡がる音楽団体

☆**慈善音楽会**　慈善事業の募金活動（1891～）

団体：教会関係・婦人団体・学校関係
楽種：洋楽・和洋混沌型・邦楽など各種
対象：貧民救済・学校・障害者施設建設
　　　出征兵士家族援護・災害罹災者支援…

明治日本でこの種の音楽会の果たした役割は極めて大きい　時期にもよるが催行回数からいえば音楽学校や洋楽同好会をしのぐほど

☆**学生音楽団体**　聴衆から演奏者へ

団体：大学・高師・高工の同好会
楽種：合唱・管弦楽・特定器楽
形態：管弦楽団・軽音楽・グリーC
　　　マンドリンC・ギター研

・慶応ワグネル・ソサィエティ（1902）
　…を嚆矢に1910年前後に続々結成
　早稲田・学習院・東京帝大・関西学院

　これまで明治時代の洋楽の導入経緯を振りかえると、軍楽隊・雅楽課・音楽取調掛と、その目的とするところや音楽分野、伝習開始時期などに違いがあるものの、相互には強固な連携関係が見て取れます。

　現代ではよく縦割《たてわ》り社会の象徴と揶揄《やゆ》される「官」組織ですが、明治初期の洋楽導入に限っては、官主導の三位一体《さんみいったい》の相互協力で伝習や奏楽が進められました。

　いち早く吹奏楽を確立した陸・海軍軍楽隊は、軍務を超えて、宮内省の依頼で、洋風化する宮中や外交行事での洋楽の委託演奏を引き受けます。しかしこれら洋楽演奏が恒常化し増大すると、自前の専任楽団設立が必須《ひっす》となり、伶人《れいじん》たちも洋楽伝習を始めるとなれば、軍楽隊側が隊長まで派遣して、演奏指導はもちろん、楽器の手配から、外人教師の共用まで万全の協力をしました。そのうち宮中の饗宴や儀礼の音楽には、吹奏楽より管弦楽が相応《ふさわ》しいと、伶人たちが独自でおこなう学習には、音楽取調掛のメーソンが力を貸し、その技能を習得した後には逆に、伶人たちが伝習所の教員となって手助けをします。また軍楽隊も音楽性や演奏場面の広がりから、管弦楽分野への進出については、今までの恩返しとばかりに、伶人や音楽取調掛の後身たる音楽学校が指導役になるという、互いの能力向上に連鎖的な協力関係ができあがります。お雇外国教師たちも、より高いレヴェルの洋楽を学ぼうとする者には組織を超えて横断的な協力関係を展開します。

　明治末期でも、音楽会で演奏できる日本人音楽家はまだ数少ない状況です。一八八〇年代の鹿鳴館での舞踏会や、一八九〇年代の「日本音楽会」など、どれにも軍楽隊員・伶人・東京音楽学校の教師や学生と卒業生、そして楽器の心得のある一般外国人などが同じ楽団の混合メンバーとして演奏するのは珍しいことではありませんでした。音楽家を多数養成できるはずの東京音楽学校の定期演奏会でさえ、学校関係者だけでの演奏会開催は無理でした。しかしこうした人的交流の広がりと切磋琢磨《せっさたくま》が、次代の大正・昭和で日本の洋楽界を花咲かせる原動力となっていきます。

■洋楽導入の流れ

●洋楽文化の受入れ窓口

組織	薩摩伝習隊	陸・海軍楽隊	雅楽課	音楽取調掛	東京音楽学校
発足	1869 年	1871年	1874 年	1879 年	1887 年
管轄	薩摩藩	陸・海軍省	宮内省	文部省	文部省
目的	軍事儀礼 調練	軍事儀礼 外交行事	宮中行事 外交行事	唱歌教育 教員養成	芸術音楽普及 音楽家養成
種目	鼓笛楽 吹奏楽	吹奏楽 (管弦楽)	吹奏楽 管弦楽	唱歌 管弦・鍵盤	歌曲・弦楽曲 作曲・指揮

●三団体の強固な連携

吹奏楽 ⇨ 軍楽隊長
(陸)伶人 ⇦ ⇨ 伶人 ⇨ 卒業生
管弦楽 (海)依託生 ………▶ 派遣 就学

●お雇外国人も連携

伝習時のこれら現象は背景に
三団体間の横断的親交がある
学習意欲の強い日本音楽家と
外人教師側の熱意もあろうが
「共雇い」の費用面が第一か
黎明期以外はこれらは減少

	薩摩	海軍	陸軍	雅楽課	取調掛
フェントン	○	○		○	
メーソン				○	○
エッケルト		○	○	○	○
ルルー			○	△	△

●連携は演奏会でも

	軍楽隊(管)	雅楽課(管・弦)	音楽学校(弦)
日本音楽会	○	○	○
明治音楽会	○	○	○
東音演奏会	○	△	○

●日本で最も高級な演奏会の標準
明治末期にはフル・オーケストラで
交響曲を演奏できる管弦楽団…の評
東京音楽学校の定期演奏会

☆しかしこのレベルの演奏会でさえ
「助っ人」との混成楽団
・宮内省伶人…管・弦(1917年まで)
・軍楽隊楽手…金管 (終戦昭和まで)

↑「欧州管弦楽合奏之図」橋本(楊洲)周延・画
(澤崎眞彦蔵)
フルート:奥好義(伶人)ピアノ:瓜生繁子(東音)
ヴァイオリン:幸田延(東音)と記されている

西洋音楽という異文化導入に先駆者たちは
明治全時代をかけ試行錯誤を重ねてきた
移植・伝習・普及の醸成プロセスを経て
近代後半は定着と熟成を目指す期間である

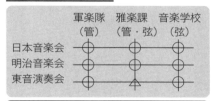

帝劇から浅草へ——オペラ前史

日本で最初の歌劇的な試《こころ》みは、一八九四年の外人による《ファウスト》ですが、その後に日本人初とか、歌劇を志向した唱歌劇《しょうかげき》など実験的な上演がありました。それらには重点が音楽なのか、それ以外の構成内容なのか二つの型が混沌《こんとん》として、ほかの音楽劇もレビューも「歌劇」とよぶものと同一と誤解されてしまいます。

明治末期には、近代化の一環として外国並みの歌劇場が要請されて「帝国劇場」が開場、メインは歌舞伎でも、歌劇など西洋音楽も独自で公演できるように「歌劇部」や「管弦楽団」も創設されます。実際に歌劇的なものを演じても、単独興行ではなく、ほかの演劇の合間の中幕《なかまく》の扱いですから、観客の多くは洋楽趣味をもたないため「解らない」「つまらない」と不評でした。

帝劇ではイタリア人の舞台監督兼舞踊振付師のローシーを招き《ヘンゼルとグレーテル》をはじめに数々の歌劇を公演したものの、相変わらずの中幕扱いや同じ観客層では、結果は不評のままでした。結局ローシーとの契約切れをもって、帝劇は歌劇の自主公演を断念します。ローシーは、同じく帝劇を離れた歌劇部員とともに、赤坂の「ローヤル館」という小劇場で歌劇を公演しますが、これも興行不振や内部の路線対立などにより一年余りで解散に追い込まれてしまいます。

そのころ関西では宝塚新温泉の客寄せに少女歌劇団が創設、創設者の小林一三《こばやしいちぞう》の独特の興行理念から、欧米歌劇の直輸入とは異なる「日本的歌劇」の創造をめざし、独自の興行ビジネスを確立していきます。

米国帰りのダンサー高木徳子《たかぎとくこ》の浅草でのバラエティ・ショーや、音楽劇《女軍出征《じょぐんしゅっせい》》が評判となり、数々の歌劇団が結成され大評判となって「浅草オペラ」が誕生します。しかし「オペラというより浅草オペラという演芸」との至言《しげん》があるように、題目だけは本格オペラを頂戴し、その筋書は大幅にカットして、大衆向けの歌詞のアリアが流行歌並みにヒット、ペラゴロと呼ばれる熱狂的ファンで、圧倒的な成功を収めました。しかし最盛期は意外と短く、さらに関東大震災で劇場街の壊滅とともに浅草オペラも消滅してしまいます。

■日本オペラ前史

昭和年代まで 歌劇 の誤認
（児童劇 喜歌劇 レビュー 歌劇）

●日本の歌劇の萌芽

・日本人による初の歌劇（1903）グルック作曲《オルフェウス》→
・歌劇を意識した唱歌劇（1905）北村季晴作曲《露営の夢》→
重点 音楽 構成

●帝国劇場の歌劇

帝国劇場 開場（1911） ⇨ 歌舞伎上演を中心に新劇・オペラやオーケストラの上演など多目的使用

近代国家日本の国威発揚
最高の劇場で最高の演劇…

歌劇部創設（1910） 声楽部員 管弦楽団 専属女優 養成

☆帝国劇場 歌劇上演（1912）

《胡蝶の舞》《熊野》
《カヴァレリア・ルス…》 不評 ⇨ 基本的問題
- 数種の演劇を上演する合間に「歌劇」を上演… 上演形式
- 洋楽好みの客だけでない多くは芝居が目当て… 観客層

解らない！

☆やはり本場の指導者を…

← ローシー（G.V.Rossi） 伊舞踊家 招聘（1912）

《ヘンゼルとグレーテル》《魔笛》《天国と地獄》 不評 ⇨ 帝劇洋劇部解散！（歌劇部改称）（1916）

ローシーとの契約更改せず ← 帝劇歌劇を 断念

★ローシー赤坂 ローヤル館 で歌劇興行開始（1916）

原信子・清水金太郎など…帝劇より移籍 ⇨ 《天国と地獄》《小公子》《ボッカチオ》《椿姫》… 不評 ⇨ 設立1年余りで… 興行的な問題 内部路線対立 解散（1918）

●宝塚少女歌劇団（1913）

☆当初発想 ⟶ ★興行事業としての少女歌劇

第一回公演
宝塚新温泉 集客用の余興

Policy
・西洋歌劇ではなく「日本的歌劇」創造
・芸術的・観念的な歌劇論と一線を画す
・家族全員が楽しめる低料金・娯楽本位
⇨
Contents
洋楽の直輸入 ×
共鳴範囲の歌
西洋のダンス
日本の舞踊 } 調和

日本初のレビュー《モンパリ》《パリゼット》 シャンソン・ジャズなどの先駆

●浅草オペラ始まる（1916）

☆帝劇歌劇・ローヤル館の解散後に部員たちが各々が一座を立上げて浅草興行界に進出
☆高木徳子の「バラエティ」（ダンス・楽劇・喜劇）オペラ《女軍出征》常磐座（1917）が嚆矢

「浅草オペラ」の大流行も この間
役者・劇団・劇場の激しい離合集散が…

劇団 歌舞劇協会・原信子歌劇団 東京歌劇座・新星歌舞劇団
劇場 金龍館・三友館 日本館・観音劇場

★黄金期の「浅草オペラ」は最終的に「根岸大歌劇団」「金龍館」に集中（1922）

●関東大震災で（1923）**浅草オペラ消滅！**

浅草オペラ 本格オペラやオペレッタの複雑な劇の筋を大幅に改変 観客に判り易くリメークした洋風音楽劇や喜歌劇
帝劇や赤坂で不成功の「歌劇」が浅草で人気の要因は 西洋歌劇の直輸入でなくクダけた歌詞の歌・快適な音楽・大胆な衣装・洒落た台詞など大衆芸能化に徹底

清水金太郎

田谷力三

原 信子

榎本健一

歌劇の自主公演を断念した帝国劇場ですが、ロシアやイタリアなど外国歌劇団の公演は続けていました。これらは小規模ながらも、また一流の歌手とはいえないまでも、さすがに本場の歌劇団で、代表的な作品を歌劇単独の興行で本格オペラの堪能《たんのう》できるものでした。大正期には、欧米の一流音楽家も続々と来演し、本物の音楽に接した日本人の、オペラや洋楽への認識が高まっていきます。一方で、大衆相手の浅草オペラが人気のあった同時期に、山田耕筰が「本当の歌劇」をやりたいと念じ「日本楽劇協会」という研究団体を創設し、帝国劇場で三夜をかけた、歌劇と管弦楽との公演をおこないます。これら芸術に対する高邁《こうまい》な思考も、興行成立の経済的な背景なしには叶えられず、結局その後の公演を諦めざるを得ませんでした。しかしこれを契機に、山田耕筰のオーケストラ運動は活発となり、日本の交響楽団設立の道が拓けることになります。

安直《あんちょく》な形式の公演で人気となっていた浅草オペラも関東大震災で消滅、昭和に入ると「ラジオでオペラ」という新しい試みが始まります。物語の進行はナレーション、音楽部分は日本語の歌詞で舞台そのままに放送され、本格オペラの啓蒙《けいもう》という意味では大きな足跡を残しました。左図にあるように、オペラの代表的な作品がほとんど網羅されている面でも画期的でした。

このころには日本人による歌劇団や研究団体の結成が盛んになり、また活動停止状態にあった楽劇協会も公演を再開します。特に山田耕筰の創作による《堕《お》ちたる天使》や、藤原義江のオペラ・デビューなどが話題になりました。またオペラを三十年間封印されていた東京音楽学校も当時在校生の藤山一郎の出演で上演しています。しかしなんといっても、日本で本格的オペラを実現したのは藤原義江《ふじわらよしえ》です。新国劇《しんこくげき》の役者から浅草オペラ、イタリア留学でベルカント唱法をマスターし、欧州本場でも認められた異色の経歴の持ち主ですが、ただでさえ大変な歌劇団の運営と、戦時中の厳しい管理体制下で自主公演を十八回もおこなったことは日本オペラ史上の偉大な業績といえます。

■本格オペラへの道

●外国歌劇団公演（帝劇）

プロのオペラ歌手（一流ではないが）
本格的オペラ公演（小規模ながらも）
有名な作品は網羅（グランドオペラ）
欧州本場並み興行（一晩一演目上演）

⇩

日本の聴衆に本格的オペラの醍醐味の片鱗を感じさせた…

ロシア・グランドオペラ
1919～1927（全4回）
外来初の本格的な歌劇団
ウラジオストックで臨時編成の白系ロシア人歌手
管弦楽は日本人の40人

カーピ・イタリア歌劇団
1923～1930（全6回）
東洋各地を巡業する歌劇団
イタリア人歌手や東洋在住のイタリア・ロシア人歌手
管弦楽は十数人の外人楽団

★一流声楽家続々来日 ⇦
(Sop) G. クルチ／T. ダルモンテ
(Alt) S. ハインク　(Ten) M. フレータ
(Bass) F. シャリアピン

●苦しい日本オペラ事情

日本楽劇協会 結成（1920）
山田耕筰：芸術的に高度なオペラ公演を意図
帝国劇場でワーグナーの《タンホイザー》や《ローエングリン》など歌劇と数曲の交響曲
芸術的にはともかく経済的な負担が強大 →
そのためこれ一回で公演を断念し休眠状態に

☆当時日本の歌劇公演の難易度
費用：通常の演劇公演の3倍以上
（演出者・出演者・衣装・道具・照明などスタッフさらに優秀歌手・合唱団・管弦楽団・バレエ団）
興行：1日　乃至　3日まで
客層：主に若い人　それも数は多くない
収入：通常の演劇並み入場料が限度

●ラジオで新形式のオペラを

放送歌劇 NHK（1927～1930／月1回）
本格的オペラ公演の基礎固めとして企画
アリアなど音楽は日本語訳の歌詞で歌い
物語の筋や場面説明のレチタティーヴォとセリフの部分はナレーションで解説

★「放送歌劇」で演奏の演目
《カヴァレリア・ルスティカーナ》《トスカ》《蝶々夫人》《フィガロの結婚》《ファウスト》《リゴレット》《軍艦ピナフォア》《アイーダ》《タンホイザー》《ボエーム》《メリーウィドー》《魔弾の射手》《トロヴァトーレ》《フィデリオ》《ヘンゼルとグレーテル》《道化師》《椿姫》…

●蠢動《しゅんどう》期の日本オペラ界

☆歌劇団や研究団体が結成・公演
- ヴォーカル・フォア………(1927)
- オペラ・ヴェルディアナ…(1930)
- 東京歌劇座…………………(1931)
- カプリ歌劇団………………(1932)
- 日本歌劇連盟………………(1933)

☆日本楽劇協会が公演再開（但し4回まで）
第2回公演（1928）歌舞伎座《堕ちたる天使》
第3回公演（1930）歌舞伎座《椿姫》藤原義江
第4回公演（1930）築地東劇《蝶々夫人》言語

☆東京音楽学校（1933）奏楽堂 30年ぶり歌劇公演
《ヤーザーガー》で増永丈夫（藤山一郎）
《ローエングリン》を演奏会形式で

●本格的オペラの第一歩

第一期 **藤原歌劇団** の結成（1934）
「藤原義江氏一党による歌劇研究会」
第1回公演を日比谷公会堂で《ボエーム》
また戦前だけで18回の自主公演を挙行
特に戦況悪化著しく学童疎開や学徒動員の1943年に《ボエーム》《セヴィラの理髪師》《フィデリオ》と3度の公演を

藤原義江（1897～1976）
日本の男性オペラ歌手
愛称「吾らのテノール」
戦前から戦後にかけ活躍した
藤原歌劇団を創設・運営
日本オペラ運動の先駆者

絶えぬ紛糾の歴史——民間オーケストラ

軍隊や宮中《きゅうちゅう》のニーズから導入された洋楽も、ユンケルやクローンといった外人教師の指導で、東京音楽学校に日本初のオーケストラ（以下オケ）が誕生します。そうした官界のオケとは別に、大学など同好会的な学生オケや、宣伝のための商業オケなどが誕生します。

日本初の本格的オーケストラとは、山田耕筰《やまだこうさく》が岩崎男爵の後援で設立の「東京フィルハーモニー会」です。軍人や軍隊への寄金集めが目的の「恤兵《じゅっぺい》音楽会」は、各方面から楽士を集めた大編成で大好評だったため、専属の管弦楽部を創設、しかし山田と岩崎が対立し岩崎が後援を打切ったため、一年後に解散します。

その十年ほど後、山田耕筰は独自に「日本交響楽協会」（以下日響《にっきょう》）を創立、近衛秀麿《このえひでまろ》も合流して演奏会を開催します。この日響メンバーと、満州にいた亡命ロシア人音楽家と合わせ「日露交歓交響管弦楽《にちろこうかんこうきょうかんげんがく》演奏会」を日本各地で開催し好評だったため、このメンバーで常設オケを結成、放送開始間もない日本放送協会の支援を得て、職業的に自立した日本初のオケでした。

しかし、山田・近衛の間で対立が起こり、日響は分裂してしまいます。多くの団員を引き連れた近衛は「新交響楽団」（以下新響《しんきょう》）を結成します。新響は放送協会の支援を得たものの、ここでもまた内紛が起きて嫌気をさした近衛が離脱、新響は指揮者なしのオケ運営を余儀なくされます。しかし結束の固い新響のメンバーは次第に実力が認められ、一時は切られた放送協会の支援が再開します。その後、ナチ全盛のドイツから、ユダヤ系の超一流指揮者のローゼンストックが常任指揮者に就任、団員から「練習というより闘いだ」と言わしめるほど苛烈な猛特訓で、新響は欧州楽壇に比肩しうる交響楽団となり、戦後にはN響となります。

大正期には、新響以外にも主要各都市にオケができて演奏会を開催、また百貨店の少年音楽隊から発展した「東フィル」など新響以上の歴史をもって現代に活躍するオケもあります。日本のオーケストラにとって山田耕筰と近衛秀麿は生みの親、そしてローゼンストックは世界レヴェルに引上げた育ての親といえます。

■民間オーケストラの誕生

●黎明期のオーケストラ

官界オケ → 学生オケ → 商業オケ

軍楽隊 管楽 / 宮内省 弦楽 ⇒ ユンケル クローン ⇒ 東京音楽学校 管弦楽団

洋楽導入　指導・整備　日本初の PO（1917）

学生オケ：慶応義塾／学習院／東京高師／広島高師

商業オケ：市中音楽隊／少年音楽隊／少女音楽隊／映画館楽隊

●本格オーケストラの元祖

東京フィルハーモニー会 ⇒ 恤兵《じゅっぺい》音楽会 大好評 ⇒ 東京フィルハーモニー会 管弦楽部 創設（1914）

岩崎男爵主宰　帝国ホテルや帝劇でピアノ独奏や独唱など洋楽の普及を目的（1910）

海軍軍楽隊・三越少年音楽隊 東京音楽学校、宮内省楽部の3管80余名の大編成（1914）

2管35人の編成 7回の演奏会の後 突如解散（1915）

●プロ・オーケストラ

日本交響楽協会（1925）（略称＝日響） ⇒ 日露交歓交響管弦楽演奏会 ⇒ 日響 を 常設オケ化

設立山田耕筰：近衛秀麿合流

メンバーは映画館の楽士や六大学の管弦楽部員が中心

露から満州ハルビンに亡命の反共主義者やユダヤ人音楽家と日響メンバーの混成演奏会

日本主要都市巡演で大好評！

ラジオ放送開始（1925）

放送局の支援決定

プロ・オケの誕生

定期演奏会（12回）

内紛発生 ← 山田・近衛 対立

分裂　近衛派40名 離脱

新交響楽団　設立近衛秀麿（1926）（略称＝新響）

放送局・新響支援

又々内紛　コロナ事件 ピンはね騒動（1935）

新響メンバー 近衛秀麿と訣別

無指揮者演奏会

実力評価 ⇩

JOAK SO

常任指揮者にローゼンストック就任（1936）

伝説的猛特訓

⇩（1971）

NHK 交響楽団

別に主要放送局毎の管弦楽団を保有

●現存する日本最古のオケ

名古屋（1911）

⇩ いとう呉服店少年音楽隊
松坂屋少年音楽隊（1925）
松坂屋管弦楽団（1918）

拠点を東京に移動

⇩ 中央交響楽団（1924）
東京交響楽団（1941）

東京フィルハーモニー交響楽団

（1971・略称＝東フィル）日本最多楽員数
本拠：Bunkamura オーチャードホール

●大正期各地のオケ

☆大阪　羽衣管弦楽団（1915）
増田銀行頭取が関西音楽家で天王寺公会堂で奏楽　増田銀行破綻で消滅

☆京都フィルハーモニー（1918）
京都帝国大学管弦楽団を中心に結成 ロシア人指揮者E．メッテルを招聘

☆東京シンフォニー・（1922）
大倉男爵が帝国ホテル専属のロシア人音楽家で奏楽　関東大震災で自然消滅

☆大阪市音楽隊（1925）
第四師団音楽隊の廃隊を大阪市役所が隊員を引き受け公演奏楽を続行

●日本のオーケストラを育てた3人

山田耕筰
（1886～1965）
作曲家・指揮者
交響曲・オペラの興隆に尽力
《赤とんぼ》他

近衛秀麿
（1898～1973）
指揮者・作曲家
オーケストラの先駆者　多くのユダヤ人を救済

（写真所有：ユンゲン・レーマン）

ローゼンストック
Joseph Rosenstock
（1895～1985）指揮者
過酷との評もある猛特訓で新響を世界レヴェルのオーケストラに引上げた

カナリヤは歌った——唱歌から童謡へ

児童文学者の鈴木三重吉《すずきみえきち》は、自分の子どもに読ませたい作品、歌わせたい歌がないことに気づき「芸術として価値ある純麗《じゅんれい》な童話と童謡を創作する運動」を興したいと、現代一流の作家・詩人に声をかけ賛同を得て、雑誌『赤《あか》い鳥《とり》』を創刊します。当時は大正デモクラシーの真っ只中、国家中心の明治時代に対し、国民を中心に考えた時代で、各界に同様の運動が連鎖的におきていました。『赤い鳥』では三重吉が童話を、北《きた》原白秋《はらはくしゅう》が童謡を主管していましたが、白秋はつねづね「子どもに理解できない言葉や教訓をもって、何が真に教えられ得るか」と学校唱歌に不満をもっていたため、自身も三百編を超える作品を掲載するとともに、童謡の選者として童謡運動を推進します。

白秋は童謡を必ずしも旋律を伴った歌とは考えず、童話の「散文」に対する「詩」つまり童謡との認識だったといわれます。実際、数ある名作の中でも、童謡運動の核ともいえる西条八十《さいじょうやそ》の《カナリヤ》にしても、成田為三《なりたためぞう》が曲を付与したのは誌上に発表の翌年でした。帝劇で作曲者である成田為三の指揮と「赤い鳥少女合唱団」によって《カナリヤ》が歌われ、それまでの唱歌とは全く異なる芸術的な詩と、洋楽形式の旋律で大評判となります。さらにこれがレコード化されたため全国に流布、そして童謡普及へ絶大な効果を果たしただけでなく、レコード産業発展のためにも大きな企画となりました。この結果、『赤い鳥』と同種の数十もの童謡雑誌が発刊され、童謡レコードの発売が相次ぐほどの童謡ブームが起きて、左図にあるような現代にまで歌い継がれる名作が数多く創り出されました。

こうした作品創りにより、作詞家や作曲家といった職業が成立するようになり、たくさんの作家が生れますが、中でも作曲の中山晋平《なかやましんぺい》、作詞の西条八十や野口《のぐち》雨情《うじょう》のように、童謡のみならずレコードを中心に民衆歌謡の領域にまでその活動範囲を広げてゆきます。

本書が音楽系ゆえに、ここまで『赤い鳥』の話も童謡の話題ばかりでしたが、童話にも芥川龍之介《あくたがわりゅうのすけ》の「蜘《く》蛛《も》の糸《いと》」など児童文学がたくさん載せられています。

■唱歌から童謡へ

わらべ歌 自然・伝承童謡	唱歌 学校教育用歌曲	童謡 芸術的創作童謡
子どもたちの遊びの中で発生し永く口伝えに歌い継がれた歌 毬突き・縄跳び・鬼ごっこ…	子どもの徳育や情操教育目的で花鳥風月や教訓的な内容を文語調で詠んだ歌	大正後期に始まる子どもが童心を表現したと感じ心から歌える芸術味豊かな詩で創作された歌

●童謡運動始まる（1918）

背景 大正デモクラシー →

（明治）国家主義 ⇨ （大正）民主主義 自由主義

社会運動：憲政擁護 普通選挙

文学運動：雑誌 白樺 1910

童謡運動：雑誌 赤い鳥 1918

↓鈴木三重吉 ↓北原白秋

文学的運動 ←

白秋は発刊当初　童謡に旋律の付与は考慮してはいなかった　《カナリヤ》は誌上で発表された翌年になって成田為三が作曲

赤い鳥 は当初…
芸術的真価ある純麗な童話と童謡詩の創作

「童謡」≠「音楽」≠「歌謡」
「童謡」＝詩　「童話」＝散文

⇦ 文部省唱歌 ＝教訓的で観念的

子ども ｛自然な感情から乖離《かいり》／理解不能な詞や教訓｝

春の弥生の曙に／四百余州を
建武の昔正成の／十万余騎の

↑これで何を教えうるのか！

カナリヤ　西条八十

♪（一番）
唄を忘れた　カナリヤは
後ろの山に　捨てましょか
いえいえそれはなりませぬ

♪（四番）
唄を忘れた　カナリヤは
象牙の船に　銀の櫂
月夜の海に　浮かべれば
忘れた唄を　思い出す

芸術的な香気が高い詩
非有節歌曲形式の旋律

今までの唱歌と違う！

大好評！ ⇨

童話童謡雑誌ブーム招来

●童謡運動の作詞家

北原白秋　《雨降り》《あわて床屋》《ゆりかごのうた》《ペチカ》《からたちの花》《この道》

西条八十　《カナリヤ》《肩たたき》《鞠と殿様》《お月さん》

野口雨情　《雨降りお月》《シャボン玉》《あの町この町》《黄金虫》《青い眼の人形》《赤い靴》《兎のダンス》《七つの子》《證城寺の狸囃子》

●童謡運動の作曲家

成田為三　《カナリヤ》《浜辺の歌》《雨》

弘田龍太郎《浜千鳥》《叱られて》《雀の学校》《春よ来い》

草川　信　《夕焼小焼》《揺り篭の歌》《どこかで春が》

山田耕筰　《赤とんぼ》《兎のダンス》《ペチカ》《待ちぼうけ》

本居長世　《十五夜お月さん》《七つの子》《赤い靴》《青い目の人形》《めえめえ小ヤギ》

中山晋平　《てるてる坊主》《砂山》《黄金虫》《シャボン玉》《背比べ》《肩たたき》《毬と殿様》《兎のダンス》《あの町この町》《雨降りお月》《証誠寺の狸囃子》

野口雨情《うじょう》（1882～1945）
詩人・作詞家
童謡の三大詩人の一人で流行歌新民謡にも注力

西条八十《やそ》（1892～1970）
仏文学者・詩人
童謡・流行歌・新民謡までジャンルの節目に傑作発表

中山晋平（1887～1952）
大正昭和前期を代表する大衆音楽の作曲家　童謡流行歌・新民謡の各分野に洋楽技法で日本的心情を歌う傑作を多数残した

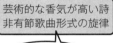

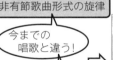

唄は世につれ ―民衆歌謡

近代といえども、民衆の間に流行《はや》る歌謡といえば、やはり端唄《はうた》・長唄《ながうた》など邦楽が中心です。しかし明治から大正デモクラシーの時代には、権力批判や社会風刺などの演説が官憲《かんけん》の厳しい規制を受けるようになり、演説に代り節《ふし》をつけて歌う「演歌《えんか》」が流行します。

新劇《しんげき》「芸術座」の『復活』の劇中歌だった《カチューシャの唄》が評判となり、レコード化もされて全国的に人気で「流行《はや》り唄《うた》」第一号となります。復刻された松井須磨子《まついすまこ》の歌を聴くと、音程も不確かで美声とは縁遠い感じで、何故これが…と、現代では思いますが、中山晋平の独特の作曲技法が、それまでと全く違う新時代の歌謡として認識されたのでしょう。大正も末期になると、《船頭小唄《せんどうこうた》》のように、歌詞の内容や旋律も暗い世相を反映した絶望的なものが多くみられ「現代の演歌」の源流がここに現れます。昭和初期にはレコードの音質が電気信号吹込みで格段に向上し、分業化されたスタッフによって「ヒットを狙って新しい曲を創る」レコード歌謡の時代が訪れます。音楽ジャンルも拡大して《君恋し》に代表される和製ジャズや、軽快なリズムの《東京行進曲》の系統が多数創られます。

また、当時の歌謡曲にほとんど使われなかったギターやマンドリンを伴奏に、叙情味な哀調をもつ独特の曲を発表したのが新進気鋭の作曲家古賀政男《こがまさお》です。

暗かった時代背景もあって「晋平節《しんぺいぶし》」から「古賀メロディ」の時代を迎えます。同時に曲の善し悪しに加え、歌手の声楽技術や唱法もヒット作の大きな要素になり、音楽学校出身の佐藤千夜子《さとうちやこ》や藤山一郎、「ウグイス芸者」の小唄勝太郎などが、流行歌の世界に進出します。戦争の気配が濃厚になり不安が横溢《おういつ》する世相の中で、だからこそ刹那的《せつなてき》な享楽、この相反する心情が流行歌の世界にも出現します。「流行歌《りゅうこうか》」の名称はNHKに嫌われ「歌謡曲」となりましたが、発表される歌謡曲には明暗それぞれのイメージの曲が混在しています。時代背景に連動した民衆歌謡の中で、時代や世相を超えて永く流行したのが「新民謡《しんみんよう》」です。ご当地ソングの原型ですが、現代でも愛唱される民衆の唄です。

■民衆歌謡

●演説歌＝演歌 ＝**壮士節**（明治～大正）

川上音二郎　添田唖蟬坊
《オッペケペー節》《ダイナマイト節》

自由民権運動 vs 藩閥専制政治 → 政府批判演説会 → 臨検・阻止・拘束

⇒ 民権の活動分子＝ 壮士
街頭で歌 演説歌＝演歌
生半な演説より大衆に浸透

悲憤慷慨の蛮声
権力批判
時局風刺

●流行り唄（はやりうた） → 近代民衆歌謡の始まり

第一次大戦勃発
工業近代化急進
大戦の特需景気

《カチューシャの唄》♪（カチューシャ可愛いや　別れのつらさ）1914
《ゴンドラの唄》　♪（命短し恋せよ乙女　紅き唇あせぬ間に）1915
流行り歌の近代化＝ 西洋音楽の技法 ＋日本俗謡の心情

同時代の唄
ばらの唄
のんき節
ダンチョネ
コロッケの唄

●昭和演歌の源形 → 厭世・閉塞感の怨み節

大戦後の不景気
軍縮協定の成立
関東大震災被害

《船頭小唄》♪（俺は河原の枯すすき　同じお前も枯すすき）1922
《籠の鳥》♪（逢いたさ見たさに怖さを忘れ　暗い夜道を唯一人）1922
哀調の歌の範形＝ ヨナ抜き短音階＋ユリ（装飾的技法）

新ノーエ節
鴨緑江節
馬賊の唄
大震災の唄

●レコード歌謡 → 電気信号吹込みによる音質革命

世界恐慌・倒産
失業・社会不安
エログロナンセンス

《波浮の港》♪（磯の鵜の鳥ゃ　日暮れにゃ帰る　波浮の港にゃ）1928
《東京行進曲》♪（むかし恋しい銀座の柳　仇な年増を誰が知ろ）1929
ヒット作狙いの企画 作詞・作曲・演奏・歌手の分業化

出船の港
アラビアの唄
道頓堀行進曲
君恋し

●流行歌（りゅうこうか） → 昭和モダニズムの陰翳

満州事変・孤立
五一五事件発生
国際連盟を脱退

《酒は涙か溜息か》♪（酒は涙か溜息か　心の憂さの捨て所）1931
《影を慕いて》♪（幻の影を慕いて　雨に日に月に　やるせぬ）1932
声楽技術と艶歌唱法 美声で囁くクルーナー唱法が台頭

侍ニッポン
天国に結ぶ恋
女給の唄
島の娘

●歌謡曲 → 暗い明日と捨て鉢な陽気

二二六事件発生
日中戦争が勃発
国家総動員令

《別れのブルース》♪（窓を開ければ港が見える　メリケン）1937
《ああそれなのに》♪（空にゃ今日もアドバルン　さぞかし）1936
刹那的な風潮を反映 不安感・閉塞感が一瞬の享楽を

青い背広で
ダイナ
人生の並木道
裏町人生

●「歌謡曲」の名称
「流行するか否かも判らない歌をＮＨＫが 流行歌 との名称での放送は無理」となり 歌謡曲 の名に

●新民謡

民　謡 ＝ 自然に発生し口伝えで伝承された民衆の歌
新民謡 ＝ 企業や自治体などの要請でプロが創った歌

代表曲 →
《祇園小唄》♪（月はおぼろに東山　かすむ夜毎の　かがり火に）1930
《茶切り節》♪（唄はちゃっきり節　男は次郎長　花はたちばな）1931
《東京音頭》♪（ハァ踊り踊るなら　チョイト東京音頭　ヨイヨイ）1933

松井須磨子（1886～1919）新劇の女優　島村抱月と共に「芸術座」を旗揚『復活』の劇中歌が大流行となる

佐藤千夜子（1897～1968）日本最初のレコード歌手　東音出身《波浮の港》《東京行進曲》などヒット作多数

小唄勝太郎（1904～1974）芸者《島の娘》に続いて《東京音頭》がヒット　その後の市丸などの「芸者歌手」の祖

近代のハイテク・メディア——レコード・ラジオ・トーキー映画

音声だけでなく動画までも容易に記録・再生可能な現代からすれば、レコードやラジオなど「何がハイテク？」と思うでしょう。生演奏でのみ聴ける音楽が、これらの機器で鑑賞可能とは、「魔法使いの仕業《しわざ》」とでも感じたのは、当時としてはごく自然なことでした。

輸入販売の時代を経て、初めてのレコード国産化は、米国資本が明治末期に設立した「日本蓄音機《にほんちくおんき》」です。

当時は邦楽・洋楽・唱歌など手当たり次第に千二百種も吹込んで売出しますが、その中で浪花節《なにわぶし》のレコードが大好評で、工場が昼夜の操業でも注文に応じきれなかったといいます。同時期に《カチューシャの唄》が大当りしたこともあり、レコードが商売になると、国内のレコード会社が続々と設立されます。音楽ではなく異色な売れ筋のレコードといえば政治演説盤で、尾崎行雄《おざきゆきお》や大隈重信《おおくましげのぶ》といった大物政治家が使ったため、選挙で使う政治家が増え、陰のヒット作になったといわれます。また関東大震災で疲弊した国家財政立て直し策でレコードが関税百％の対象になったため、海外メーカーは市場確保のため、日本にプレス工場を設立します。ただでさえ新会社の参入で競合関係が厳しい状況で、外国資本の日本法人の系列下に吸収される例も多くなります。そんな中、さらにレコード界を襲ったショックは、大正末期に始まったラジオ放送でした。

外国でもラジオによりレコード業界が危機に瀕した先例があり、日本の業界も一時パニックになりましたが、海外の業績回復のカギが、電気吹込みによる音質革命と判り、日本もその技術採用で息を吹き返します。

これら音質革命《おんしつかくめい》は、レコード歌手の選択やレコードの制作手法も変化させます。それまでの「流行っている唄のレコード化」でなく、優秀なスタッフで「ヒット作を狙って曲を創り」、大量宣伝をするやり方です。

また、無声映画《むせいえいが》がトーキー化され、単なるドラマの映画から「音楽映画」も作られるようになります。欧米の劇場以外では観られない舞台芸術や、著名な交響楽団の名演奏などが、日本で居ながらにして鑑賞できるのですから、これ以上の洋楽普及策はありません。

■レコード・ラジオ・トーキー映画

●音楽鑑賞方法の変革

ライブ 生演奏 ⇨ メディア 再生機器

	普及時期		
ＳＰレコード	1909	音楽盤	何時でも何度でも鑑賞
ラジオ放送	1925	音楽番組	朝から晩まで各種音楽
トーキー映画	1931	音楽映画	欧米の劇場に居る心地

☆音楽文化振興の革命的事件

●蓄音機とレコード

蓄音機：蘇音器・写言機
平円盤：錫箔管・蝋　管

↑ラッパ型蓄音機

●輸入販売（1903）
三光堂・天賞堂
十字屋　…
Victor/Columbia
Polydor /Brunswick
Grammophon

●国産化（1909）
日本蓄音機商会 略称・日蓄
当初商号「日米蓄音機」
米国資本（F.W. ホーン）
商標：NIPPONOPHONE

●吹込み音楽種目

☆ありとあらゆる…
端唄・小唄・長唄・常磐津
新内・義太夫・謡曲・詩吟
落語・浪花節・尺八…
軍楽隊・唱歌・洋楽歌唱…
1200 種　（日蓄の例）

☆政治活動（1915）
総選挙で尾崎行雄
回れない選挙区の
一部で選挙演説を
レコードで圧勝

☆邦楽輸入盤
欧米レコード会社は
日本で邦楽を吹込み
原盤を持帰りプレス
して日本へ

☆日蓄・浪花節が大当り
人気浪曲師・吉田奈良丸
３年間に 23 種 64 面吹込
注文殺到で工場の操業を
昼夜二交代に

●ラジオ本放送開始（1925）

☆日本レコード界パニック！
欧米の先例
ラジオの驚異的な普及により
レコード産業は存亡の危機に

↑三極真空管
ラジオ

・日本のレコード業界も悲境に
工場の操業短縮や従業員のレイ・オフ
・欧米レコード界の業績回復手段に習い
日本でも各社が「電気吹込み」を採用

ラジオの放送が楽曲の宣伝となり
レコード売上 UP ！相乗作用に

☆「贅沢品等ノ輸入税
二関スル法律」施行
レコード・蓄音機
100％輸入関税
⇩（1924）
日本にプレス工場建設
⇩（1927）
外資・日本法人設立
国内市場参入本格化
・日本コロムビア
・日本ビクター　…

☆ビジネス可能性の思惑
レコード新会社続々
・東洋蓄音機・大坂蓄音機
・東京蓄音機・帝国蓄音機
・日東蓄音機・東亜蓄音機
⇩
●業界商戦激化
・競合激化で流通争奪戦
・宣伝広告・販促費用増
・設備・制作スタッフ
・複写（海賊版）裁判

●音質・音量革命とその影響

☆録音・再生に画期的な進展（1927）
電気信号に変換の Microphone
それを増幅する Amplifier の技術
⇩
機械的吹込み → 電気吹込み
（音溝へ刻む）（電気信号に）
ゼンマイ駆動 → モーター駆動

☆歌手の条件変化
・声量より声質
美しい声
巧みな歌い回し
× 演歌師の蛮声
○ 佐藤千夜子
○ 佐々木米若

☆レコード制作手法
流行り唄 ⇩ レコード化 ⇨ HIT 狙い制作 ⇩ 流行歌
大資本：資金・設備・宣伝
分業化：作詞・作曲・歌手
コラボ：映画・舞台・小説

●トーキー映画（1931）

☆不要になった弁士・楽士
大量馘首《かくしゅ》に全国で労働争議
☆楽士の淘汰が始まる
技量優秀者はレコード業界へ

☆ 音楽映画 の出現 →
舞台芸術映画
・オペラ
・レビュー
・ミュージカル
伝記映画
・シューベルト
・ショパン
・モーツァルト

本場でしか味わえない
欧米一流の交響楽団や
歌劇場の演奏や歌唱が
そのまま日本で視聴…
最大の西洋音楽普及策

焼け跡に虚しい歓喜の歌声
——戦時中の音楽界

満州事変《まんしゅうじへん》以降、世界で孤立を深めた日本は、真珠湾攻撃で戦争へ突入します。戦時体制下では思想や言論の取締りで検閲が始まり、レコードを含む出版物や、ラジオ、演奏会など音楽界にも影響が発生します。

敵国となった米英国《べいえいこく》の音楽禁止や、風紀上問題ある歌謡曲には歌詞変更や発売禁止、極端な例では尾崎行雄の選挙演説のレコードまで発売禁止になりました。

開戦当初の音楽系への検閲は、それほどでもなかったようですが、ミッドウェー海戦《かいせん》の敗退で戦況が悪化すると締付けは厳格化します。敵性音楽たる米英音楽一千曲の演奏禁止（ただし《蛍の光》など三曲は除外）や、敵性用語の英語も禁止され、レコードは「音盤」に、レコード会社名や「ディック・ミネ」など片仮名の歌手の名前まで禁止の対象になります。クラシック音楽では、日独伊三国同盟《さんごくどうめい》により、ドイツやイタリアの管弦楽や歌劇などは問題なく演奏できていましたが、イタリア語なのに「ドレミ…」の階名はなぜか軽佻浮《けいちょうふ》薄《はく》だと禁止され「ハニホ…」に変更されました。

ローゼンストックなど、ナチスによる迫害から逃れ、日本の楽壇《がくだん》で活躍のユダヤ人音楽家たちには、ドイツ大使館などから強い追放要求がありましたが、終戦一年前まで日本で演奏活動を続けることができました。

戦時ゆえに軟弱な流行歌は消え、出征兵士《しゅっせいへいし》やその家族の心情を詠《うた》う、哀調の「軍国歌謡《ぐんこくかよう》」が流行します。また、多くの軍歌が作られましたが、戦況が悪化してからは、自暴自棄な突撃に追い込むような歌詞が増え、士気高揚どころか絶望感におそわれる歌が多くなります。前線にいる軍隊内では、そんな暗く陰鬱な雰囲気を替え歌の戯《ざ》れ歌《うた》で紛らわす「兵隊節《へいたいぶし》」が流行します。

そんな検問・禁止・統制の中、演奏者も軍隊や工場に徴用《ちょうよう》され、楽器や楽譜、演奏会場も焼失・閉鎖された暗黒時代にも、オペラや音楽放送は続けられました。

焼け残った日比谷公会堂で、日本交響楽団の戦前最後の定期演奏会の演目は、ベートーヴェンの《交響曲第九番》でした。戦火の中、駆けつけた満員の聴衆は《歓喜の歌》をどのような想いで聴いたのでしょうか。

■戦時中の音楽界

●深刻化する戦時体制 満州事変（1931）以後　時代は激しく推移…

日中戦争(1937)→国家総動員法(1938)→中華民国新政府樹立(1939)→第二次欧州戦争開戦(1939)→日独伊三国同盟(1940)→真珠湾攻撃(1941)→ミッドウェー海戦敗退(1942)→無条件降伏(1945)

●検閲制度の厳格化 言論・出版・集会・結社の取締法

・検閲内容
体制批判
反戦思想
風紀壊乱

・検閲対象
出版物（レコード）
ラジオ・映画・演劇
集会・催事（演奏会）

⇨ 発禁・没収
削除・罰金
禁固刑も

↓レコード（歌謡曲）の例
★発売禁止《忘れちゃいやョ》《湖畔の宿》《別れのブルース》《ああそれなのに》《裏町人生》《暗い日曜日》《何日君再来》
★歌詞変更《籠の鳥》《島の娘》

●禁止と統制

☆敵性音楽（英米）の演奏禁止（1941年）

武力戦のみに非ず　英米思想の撃滅が一切の根本
文化の主要部門の音楽での米英色の一掃が必要…

☆再度指令　演奏禁止の米英曲 1000 曲（1943年）
但し《庭の千草・蛍の光・埴生の宿》は除外
☆敵性用語の使用禁止
・レコード→音盤　コロムビア→ニッチク（日蓄）
・ドレミ（階名唱法）→ハニホヘト（音名唱法）

禁止
・ダンスホール・米国型楽団
・宝塚少女歌劇・松竹少女歌劇
・ウクレレ・スチールギター
・鋼鉄使用の音楽用品の製造

統制
・音楽出版物・出版社の統廃合
・私立音楽学校の選別・廃校
・催事の審査強化と許認可制度

奨励
・産業人・傷病兵慰安の催事

●ユダヤ人音楽家問題 → ローゼンストック / グルリッド / シロタ
クロイツアー / モギレフスキー

★ナチスのユダヤ人迫害で来日音楽家
・ドイツ大使館→東京音楽学校
・右翼・憲兵隊→日響・東響に
⇨ ユダヤ人放逐要求

1944 年 2 月まで　演奏会出演
その後　軽井沢へ強制疎開

●戦時下の歌謡曲 空回りする戦意昂揚歌

軍国歌謡	戦時色の民間の流行歌 勇壮というより哀調が	《軍国の母》《麦と兵隊》《暁に祈る》《若鷲の歌》 《皇国の母》《九段の母》《明日はお立ちか》
軍　歌	陸・海軍省の官製曲や 新聞社などの公募の曲	《愛国行進曲》《同期の桜》《露営の歌》《海ゆかば》 《愛馬行進曲》《月月火水木金金》《進め一億火の玉だ》
兵隊節	軍隊内で歌い継がれた 詠み人知らずの替え歌	《ダンチョネ節》《可愛いスーちゃん》《ズンドコ節》 《ツーレロ節》《ラバウル小唄》《海軍小唄》
国民歌謡	ＮＨＫが提案　平易で 明朗健全な歌を家庭に	《椰子の実》《夜明けの歌》《新鉄道唱歌》《春の歌》 《山は呼ぶ野は呼ぶ海は呼ぶ》《朝》

●爆弾が降っても…

☆絶やさぬ音楽放送
「日本はまだ生きて居る…」
☆一度の中止もない
日本交響楽団の定期演奏会
☆焦土から観客が続々と
交通寸断・食糧不足の極限下

☆戦前最後の定期演奏会

日時	終戦２ヶ月前6月15日
会場	日比谷公会堂
曲目	《交響曲第九番合唱付》
指揮	尾高尚忠
演奏	日本交響楽団 (新響改)
合唱	東京高等音楽院（国音） 玉川学園合唱部

●負けずに歌劇も

・藤原義江歌劇団
1934 年設立～ 43 年 12 月
毎年定期公演
・日本楽劇協会　山田耕筰
自作《夜明け》1940 年初演
開戦の 1941 年にも再演

戦い済んで日が暮れて――終戦直後の音楽事情

無条件降伏の日本統治《とうち》に、連合国軍が非軍国化と民主化の実現のためGHQを設置します。それまでの逓《てい》信省《しんしょう》や内務省などの厳格な検閲制度から解放か、と思う間もなく、今度はGHQが同様の検閲を始めます。

担当部局のCIEは、占領政策に大きな影響をもたらす新聞とラジオに着目し、それぞれに「準則《じゅんそく》」遵守を命じます。映画・演劇などでは仇討物《あだうちもの》など軍国主義的であるとして、浪曲《ろうきょく》・歌舞伎・講談などの上演や放送が禁止、さらには紙芝居にまで検閲が行われます。

民主化で言論の自由というのに、個人の郵便物の開封や電話の盗聴など、不法な検閲が戦後七年間も続きます。放送局には戦前十年間に制作の楽譜やレコードの廃棄命令や、ニュース原稿の事前チェックなど厳重な検閲が待っていました。片面、聴視者を意識した番組作りが奨励され、現代の人気番組「のど自慢」や「紅白歌合戦」の原型や、バラエティなどが放送されます。

なんといっても民衆を元気づけたのは大衆音楽の歌謡曲で、《リンゴの唄》から《東京ブギウギ》など、戦前は禁止されていた軽快なリズムの音楽が、暗い世相を吹き飛ばし、復興への意欲醸成の役割を果たします。

そうした歌謡曲のヒットのおかげで、資材も設備もゼロ状態のレコード界も息を吹き返し、その後の新技術開発の連続で戦前を超える繁栄を迎えます。歌謡曲に並び、アメリカ中心のポピュラー音楽やジャズ、その他シャンソンやラテン音楽などは、その後の日本音楽文化を大きく変化させていく原動力となります。

音楽放送は、終戦一週間後には始まり、一か月後には、日響《にっきょう》の戦後初の定期演奏会も開かれ、軽井沢に強制疎開されていたローゼンストックなども復帰します。

僅か二年の内には、各地の交響楽団が産声《うぶごえ》を上げ、復帰や創設を果たし、現代に繋がる管弦楽団が産声を上げます。

終戦半年後には藤原歌劇団が、再開した帝国劇場で公演を始めます。まだ焼け跡だらけなのに、公演は満員の盛況でしたが、特に一九四七年の《タンホイザー》では十五日間の長期公演が全て満員といいますから、現代の歌劇事情からは信じられないほどです。

■終戦直後の音楽事情

●一難去ってまた…　GHQ（連合国最高司令部）も検閲を　☆言論の自由と言いながら

GHQ の占領政策
軍国主義排除
民主化の促進
排除 ⇒
・封建的国粋主義
・軍事的好戦もの
・反民主的な悪弊
・占領軍関連批判

検閲対象
教育・新聞・映画
演劇・放送・出版
郵便・通信・電話

担当部局
CIE 民間情報教育局
（新聞準則）Press code
（放送準則）Radio code

●ラジオ放送の検閲 1952年まで　戦前10年間に制作の楽譜・レコード全て廃棄指令

報道放送：徹底した事前検閲
音楽番組：歌詞内容の検閲
娯楽・情報番組も放送準則内
浪曲・歌舞伎・講談　放送禁止

☆放送の民主化　聴かれるラジオへ
・「街頭録音」社会問題を聴取者の意見をそのまま放送
・「素人のど自慢音楽会」「紅白音楽試合」「希望音楽会」
・「ラジオ歌謡」《山小屋の灯》《森の水車》《雪の降る町を》

●オーケストラの復活

・終戦（1945年8月15日）
・管弦楽放送再開（8月28日）
　尾高尚忠・伊福部昭　作品
・戦後初定期演奏会（9月15日）
　《交響曲第三番　英雄》

☆疎開からの解放
・J. ローゼンストック
　再び指揮台に 10月24日
　翌年同月滞日最終公演
・L. クロイッツアー
　暗闇の名演奏（1947年）

☆焦土で活動する交響楽団
1926年～日本交響楽団（現・N響）
1945年　東京都音楽団（現・東P）
　　　　高崎市民オケ（現・群響）
1946年　東宝交響楽団（現・東響）
1947年　関西交響楽団（現・大P）

●盛況のオペラ界

藤原歌劇団
・帝国劇場再開（1945年10月）
・終戦半年後《椿姫》公演
・《タンホイザー》
　15日間満員続き（1947年）

☆毎年3回以上の公演演目
《椿姫》《カルメン》《タンホイザー》
《セビリアの理髪師》《ボエーム》
《ドンジョバンニ》《カヴァレリア》
《道化師》《エフゲニ・オネーギン》

☆新興歌劇団の旗揚げ
長門美保歌劇団（1946年11月）
《蝶々夫人》《ミカド》《敦盛》
《魔弾の射手》《カバレリア》
二期会（1952年　東音）

●拘束から開放？の歌謡曲

○ 戦時中抑圧の軽音楽・ジャズ調歌謡
× 日本固有の価値観を高揚の歌謡
├ 義理人情・義侠の精神……股旅歌謡
├ 俗謡の封建的情愛心情…三味線歌謡
└ 軍国主義思想の残滓………軍国歌謡

☆戦後初のヒット《リンゴの唄》（1945年）
1946年《かえり船》《東京の花売娘》
1947年《港が見える丘》《啼くな小鳩よ》
1948年《東京ブギウギ》《憧れのハワイ航路》
　　　《異国の丘》《湯の町エレジー》
1949年《銀座カンカン娘》《悲しき口笛》

●歌謡曲で復興のレコード界 1945年10月プレス再開

・「物資統制法」で資材凍結
　蓄音機・レコード生産低迷
・1947年末ようやく月産90万枚
　戦前の30%程度に回復　外貨不足

☆レコード新技術

		発売
・LP盤	30cm/33.3回転	1951年
・シングル盤	17cm/ 45回転	1952年
・ステレオ盤	45−45方式	1958年

・EP盤・コンパクト盤・HiFi

●海外音楽の氾濫　「クラシック」以外は全て「ジャズ」

☆US POPSの流行と日本語カバー曲
《Sentimental Journey》
《Tennessee Waltz》
《Buttons and Bows》
《Come On A My House》

☆ Jazz ブーム
・ジャズ・バンド
　＃＆♭/Big4
・ジャズ・シンガー
　N. 梅木 / 江利チエミ

☆本場プレーヤー
G. クルーパー・トリオ
N. グランツ　J.A.T.P
L. アームストロング
X. クガート

・1949年　東京音楽学校→東京藝術大学音楽学部
・1951年　日本交響楽団→NHK交響楽団
・1951年　民間放送開始

異文化大革命——洋楽受容の歴史

日本史でいう「近代」は王政復古《おうせいふっこ》から太平洋戦争の終戦までとする説と、始まりを日米和親条約による開国(一八五四)とする二説があります。日本音楽史の「近代」とは、西洋音楽伝来以降の、一種の混乱を含めたダイナミックな音楽革命の時代で、その起点はペリー来航の一八五三年から終戦までということになります。

日本には世界でも例をみないほど、永い歴史と独特の個性をもつ伝統音楽があるにもかかわらず、異種・異様な洋楽を、極めて短期間に受容し咀嚼《そしゃく》できたのは、明治政府の欧化主義への強い方針があったためです。

洋楽の導入は、初めは軍備の近代化のため軍楽隊に、次いで宮廷儀式の欧風化のため宮内庁雅楽課が、そして幼児の情操を養うため学校教育に、「唱歌」という音楽教科を設定、洋楽の初歩的な知識を取得するとともに、忠君愛国《ちゅうくんあいこく》の思想が子どもたちに浸透していきます。

それでも導入当初は、同じ「歌唱」といっても、義太夫節《ぎだゆうぶし》に慣れた日本人と、オペラのアリアこそ至高《しこう》な歌とする欧米人では相容れないのは当然で、国内でも旧来の我が国の伝統音楽が、欧米のそれらに劣るとする意見もあり、欧化主義が旺盛な時代には、伝統音楽の多くが脇へ追いやられる事態が発生します。しかし三絃や箏《そう》、尺八などの新進邦楽家の努力で、洋楽に伍する新たな日本伝統音楽が創られるようになります。

国民皆学《こくみんかいがく》で唱歌の洗礼をうけた子どもたちが、成長し、大半を占めるようになると、そうした異文化に対する抵抗感も少なくなり、また唱歌の多くがヨナ抜き短音階や五七調など、日本人好みの構成であったため、洋楽浸透は概《おおむ》ね無理なく達成されていきました。その後、大学などで先進の西洋科学文化を学ぶ学生たちから始まった芸術音楽への嗜好《しこう》は、管弦楽やオペラなどの上演機会を増加させ、海外一流音楽家の招請や、逆に日本人音楽家の渡欧など、日本における西洋音楽の一層の技能レヴェル向上が果たされるようになります。

日本の近代という時代は、過去一千余年分の文化形成の歴史を、僅か百年弱で到達させた、目まぐるしくも、世界でも稀な「異文化大革命」といえるでしょう。

■近代音楽の歴史

幕末	・ペリー浦賀来航（嘉永6/1853） ・大政奉還（慶応3/1867）
明治	・王政復古（明治元/1868）　・薩摩バンド　フェントンより吹奏楽伝習（1869） ・兵部省に軍楽隊創設（1871）　・太政官内に雅楽局設置（1870） 陸・海軍軍楽隊に分離（1871）　・「普化・当道」特権廃止（1871） ・「岩倉使節団」横浜出航（1871～73） ・学制発布（1872）　唱歌・奏楽「当分コレヲ欠ク」　・ダクロン陸軍軍楽隊教師赴任（1872） ・伊澤修二　米国留学（1875～78） ・東京女子師範付属幼稚園「保育唱歌」教育（1877） ・エッケルト海軍軍楽隊着任（1879） ・音楽取調掛発足（1879） ・メーソン取調掛着任（1880） ・『小学唱歌集』発刊（1881）　・伝習生22名　音楽取調掛に入学（1880） ・ルルー陸軍軍楽隊教師着任（1884）　・私設唱歌講習所開設（1885～） ・鹿鳴館開館式で軍楽隊が演奏（1884） ・音楽取調掛東京音楽学校に改組（1887）　・東京市中音楽隊結成（1887） ・浜松で山葉寅楠がオルガンを製作（1887）　・ディトリッヒ東音に着任（1888） ・「オッペケペー」流行（1891） ・東京音楽学校　高等師範附属に格下げ（1893）　・「祝日大祭日唱歌制定」（1893） ・日清戦争勃発（1894）　・奏楽堂でオペラ初演《ファウスト》（1894） ・中尾都山「都山流」尺八創始（1896）　・ケーベル東音着任（1898） ・東京音楽学校　再独立（1899）　・ユンケル東音着任（1899） ・言文一致唱歌『幼年唱歌』発刊（1900）　・滝廉太郎《荒城の月》作曲（1901） ・慶応義塾ワグネルソサィエティ設立（1902）　・滝廉太郎死去（1903）　・「長唄研精会」発足（1902） ・日露戦争勃発（1905）　・活動写真浅草電気館開場（1903） ・平円盤蓄音機普及（1907？）　・日米蓄音機（日本コロムビア）設立（1907） ・「三越少年音楽隊」結成（1909） ・文部省唱歌編纂（1910）　・音楽鑑賞団体「東京フィルハーモニー会」創設（1910） ・帝国劇場開場・歌劇部創設（1911）　・いとう屋（現松坂屋）「少年音楽隊」 白木屋（現東急百貨店）「少女音楽隊」（1911）
大正	・ローシー「帝劇歌劇」指導のため来日（1912）　・山田耕筰　日本初の交響曲《勝鬨と平和》作曲（1912） ・ローシー帝劇辞職・赤坂ローヤル館（1916） ・第一次大戦開戦（1914）　・宝塚少女歌劇第一回公演（1914）　・芸術座《カチューシャの唄》大流行（1914） ・浅草オペラ始まる（1917）　・三浦環　欧米オペラ界デビュー（1920） ・「赤い鳥」発刊童謡運動始る（1918）　・宮城道雄「新日本音楽」創始（1920） ・関東大震災発生（1923）　・日本楽劇協会結成（1920）　・アンナ・パブロア来日（1922） ・山田耕筰・近衛秀麿「日本交響楽協会」第一回演奏会（1925）　・愛宕山ラジオ本放送開始（1925） ・近衛秀麿ら40名「日響」を脱退新交響楽団（N響の前身）結成（1926）
戦前昭和	・レコード電気吹込み（1927） ・宝塚少女歌劇　日本初レビュー《モンパリ》上演（1927） ・満州事変起る（1931）　・トーキー映画出現で弁士・楽士が大量失業（1927？） ・日本ビクター創立　《波浮の港》発売・流行（1928） ・藤原歌劇団第一回公演（1934）　・《東京音頭》大流行（1933） ・東京音楽学校に「邦楽科」設置（1936） ・太平洋戦争開戦（1941）　・新響「日本交響楽団」に改称（1942）　・帝劇閉鎖・ダンスホール禁止（1940） ・藤原歌劇団《ボエーム》《セビリア》上演（1943）　・音楽報国挺身隊　全国派遣（1943） ・米英楽曲1000曲・ジャズレコード禁止（1943） ・スチールギター・ウクレレ・バンジョー禁止（1944）　・宝塚歌劇場　閉鎖命令（1944）
戦後昭和	・終戦・「日響」終戦1か月で定期演奏会（1945）　・群馬市民オケ（後の群響）誕生（1945） ・《りんごの唄》（1946）　・素人のど自慢音楽会（後のNHKのど自慢）（1946） ・藤原歌劇団《椿姫》帝劇（1946）　・ジャズブーム（1947）　・日響「N響」に改称（1951）

増補改訂版あとがき

前書『図解 日本音楽史』の再版（二〇〇九年八月）の際、「あとがき」に次のようなことわりを付け加えました。

「再版にそえて　本書では沖縄の伝統音楽に言及しませんでした。本土とは違ったかたちで生成された、豊かで複雑な沖縄の伝統音楽を扱う力量と頁数が筆者と本書にはありませんでしたし、また、沖縄の伝統音楽については、力作が多々出版されているからです。」

沖縄県在住の本書の読者の方から「沖縄は日本の音楽に入らないのでしょうか？　沖縄の音楽についても取りあげて、わかりやすく解説してほしい」という趣旨の手紙をいただきました。右の文は、その回答として付記したものです。しかし、あとで読み返してみると、この付記は「その場しのぎの言い訳」でしかありません。沖縄の音楽を取りあげていないことに対して、その後ずっと仕事を途中で放棄したような感をもっていました。

『図解 日本音楽史』の初版が出版されて10年、なんども版を重ねられ、また東京堂出版より版権に関する寛大な取り計らいをいただいたことで、その英語版*Traditional Japanese Music at a Glance*（ACADEMIA MUSIC LTD.二〇一六年出版）を廉価で海外に向けて出版することができました。改めて東京堂出版にお礼を申しあげます。

そして、日が経つにつれて、前書での「沖縄音楽」の欠如、また前書では「近代の音楽」に触れなかったことについて、私の中に「罪悪感」が蓄積されていきました。とはいうものの生来の怠け癖が勝ち、手をつけないまま年月だけが過ぎていきました。

二〇一七年夏に、重版のご連絡をいただいたとき、この沖縄の音楽に関する私の気持ちを編集部の上田京子さんにお伝えしたところ、「それならば重版ではなく沖縄の音楽も含めた改訂版を出しましょう」との後押しをいただきました。これが、本書が出版される運びとなったいきさつです。編集者としての上田さんのお仕事ぶりには感動しました。原稿執筆から校正まで上田さんのおかげでほんとうに私は楽をさせていただきました。深く御礼を申しあげます。

「沖縄音楽」の項をまとめるにあたっては、琉球古典音楽の演奏家そして研究者としてご高名な比嘉康春先生(沖縄県立芸術大学学長)にご教示をいただきました。また比嘉先生からは、編集部が収集に苦労していた写真についても、カメラマンの大城洋平先生をご紹介いただき、大城先生よりすばらしい沖縄伝統芸能の写真をご提供いただきました。ふたりの先生に深く感謝します。

「近代の音楽」の項については、ふたりの方からご助言やご指摘をいただきました。ひとりは、『国家と音楽―伊澤修二がめざした近代日本―』(春秋社:二〇〇八年)以来、多数の著書で日本の近代音楽文化について研究成果を発表なさっている奥中康人先生(静岡文化芸術大学教授)です。もうひとりは、若者文化と音楽の関わりを研究領域としながらも、『童謡の百年』(筑摩書房:二〇一八年)というご著書で衆目を集めた井手口彰典先生(立教大学准教授)です。おふたりの先生に、改めて深く御礼を申しあげます。あわせて佐藤慶治先生、門脇早聴子先生にも御礼を申しあげます。

気になっていた「沖縄音楽」に加えて、「近代の音楽」そして「能の所作」を加筆した本書の出版は、私にとって「日本の音楽をわかりやすく伝える」という仕事の完了を意味します。それらを茨城大学の退職前に済ませたことは、望外の喜びです。なお、『図解 日本音楽史』の「あとがき」に書いたことは、今も変わらない私の日本音楽研究に対する感想であるとともに、一部の研究者に対する批判でもありますので、そのまま掲載することにしました。併せてご一読いただければ幸いです。

あとがき

筆者は先年、「初心者でも短時間で日本音楽の概要が把握できる書」を目的として『ひと目でわかる日本音楽入門』(音楽之友社、二〇〇三年)を著しました。この本の「あとがき」でも書きましたが、すでに出版されている資料をネットサーフならぬ「ブックサーフ」して、そこから得た知見にもとづき、この本と同様に図版を説明の主体とした概説書としてまとめあげました。そういったスタイルの本がそれまでにないものだったからでしょうか、寄せられた評価は賛否様々でありました。一部の日本音楽の研究者から手厳しく批判されたこともありました(その論評を読んで、「だったら、もっとわかりやすい日本音楽の解説書を出してくださいな」、と苦笑したことを覚えています)。しかし、筆者が上梓を思いたった時に狙った読者層である方々からは「わかりやすい」「こういう本を探していた」などと、おおむねご好評をいただき、それを証明するかのように何度も版が重ねられていますので、まずは目的を達したと自画自賛をしておりました。

しかしその後、日本音楽の若い研究者たちから、各種のご指摘をいただきました。それらの指摘とともに、建設的な研究者たちが言われた「多くの権威者の著作ではたしかにそのように記述されている。しかしその後の研究で新事実が認められ、学術論文などでは発表されても、まだそうした出版物の改訂には至っていない」ということは意外なことでした。

たしかに日本音楽の本格的な概説書の出版など、しばらくは稀であったという事情もあり、それらの先行研究にもとづいてまとめあげた先の拙書は、ご指摘をいただいたような問題を結果的に含むことになってしまいましたが(第二版からは可能なかぎり訂正していますが)、それとは別に日本音楽研究の世界には、先達研究者の推論に異を唱えることの難しさがあることを、それらの指摘のなかから感じることもありました。

本年度の日本史の教科書からは、私たちに馴染み深い聖徳太子や源頼朝、足利尊氏などの肖像が消えました。日本最古の通貨は和銅開珎ではなく富本銭である、鎌倉幕府は「いい国（一一九二）つくろう……」ではなく、それより七年前の一一八五年である、また鉄砲伝来はポルトガル人ではなく倭寇による等々、その後の研究によって動かないと考えられていた歴史の事実が動いています。日本音楽も同様で、若い研究者による新事実の発見はもちろんのこと、芸能種目によっては、その伝承組織による伝統の権威づけのための潤色などがあり、それらを取り除いたうえで、明確に伝え直さないといけないものが数々でてきました。そこで再度、本書の出版を思いたった次第です。

先の拙著のあとがきに「これを嚆矢として、この種の出版が後続することを望む」と記しましたが、「日本音楽の本は日本音楽研究者が書くべきだ」と論評された研究者たちからも、同様の書が出版されていないことは寂しいかぎりですし、残念でなりません。というのも入門書が多く出版されることも、その分野の研究がさかんになるきっかけとなると筆者は考えているからです。

読み漁った文献を通して、筆者がもっともすぐれた日本音楽の研究者と認識している平野健次氏は、監修された『日本芸能セミナー　箏三味線音楽』（須山知行校閲、久保田敏子・中島警子著、白水社、一九八四年）の「監修の言葉」の中で左記のような一文をしたためておられます。

「何分にも、日本の古典音楽の種目的多様性は、まさに多岐多彩である。そのすべてに通ぜんとすることは、たとえ概説的認識にとどめようとしても到底不可能であり、当初からそうした態度でのぞむことは、二兎を追う以上の愚を重ねることであろう。実際、そのすべてに通じた執筆者が存在すべくもなく、これまでの日本音楽全体を扱ったものは、その概説的指導書ほど、偏向と誤謬が多いという結果となっている。（中略）そうした不備を補うべく、執筆者が、それぞれ責任を持ちうる範囲を分担して著述するという方法を取っている。」

平野氏のこのお考えを読むたびに、ただただ恐れ入ってしまいます。日本音楽研究の門外漢である筆者が、二兎を追う愚をおこなっているからです。しかし氏がいうように、偏向や誤謬を避けるために「執筆者が、それぞれ責任を持ちうる範囲を分担して著述」しただけでは、事前によほど時間をかけて、記述レヴェルの細部までをすり合わせないかぎりは、内容的に凹凸の激しいもの、目的にたいして「ぶれ」のあるものになってしまう可能性があります。その意味では、本書は恐れもしらない門外漢だからできたことであろうと思います。実際、筆者の専門分野で、本書のようにまとめろと依頼があったとしても、とても手を出す勇気はありません。

本書の出版は、多くの方々のご助勢によるものです。あつく御礼をもうしあげます。先の拙書に続き制作協力をいただきました大関勝利氏には、なかなか時間のつくれない筆者にかわって、本書の制作過程における編集者との具体的な作業のほとんどを、長いお付き合いに甘えて代理していただきました。大関氏がいなければ本書を出版することはできなかったでしょう。また東京堂出版編集部の渡部俊一氏、デザインを担当してくださった松倉浩氏にも感謝をもうしあげる次第です。

なお、本書の内容については、先行研究や最新の研究を十分反映しているつもりですが、もとより斯界の専門家ではない筆者ですので、不備もあろうかと思っています。その意味でも日本音楽、伝統芸能をご専門とする方々から、本書についてのご意見、ご指摘等をいただくことを願い、ペンを擱くことにします。

平成二〇年七月一日

田中健次

参考文献（五十音順）

●一九七五年『日本民謡全集』東京・雄山閣出版
●赤坂治績　二〇〇四年『歌舞伎　ことばの玉手箱』東京・実業之日本社
●浅野　香　一九九六年『太鼓を打つ！』東京・麦秋社
●浅野建二　一九六〇年『日本の民謡』東京・岩波書店
一九七五年『短歌朗詠の歴史と実際』東京・短歌新聞社
一九八三年『日本民謡大事典』東京・雄山閣出版
●浅野建二・町田嘉章（編）一九六〇年『日本民謡集』東京・岩波書店
●飛鳥井雅道　一九八一年『図説　日本文化の歴史　明治編』小学館
一九九二年『鹿鳴館』岩波ブックレット 日本近代史2　東京・岩波書店
●阿部勘一・細川周平・塚原康子ほか　二〇〇一年『ブラスバンドの社会史　軍楽隊から歌伴へ』東京・青弓社
●安倍季昌　一九九八年『雅楽がわかる本』東京・たちばな出版
●池田弘一　二〇〇二年『長唄びいき』東京・青蛙房
●石田　昇　一九九八年『物語日本音楽史・和楽の源流をたずねて』東京・東京芸術現代社
●石原道博（編訳）一九五一年『新訂魏志倭人伝』東京・岩波書店
●市川捷護　二〇〇四年『回想　日本の放浪芸』東京・平凡社
●井手口彰典　二〇一八年『童謡の百年』東京・筑摩書房
●井上　清　一九七四年『日本の歴史20―明治維新』東京・中央公論社
●井上光貞　一九七三年『日本の歴史（一）神話から歴史へ』東京・中央公論社
●井野辺　潔　一九九八年『日本の音楽と文楽』大阪・和泉書院
●井野辺　潔・横道萬里雄他　一九八六年『義太夫節の様式展開』東京・アカデミア・ミュージック
●伊波普猷・外間守善（校訂）二〇〇〇年『古琉球』東京・岩波書店
●伊波普猷　二〇一五年『『おもろさうし』選釈―オモロに現われたる古琉球の文化』東京・慧文社
●今井清一　一九七四年『日本の歴史23―大正デモクラシー』東京・中央公論社
●色川大吉　一九七四年『日本の歴史21―近代国家の出発』東京・中央公論社
●岩田宗一　二〇〇一年『声明は音楽のふるさと』京都・法蔵館（京都）
●上野賢實　一九八三年『尺八の歴史』キョウワ出版
●NHK邦楽技能者育成会（編）一九八五年『邦楽育成会の歩み』育成会三〇周年記念誌　東京・NHK邦楽技能者育成会
●榎本健一　二〇一二年『榎本健一～喜劇こそわが命』東京・日本図書センター
●大内　力　一九七四年『日本の歴史24―ファシズムへの道』東京・中央公論社
●大栗道栄　二〇〇一年『よくわかる声明入門』東京・図書刊行会
●太田順一　一九八九年『佐渡の鼓童』大阪・ブレーンセンター
●大塚拜子　一九九五年『三味線音楽の音高理論』東京・音楽之友社
●大野　芳　二〇〇六年『近衛秀麿―日本のオーケストラをつくった男―』東京・講談社
●奥中康人　二〇〇八年『国家と音楽―伊澤修二がめざした日本近代』東京・春秋社
二〇一二年『幕末鼓笛隊―土着化する西洋音楽』大阪・大阪大学出

版会
●奥中康人　二〇一四年『和洋折衷音楽史』東京・春秋社
●荻　美津夫　一九九四年『平安朝音楽制度史』東京・吉川弘文館
●荻田　潔　二〇〇四年『笑いの歌舞伎史』東京・朝日新聞社
●小倉理三郎　一九九四年『日本音楽の源流を探る』東京・芸術現代社
●押田良文一九六九年『邦楽鑑賞』東京・文憲堂七星社
●小野亮哉（監）東儀信太郎　一九八九年『雅楽事典』東京・音楽之友社
●音楽之友社（編）二〇〇七年『日本音楽基本用語辞典』東京・音楽之友社
●（財）音楽文化創造伝統音楽委員会（監修）二〇〇一年『実践「和楽器」入門』東京・トーオン
●景山正隆　一九九二年『歌舞伎音楽の研究』東京・新典社
●笠原　潔　二〇〇四年『埋もれた楽器―音楽考古学の現場から―』東京・春秋社
●金子敦子　一九九五年『大正琴の世界』東京・音楽之友社
●鹿野政直　一九八一年『図説　日本文化の歴史　大正昭和編』東京・小学館
●金城　厚　二〇〇六年『沖縄音楽入門』東京・音楽之友社
●鎌倉恵子（監修）二〇〇四年『歌舞伎　名作ガイド50選』東京・成美堂出版
●上参郷祐康　一九九三年『平家琵琶―語りと音楽』埼玉・ひつじ書房
●上馬一馬　一九八八年『歌舞伎』東京・音楽之友社
●川村花菱　一九六八年『松井須磨子』東京・青蛙房
●河竹登志夫（監修）一九八九年『歌舞伎』東京・立風書房
●神田由築　一九九九年『近世の芸能興行と地域社会』東京・（財）東京大学出版会
●菊池清磨　二〇一六年『昭和演歌の歴史―その群像と時代』東京・アルファベータブックス
●菊村紀彦　一九七六年『仏教と音楽』東京・大蔵出版
●岸辺成雄（編）一九七二年『日本の音楽』東京・日本放送出版協会
●吉川英史　一九五九年『邦楽鑑賞入門』大阪・創元社
一九六五年『日本音楽の歴史』大阪・創元社
一九八四年『日本音楽の美的研究』大阪・創元社
一九八四年（監修）『邦楽百科辞典』東京・音楽之友社
一九八九年『日本音楽文化史』大阪・創元社
●吉川英史（監修）・小島美子・藤井知昭・宮崎まゆみ　一九九二年『図説・日本の楽器』東京・東京書籍
●木戸敏郎（編）一九九〇年『雅楽―日本音楽叢書一』東京・音楽之友社
一九九〇年『聲明①―日本音楽叢書三』東京・音楽之友社
一九九〇年『聲明②―日本音楽叢書四』東京・音楽之友社
一九九〇年『歌謡―日本音楽叢書五』東京・音楽之友社
●木村菊太郎　一九六四年『江戸小唄』東京・演劇出版社
●木村理郎　一九九四年『肥後琵琶弾き―山鹿良之夜咄』東京・三一書房
●久保田慶一ほか　二〇〇九年『はじめての音楽史』東京・音楽之友社
●久保田敏子・中島警子　一九八四年『箏・三味線音楽』東京・白水社
●久保田敏子・当道音楽会（編）一九九〇年『よくわかる箏曲地歌の基礎知識』東京・白水社
●倉田喜弘　一九七九年『日本レコード文化史』東京・東京書籍
●倉光俊夫　一九七六年『津軽三味線』東京・立風書房

●クリストファー遙盟　二〇〇〇年『尺八オデッセィ』東京・河出書房新社
●栗原広太　一九一七年『尺八史考』東京・竹友社
●小泉文夫（監修）一九七四年『日本と世界の楽譜』東京・日本放送出版協会
一九七七年『日本の音－世界の中の日本音楽』東京・青土社
●国立劇場音楽事業部（編）一九七四年『日本の音楽〈歴史と理論〉』（国立劇場芸能鑑賞講座）
●国立歴史民俗博物館（編）一九九五年『日本音楽の源流－コト・フエ・ツヅミ・銅鐸』東京・第一書房
●小島美子　一九七六年『日本の音楽を考える』東京・音楽之友社
●小寺融吉　一九七二年『日本民謡辞典』東京・名著刊行会
●後藤文雄　現代教養文庫　一九七三年『詩吟入門』東京・社会思想社
●小西四郎　一九七四年『日本の歴史19―開国と攘夷』東京・中央公論社
●小林　責（監修）二〇〇〇年『狂言ハンドブック改訂版』東京・三省堂
●小林保治・森田拾史郎　一九九七年『能・狂言図典』東京・小学館
●薦田治子　二〇〇五年『平家の音楽　当道の世界』東京・第一書房
●小森陽一ほか（編）二〇〇二年『岩波講座　近代日本の文化史4　感性の時代』東
●小山弘志（編）二〇〇四年『日本の古典芸能における演出』東京・岩波書店
●権藤芳一（監修）一九九六年『狂言入門』京都・淡交社
●金春国雄　一九八〇年『能への誘い　序破急と間のサイエンス』東京・淡交社
●佐井勇二郎　二〇〇〇年『藤原義江―オペラ開拓の道を行く』宮崎・鉱脈社

●佐藤孔亮　一九九九年『歌舞伎にみる日本史』東京・小学館
●佐藤文夫　一九五五年『民謡の心とことば』東京・柏書房
●佐野之彦　二〇〇七年『N響80年全記録』東京・文藝春秋
●島原帆山　一九九〇年『竹韻一路』東京・新芸術社
●下中邦彦（編）一九八一年『音楽大事典』東京・平凡社
一九八三年『歌舞伎事典』東京・平凡社
●菅原明朗　一九五〇年『楽器図説』東京・音楽之友社
●杉　昌郎　一九七七年『邦楽入門』東京・文研出版
一九九〇年『伝統芸能シリーズ⑥邦楽』東京・ぎょうせい
●隅谷三喜男　一九七四年『日本の歴史22―大日本帝国の試練』東京・中央公論社
●大條和雄　一九九五年『津軽三味線の誕生』東京・新曜社
●高野敏夫　一九八六年『世阿弥』東京・河出書房新社
●高橋洋二（編）一九九一年『日本の音楽・別冊太陽』東京・平凡社
●田口章子　二〇〇四年『歌舞伎と人形浄瑠璃』吉川弘文館
●竹内　勉　一九八五年『民謡コンクール手帳』東京・東研出版
一九八五年『民謡手帳』東京・駸々社
二〇〇二年『民謡地図①はいや・おけさと千石船』東京・本阿弥書店
二〇〇二年『民謡地図②じょんがらと越後瞽女』東京・本阿弥書店
二〇〇二年『民謡地図③追分と宿場・港の女たち』東京・本阿弥書店
●竹中　亨　二〇一六年『明治のワグナー・ブーム』東京・中央公論新社
●竹山明子　二〇〇二年『ラジオの時代―ラジオは茶の間の主役だった』京都・世界思想社
●田所武治　一九八五年『吟詠読本』東京（有）吟濤社
●田辺尚雄　一九五一年『日本音楽概論』東京・音楽之友社

一九七五年『邦楽用語辞典』東京・東京堂出版
●田中健次　二〇〇三年『ひと目でわかる日本音楽入門』東京・音楽之友社
●田中純一郎　一九六八年『日本映画発達史Ⅰ』東京・中央公論社
一九六八年『日本映画発達史Ⅱ』東京・中央公論社
●田甫桂三　一九八〇年『近代日本音楽教育史1〜西洋音楽の導入〜』東京・学文社
●団　伊玖磨　一九九七年『私の日本音楽史』東京・日本放送出版協会（ＮＨＫ出版）
●千葉潤之介　二〇〇〇年『「作曲家」宮城道雄』東京・音楽之友社
●千葉優子　一九九九年『箏曲の歴史入門』東京・音楽之友社
●津金澤聡廣・近藤久美　二〇〇六年『近代日本の音楽文化とタカラズカ』京都・世界思想社
●塚原康子　一九九三年『十九世紀の日本における西洋音楽の受容』東京・多賀出版
●月渓恒子　二〇〇〇年『尺八古典本曲の研究』東京・出版芸術社
二〇〇一年『日本音楽の歴史と理論』大阪・大阪芸術大学通信教育部
●津田道子　一九八七年『箏の基礎知識』東京・音楽之友社
●釣谷真弓　二〇〇〇年『おもしろ日本音楽史』東京・東京堂出版
二〇〇二年『おもしろ日本音楽の楽しみ方』東京・東京堂出版
●戸井田道三（監修）　二〇〇〇年『能楽ハンドブック改訂版』東京・三省堂
●東京芸術大学百年史編纂委員会（編）　一九八〇年『東京芸術大学百年史　東京音楽学校篇　第一巻・第二巻』東京・音楽之友社
●東儀秀樹　二〇〇〇年『雅楽　僕の好奇心』集英社
●藤舎推峰　一九八七年『笛ひとすじ』東京・音楽之友社
●徳丸吉彦　一九九一年『民族音楽学』東京・放送大学教育振興会
●徳丸吉彦・松岡心平（対談）　二〇〇二年「音楽－日本の音楽、韓国そして世界」（『国文学』東京・学燈社　二〇〇二、七月号）
●仲井幸二郎　一九九九年『口訳　日本民謡集』蒼洋社（東京）
●長瀬　守・西海龍生・吉田　寅（監修）　一九八七年『図録世界史』東京・東京学習出版社
●中田勇次郎・鳥越正道・頼富本宏（編）　一九八四年『密教の文化』京都・人文書院
●中村理平　一九九三年『洋楽導入者の軌跡—日本近代洋楽史序説—』東京・刀水書房
●西潟昭子（監）現代邦楽研究所（編）『日本音楽のちから－次世代に伝えたい古くて新しい音の世界』東京・音楽之友社
●西形節子　一九八八年『日本舞踊の世界』東京・講談社
●西野春雄・羽田　昶（編）　一九八七年『能・狂言事典』東京・平凡社
●西山松之助　一九五九年『家元の研究』東京・校倉書房
●西山松之助・芳賀登　一九七五年『江戸三百年—①』東京・講談社
●日本オペラ振興会（編）　一九八六年『日本のオペラ史』東京・日本オペラ振興会
●日本音楽舞踊会議（編）　一九七六年『近代日本と音楽』東京・あゆみ出版
●日本近代洋楽史研究会（編著）国立音楽大学付属図書館　一九九五年『明治期日本人と音楽：日本近代音楽館『新聞記事にみる日本の洋楽』プロジェクトの調査に基づく』（1）（2）東京・大空社
●日本放送協会（編）　一九九二年『復刻　日本民謡大観　関東篇』東京・日本放送出版協会
二〇〇〇年『日本の伝統芸能』東京・日本放送出版協会
●野口道二　一九九二年『歌舞伎　入門と鑑賞』東京・演劇出版社
●野村万之丞　二〇〇二年『マスクロード』東京・日本放送出版協会

●服部幸雄・富田鉄之助・広末保（編）一九八三年『歌舞伎事典』東京・平凡社
●服部龍太郎　一九七四年『日本音楽史－伝統音楽の系譜』東京・社会思想社
●馬場あき子　一九八四年『風姿花伝』東京・岩波書店
●林　陽一／東儀俊美　二〇〇二年『雅楽壱具』東京書籍
●氷川まり子　二〇〇二年『能楽入門③「梅若六郎　能の新世紀　古典～新作まで」』小学館
●樋口　覚　一九九六年『三絃の誘惑』東京・人文書院
●平野健次・上参郷祐康・蒲生郷昭（監修）一九八九年『日本音楽大事典』東京・平凡社
●藤井知昭・山口　修・月渓恒子他　一九八八年『楽の器』東京・弘文堂
●藤田　正　二〇〇〇年『沖縄は歌の島―ウチナー音楽の500年』東京・晶文社
●藤田　洋（監修）二〇〇〇年『歌舞伎ハンドブック』東京・三省堂（監修）二〇〇〇年『文楽ハンドブック』東京・三省堂
●平凡社（編）一九九二年『CD－ROM版世界大百科辞典』東京・平凡社
●星川京児・田中隆文　二〇〇〇年『邦楽ディスク・ガイド』東京・音楽之友社
●堀　雅昭　二〇〇一年『戦争歌が映す近代』福岡・葦書房
●堀内敬三　一九六八年『音楽明治百年史』東京・音楽之友社
一九七七年『音楽五十年史』（上・下）講談社学術文庫　東京・講談社
●堀越善太郎　一九七五年『能・歌舞伎への招待』東京・東海大学出版会
●本田安次　一九九〇年『日本の伝統芸能』東京・錦正社
●増田正造（監修）一九九六年『能入門』京都・淡交社
●増本喜久子　一九六八年『雅楽－伝統音楽への新しいアプローチ』東京・音楽之友社
●町田嘉章　浅野建二（編）一九六〇年『日本民謡集』東京・岩波書店
一九九三年『わらべうた』東京・岩波書店
●松田　存　一九九〇年『伝統芸能シリーズ⑤能・狂言』東京・ぎょうせい
●松村　洋　二〇〇二年『唄に聴く沖縄』東京・白水社
●三浦裕子　一九九八年『能・狂言の音楽入門』東京・音楽之友社
●三木　健　二〇〇二年『宮良長包』沖縄・ニライ社
●三木　健・大山伸子　二〇〇四年『宮良長包著作集―沖縄教育音楽論』沖縄・ニライ社
●水落　潔（指導）一九九六年『文楽入門』京都・淡交社
一九九〇年『上方歌舞伎』東京・東京書籍
●三隅治雄　一九六九年『沖縄の芸能』東京・邦楽と舞踊出版部
●南　博（編）一九八三年『間の研究－日本人の美的表現』東京・勁草書房
●宮城喜代子　一九九〇年『箏ひとすじに』東京・文園社
●宮崎正勝　一九九八年『早わかり世界史』東京・日本実業出版社
●望月太意之助　一九七五年『歌舞伎の下座音楽』東京・演劇出版社
●茂手木潔子　一九八八年『日本の楽器』東京・音楽之友社
●森　豊　一九七三年『弥生の琴』東京・第三文明社
●矢野輝雄　一九八八年『沖縄舞踊の歴史』東京・築地書館
●山川直治　一九九一年『邦楽の世界』東京・講談社
（編）一九九〇年『邦楽－日本音楽叢書六』東京・音楽之友社
（編）一九九〇年『日本音楽の流れ－日本音楽叢書九』東京・音楽之友社

●山口　修・田中健次（編）　二〇〇一年『邦楽箏始め』　東京・河合楽器製作所出版事業部
●山口正義　二〇〇五年『尺八史概説』出版芸術社
●山田庄一　一九八六年『歌舞伎音楽入門』　東京・音楽之友社
●山本邦山　二〇〇〇年　『尺八演奏論』出版芸術社
●湯原公浩（編）　二〇〇四年『別冊太陽　雅楽』　平凡社（東京）
●横田憲一郎　二〇〇二年『教科書から消えた唱歌・童謡』　東京・産経新聞社
●横山勝也　一九八五年『尺八楽の魅力』　東京・講談社
●横山太郎　二〇〇一年『童謡大学　童謡へのお誘い』　東京・自由現代社
●吉田　孝二〇一一年『毫モ異ナル所ナシ－伊澤修二の音律論』　兵庫・関西学院大学出版会
●林淑姫（監修）・中村洪介　二〇〇三年『近代日本洋楽史』　東京・東京書籍
●若林忠宏　二〇〇二年『民族楽器を楽しもう』　東京・ヤマハ・ミュージックメディア
●和角　仁　一九九〇年『伝統芸能シリーズ②歌舞伎』　東京・ぎょうせい
●和角　仁・樋口和宏　一九九七年『歌舞伎入門事典』　雄山閣出版
●渡辺国茂（写真）重田みち・正田夏子（解説）　二〇〇〇年『黒川能・狂言百番』東京・小学館
●渡辺　裕　一九九九年『宝塚歌劇の変容と日本近代』　東京・新書館

わ・ん

ふ

へ

ほ

ま

み

に

ぬ〜の

は

ひ

ち

つ

て

と

な

す

せ

そ

た

し

け

こ

さ

き

く

＊太字の数字は中心的な解説の含まれているページ数を示す。

あ

い

う

え

著者紹介

田中健次（たなか・けんじ）

1954年和歌山県生まれ。1980年国立音楽大学大学院修了（専攻：音楽教育学）。文学博士（大阪大学，音楽学）。電子楽器メーカー勤務，音楽制作会社プロデューサー職を経て，2002年度まで佐賀大学教授。現在，茨城大学名誉教授，ほか複数の大学で授業を担当する。

著書に『音楽教師のためのコンピュータハンドブック』（教育芸術社，1995），『電子楽器産業論』（弘文堂，1998），『ひと目でわかる日本音楽入門』（音楽之友社，2003），共著に『邦楽箏（こと）始め』（カワイ出版，2002），『民族音楽学の課題と方法』（世界思想社，2002），『芸術文化政策』（放送大学大学院放送教材，2002），『現代日本社会における音楽』（放送大学放送教材，2008），『地歌・箏曲の世界』（勉誠出版，2012），『*Traditional Japanese music at a glance*』（アカデミア・ミュージック，2016），『図解近現代日本音楽史』（東京堂出版，2022）など。

図解 日本音楽史　増補改訂版

＊本書は2008年8月に小社から刊行した『図解 日本音楽史』の増補改訂版です。

2018年 10月10日　初版発行
2023年　4月20日　3版発行

東京堂出版の新刊情報です

著　者　田中健次
発行者　郷田孝之
発行所　**株式会社 東京堂出版**
〒101-0051 東京都千代田区神田神保町1-17
電話03-3233-3741
http://www.tokyodoshuppan.com/

制作協力　大関勝利
ブックデザイン・DTP　松倉　浩・鈴木友佳
DTP　株式会社明昌堂
印刷製本　図書印刷株式会社

ISBN978-4-490-20993-8 C0073